HR
人力资源
法律实务丛书

# 怎样做好HR

## 新版人力资源法律实务操作指引（第三版）

谢 阳——著

法律出版社 LAW PRESS·CHINA

# 第三版自序

## 日拱一卒的坚持，永远是打开梦想之门的金钥匙

尽管 HR 工作者不是律师或公司法务人员，但是招聘、调岗、辞退、考核与惩处员工等大量工作的内容与法律事务高度相关。在日常工作中，优秀的 HR 工作者应当具备劳动法领域的知识和实战技能。

我认为，劳动法领域有三个鲜明的特点：一是实践性强，二是发展变化快，三是地域差异大。近 20 年来，我国各级各地的人民法院、劳动仲裁委员会、地方人民代表大会或主管部门出台了大量的司法解释、适用意见、地方法规等，体系庞杂。例如，除了《劳动法》《劳动合同法》等法律层面的基本规定外，最高人民法院在 2001 年至 2013 年，就陆续出台了四部劳动争议司法解释。本书首次出版于 2013 年，彼时第四部劳动争议司法解释刚刚施行。历经 7 年多，至 2020 年年底，最高人民法院出台《关于审理劳动争议案件适用法律问题的解释(一)》于 2021 年 1 月 1 日起实施，同时废止了以往的四部劳动争议司法解释。这是劳动法领域在 2021 年的一项巨大的变化。

本书第三版针对近年劳动法领域司法实践的变化做了相应的修订、补充和完善。此外，在薪酬管理一章中，重点补充了关于调整工资的内容和员工股权激励的内容；在劳动合同解除一章中，补充了大量的实务操作问题，介绍了 HR 工作者和律师要特别注意和小心的“坑”。在范本方面，第三版增加了大量高质量的人力资源工作相关范本供读者参考使用。其他章节，如休息休假、保密与竞业限制、外包等也做了相应的补充修订。可以说，无论您是在办公室还是在仲裁庭、法庭上，都可以将这本书带在身边，作为得

力的工具。

在此,我首先要感谢中伦文德律师事务所的主任陈文律师,当年我在中伦文德律师事务所工作期间,陈文律师经常强调并鼓励律师多写文章多出书。第二要感谢我自己,感谢自己八年前听进了行业前辈的建议,下决心提起笔并一直坚持。第三要感谢广大读者,你们的支持和鼓励就是我不断努力和坚持的动力。

从2013年出版第一版开始,《怎样做好HR——最新人力资源法律实务操作指引》一版再版,这个过程中,让我很欣慰的是本书能对HR工作者和公司法务人员做好人力资源法律风险防范有所助益,并且我自己也在不断地进步成长——这种进步不仅是通过写书在专业方面的不断钻研精进,更重要的是写书的过程是一种自我的修炼。虽然本书不是艰深的著作,但也需要我在繁忙的律师工作之余,有韧性,心无旁骛,持之以恒,这个过程也令我深深感悟到一分耕耘一分收获的道理。

万事从来贵有恒。日拱一卒的坚持,永远是打开梦想之门的金钥匙。作此序言与各位共勉,共同进步。

**谢 阳**

**2021年2月**

# 第二版序

《怎样做好HR——最新人力资源法律实务操作指引》(第一版)出版以后,我与众多读者通过互联网、现场讲座、培训等机会相识,并经常在QQ群、微信群中交流互动。读者对本书的肯定和称赞,是对我最大的回报。在与读者的交流和讨论过程中,广大HR工作者勤勉好学的态度给我留下深刻的印象,我唯有与时俱进,不断地完善这本书,方能满足读者的期许,使它能始终作为HR工作者和公司法务人员必备的日常案头工具书。

本书问世以来,法律法规、司法解释和审判实践在不断地更新发展。在劳务派遣方面,人力资源和社会保障部颁布了《劳务派遣暂行规定》;在工伤保险案件方面,最高人民法院颁布了《关于审理工伤保险行政案件若干问题的规定》,在竞业禁止等方面,最高人民法院颁布了《关于审理劳动争议案件适用法律若干问题的解释(四)》;北京、浙江等地法院也针对过往的司法实践,陆续发布了审理劳动争议案件的最新指导意见。

本书第二版根据新颁布的法律、法规、司法解释和地方法院指导意见,更新修订了内容。同时大幅增加了案例数量,第一版案例数量是47个,而第二版的案例数量达到了95个,新增的案例评析部分也更加深入具体。

**谢　阳**

**2016年1月**

# 第一版序

公司是依法设立的营利组织。既然是组织，就必然有成员。对外，公司是一个法律上的“人”。对内，公司是由或多或少的自然人组成的集合。公司通过获取和使用劳动力不断创造财富，在这个过程中，不可避免地在选人、用人、管理人、淘汰人的过程中面临诸多法律问题和风险，在我多年的律师执业经历中，劳动雇佣法律问题始终是律师日常法律服务中经常涉及的内容。

## 这是一本什么书

我一直想通过一本书来总结自己在劳动雇佣领域的法律执业经验，在我的设想中，这本书应该是这样的：

首先，它是一本实务方面的工具书，用来解决实际操作问题。它可以直接指导读者的HR工作，成为HR工作者和公司法务人员的案头参考与指导手册。基于这一点考虑，书中不做过多的理论研究和分析，只涉及实务操作问题。

其次，它是一本“一站式”的工具书。所谓“一站式”，就是读者手捧此书，可以基本解决所有人力资源管理中的常见法律问题。因此，这本书涵盖了从招聘、雇佣直到终止、解除劳动合同、劳动争议解决全过程各个环节的法律规定、风险揭示、对策建议和案例分析。此外，尽管现在通过网络获取信息十分方便，但是我希望工具书的读者在离线状态下也能获得尽可能多的资料信息，所以本书的最后附上了相关的主要法律、行政法规、地方规章和司法解释的全文法条，并在具体章节中附上相关的法条节选。更难得的是,这本书中还提供了关于 HR 工作的一些文件范本,可供读者借鉴参考。

再次,它是一本站在雇主角度的人力资源工具书。我在律师执业过程中,既有为企业提供劳动法咨询和服务的时候,也不乏为中高级白领维护合法权益的经历。但是作为一本工具书,我必须选定一类人群作为读者,针对他们著述一部解决实际问题的指南。最终我选择为企业管理者和人力资源从业者写一本工具书。不过,正所谓“知己知彼,百战不殆”,假如一名员工通过阅读本书,了解了企业的所想所为,我相信也会对维护其自身权利有益。

最后,它是一本以劳动法法律问题为主的工具书,但并不限于此,对于人力资源工作中可能涉及的其他法律问题也有所涉及,如服务外包、劳务合同。

## 如何使用本书

本书从人力资源管理中的各个环节出发,基本按照一个劳动关系建立、发展和终结的时间顺序,从招聘、签署劳动合同、工作时间、薪酬管理,一直到合同解除、终止、劳动争议解决来设定章节。读者可以直接根据在实务中的处境查阅参考。

每个章节中都为读者举出了有关的案例,每个案例都附有笔者的法律评析,以帮助读者从每个案例中吸取教训和经验。同时,在每一节的后面都附有相关法条的节选,读者可以在阅读了某一节的论述后,迅速查阅与之相关的法条,而不需要另行上网或在其他法条汇编类书籍中查询。

本书还在部分章节中附有一些合同、协议的示范范本,可供读者参考使用。

谢　阳

2013 年 3 月 7 日

# 简 目

# 目　录

# 案例检索

# 第一章

# 招 聘 录 用

用人单位招聘员工的渠道很多,诸如内部员工推荐、校园招聘、发布招聘广告、现场招聘会招聘等。

从应聘者的来源划分,可分为内部招聘和外部招聘两种。内部招聘是从现有员工中推荐选拔适岗人员。内部招聘的优点包括招聘成本低、企业了解应聘者的背景、应聘者较认同企业文化等;缺点是选择面窄、不利于引进和学习本单位外部的新思想与新知识。外部招聘一般通过发布招聘广告、参加招聘会、委托猎头公司等途径选拔人才。外部招聘有利于人才的流通,可以为单位带来创新和活力,但是需要支出一定的招聘成本,而且可能存在新人不适应本单位企业文化的风险,存在一定的试用失败风险。

从招聘单位的角色和地位划分,可分为自行招聘和委托招聘两种。自行招聘是指单位自己招聘员工。当然,即使采取自行招聘的方式,单位也不可能完全不借助外部资源,常见的方法是通过在用人单位自己的网站或专业的招聘网站上发布招聘广告、参加校园招聘、参加招聘会等形式招聘员工。委托招聘是指用人单位委托第三方猎头公司寻找人才,招聘单位需要与猎头公司签署委托招聘合同并向猎头公司支付猎头服务费。

## 第一节 自 行 招 聘

用人单位自行招聘的过程中,需要特别注意以下法律风险:

## 一、招聘广告内容不得虚假

招聘广告是用人单位向不特定人发布的招聘员工的信息。根据《劳动合同法》第 8 条的规定,用人单位招用劳动者时,应当如实告知劳动者工作内容、工作条件、工作地点、职业危害、安全生产状况、劳动报酬,以及劳动者要求了解的其他情况。因此,招聘广告的内容不得夸大、虚假。

招聘广告的内容是否构成劳动合同关系的一部分?在绝大多数情况下,招聘广告本身不构成劳动合同,甚至也不是法律上所说的一项具体“要约”。招聘广告一般仅构成我国《民法典》定义的“要约邀请”,即邀请潜在的求职者向用人单位发出要约(“求职申请”)。例如,在招聘广告中一般都会包括对本单位的历史介绍、对未来的期许展望等,这些内容都不属于劳动合同范畴。从我国目前的劳动争议案件司法实践来看,一般不将招聘广告的内容视为劳动合同的一部分。尽管如此,笔者建议用人单位不要在招聘广告中承诺某些非常具体的内容,因为非常明确具体的承诺有可能构成单位与员工之间的劳动合同的一部分内容,构成单位的一项必须履行的承诺与合同义务。例如,企业在招聘广告中承诺一定给员工办理落户、承诺详细具体的福利待遇等。假如这些招聘广告的内容存在夸大、虚假成分,员工入职后一旦发现用人单位的真实情况和做法与招聘广告内容不一致,就有权利追究企业的法律责任。

### 【法律风险】

虚假招聘广告的法律后果可以包括三方面:

1. 劳动合同无效

依据《劳动合同法》第 26 条的规定,劳动人事争议仲裁委员会或人民法院判定用人单位以欺诈手段使员工在违背真实意思表示的前提下订立劳动合同,因此确认劳动合同无效。

2. 赔偿员工经济损失

依据《劳动合同法》第 86 条的规定,如果因虚假招聘广告导致员工经济损失的,用人单位要赔偿员工的经济损失。

3. 追究违约责任

如果用人单位在招聘广告中的某项承诺明确而具体，构成了劳动合同关系的一部分，而单位又违反了该承诺，劳动者可以追究单位的违约责任。

**【相关法条】**

*《劳动合同法》*

**第八条**　用人单位招用劳动者时，应当如实告知劳动者工作内容、工作条件、工作地点、职业危害、安全生产状况、劳动报酬，以及劳动者要求了解的其他情况；用人单位有权了解劳动者与劳动合同直接相关的基本情况，劳动者应当如实说明。

**第二十六条**　下列劳动合同无效或者部分无效：

（一）以欺诈、胁迫的手段或者乘人之危，使对方在违背真实意思的情况下订立或者变更劳动合同的；

（二）用人单位免除自己的法定责任、排除劳动者权利的；

（三）违反法律、行政法规强制性规定的。

对劳动合同的无效或者部分无效有争议的，由劳动争议仲裁机构或者人民法院确认。

**第八十六条**　劳动合同依照本法第二十六条规定被确认无效，给对方造成损害的，有过错的一方应当承担赔偿责任。

## 二、禁止就业歧视

中国在2005年加入于1958年经国际劳工大会通过的《1958年消除就业和职业歧视公约》，该国际条约从此对中国适用，中国负有履行该国际条约的国际义务。

《1958年消除就业和职业歧视公约》中对于"就业歧视"的定义是：任何基于种族、肤色、性别、宗教、政治见解、民族血统或社会出身等原因的取消或损害就业平等、职业机会均等或待遇平等的区别、排斥或优惠。该公约还规定，对一项特定职业基于其内在需要的任何区别、排斥或优惠不应视为歧视。所谓"特定职业的内在区别"，可以理解为这种职业天然的需要对从业者进行区别、排斥或优惠。例如,招聘一个演员饰演一个女性角色,那么当然就把男性求职者排斥在外;再如,要招聘一个体育老师,那么不能正常运动的残疾人士肯定被排斥在外。

我国就业歧视现象仍然存在,但是随着《就业促进法》的颁布实施,劳动者的公平就业意识越来越强。近年来,出现了不少关于残疾人、妇女、肝炎病患者、艾滋病患者争取公平就业机会的案件或新闻事件。企业在发布招聘广告时,应当注意招聘广告的内容不能存在对残疾、性别、传染病、宗教信仰、民族和种族等的歧视。当然,公平就业不仅体现在招聘广告上,还应当表里如一,在用人单位内部确确实实地践行公平就业的原则。如果存在就业歧视现象,不仅可能引起对企业的维权法律诉讼,也会严重损害企业形象。

**【案例 1:以应聘者是乙肝病毒携带者为由不予录用是否属于就业歧视】**

原告明某是大学应届毕业生,2018 年应聘一家化工制造公司,双方签订了就业协议,约定明某毕业后到该公司工作,试用期 3 个月。2018 年 7 月明某参加了公司组织的入职体检,同年 7 月 25 日,公司以明某是乙肝病毒携带者为由辞退明某。明某以公司不录用行为违法,侵犯其平等就业权为由起诉该公司,双方在一审期间达成和解协议,该公司赔偿了明某 25,000 元补偿金,还同意以内部文件形式承诺不再检查员工的乙肝血清学标志物。

**【评析】**

本案是典型的乙肝病毒携带者就被业歧视案件。根据我国法律规定,除了法律、行政法规和国务院卫生行政部门规定禁止从事的易使传染病扩散的工作,不得以劳动者是传染病病原携带者为由拒绝录用。易使传染病扩散的工作包括:(1)饮用水的生产、管理、供应等工作;(2)饮食服务行业的经营、服务等工作;(3)托幼机构的保育、教育等工作;(4)食品行业的生产、加工、销售、运输及保管等工作;(5)美容、整容等工作;(6)其他与人群接触密切的工作。

## 【相关法条】

**《就业促进法》**

**第三条**　劳动者依法享有平等就业和自主择业的权利。

劳动者就业，不因民族、种族、性别、宗教信仰等不同而受歧视。

**第二十七条**　国家保障妇女享有与男子平等的劳动权利。

用人单位招用人员，除国家规定的不适合妇女的工种或者岗位外，不得以性别为由拒绝录用妇女或者提高对妇女的录用标准。

用人单位录用女职工，不得在劳动合同中规定限制女职工结婚、生育的内容。

**第二十八条**　各民族劳动者享有平等的劳动权利。

用人单位招用人员，应当依法对少数民族劳动者给予适当照顾。

**第二十九条**　国家保障残疾人的劳动权利。

各级人民政府应当对残疾人就业统筹规划，为残疾人创造就业条件。

用人单位招用人员，不得歧视残疾人。

**第三十条**　用人单位招用人员，不得以是传染病病原携带者为由拒绝录用。但是，经医学鉴定传染病病原携带者在治愈前或者排除传染嫌疑前，不得从事法律、行政法规和国务院卫生行政部门规定禁止从事的易使传染病扩散的工作。

**第三十一条**　农村劳动者进城就业享有与城镇劳动者平等的劳动权利，不得对农村劳动者进城就业设置歧视性限制。

**《1958年消除就业和职业歧视公约》**

**第一条**

一、就本公约而言，“歧视”一词包括：

（一）基于种族、肤色、性别、宗教、政治见解、民族血统或社会出身等原因，具有取消或损害就业或职业机会均等或待遇平等作用的任何区别、排斥或优惠；

（二）有关会员国经与有代表性的雇主组织和工人组织（如存在此种组织）以及其他适当机构协商后可能确定的、具有取消或损害就业或职业机会均等或待遇平等作用的其他此种区别、排斥或优惠。

二、对一项特定职业基于其内在需要的任何区别、排斥或优惠不应视为歧视。

三、就本公约而言,“就业”和“职业”二词所指包括获得职业培训、获得就业和特定职业,以及就业条款和条件。

## 第二节 委托猎头招聘

### 一、委托招聘流程

以下是用人单位通过猎头公司招聘员工的流程图(见图1-1)。

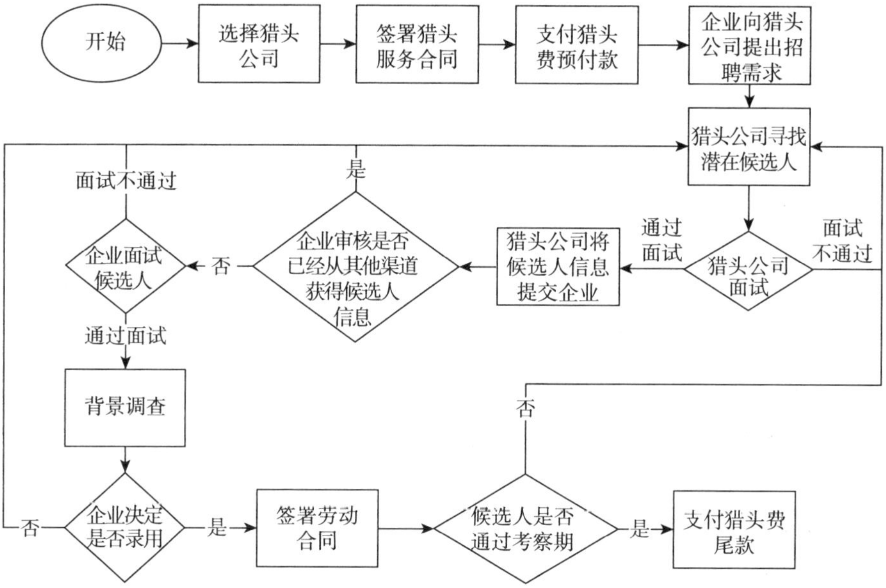


图1-1 通过猎头公司招聘员工流程

### 二、选择适合的猎头公司

猎头公司各有业务优势和侧重,有的专注于招聘IT人才,有的专注于招聘海归人才,有的擅长寻找法律人才,有的专门寻找财务人才。企业应当根据自己所处的行业和拟招聘岗位的具体需求,选择适合的猎头公司。

## 三、猎头服务合同

企业在与猎头公司签订服务合同时，大多数情况下都是猎头公司提供预先拟定的合同模板，该合同模板的条款内容对猎头公司相对有利。企业如果缺少相关的经验，就很可能无法发现合同里的风险点，以下是笔者总结的几点关于猎头服务合同的实务经验。

### (一)候选人试用不通过如何处理

猎头公司推荐的候选人通过企业遴选后，企业需要和最终选定的候选人签订劳动合同，建立劳动关系。企业如果此时就把猎头服务费全额支付给猎头公司，很可能产生纠纷和损失，因为签署劳动合同之后至试用期结束之前，企业和员工之间处于相互考察与适应的期间，企业必须通过试用才能确定猎头公司推荐的员工是否具备"真材实料"，对于不符合录用条件的员工，企业可以在试用期内将之辞退；而员工在试用期内也会考察企业是否适合自己，有权在试用期内随时向企业提出辞职。如果企业在与猎头公司推荐的候选人签订劳动合同后就将猎头服务费全额支付给猎头公司，一旦员工在试用期内辞职或者被证明不符合企业录用要求，则企业已经支付了服务费，却没有享受到有效的服务成果。

对于候选人试用失败的风险，一般有以下两种预防办法：

1. 免费再推荐。企业可在与猎头公司的协议里约定，如果推荐的候选人未通过试用期，则猎头公司必须免费继续推荐新的候选人供企业选择。

2. 试用成功再付费。在推荐的候选人通过试用期后再支付全额猎头服务费。

笔者根据多年的律师执业经验，建议将以上两点都体现在猎头服务合同中，以确保用人单位的利益。

**【案例2：录用猎头公司曾经推荐过的候选人是否需要支付猎头费】**

一家软件公司委托一家猎头公司为其推荐有海外工作背景的高级技术人员，猎头公司提供了三个候选人，该软件公司经过面试选择，淘汰了两位候选人，录用了一位候选人。过了几个月，该软件公司因为业务发展又需要招聘类似层次的人才,于是主动联系并招录了曾经在面试中被淘汰的一位应聘者。此事被猎头公司得知,猎头公司按照原合同的约定标准向软件公司索要猎头服务费。软件公司查阅了和猎头公司签署的人才招聘委托协议,其中某条款约定:如果软件公司在一年内招录了猎头公司推荐的候选人,都视为接受并认可了猎头公司的服务,应当支付猎头服务费。软件公司只好按约定支付了猎头服务费。

【评析】

大多数猎头公司的服务协议中都会有本案中类似的条款。即使没有这样约定,因为候选人信息是猎头公司提供给用人单位的,根据民法的公平原则和诚实信用原则,猎头公司的主张也是合理的。双方约定一个合理的期限有利于平衡两方的正当利益,比较常见的做法是:约定如果用人单位在12个月内招聘猎头公司推荐的候选人,则都视为猎头公司的服务成果。

(二)防范猎头公司泄露商业秘密

通常需要通过猎头公司寻找的人才都是中高端人才,因为企业一般不愿意为招聘低端人才支付猎头费。

用人单位对这类中高层次人才的招聘需求,往往体现和反映了用人单位的重大经营策略、内部人员和结构的重大变化、企业中高管理层的薪资水平等商业秘密信息。所以严格保守招聘需求信息对用人单位而言是非常重要的。用人单位应当在与猎头公司的服务合同中加入保密条款或者与其签署保密协议,要求猎头公司对用人单位提出的招聘需求予以严格保密。

(三)防范员工被猎头公司挖走

从某种角度来看,猎头公司的工作就是“挖墙脚”。所以笔者在为企业提供法律意见时经常提醒企业注意:今天猎头公司为你把某个人才挖来,明天为什么不可能又为别的企业把你的人才挖走呢?尤其是专注于某一专业领域人才的猎头公司,一旦和一个高端人才建立了联系渠道,当然有多次“利用”的可能性。所以,建议用人单位在与猎头公司的服务合同中加入限制猎头公司“挖墙脚”的条款。在该条款中用人单位可以明确禁止猎头公司在一定期间内向他人推荐本单位的员工，并约定相应的违约金。

【示范文本】

以下示范合同仅供读者研究参考之用，不代表作者提供的法律咨询意见，作者对示范合同内容的合法性、适用性和实际效果不做任何保证。

**人才推荐服务协议**

合同编号：____________

生效日：________年____月____日

本人才推荐服务协议（“本协议”）由________（本协议中简称为“委托方”）与____________有限公司（本协议中简称为“服务商”）签署。

**1. 有效期**

本协议经双方盖章后自首页所列生效日生效，至________年____月____日终止。

**2. 服务**

2.1　服务

服务商根据委托方的招聘需求向委托方推荐候选人，并保证该候选人入职后通过试用期考核的服务。服务商推荐的候选人如未通过委托方的试用期考核或者候选人在试用期满前辞职的，则服务商应当继续寻找推荐其他候选人，直至推荐的候选人通过试用期考核为止。

2.2　招聘要求

委托方以电子邮件形式将记载招聘要求的订单提交服务商。服务商可依据其专业经验对招聘要求提出完善意见和建议，经委托方书面确认采纳后，服务商的意见和建议可作为招聘要求。服务商应严格按照委托方的招聘要求推荐候选人，不得擅自改变委托方的招聘要求。

2.3　前置考察

服务商对候选人负责基础面试、资格资质审查、素质考核等，确认其符合委托方用人标准后向委托方推荐进行面试。候选人因基础面试而支出的交通食宿费用一概与委托方无关。

2.4　候选人数量

除非经委托方认可,否则服务商必须每个职位每次至少推荐__2__名候选人。

2.5　提交候选人资料

服务商提交的候选人资料应当完整翔实,至少应当包括:候选人所在地、候选人身份信息、全部高等教育以上的学历信息、全部工作简历、当前薪酬和期望薪酬。服务商应当对推荐候选人的背景信息真实性对委托方负责,如发现被录用人员应聘时提供的教育、工作经历,专业资质等背景信息虚假,委托方有权选择以下方式处理:(1)由服务商免费重新推荐候选人直至通过委托方的试用期考核,或者(2)服务商退回已经收取的服务费,并取消订单。

2.6　委托方面试

委托方在收到服务商推荐的候选人资料后__10__个工作日内安排面试,面试后__5__个工作日内书面通知服务商面试评审结果,并详述面试评价后发送电子邮件至指定联系人邮箱。委托方如有特殊情况影响招聘进程应提前说明情况。

2.7　面试交通费

如果候选人所在地与委托方面试地点不在同一城市,则按以下第____种方式处理候选人面试的往返交通费问题。

第 1 种:候选人个人承担;

第 2 种:由委托方订票,或委托方事先确认费用额度后由委托方报销。

2.8　保密

服务商对委托方的招聘要求和员工信息应当予以严格保密,不得向第三人泄露或用于本协议以外的用途。本款约定在本协议有效期满后持续有效。

2.9　其他

有以下任何一种情况,视为委托方接受了服务商的人才推荐服务并应当支付服务费:

2.9.1　委托方若将服务商推荐之候选人转介绍给其他雇主并由其他雇主聘用的;

2.9.2　虽委托方于服务商推荐时未选用候选人，但委托方在面试后＿12＿个月内聘用该候选人，且候选人通过了委托方试用期考核的。

**3. 订单**

3.1　订单生效

在协议有效期内，委托方可随时将订单以电子邮件方式发给服务商，服务商应在收到订单后即刻邮件回复确认接受订单，回复日期为订单生效日期。服务商的订单接收邮箱为：＿＿＿＿＿＿

3.2　订单取消

有以下任何一种情况，委托方可取消服务订单，服务商应退回已收取的服务费：

3.2.1　在订单生效后30日内，服务商未能推荐候选人的；

3.2.2　候选人未通过试用期考核或者在试用期满前辞职，且服务商在30日内未能推荐新的候选人的；

3.2.3　先后两次推荐候选人皆未通过试用期考核或者在试用期满前辞职的；

3.2.4　被录用人员应聘时提供的教育、工作经历、专业资质等背景信息虚假的。

**4. 反不正当竞争**

在本协议有效期内及其解除或终止后12个月内，服务商不得向第三方推荐委托方的在职员工和从委托方离职未满6个月的员工。如果服务商违反本款规定，应当将其所得收入支付给委托方，或者向委托方支付违约金人民币5万元（以两者中金额高者为准）。

**5. 服务费**

5.1　价格和支付

委托方依照本协议附件A《服务价格与付款》规定的服务费用、付款方式及其分类明细，结合订单内容向服务商支付服务费用。该服务价格已经包含了税费。

5.2　发票

服务商应当按照附件A《服务价格与付款》的规定向委托方开具发票。

**6. 争议解决**

6.1　友好协商

如果因本协议发生相关争议、纠纷或者索赔(统称为“争议”),双方应首先争取通过友好协商解决争议。

6.2　诉讼管辖

如果争议不能协商解决,则任何一方可向委托方住所地人民法院起诉。

**7. 生效**

本协议经委托方和服务商双方盖章后于首页所列生效日生效,附件与本协议具同等法律效力,本协议一式两份,双方各执一份。

**8. 附近**

本协议附件包括:附件 A《服务价格与付款》。

**签署:**

| | |
|---|---|
| 委托方加盖公司印章 | 服务商加盖公司印章 |
| ×××有限公司 | ×××有限公司 |
| 代表人(印刷体): | 代表人(印刷体): |
| 代表人签字: | 代表人签字: |
| 职务: | 职务: |
| 日期: | 日期: |
| 联系人: | 联系人: |
| 电话: | 电话: |
| 传真: | 传真: |
| 电邮: | 电邮: |
| 地址: | 地址: |
| 邮编: | 邮编: |

**附件 A《服务价格与付款》**

**1. 服务价格**

| 需求岗位 | 岗位说明 | 服务费用 |
| --- | --- | --- |
| 初级岗 | | 元 |
| 中级岗 | | 元 |
| 高级岗 | | 元 |
| 专家岗 | | 元 |

**2. 付款**

委托方与候选人签订劳动合同,且服务商开具合格发票后十(10)个工作日内,委托方支付服务商服务费的50%。

在推荐候选人通过试用期后,委托方在服务商开具合格发票后十(10)个工作日内支付50%的服务费用。

委托方与候选人签订劳动合同和候选人通过试用期后,委托方致电告知服务商,服务商应在五(5)个工作日内向委托方开具相应额度的合格发票。

**3. 发票邮递地址**

**4. 服务商银行信息**

开户行:

户名:

账号:

## 第三节　应聘者背景调查

在招聘员工过程中,企业可根据岗位的工作内容、层级高低、重要性来决定是否进行必要的背景信息调查,如调查核实应聘者的身份信息、学历信息、工作经历、目前薪资水平等。

### 一、背景调查的重要性

(一)考察应聘者是否诚实守信

背景调查可以核实应聘者的诚信度。通过背景调查查证应聘者是否在面试过程中和简历里做虚假陈述,提供虚假证明。笔者认为,不讲诚信的员工未来发生违反劳动合同约定、违反企业规章制度的概率肯定大于诚实守信的员工。因此,必要的背景调查可以帮助人力资源主管在一定程度上预防将来可能发生的纠纷争议。

(二)了解应聘者真实情况

背景调查有助于全面客观了解应聘者的基本情况。应聘者在面试和简历中必然尽量“美化”自己,这是人之常情。企业要全面评估一个应聘者必须亲自调查,综合各方面的评价,不能只听应聘者的“一面之词”。

### 二、背景调查的方法

了解核实应聘者背景信息的方式无非以下两种:一种是请应聘者出示有关的证件、证明、证书;另一种是主动调查,如向应聘者曾经的领导、同事致电询问等。

有人对主动调查的实际效果有质疑,认为存在作假的可能,而且经常得不到被调查人的配合。的确,有些被调查人不配合背景调查工作,因为被调查人在法律上并没有配合的义务,而那些配合调查的人也存在故意“美化”或者“丑化”应聘者的可能性,但是主动调查工作仍然有一定意义,值得去做。调查结果可以作为用人单位决策的参考。

企业进行背景调查要注意方式方法,必要时可委托专业的调查公司进行背景调查。

## 第四节　聘用通知书

用人单位经过对应聘者的面试考核后,如果决定录取应聘者,最好发出正式的书面聘用通知书。

## 一、聘用通知书的作用

1. 可以通过聘用通知书告知应聘者其工作内容、工作条件、工作地点、职业危害、安全生产状况、劳动报酬等情况。《劳动合同法》对企业与员工的如实告知义务作了规定，在企业招聘员工时，应当如实告知员工工作内容、工作条件、工作地点、职业危害、安全生产状况、劳动报酬，以及员工要求了解的其他情况。

2. 可以通过聘用通知书告知应聘者在入职签约时需要履行的手续或前提条件，如需要正式签约的最后时限、提交与前雇主解除劳动关系的证明等。这些提醒事项有助于员工顺利办理入职手续。

3. 可以通过聘用通知书明确试用期考核标准。试用期内，如果有证据证明劳动者不符合录用条件，用人单位可以解除劳动合同且不需要发放经济补偿金，但是首要前提是考核标准要明确。当然，试用期考核标准不是必须写在聘用通知书中，可以在入职时通过其他形式让新员工确认录用条件。

## 二、聘用通知书的注意事项

### （一）内容不得虚假、夸大

聘用通知书虽然是单方面发出的文件，但是一旦被对方接受认可，其中具体的内容一样构成劳动合同的一部分，所以聘用通知书中的内容必须真实，不应虚假夸大。即使聘用通知书的虚假部分不构成单位的合同义务，也属于缔约欺诈，如果劳动者基于聘用通知书的虚假内容接受了聘用，可以在事后主张劳动合同无效并追究用人单位的法律责任，要求用人单位赔偿损失。例如，应聘者因为聘用通知书中虚假夸大的内容做出了从原单位辞职的决定，可以要求用人单位赔偿由此导致的经济损失。

### （二）明确录用条件

聘用通知书中切忌通知对方无条件被录取。如果企业在面试时有其他尚未考察到的事项，如有无职业病、是否同现雇主解除劳动关系、是否取得毕业证书等，那么笔者建议企业或者等待相关事项都核查完毕后再发出聘用通知书，或者就在聘用通知书中明确规定应聘者还需要满足哪些条件才被正式录用。

(三)应聘者应签字寄回聘用通知书

聘用通知书中的具体内容构成合同要约,应聘者如接受聘用,应当签字并寄回聘用通知书。这样既证明了应聘者收到并接受了其中的全部条件,同时也增加了应聘者的责任感,减少其变卦的可能。在实践中,为了防止聘用通知书的签字不真实,可以让员工报到入职时当场亲笔签字。

## 第五节　招聘录用中的实务问题

### 一、招聘广告和聘用通知书中对岗位要求的描述是否构成试用期考核标准

试用期考核标准非常重要,企业有了明确具体的录用标准,才能合法解雇不符合录用条件的试用期员工。

招聘广告与聘用通知书中都可能对应聘者提出具体的应聘条件和要求,在招聘广告中这是必备的内容。理论上招聘广告的确构成将来试用期考核员工的标准,但是因为其是单方面发出的,欠缺应聘者的签字确认,日后很难作为劳动争议中的证据使用,所以笔者建议企业即使在招聘广告中写明了岗位要求,也应在签署劳动合同的同时让员工在书面“试用期录用考核标准”上签字。

### 二、招聘时应当收集哪些信息

企业在招聘时必须收集员工的部分个人信息,主要有四个目的:第一,根据这些信息和线索分析判断是否录用该人;第二,满足履行劳动合同期间所需;第三,如果发生劳动争议仲裁,有些身份信息必须向司法机关提供;第四,万一员工提供了虚假信息,需要留下证据。

员工在求职应聘时大多通过个人电子邮箱发送电子档的简历,如果简历内容存在欺诈、虚假、夸大,日后很难证明是该员工提供的。所以面试时,企业应当要求员工在打印的个人简历上逐页签字。发现员工在应聘时存在欺诈情况时,用人单位就能提供有利证据。

即使有个人简历,笔者也建议用人单位要求员工在应聘时再填写一份

个人信息表。这个信息表中需要填写的内容涉及范围很广，其部分内容的虚假可能足以造成用人单位做出错误的录用决定。个人信息表至少应当包括以下内容：

1. 姓名、性别、身份证件号码。

2. 户籍地址、通信地址、移动电话号码（在员工拒不当面签收用人单位的通知等文件时，用人单位就只能寄送文件以证明履行了通知义务，所以通信地址非常重要）。

3. 直系亲属姓名、紧急联系人及联系方式（既可以在紧急情况下帮助用人单位联系寻找员工，也可以排查员工与本单位及竞争企业有无关联关系。笔者曾经代理的一个劳动争议案件中，劳动者在工作中利用职务之便把自己父亲加入了单位购买的商业补充医疗保险名单，单位是如何发现线索的呢？就是因为这个职员入职时填写过其父亲的姓名）。

4. 学历、学位信息。

5. 工作经历，包括单位名称、时间段、职位、证明人及联系方式（有助于将来查证员工的工作履历是否真实，如果企业特别看重应聘者过去的某段工作经历、某个项目经验、某个职位经验，尤其要让员工写清楚。实践中，劳动者编造工作经历的情况并不罕见，人力资源部门应对此特别关注）。

6. 是否有严重疾病。

7. 之前的离职原因。

8. 最短入职时间。

**【案例 3：员工应聘时提供虚假简历，为何单位却仍败诉】**

张某是 A 公司的职工，A 公司在录用张某后逐渐发现张某的实际工作能力与其简历中描述的工作经历不相称。后 A 公司经多方了解，得知张某并没有其求职时简历上所描述的一段知名外资投资银行工作经历，便以张某欺诈为由辞退张某。A 公司认为张某没有资格获得解除劳动合同的经济补偿，张某不服而申请劳动仲裁。

在仲裁过程中，A 公司出示了张某应聘时提交的个人简历，但是该个人简历只有最后一页上有张某签字，而存在“虚假工作经历”的页面上没有张某签字。张某不承认自己曾经提供虚假工作简历,A公司因证据不足,最终败诉。

【评析】

本案中,A公司的法律意识淡薄,如果在张某入职时要求张某填写个人信息表或者在简历每页上都签字,就能够掌握张某缔约欺诈的有效证据。

【相关法条】

《**劳动合同法**》

**第八条** 用人单位招用劳动者时,应当如实告知劳动者工作内容、工作条件、工作地点、职业危害、安全生产状况、劳动报酬,以及劳动者要求了解的其他情况;用人单位有权了解劳动者与劳动合同直接相关的基本情况,劳动者应当如实说明。

# 第二章

# 劳动合同

劳动合同是员工与单位之间劳动关系权利和义务的约定，也是劳动关系的最直接证据。合同是缔约人之间自由意志的表现，但与其他领域的合同不同，当事人在订立劳动合同时的自由度较低，因为我国法律对于劳动合同的订立时间、订立形式、存档、合同内容等有严格的规定，企业在订立劳动合同时必须严格遵守法律的强制性规定。

## 第一节　劳动合同的订立

### 一、劳动关系的建立时间

劳动关系从何时建立呢？很多企业认为，劳动关系是从签署书面劳动合同之日建立，于是为了逃避雇主责任，不规范的用人单位选择不签署或者拖延签署书面劳动合同。其实，根据《劳动合同法》第7条的规定，自企业招聘员工从事工作之日起，劳动关系即确立。劳动关系既然确立，双方就从这一刻起依法享受权利和履行义务，接受劳动法律、法规的约束。部分企业对待签署劳动合同采取能拖一天就拖一天的态度，这种做法其实是毫无意义的，丝毫不能减少用人单位的法律责任，反而可能因此承担更严重的违法后果。

**【相关法条】**

***《劳动合同法》***

**第七条**　用人单位自用工之日起即与劳动者建立劳动关系。用人单位应当建立职工名册备查。

**第十条** 建立劳动关系,应当订立书面劳动合同。

已建立劳动关系,未同时订立书面劳动合同的,应当自用工之日起一个月内订立书面劳动合同。

用人单位与劳动者在用工前订立劳动合同的,劳动关系自用工之日起建立。

## 二、书面形式订立合同

合同形式包括书面形式、口头形式以及近年出现的电子形式。但根据《劳动合同法》第10条的规定,企业用工必须与劳动者订立书面劳动合同。书面劳动合同,是指员工在与企业建立劳动关系时,直接用书面文字形式表达和记载当事人经过协商而达成一致的协议。《劳动法》《劳动合同法》都明确规定,劳动合同应当以书面形式订立。

用书面形式订立劳动合同严肃慎重、准确可靠、有据可查,一旦发生争议,便于查清事实,判断过错,也有利于劳动行政部门进行监督检查。另外,书面劳动合同能够加强当事人的责任感,促进合同所规定的各项义务全面履行。与书面形式相对应的口头形式由于没有可以保存的文字依据,随意性大,容易发生纠纷,且难以举证,不利于保护当事人的合法权益。

书面劳动合同对于劳动者和用人单位而言,都是非常重要的。一些用人单位存在故意不签署书面劳动合同的用工现象,这种行为给劳动者维权带来一定的困难和障碍。用人单位无非是想要小聪明,认为没有书面劳动合同,当发生裁员、欠发工资、工伤等劳动纠纷时,劳动者很难控告用人单位。其实从律师的角度来看,不签署书面劳动合同是一把"双刃剑"。劳动合同是单位和员工之间的"相处规则",没有书面的"相处规则",同样可能伤害用人单位的权益,如果发生员工损害单位合法权益的事情而没有详细具体的书面劳动合同,同样会增加企业维护合法权益的成本。

**【特别提示】**

**法律规定企业用工必须订立书面劳动合同,其目的在于保障劳动关系**

**内容的明确、稳定和可查证，但对此不能理解为企业与劳动者之间的口头或其他形式约定就无效。如果能证明单位与员工之间的口头约定或其他形式的约定确实存在，那么该约定同样对双方有约束力。**

**【案例4：双方签署的《聘用确认书》可否作为书面劳动合同】**

杨某于2018年10月29日入职某科技公司，并于入职当天签署了《聘用确认书》。该《聘用确认书》上所载内容包括杨某所任职位、试用期(2个月)、工作时间、月薪、社会保险费、请假须知、交通通信费。杨某入职该公司后，公司未与其立即签署书面劳动合同。杨某于2019年1月30日辞职，并要求公司向其支付未签书面劳动合同的双倍工资差额补偿。公司不同意杨某的要求，并主张双方签署的《聘用确认书》即为书面劳动合同。杨某遂申请劳动仲裁并诉至法院。法院最终确认了《聘用确认书》的劳动合同效力，但判决公司向杨某支付2018年12月29日至2019年1月30日未签订书面劳动合同的双倍工资差额。

**【评析】**

许多公司在新员工入职时会要求员工签署《聘用确认书》，以明确该员工的岗位及其岗位职责，这是否意味着双方已签订了书面劳动合同？

《聘用确认书》的效力并非绝对，其能否被视为书面劳动合同取决于《聘用确认书》的内容。本案中的《聘用确认书》能够被认定为双方签署的书面劳动合同是由于其所载明的内容十分详细具体，其中包括杨某的入职时间、职务、试用期期限、试用期月工资标准、转正后月工资标准、福利待遇等，而上述内容具备了一般劳动合同所应载明的有关事项，该《聘用确认书》从实质上已明确了该公司与杨某之间的权利义务。因此，本案中的《聘用确认书》虽未使用“劳动合同”的字眼，但实为劳动合同。

本案中，在认可《聘用确认书》作为书面劳动合同的情况下，法院仍判决公司支付了一定期间的双倍工资差额，原因为何？这是因为本案的《聘用确认书》仅规定了试用期，未规定工作期限。根据《劳动合同法》第19条的规定，劳动合同仅约定试用期的，该试用期为劳动合同期限。因此，根据该《聘用确认书》,杨某与公司的劳动合同期限为2个月,即自2018年10月29日至12月28日。上述期限届满后,杨某仍在公司工作直至2019年1月30日。因此,公司应向杨某支付2018年12月29日至2019年1月30日未签订书面劳动合同的双倍工资差额。

尽管《聘用确认书》存在被认定为劳动合同的可能,但是为了避免争议,用人单位还是应当在法律规定的期限内与劳动者签署书面劳动合同。不过,如果《聘用确认书》中有双方权利义务的详尽规定,用人单位可以在劳动仲裁或诉讼中尝试以"《聘用确认书》即为劳动合同"作为抗辩理由。

**【相关法条】**

*《劳动合同法》*

**第十条** 建立劳动关系,应当订立书面劳动合同。

已建立劳动关系,未同时订立书面劳动合同的,应当自用工之日起一个月内订立书面劳动合同。

用人单位与劳动者在用工前订立劳动合同的,劳动关系自用工之日起建立。

**第十九条第四款** 试用期包含在劳动合同期限内。劳动合同仅约定试用期的,试用期不成立,该期限为劳动合同期限。

### 三、劳动合同的订立时间

通常劳动合同应当在建立劳动关系之日,即开始用工当日签署。但是我国《劳动合同法》并没有强制要求必须在用工同时签署书面劳动合同,而是规定了1个月的宽限期,即最迟应当在用工之日起1个月内订立书面劳动合同。但为了保护用人单位自身合法权益,笔者建议用人单位严格在建立劳动关系之日签署劳动合同。如果已经开始实际用工而暂时未签署书面劳动合同,不仅对劳动者不利,用人单位的权益在这段"空档期"中同样缺少必要和完备的保障。

#### (一)逾期订立劳动合同的法律风险

现实中有很多不按时订立书面劳动合同的情况。一些企业或员工法律意识薄弱，还有一些企业利用其优势地位，违反法律规定，故意拖延或者拒绝与员工签订书面劳动合同，试图逃避应当履行的劳动合同义务，任意解除劳动关系，极大地损害了员工的合法权益。结果，中国的企业经营者过去的这种“小聪明”招来了史上最严厉的两条“罚则”：

第一个罚则是“支付双倍工资”。根据《劳动合同法》第82条的规定，用人单位自用工之日起超过一个月不满一年未与劳动者订立书面劳动合同的，应当自用工之日起满一个月的次日至满一年的前一日向劳动者每月支付双倍的工资。

第二个罚则是“自动建立无固定期合同”。依据《劳动合同法》第14条的规定，用人单位自用工之日起满一年仍未与劳动者订立书面劳动合同的，除了上一年的双倍工资外，视为自用工之日起满一年的当日已经与劳动者订立无固定期限劳动合同，应当立即与劳动者补订书面劳动合同。

笔者在律师执业过程中，多次遇到涉及不签署书面劳动合同的劳动争议案件。有些用人单位觉得自己很冤，因为其并没有克扣员工工资、并没有不为员工缴纳社会保险费等侵犯劳动者权益的行为，仅仅是有意或者无意地忘了签署或续订书面劳动合同。很遗憾的是，这些辩解在劳动争议仲裁和诉讼中都没有意义，因为《劳动合同法》第82条只看一个标准——是否签署书面合同。只要没有签署书面劳动合同，劳动争议仲裁庭和法院就会毫不犹豫地裁判企业支付双倍工资。

**【案例5：“钻空子”的人力资源经理】**

A公司一般的惯例是与新入职员工签订为期2年的固定期限劳动合同，到期后再签署一次为期1年的劳动合同。

杨某2016年1月5日入职A公司，担任人力资源经理，劳动合同有效期为2年。2018年9月，杨某因被A公司辞退而心怀不满，申请劳动争议仲裁，以A公司在劳动合同1年期满后未与自己签署书面劳动合同为由，要求A公司双倍支付2018年1月5日起至9月的工资。

A公司认为，杨某本身是人力资源经理，在工作中故意不办理自己的劳动合同续签手续，故不应支付杨某双倍工资。A公司为此提交了杨某签字的

《岗位职责说明》,以证明杨某的工作内容中包括负责员工劳动合同的签订工作。

【评析】

《劳动合同法》第 82 条规定了不签署书面劳动合同的双倍工资罚则,近些年来出现了不少劳动者恶意利用该法律规定的案例,包括故意不签署劳动合同、故意拖延签署、从单位偷窃劳动合同等。

一般来说,用人单位的法定代表人、人力资源负责人或者专门负责劳动合同签署工作的人力资源主管,对用人单位签署书面劳动合同负有监督和实施的责任,如果这几类人自己未签订书面劳动合同,通常应当认定是他们自己的过错,其无权主张双倍工资,除非确有证据证明非因他们的过错导致未签订书面劳动合同。

(二)未订立劳动合同的常见原因

1. 因客观原因没有在入职时签署劳动合同

如新员工因为急需立刻派往外地上岗工作,而没有在入职当日签署劳动合同,其后因为人力资源岗位人员工作疏忽而忘记催促新员工补签劳动合同。

2. 未及时续签书面劳动合同

这通常是因为人力资源岗位人员忘记了该员工的固定期限劳动合同到期日。企业有众多员工,每个员工的入职时间不同,劳动合同到期日也不尽相同,人力资源部门因工作疏忽而遗漏了应当续签合同的员工的情况亦有发生。

3. 员工不及时签署书面劳动合同

对于这种现象,员工的主观目的很复杂,有的是无意的,有的员工确实就是故意拖延,无法一概而论。但无论怎样,这种情况确实也大量存在。

**【案例 6:管理疏漏导致未及时续签劳动合同】**

某企业的一位女员工休产假,恰巧其劳动合同在休假期间到期,公司人力资源部电话通知该员工来公司续签劳动合同，但女员工以身体不便为由，承诺等自己回公司上班后再签劳动合同。该女员工休完产假后回到公司，因当月的劳动合同到期名单上没有其姓名，人力资源部就阴差阳错忘记了和该女员工补签书面合同，该女员工也未主动提醒公司人力资源部。几个月后，该女员工向公司提出因未签署书面劳动合同而支付双倍工资的要求。该公司向笔者咨询如何处理。

【评析】

本案是典型的公司忘记与员工续签书面劳动合同案件。依据《劳动合同法》第42条的规定，哺乳期女职工的劳动合同到期的，劳动合同应当续延至哺乳期结束之日。笔者建议该公司利用该规定，主张合同期限已经自动顺延。后经双方协商，该女员工接受了公司的解释，撤回了要求支付双倍工资的要求。本案暴露出企业在劳动合同续签工作上的管理疏漏，应当引起注意。

目前在司法实践中，法院一般认为劳动合同期满并且有《劳动合同法》第42条规定的情形的，劳动合同应当续延至相应的情形消失时终止，故在续延期间用人单位与劳动者无须订立书面劳动合同，亦无须支付劳动者双倍工资。尽管如此，笔者建议用人单位充分掌握自己员工的劳动合同到期日期，提早续订书面劳动合同，否则，管理的疏忽随时都可能给企业造成用工法律风险。

### 【案例7：无良员工找他人代签劳动合同，事后索要双倍工资】

张某于2019年3月应聘进入某公司做工人。同年3月6日，公司组织同一批进入公司的3名新员工集体签合同。公司人事部一位女职员把三人集中到会议室，根据工种不同给每个人发放了相应的合同，要求三人看完合同后如无异议就签上姓名。其中，张某的合同上约定合同生效日期为2019年3月6日至2022年3月5日，其中试用期3个月，即自2019年3月6日至6月5日。

在三人看合同时，张某趁人事部的女职员去卫生间之际，请旁边的新员工李某在自己的合同上签了张某名字。事后,张某告诉李某,自己不签合同是为了以后离职时可以向公司多要钱,得到双倍工资。李某上班一个月后,打算辞职。张某听说后,拿来一张公司的辞职申请报告单,让李某再次帮忙签字,李某又帮忙写上了张某的名字,并按张某的要求写了2019年6月5日的离职时间。

张某在公司工作至2019年6月,之后其拿出原来李某写的那张辞职申请报告单向公司提出了辞职。辞职后,张某向劳动人事争议仲裁委员会提起申请,以未签劳动合同为由要求支付2019年4月5日至6月4日期间的双倍工资。

公司这才发现了张某是请人代签的自己的合同,在诉讼时该公司申请法院让当时签合同三人中的李某和王某出庭作证。法庭上,李某承认了张某让自己两次帮其签字的事实。郑某也证实,签合同时张某曾让李某帮忙在其合同上签字。最终法院判决公司无须支付张某双倍工资。判决后,张某也没有提起上诉。

### 【评析】

本案中,公司有签署书面劳动合同意愿并且采取了相应行动,而张某请李某代签劳动合同,这就证明张某也有订立书面劳动合同的意愿。张某事后主张未签署书面劳动合同,试图骗取双倍工资,违反诚实信用原则,所以不应获得双倍工资。张某为什么要李某在辞职申请报告上代签字呢?显然是为了将来再以单位违法解除劳动合同为由索要双倍经济补偿金。

《劳动合同法》出台后,加重了用人单位的责任,也产生了一些负面后果,确实出现了少数劳动者恶意利用《劳动合同法》的规定索要赔偿的情况。笔者建议用人单位在劳动者签署劳动合同、辞职申请、处罚通知、告知书等文件时,务必要求劳动者面签。

### 【法律风险及对策】

员工不签署或不续签书面劳动合同,将导致企业向员工支付双倍工资作为赔偿。建议用人单位采取以下措施来避免出现不签署书面劳动合同的现象。

1. 完善流程

公司应当建立一套关于劳动合同签署、存档、续订的管理流程，并且在流程中明确参与流程的各岗位及岗位责任，用制度来明确工作职责、避免疏漏。该流程可包含类似以下的内容：

(1)企业设立劳动合同存档保管员，负责保管劳动合同。

(2)企业人力资源部设专人负责每月收集新员工名单和合同即将到期的员工名单。

(3)人力资源部设相关岗位负责催促未签约员工尽快签约并将劳动合同返还人力资源部。

(4)每月定期将当月新员工名单和下个月合同将到期的员工名单发给劳动合同签约岗与劳动合同存档保管员。

(5)劳动合同存档保管员根据名单核查是否已经收到新员工劳动合同和老员工续签的劳动合同，如发现有遗漏，则存档保管员向相关岗位发出通知。

2. 签署无固定期限合同

无固定期限劳动合同没有明确的到期日，因此是不存在续订问题的。当然，企业需要通盘考虑各方面因素来决定选择哪种期限的劳动合同，如果企业适宜签署无固定期限劳动合同，就没有必要签署固定期限劳动合同，如此一来，还可以减少人力资源部门的工作量。

3. 签署自动续延条款

订立固定期限合同，但是在合同中加入“自动续延”条款，除非一方提前提出异议，否则劳动合同自动续延×年。这也是一种避免忘记续签书面劳动合同的办法。根据“自动续延”条款，用人单位与劳动者之间又重新订立了一个新的劳动合同，所以劳动者当然不能主张双倍工资。

**【案例8：劳动合同签章时间不一致】**

罗某被公司辞退。其认为公司未在法定期限内与其签署劳动合同，应当支付相应的赔偿金，遂提起劳动仲裁并起诉。尽管罗某入职当天(2018年11月29日)未签署书面劳动合同，但公司主张双方于2018年12月15日补签了一份《劳动合同》并由公司保存,符合《劳动合同法》第 10 条规定的“自用工之日起一个月内订立书面劳动合同”。但罗某与公司的《劳动合同》存在公司签章时间与负责人签字时间不符的情况。公司签章时间为 2018 年 12 月 15 日,负责人签字时间为 2019 年 1 月 30 日,而罗某签字处没有相应的签署时间。公司对此的解释是,负责人的签字不是劳动合同生效的要件,应以公司的签章为准。法院不认可公司的解释,且认为公司仅与罗某签订一份劳动合同并由公司保存,公司应承担不利后果,故认定罗某与公司的劳动合同签署时间为 2019 年 1 月 30 日,公司应向罗某支付 2018 年 12 月 29 日至 2019 年 1 月 29 日因未签订书面劳动合同的双倍工资差额补偿。

**【评析】**

一些用人单位由于劳动合同的审批手续较为复杂,可能会出现本案中负责人签字日期与用人单位签章日期不一致的情形。建议用人单位在劳动合同中直接约定生效的时间及条件,则可不受签字日期的影响。

部分用人单位在签署劳动合同时仅签署一份并由用人单位保存。此类用人单位应从本案中获得的教训是,在就劳动合同内容出现争议时,法院可能会根据上述情况认定由用人单位承担不利后果。

此外,在劳动合同签订时,还可能出现用人单位签章日期与劳动者的签署日期不一致的情况。在此种情况下,若劳动合同中没有约定生效时间,则应以较后的签署时间为生效时间,如《北京市劳动合同规定》第 20 条的规定。

**【相关法条】**

***《劳动合同法》***

**第十条** 建立劳动关系,应当订立书面劳动合同。

已建立劳动关系,未同时订立书面劳动合同的,应当自用工之日起一个月内订立书面劳动合同。

用人单位与劳动者在用工前订立劳动合同的,劳动关系自用工之日起建立。

**第八十二条** 用人单位自用工之日起超过一个月不满一年未与劳动者

订立书面劳动合同的，应当向劳动者每月支付二倍的工资。

用人单位违反本法规定不与劳动者订立无固定期限劳动合同的，自应当订立无固定期限劳动合同之日起向劳动者每月支付二倍的工资。

**《劳动合同法实施条例》**

**第七条** 用人单位自用工之日起满一年未与劳动者订立书面劳动合同的，自用工之日起满一个月的次日至满一年的前一日应当依照劳动合同法第八十二条的规定向劳动者每月支付两倍的工资，并视为自用工之日起满一年的当日已经与劳动者订立无固定期限劳动合同，应当立即与劳动者补订书面劳动合同。

**《北京市劳动合同规定》**

**第二十条** 订立劳动合同可以约定生效时间。没有约定的，以当事人签字或者盖章的时间为生效时间。当事人签字或者盖章时间不一致的，以最后一方签字或者盖章的时间为准。

**四、建立员工名册**

依据《劳动合同法》第7条的规定，对于与企业建立劳动关系的劳动者，企业应当建立员工名册，以备劳动行政部门查看。

员工名册一般包括员工的姓名、性别、民族、出生年月、文化程度、政治面貌、职务、级别、入职日期等内容。

建立员工名册，对于企业人事管理、解决劳动争议、统计员工流动率等都有着很大帮助，同时也便于劳动行政部门行使劳动监察职责。法律没有限定员工名册应当保留多长时间，但是笔者建议员工名册在单位存续期间长期保留。

**【法律风险】**

用人单位违反《劳动合同法》有关建立职工名册规定的，由劳动行政部门责令限期改正；逾期不改正的，由劳动行政部门处以2000元以上至2万元以下的罚款。

【相关法条】

《劳动合同法》

**第七条** 用人单位自用工之日起即与劳动者建立劳动关系。用人单位应当建立职工名册备查。

《劳动合同法实施条例》

**第三十三条** 用人单位违反劳动合同法有关建立职工名册规定的，由劳动行政部门责令限期改正；逾期不改正的，由劳动行政部门处2000元以上2万元以下的罚款。

### 五、劳动合同存档

依据《劳动合同法》第50条的规定，企业应当建立劳动合同存档备查制度。

笔者在多年的律师执业经历中处理了很多因未签署书面劳动合同而引发的劳动争议，其中相当多的案例中，并不是企业有意不签署劳动合同，而是因为人力资源岗位人员因工作疏忽而忘记签署或丢失劳动合同。要杜绝这种低级错误，唯有依靠完善的内部工作制度，即建立存档备查制度。

建立劳动合同存档备查制度符合法律的强制性要求。《劳动合同法》第50条规定，用人单位对已经解除或者终止的劳动合同的文本，至少保存两年备查。笔者建议用人单位保存更长的时间，尤其是对中高级管理人员、技术人员、核心员工、接触商业秘密的员工的劳动合同，长期保存为妥。因为这类员工一般负有保密义务或竞业限制义务，有的甚至还是公司的股东，他们同用人单位的联系和瓜葛会长期存续。建立劳动合同存档备查制度可以保存劳动关系证据。劳动合同是用人单位与职工之间劳动关系的重要证据，保留劳动合同对于证明双方的权利、义务、职责至关重要，是将来一旦发生纠纷争议时保障用人单位合法权益的基础。

劳动合同存档备查制度至少应当具备以下内容：

(1)存档负责人：有明确的劳动合同存档负责人。

(2)工作职责：明确参与存档工作的各个岗位的工作内容和标准。

(3)存档期限：按照法律规定，存档期限至少应当超过与员工终止或解除劳动合同后两年。只要条件允许应当保留更长时间。这是因为劳动合同关系虽然终止了，但是劳动争议仲裁时效可以因法定事由而中断重新计算，并且劳动者的部分合同义务和责任可能长期有效（如保守商业秘密的责任、不得侵犯前企业知识产权的义务）。所以长期保留劳动合同及其附属的保密协议、知识产权协议等附属协议十分必要。

（4）借阅制度：除非参加劳动争议仲裁诉讼，最好不对外借阅劳动合同原件，如在工作中需要查阅劳动合同，保管部门应当仅提供复印件。

（5）罚则：明确所有参与存档工作的岗位发生工作失职时的处罚内容。

（6）工作交接：明确负责存档的岗位发生人员更替时的工作交接流程。

**【案例9：企业丢失书面劳动合同的后果】**

某公司平时管理就比较混乱，员工王某离职时恰逢公司内部出现股东纠纷等重大变动，员工普遍人心惶惶，王某趁乱将公司保管的其本人劳动合同偷走，随后提起仲裁，诉称公司未与自己订立书面劳动合同，要求支付双倍工资。该公司极力申辩，举证证明与其他员工都订立了书面合同，解释与王某的书面合同已经订立，只是因为丢失而无法向仲裁庭提供。但王某不认可，最终该公司因为举证不能而败诉。

**【评析】**

本案的原因就是公司的劳动合同档案管理不善。《劳动合同法》规定用人单位自用工之日起超过一个月不满一年未与劳动者订立书面劳动合同，应当向劳动者每月支付二倍的工资。所以不排除有员工会利用这个法律规定，企图偷走劳动合同或者伙同人力资源部的员工配合偷走劳动合同。偷走公司的文件资料，不仅会给公司带来经济损失，甚至可能构成刑事责任。企业应当对员工加强思想教育、法制教育，但从根本上说，企业必须建立完善科学的档案管理制度和保安制度。

**【相关法条】**

***《劳动合同法》***

**第五十条第三款** 用人单位对已经解除或者终止的劳动合同的文本，

至少保存二年备查。

## 六、禁止要求员工提供担保或收取财物

(一)法律的禁止性规定

依据《劳动合同法》第9条的规定,企业招聘员工,不得扣押员工的居民身份证和其他证件,不得要求员工提供担保或者以其他名义向员工收取财物。该条规定处于《劳动合同法》的"劳动合同的订立"的章节下,根据法条的逻辑关系,可以理解为企业在订立劳动合同时,不得以其他名义向员工收取财物。但事实上,此类规定并非始见于《劳动合同法》,原劳动部1995年8月4日颁发的《关于贯彻执行〈中华人民共和国劳动法〉若干问题的意见》(劳部发〔1995〕309号)第24条规定,企业在与员工订立劳动合同时,不得以任何形式向员工收取定金、保证金(物)或抵押金(物)。原劳动部《关于严禁用人单位录用职工非法收费的通知》亦规定企业不得在招工条件中规定个人缴费内容。从上述规定可以看出,法律禁止在新招聘员工时收取押金。

(二)例外情形

2009年上海市高级人民法院发布《关于适用〈劳动合同法〉若干问题的意见》(沪高法〔2009〕73号),第12条"劳动者占有用人单位价值较高的财产时,用人单位与劳动者约定设置担保的效力"规定,根据《劳动合同法》第9条的规定,用人单位不得在招工时扣押劳动者身份证件、要求劳动者提供担保或收取劳动者财物。在劳动合同履行过程中,对于劳动者占有单位价值较高的财物,单位为防止财物灭失或被轻易毁坏,与劳动者约定设置了相应的合理担保的,法律没有禁止,可以认定有效。但该约定为流押、流质担保,或者名义上为财物"担保"实际上却是要求劳动者购买该财物的,该约定无效。国家对收取"风险抵押金"并非一律禁止,在符合一定的条件时是可以收取的。

**【案例10:以解除劳动关系威胁员工缴纳押金违法】**

A公司的仓库出现货品丢失现象,为了加强管理,A公司决定要求所有库管人员提供担保人或者缴纳风险押金,如不提供担保人或缴纳风险押金

的，就解除与其的劳动合同或者调整其到工资更低的岗位。

【评析】

该案例中A公司的做法违法，尽管A公司要求提供担保和押金的时间点不是在招录库管人员的时候，但是A公司以解除或变更合同威胁员工提供担保和押金，违背了合同订立的自愿原则。

【相关法条】

**《劳动合同法》**

**第九条**　用人单位招用劳动者，不得扣押劳动者的居民身份证和其他证件，不得要求劳动者提供担保或者以其他名义向劳动者收取财物。

**《关于贯彻执行〈中华人民共和国劳动法〉若干问题的意见》**

**24.** 用人单位在与劳动者订立劳动合同时，不得以任何形式向劳动者收取定金、保证金（物）或抵押金（物）。对违反以上规定的，应按照劳动部、公安部、全国总工会《关于加强外商投资企业和私营企业劳动管理切实保障职工合法权益的通知》（劳部发〔1994〕118号）和劳动部办公厅《对"关于国有企业和集体所有制企业能否参照执行劳部发〔1994〕118号文件中的有关规定的请示"的复函》（劳办发〔1994〕256号）的规定，由公安部门和劳动行政部门责令用人单位立即退还给劳动者本人。

## 第二节　劳动合同的条款

劳动合同的条款可分为必备条款和约定条款两种。

**一、必备条款**

（一）概述

劳动合同的必备条款，是指法律规定的劳动合同必须具备的内容。在法律规定了必备条款的情况下，依据《劳动合同法》第81条的规定，如果劳动合同缺少此类条款，并因此给员工造成损害的，企业要承担赔偿责任。《劳动合同法》第17条规定，劳动合同应当具备以下条款：（1）用人单位的名称、住所和法定代表人或者主要负责人；（2）员工的姓名、住址和居民身份证或者其他有效身份证件号码;(3)劳动合同期限;(4)工作内容和工作地点;(5)工作时间和休息休假;(6)劳动报酬;(7)社会保险;(8)劳动保护、劳动条件和职业危害防护;(9)法律、法规规定应当纳入劳动合同的其他事项。

以上内容与《劳动法》第19条所规定的劳动合同必备条款相比,增加了"工作时间""工作地点""职业病危害防护"等内容,同时删除了三个内容,分别是:

1. 劳动纪律

劳动纪律虽然不再是劳动合同的必备条款,但是仍可以在劳动合同中由当事人约定。

2. 劳动合同终止条件

劳动合同终止条件不得由当事人约定,只能由法律规定。《劳动合同法》第44条规定了法定的劳动合同终止条件,用人单位与劳动者不得在《劳动合同法》第44条规定的劳动合同终止原因之外约定其他的劳动合同终止条件。

3. 违反劳动合同的责任

违反劳动合同的责任虽然不是法定必备条款,但仍可约定,需注意的是,依据《劳动合同法》第25条的规定,除员工违反培训服务期或违反竞业限制义务的情形外,不得约定其他的劳动者违约责任。

**【相关法条】**

***《劳动合同法》***

**第十七条** 劳动合同应当具备以下条款:

(一)用人单位的名称、住所和法定代表人或者主要负责人;

(二)劳动者的姓名、住址和居民身份证或者其他有效身份证件号码;

(三)劳动合同期限;

(四)工作内容和工作地点;

(五)工作时间和休息休假;

(六)劳动报酬;

(七)社会保险;

（八）劳动保护、劳动条件和职业危害防护；

（九）法律、法规规定应当纳入劳动合同的其他事项。

劳动合同除前款规定的必备条款外，用人单位与劳动者可以约定试用期、培训、保守秘密、补充保险和福利待遇等其他事项。

**第二十五条** 除本法第二十二条和第二十三条规定的情形外，用人单位不得与劳动者约定由劳动者承担违约金。

***《劳动合同法实施条例》***

**第十三条** 用人单位与劳动者不得在劳动合同法第四十四条规定的劳动合同终止情形之外约定其他的劳动合同终止条件。

（二）必备条款详解

1. 企业的名称、住所和法定代表人或者主要负责人

为了明确劳动合同中企业一方的主体资格，确定劳动合同的当事人，劳动合同中必须具备这一项内容。

2. 员工的姓名、住址和居民身份证或者其他有效证件号码

为了明确劳动合同中员工一方的主体资格，确定劳动合同的当事人，劳动合同中必须具备这一项内容。

住址问题关系到将来单位向员工发送通知时的发送地址。发送通知在法律上会产生很多后果，如催款通知可以中断诉讼时效。作为接收通知的一方，如果收到通知而不予回复，则可能在法律上丧失或者视为放弃某些权益。

现实中员工的实际住址与身份证件上的住址很可能不一致。笔者建议在劳动合同中明确以下三点：

（1）员工的实际通信地址；

（2）如果实际通信地址发生变更，员工有义务及时书面通知单位，否则因此导致的一切后果和责任由员工承担；

（3）所有发往约定通信地址的信件，视为已送达员工。

3. 劳动合同期限

劳动合同期限是双方当事人相互享有权利、履行义务的时间界限，即劳动合同的有效期限。劳动合同期限可分为固定期限、无固定期限和以完成

一定工作任务为期限。

4. 工作内容和工作地点

工作内容,是指工作职位和工作任务或职责。这一条款是劳动合同核心条款之一,也是建立劳动关系的极为重要的因素。它是企业聘用员工的目的,也是员工通过自己的劳动取得劳动报酬的根据。劳动合同中的工作内容条款应当规定得明确具体,便于遵照执行。

工作地点,是指劳动合同的履行地,是员工从事劳动合同中所规定的工作内容的地点,关系到员工的工作环境、生活环境以及员工的就业选择,员工有权在与企业建立劳动关系时知悉工作地点,所以这也是劳动合同中必不可少的内容。另外,劳动地点也是劳动争议法定优先的司法管辖地,因此明确约定工作地点有利于确定劳动争议的管辖地。

5. 工作时间和休息休假

工作时间,是指员工在单位中必须用来完成其所担负的工作任务的时间。一般由法律规定员工在一定时间内(工作日、工作周)应该完成工作任务,以保证最有效地利用工作时间,不断地提高工作效率。这里的"工作时间"包括工作时间的长短、工作方式的确定,比如是 8 小时工作制还是 6 小时工作制,是日班还是夜班,是标准工时工作制、不固定工时工作制还是综合计算工时制。在工作时间上的不同约定,对员工的就业选择、劳动报酬、考勤等均有影响,因此工作时间成为劳动合同不可缺少的内容。

休息休假,是指单位的员工按规定不必进行工作,而自行支配的时间。休息休假是每个公民都应享受的权利。《劳动法》第 38 条规定:"用人单位应当保证劳动者每周至少休息一日。"休息休假的具体时间根据员工的工作地点、工作种类、工作性质、工龄长短等各有不同,企业与员工在约定休息休假事项时,应当遵守《劳动法》及相关法律法规的规定。

6. 劳动报酬

劳动报酬,是指员工与企业确定劳动关系后,因提供了劳动而取得的报酬。劳动报酬是满足员工生活需要的主要来源,也是员工付出劳动后应该得到的回报。因此,劳动报酬是劳动合同中必不可少的内容。

劳动报酬主要包括以下几个方面:(1)企业工资水准、工资分配制度、工资标准和工资分配形式;(2)工资支付办法;(3)加班、加点工资及津贴、补贴标准和奖金分配办法;(4)工资调整办法;(5)试用期及病事假等期间的工资待遇;(6)特殊情况下员工工资支付办法;(7)其他劳动报酬如奖金的分配办法。

7.社会保险

社会保险,是指政府通过立法强制实施,由员工和工作单位或社区以及国家三方面共同筹资,帮助员工及其亲属在遭遇年老、疾病、工伤、生育、失业等风险时,防止收入的中断、减少和丧失,以保障其基本生活需求的社会保障制度。

8.劳动保护、劳动条件和职业危害防护

劳动保护,是指企业为了防止劳动过程中的安全事故,采取各种措施来保障员工的生命安全和健康。劳动生产过程存在各种不安全、不卫生因素,如不采取措施加以保护,可能发生工伤事故,如矿井作业可能发生瓦斯爆炸、水火灾害等事故;建筑施工可能发生高空坠落、物体打击和碰撞等事故。安全事故会危害员工的安全健康,妨碍工作的正常进行。国家为了保障员工身体安全和生命健康,通过制定相应的法律和行政法规、规章,规定劳动保护,企业也应根据自身的具体情况规定相应的劳动保护制度,以保证员工的健康和安全。

劳动条件,主要是指企业为使员工顺利完成劳动合同约定的工作任务,为员工提供必要的物质和技术条件,如必要的劳动工具、机械设备、工作场地、劳动经费、辅助人员、技术资料、工具书,以及其他一些必不可少的物质、技术条件和其他工作条件。

职业危害,是指企业的员工在职业活动中,因接触职业性有害因素如粉尘、放射性物质和其他有毒、有害物质等而对其生命健康产生的危害。根据《职业病防治法》第33条的规定,企业与员工订立劳动合同时,应当将工作过程中可能产生的职业病危害及其后果、职业病防护措施和待遇等如实告知员工,并在劳动合同中写明,不得隐瞒或者欺骗。此外,《职业病防治法》中还规定了企业在职业病防护中的义务:

(1)企业应当为员工创造符合国家职业卫生标准和卫生要求的工作环

境和条件,并采取措施保障员工获得职业卫生保护;

(2)企业应当建立健全职业病防治责任制,加强对职业病防治的管理,提高职业病防治水准,对本单位产生的职业病危害承担责任;

(3)企业必须采用有效的职业病防护设施,并为员工提供个人使用的职业病防护用品;

(4)企业应当对员工进行上岗前的职业卫生教育训练和在岗期间的定期职业卫生教育训练,普及职业卫生知识,督促员工遵守职业病防治法律、法规、规章和操作规程,指导员工正确使用职业病防护设备和个人使用的职业病防护用品,应当按照有关法律、法规的规定严格履行职业危害防护的义务。

## 二、约定条款

### (一)概述

劳动合同的条款,是指由单位和劳动者自愿协商的条款。劳动合同的某些内容是非常重要的,关系到员工的切身利益,但是这些条款不是每个劳动合同都必须具备的,所以法律不把其作为必备条款。

根据《劳动法》第 19 条第 2 款的规定,劳动合同除必备条款外,当事人可以协商约定其他内容。《劳动合同法》第 17 条第 2 款规定:“劳动合同除前款规定的必备条款外,用人单位与劳动者可以约定试用期、培训、保守秘密、补充保险和福利待遇等其他事项。”

试用期、培训、保守秘密、补充保险和福利待遇都属于约定条款。当然,约定条款并不局限于《劳动合同法》第 17 条第 2 款中列举的这些内容,企业和员工根据实际情况还可以约定其他事项。

### (二)约定条款详解

1. 试用期

试用期,是指企业对新录用的员工进行试用的期限。企业与员工可以在劳动合同中就试用期的期限和试用期期间的工资等事项作出约定,但不得违反《劳动合同法》有关试用期的规定。《劳动合同法》对试用期的强制规定主要体现在以下三方面:

(1)试用期有最长期限,以避免企业无限期地试用员工;

(2)试用期工资有最低标准,以避免企业以试用为名侵害员工获得合理劳动报酬的权利;

(3)解雇试用期员工有法定条件,以避免试用期成为企业任意解雇员工的借口。

《劳动合同法》第19条对如何确定试用期作出了明确规定,根据劳动合同的期限、类型不同,试用期的长短也有所不同。需要特别注意的是,劳动合同期限不足3个月的劳动合同和以完成一定工作任务为期限的劳动合同,不得约定试用期。

2. 教育训练

教育训练,是指按照职业或者工作职位对员工提出的要求,以开发和提高员工的职业技能为目的的教育与训练活动。《劳动法》第68条规定:"用人单位应当建立职业培训制度,按照国家规定提取和使用职业培训经费,根据本单位实际,有计划地对劳动者进行职业培训。从事技术工种的劳动者,上岗前必须经过培训。"企业职工培训应以培养有理想、有道德、有文化、有纪律、掌握职业技能的员工队伍为目标,促进企业员工队伍整体素质的提高。企业应建立健全员工教育训练的规章制度,根据本单位的实际对员工进行在岗、转岗、晋升、转业教育训练,对学徒及新录用人员进行上岗前的教育训练,并保证教育训练经费和其他教育训练条件。员工应按照国家规定和企业安排参加教育训练,自觉遵守教育训练的各项规章制度,并履行教育训练协议规定的各项义务,服从单位工作安排。

3. 保密

根据《反不正当竞争法》第9条之规定,商业秘密是不为公众所知悉,具有商业价值,并经权利人采取保密措施的技术信息和经营信息等商业信息。

在激烈的市场竞争中,任何一个企业生产经营方面的商业秘密都十分重要。在市场经济条件下,企业用人和员工选择职业都有自主权,有的员工因工作需要,了解或掌握了本企业的技术资讯或经营资讯等资料,如果企业事先不向员工提出保守商业秘密、承担保密义务的要求,有的员工就有可能带着企业的商业秘密创业或另谋职业,或者通过擅自泄露或使用原企业的商业秘密谋取个人利益。如果没有事先的保密约定,企业往往难以通过法律途径维护合法权益,从而遭受重大经济损失。因此,企业应当与员工在劳动合同中就保守商业秘密的具体范围、方式、保密期限、损害赔偿等进行约定,预防自己的商业秘密被侵占或泄露。

4. 补充保险

补充保险,是指除了国家基本社会保险之外,企业根据自己的实际情况为员工建立的保险,以用来满足员工高于基本社会保险需求的愿望。

补充保险包括补充医疗保险、补充养老保险、人身意外保险等,有的企业甚至给员工的亲属购买保险。补充保险的建立依企业的经济承受能力而定,由企业自愿实行,我国法律不作强制的统一规定,但根据同工同酬的原则,应当在企业内部平等、统一。补充保险的事项不作为劳动合同的必备条款,由企业与员工自行约定。

5. 福利待遇

随着市场经济的发展,企业给予员工的福利待遇也成为员工收入高低的重要指标之一。已成为员工就业选择的一个重要因素。福利待遇主要是指工资以外发放的各种补助、财物等。

6. 争议解决条款

争议解决条款主要用于约定发生纠纷争议后的解决途径、管辖地和法律适用。劳动合同争议纠纷的解决途径可分为协商解决、调解解决(实质是在调解机构的主导下协商解决)和仲裁解决。协商解决和调解解决程序不是法定必经的过程,在争议解决条款中可自愿约定协商过程和调解过程。

根据《劳动争议调解仲裁法》第 21 条的规定,劳动合同中可以约定仲裁管辖地,但法律规定可选择管辖地范围仅限于单位所在地和劳动合同履行地。

根据《劳动合同法》的相关规定,中国境内的企业、个体经济组织、民办非企业单位等组织与劳动者建立劳动关系,订立、履行、变更、解除或者终止劳动合同,必须适用中国法律,所以争议解决条款中无须对法律适用再作约定。

7. 竞业禁止条款

竞业禁止条款又称为竞业限制条款,它不是劳动合同必须具备的条款,企业可以与员工协商约定。《劳动合同法》第 23 条和第 24 条所规定的“竞业限制”实际上仅针对离职后的竞业禁止问题，而从广义的角度来看，竞业禁止还包括在职期间的竞业禁止义务。

劳动合同中可针对在职期间和离职后的竞业禁止问题进行详细约定，笔者建议该条款应具备以下内容：

(1)详细描述“竞争对手”的定义，避免未来因为如何界定竞争对手而发生纠纷争议；除了对“竞争对手”一词作内涵的定义外，最好直接列明主要的竞争对手的名称，另外，应当将竞争对手的关联企业也包括在内。

(2)详细描述“竞业”的表现形式。《劳动合同法》第 24 条中仅笼统地提到了到竞争对手处工作和自己开业经营同类业务两种表现形式。但实践中有多种变通的方式，如员工离职后不到竞争对手单位入职上班，只在私下里秘密提供劳务服务。因此，有必要在劳动合同中具体列举竞业的各种表现形式，“堵死”员工竞业的路。

(3)竞业禁止的地域范围。企业应根据具体员工的工作内容、重要性，结合本单位现实和未来的经营地域，合理地约定竞业禁止的地域范围。

(4)竞业禁止的期限。《劳动合同法》规定竞业禁止期限不得超过劳动关系终止后两年。

(5)竞业禁止补偿金，包括竞业禁止补偿金的金额和支付方式。

(6)违反竞业禁止义务的违约金。

(7)竞业禁止义务的提前终止。劳动合同可约定公司有权决定提前终止竞业禁止期，竞业禁止补偿金支付至竞业禁止期终止之日。该条款可以让公司在竞业禁止期上有一定的灵活性，在必要的时候可以提前终止竞业禁止。

### 【相关法条】

***《劳动合同法》***

**第十七条**　劳动合同应当具备以下条款：

(一)用人单位的名称、住所和法定代表人或者主要负责人；

(二)劳动者的姓名、住址和居民身份证或者其他有效身份证件号码；

(三)劳动合同期限;

(四)工作内容和工作地点;

(五)工作时间和休息休假;

(六)劳动报酬;

(七)社会保险;

(八)劳动保护、劳动条件和职业危害防护;

(九)法律、法规规定应当纳入劳动合同的其他事项。

劳动合同除前款规定的必备条款外,用人单位与劳动者可以约定试用期、培训、保守秘密、补充保险和福利待遇等其他事项。

【示范文本】

以下示范合同仅供读者研究参考之用,不代表作者提供的法律咨询意见,作者对示范合同内容的合法性、适用性和实际效果不做任何保证。

劳 动 合 同

甲方:____________有限公司

法定代表人:________________

注册地址:__________________

乙方:____________

居民身份证或其他身份证件号:_________________

联系住址:_________________________________

户口所在地:_______________________________

依照《中华人民共和国劳动法》《中华人民共和国劳动合同法》及相关劳动法规,甲方与乙方经协商一致,依据诚实信用原则和自愿原则签订本劳动合同书(以下简称“本合同”或“劳动合同”)并共同遵守。在本合同中,甲方与乙方合称为“双方”,单独称为“一方”。

**1. 前提**

乙方保证与其他单位或组织不存在劳动关系,乙方保证向甲方提供的信息(包括但不限于个人信息、教育经历、工作经历、专业资格等)全部真实。上述保证是甲方同意雇用乙方和本合同生效的必要条件。如果甲方在任何时候发现乙方违反上述保证,甲方有权解雇乙方且不承担任何补偿责任。

**2. 合同构成**

2.1　附件

本合同附件包括:附件 A《知识产权与保密协议》;附件 B《离职竞业限制协议》;附件 C《培训及服务期协议》。

2.2　完整性

本合同正文部分、附件、补充协议(如有)构成一个完整的协议,并替代录用通知书(Offer)。[如果希望录用通知书的内容也有效,则本款应写为:本合同、附件、补充协议(如有)及录用通知书构成一个完整的协议。]

**3. 劳动合同期限**

本合同期限类型为第____种合同。试用期____个月,自____年____月____日起至________年____月____日止。如果甲乙双方续订劳动合同或者订立下列第三种合同,则无试用期。

(1)固定期限劳动合同,合同期从________年____月____日生效,________年____月____日终止。

(2)无固定期限劳动合同,合同期从________年____月____日生效。

(3)以完成某项任务为期限劳动合同,合同期从________年____月____日起至____________________(工作)完成为止。

**4. 工作内容和工作地点**

4.1　入职岗位

乙方入职的工作岗位是________。乙方的具体工作内容由甲方根据经营和管理的需要进行安排调整,乙方应按时完成甲方规定的工作,达到甲方满意的质量标准。

4.2　岗位调整

在合同有效期内,甲方有权根据以下原因调整乙方的工作岗位:

4.2.1　乙方经甲方考核为不胜任工作的,甲方有权调整乙方的工作岗位,乙方应当服从;

4.2.2 乙方因患病等个人原因或客观原因而不能或不便从事现有岗位的,甲方有权调整乙方的工作岗位,乙方应当服从;

4.2.3 除上述规定外,甲方可因其他原因而随时提出调整乙方的工作岗位,但应和乙方协商一致。

4.3 工作地点

乙方的主要工作地点是________市。根据岗位工作性质或甲方的需要,乙方应当服从甲方的出差或短期外派安排。但变更乙方主要工作地点的,应当双方协商一致。

**5. 工作时间和休息休假**

5.1 考勤

乙方同意执行甲方规定岗位相应的工时制度,严格遵守相应的考勤制度。迟到、缺勤或旷工的,甲方可依据甲方规章相应扣减乙方工资直至解除劳动合同。

5.2 休息休假

甲方依法保障乙方休息和休假的权利。

5.3 工时制度

5.3.1 乙方实行以下第____种工时制:

(1)标准工时制;

(2)综合计算工时制,以(周、月、季、年)为计算周期;

(3)不定时工时制。

5.3.2 根据乙方岗位或工作内容的变化,甲方可以调整乙方的工时制度。

5.4 加班

乙方应当遵守甲方的加班制度,不得未经甲方批准而擅自加班。乙方擅自加班的,甲方不承担加班费和法律责任。甲方根据乙方岗位的工时制度,按照法律和甲方的规章制度规定计发加班工资。

**6. 劳动报酬**

6.1 工资构成及标准

乙方当前的工资构成包括:基本工资、岗位工资、年终奖金、销售提成。

6.1.1 乙方的基本工资标准为税前人民币____元/月，试用期期间基本工资为税前人民币____元/月。甲方可根据乙方的工作业绩和表现，按照甲方的规章制度和流程提高或降低乙方的基本工资。

6.1.2 乙方的岗位工资标准为税前人民币____元/月，试用期期间岗位工资为税前人民币____元/月。乙方岗位被调整的，将按照甲方的规定相应调整岗位工资。

6.1.3 乙方的年终奖金计算方式和发放条件详见甲方的相关奖金制度，甲方的奖金制度如修订变更，则按照修订变更后的制度执行。

6.1.4 乙方的销售提成计算方式和发放条件详见甲方的相关销售提成制度，甲方的销售提成制度如修订变更，则按照修订后的制度执行。

6.2 工资调整

6.2.1 本合同期间内，甲方有权根据生产经营状况、组织架构调整、工作表现、工作内容与岗位变化情况等因素，在签约地政府规定的最低工资标准限额以上调整乙方的劳动报酬，乙方应当服从甲方的调整。

6.2.2 依据特殊岗位或特殊情况而发放的工资，在乙方不再从事特殊岗位或特殊情况不适用后停止发放。

6.2.3 甲方颁布新的与工资有关的规章制度，或修订与工资有关的规章制度，均适用于乙方。

6.3 所得税

乙方有义务按照国家规定缴纳个人所得税，甲方按照国家规定将直接从乙方工资中代扣代缴乙方个人所得税。

6.4 工薪保密

甲方实行工薪保密制度，乙方不得向第三人（包括其他员工）透露其工资薪酬。

**7. 股权激励**

甲方可根据其制定的员工股权激励政策，自主决定给予乙方股权激励。任何情况下，股权激励不属于劳动法中所指的“工资”。甲方不对股权激励的时间、数额、风险和收益作出任何保证。乙方如接受股权激励，则须接受关于员工股权激励政策的全部规定，包括但不限于关于股权授予、股权行权、股权转让限制等方面的规定。

**8. 社会保险与补充福利**

8.1 社保

甲乙双方依法参加社会保险,按时缴纳各项社会保险费,其中依法应当由乙方缴纳的部分,由甲方从乙方工资中代扣代缴。乙方应在签订本合同后将个人社会保险关系转入甲方;乙方应在签订本合同之日起15日内,将社会保险关系转入甲方,否则:(a)由此而发生的保险迟缴漏缴责任,甲方不予承担也不予补缴;并且(b)甲方保留随时解除劳动关系的权利。

8.2 补充福利

甲方可在法律规定的强制性福利之外自主设立补充福利。享受补充福利的条件由甲方规定,在符合补充福利申领条件的前提下,乙方可享受相应的补充福利。甲方保留随时调整或缩减补充福利的权利。

**9. 劳动保护和劳动条件**

甲方为乙方提供必要的劳动条件和劳动工具,建立健全生产工艺流程,制定操作规程、规范和劳动安全卫生制度及其标准。乙方应认真学习贯彻上述规程、制度和标准。

**10. 劳动纪律**

10.1 遵守公司规章

乙方应认真遵守并严格执行甲方依法制定的劳动纪律和规章制度,严格遵守劳动安全卫生制度、生产工艺、操作流程和工作规范的要求,爱护甲方的财产,积极参加甲方组织的培训,努力提高职业技术技能,完成本职工作。

10.2 不谋取私利

乙方不得从事任何可能损害甲方利益的活动。乙方应当恪守职业道德,不得利用在甲方的工作职务或职位直接或间接地为自己谋取私利。乙方利用工作之便谋取的各种私利应归甲方所有,任何时候一经发现,甲方有权要求乙方上缴。

10.3 不兼职

乙方在正常工作时间内,须将其全部时间、精力、技术和技能,仅用于履行本合同规定之义务上,并有效地履行其工作职责,尽其最大努力,确保圆满完成甲方分派之任务。乙方承诺在本合同期间，不从事其他兼职活动和工作。

10.4　保密

乙方应保守甲方的商业秘密（包括在工作中知悉的甲方关联企业的、客户的、商业伙伴的商业秘密），具体规定遵照甲乙双方签订的《知识产权与其保密协议》。《知识产权与保密协议》是本合同的附件A，构成本合同不可分割的组成部分。

10.5　处罚

乙方若违反甲方的劳动纪律和规章制度，甲方可依据劳动纪律和规章制度给予纪律处罚或经济处罚，直至解除本合同。甲方有权按国家法律、法规和甲方制定的各项规章制度的规定对乙方进行管理和奖惩。

**11.通知**

11.1　通知方式

甲方可通过以下任一渠道向乙方发送通知：（1）工作电子邮箱；（2）个人电子邮箱；（3）通信地址；（4）移动电话；（5）其他乙方向甲方提供的联系方式。乙方在职期间，乙方的工作电子邮箱为首选的通知方式。乙方离职后或者工作电子邮箱不可用时，甲方可以选择（2）~（5）中的任意一种通知方式。

11.2　送达

按乙方提供的通信地址邮寄通知的，以寄出后次日视为送达日。以电子邮件、短信息、微信及其他互联网通信方式通知的，均以发送时视为送达成功。

11.3　通知方式变更

如乙方入职时预留给甲方的个人联络方式发生变更，乙方应当及时告知甲方。

**12.劳动合同的变更**

12.1　变更合同的条件

有下列情形之一的，双方应变更本合同并及时办理变更合同手续：

12.1.1　双方协商一致同意变更本合同的；

12.1.2 订立本合同所依据的法律法规、政府部门规章发生变化的;

12.1.3 其他法律规定应当变更合同的情形。

12.2 变更合同的程序

甲方依据前款提出变更本合同的,应书面通知乙方,乙方应在15日内(含15日)书面答复甲方,乙方在15日内未书面答复的或者双方实际变更履行一个月的,视为双方已经就合同内容变更达成一致意见。

**13.劳动合同的解除和终止**

13.1 到期终止

合同期满时,本合同终止。

13.2 协商解除

在合同期限内,经甲乙双方协商一致,可以提前解除本合同。

13.3 甲方单方解除权

符合法律规定的情形时,甲方可以提前30日以书面形式通知乙方解除本合同或支付乙方1个月工资后立即解除本合同。但如果乙方有下列情形之一,甲方可以随时解除本合同,且不需支付任何补偿:

13.3.1 在试用期间,乙方被证明不符合录用条件的;

13.3.2 乙方违反本合同第一章所约定的保证的;

13.3.3 乙方严重失职、营私舞弊,对甲方造成重大损害(单次或累计造成直接或间接经济损失超过人民币________元);

13.3.4 本合同期间,乙方与其他单位建立劳动合同关系或兼职等,对完成甲方的工作任务造成严重影响,或者乙方在甲方指出该问题后在3个工作日内未改正的;

13.3.5 乙方严重违反甲方劳动纪律或甲方规章制度。

13.4 乙方单方解除权

乙方在提前30日书面通知甲方后,可以解除本合同。乙方在本合同试用期内,提前3日书面通知甲方后,可以解除本合同。乙方在上述辞职预告期内应继续上班工作,否则一律视为旷工。

13.5 离职交接

无论因何原因解除或终止本合同,乙方应按甲方规定做好离职前的工作及财物交接。若乙方违反上述约定擅自离职的,甲方将向乙方追究相关赔偿责任,包括直接从乙方工薪中扣除相关款项。如果甲方在乙方离职后发现乙方仍有未交接的工作或财物,乙方仍有义务及时和妥善的配合完成交接,否则甲方将向乙方追究相关赔偿责任。

13.6 持续有效

本合同解除或终止后,其中劳动争议处理条款、知识产权及保密协议、通知条款、离职交接条款,以及其他明确约定继续有效的条款以及根据其性质和内容应当继续执行的条款应继续有效。

**14. 在职竞业限制**

14.1 在职竞业限制

乙方对甲方负有在职期间竞业限制义务,在本合同期间内:

14.1.1 乙方不得自营与甲方同类的产品、服务或有竞争的业务,不得与甲方的客户或潜在客户建立任何商业关系;不以任何方式诱使、劝说甲方的客户停止或缩减与甲方的业务。

14.1.2 乙方不得接受生产与甲方同类产品、从事同类服务和业务的甲方竞争对手的聘用;

14.1.3 乙方不得向甲方的竞争对手提供(无论是直接的或者间接的、有偿的或无偿的)咨询和协助。

14.1.4 乙方不得诱导、劝说或鼓动甲方的员工离职、跳槽和兼职。

14.2 限制范围

在职竞业限制的地域为________范围内甲方提供产品或服务的国家和地区。

**15. 离职竞业限制**

离职竞业限制的约定见本合同附件B《离职竞业限制协议》。如双方未签署,则乙方不负有离职竞业限制义务。

**16. 经济补偿与赔偿**

16.1 经济补偿金

如果本合同因法定需支付经济补偿金的情形解除或终止,甲方根据国家有关规定,支付给乙方经济补偿金。如双方就合同解除或终止达成关于经济补偿金的书面约定的,则按照双方约定执行,任何一方不得仅以约定与法律不一致为理由而反悔。

16.2 培训服务期违约责任

若双方因甲方出资培训而约定服务期,乙方违反服务期约定,乙方应按双方约定支付甲方违约金。双方关于出资培训协议中约定的最低服务期长于本合同有效期的,本合同有效期自动续延至最低服务期终止日。

16.3 招录费用补偿

若乙方是甲方通过人才猎头公司招聘,如乙方因任何原因提前离职,乙方应按未履行期间占合同期限的比例补偿甲方招收录用其所支付的费用,但乙方补偿的金额最高不超过猎头公司向甲方收费的50%。

16.4 其他赔偿

由于乙方违反保密义务、侵犯甲方知识产权或违反甲方的规章制度给甲方造成损失的,乙方应当赔偿甲方全部损失。因乙方的违法、违约行为导致本合同解除的,甲方有权要求乙方退还所得、补偿损失。

**17. 争议处理**

因履行本合同发生的劳动争议,当事人可以依法向甲方住所地的劳动争议仲裁委员会申请仲裁。乙方离职后发生的违反保密义务的纠纷,不属于劳动争议,甲方可向甲方住所地有管辖权的人民法院起诉。

**18. 其他**

18.1 规章制度

本协议中的甲方规章制度是指:(1)以甲方名义发布的各种规章、制度、决议、流程等规范性文件,以及(2)以甲方的母公司等关联企业名义发布的,且内容和适用范围涵盖甲方的各种规章、制度、决议等规范性文件。如前述规章制度与本合同约定不一致的,双方同意,在不违反法律禁止性规定的前提下,以规章制度优先适用。甲方如在其甲方办公场所或内部局域网中相关栏目发布规章制度或其修订,此行为视为完成了向员工的公示义务。甲方还保留以其他形式向员工告知规章制度或其修订的权利,包括但不限于发送电子邮件、对员工培训、发放《员工手册》等,乙方有义务通过甲方内部局域网、接收公司邮件、阅读《员工手册》、参加培训等渠道及时了解甲方现行的或今后修订、制定的规章制度。

18.2 条款标题

本合同条款的标题仅为方便阅读和检索条款，不应影响对条款实际内容的理解。

18.3 副本

本合同一式两份，甲乙双方各执一份，各份均具有同等法律效力。

甲方(签章)：　　　　　　　　　　乙方(签字)：

法定代表人：

或委托代理人(签章)：

签订日期：____年____月____日　　　签订日期：____年____月____日

## 第三节 无效劳动合同

无效的劳动合同，是指当事人签订的国家不予承认其法律效力的劳动合同。无效的合同一般具有以下特征：

1. 无效合同具有违法性。它们大多违反了法律和行政法规的强制性规定，损害了国家利益、社会公共利益。无效合同的违法性表明此类合同不符合国家的意志和立法的目的，所以，对此类合同国家就应当实行干预，使其不发生效力，而不管当事人是否主张合同的效力。

2. 无效合同自始无效。无效合同从订立时起就不具有法律约束力，以后也不会转化为有效合同。国家不承认此类契约的效力。对于已经履行的，应当通过返还财产、赔偿损失等方式使当事人的财产状态恢复到契约订立前。法律既不保护无效契约当事人的权益，也不强制当事人履行无效劳动合同规定的义务。

### 一、劳动合同无效的原因

根据《劳动合同法》第 26 条的规定，劳动合同是否有效，由劳动争议仲裁机构或者法院确认,其他任何部门或者个人都无权认定劳动合同无效。依照《劳动合同法》第26条的规定,劳动合同无效有以下几种情形:

(一)以欺诈、胁迫的手段或者乘人之危,使对方在违背真实意思的情况下订立劳动合同

欺诈,是指当事人一方故意制造假象或隐瞒事实真相,欺骗对方,诱使对方形成错误认识而与之订立劳动合同。欺诈的种类很多,包括:

1.故意造假。比如,根据《劳动法》的规定,从事特种作业的员工必须经过专门教育训练并取得特种作业资格。应聘的员工并没有这种资格,提供了假的资格证书。

2.一方负有义务向对方如实告知某种真实情况而故意不告知的。比如,企业的工作环境存在有毒有害物品,但是企业故意不告知应聘者。威胁是指当事人以将要发生的损害或者以直接实施损害相威胁,一方迫使另一方处于恐怖或者其他被胁迫的状态而签订劳动合同,可能涉及生命、身体、财产、名誉、自由、健康等方面。

(二)企业在合同中免除自己的法定责任、排除员工的权利

这种情形通常表现为劳动合同简单化,法定条款缺失,仅规定员工的义务,有的甚至规定"生老病死都与企业无关""企业有权根据生产经营变化及员工的工作情况调整其工作职位,员工必须服从单位的安排"等歧视条款。

(三)劳动合同违反法律、行政法规的强制性规定

法律、行政法规包含强制性规定和任意性规定。强制性规定排除了合同当事人的意思自治,即当事人在合同中不得合意排除法律、行政法规强制性规定的适用,如果当事人约定排除了强制性规定,则该约定无效。强制性规定主要指国家制定的关于员工最基本劳动条件的法律法规,包括最低工资、工作时间、劳动安全与卫生等方面。其目的是改善劳动条件,保障员工的基本生活,避免伤亡事故的发生。还应当特别注意的是,本项规定只限于违反法律和行政法规的强制性规定,不能任意扩大范围。实务中存在将违反地方行政管理规定的合同认定为无效的情况,笔者认为这是不妥当的。

## 二、劳动合同部分无效

合同部分无效，是指有些合同条款虽然违反法律规定，但并不影响其他条款效力。《劳动合同法》第 27 条规定："劳动合同部分无效，不影响其他部分效力的，其他部分仍然有效。"

劳动合同部分无效，即劳动合同中的某一部分条款不发生法律效力。在部分无效的劳动合同中，无效条款如不影响其余部分的效力，其余部分仍然有效，并对双方当事人有约束力。这包括两层含义：

1. 如果认定合同的部分条款无效，该部分内容与合同的其他内容相比较，应当是相对独立的，该部分与合同的其他部分具有可分性，无效部分不影响其他部分的效力。如果部分无效的条款与其他条款具有不可分性，或者当事人约定某合同条款为合同成立生效的必要条款，那么该合同的部分无效条款就会导致整个合同的无效。

2. 合同部分内容无效也可能影响其余部分的效力。比如，合同的目的是违法的，则合同应全部确认为无效。或者合同的部分内容无效，部分内容有效，但根据诚实信用原则和公平原则，履行有效部分的合同内容对当事人已没有任何意义或者明显不公平、不合理，则合同应全部确认为无效。

劳动合同是否有效，由劳动争议仲裁机构或者法院确认，其他任何部门或者个人都无权认定劳动合同无效。

## 三、劳动合同无效的后果

### (一) 支付劳动报酬

无效的合同自始无效，按照一般的法律原则，应当将合同当事人的权利和义务状态恢复原状，如买方应退货、卖方应退款。但由于劳动合同的特殊性，员工一旦履行了劳动义务，则无法恢复到劳动合同关系建立前的状态。如果强行将劳资双方的权利义务恢复到双方订立劳动合同前的状态，则已经付出的劳动难以处理，且会引发大量的争议纠纷。

因此，《劳动合同法》第 28 条规定："劳动合同被确认无效，劳动者已付出劳动的，用人单位应当向劳动者支付劳动报酬。劳动报酬的数额，参照本单位相同或者相近岗位劳动者的劳动报酬确定。"即劳动合同被确认无效后,员工已付出劳动的,企业应当向员工支付劳动报酬。包括无营业执照经营的单位被依法处理,该单位的员工已经付出劳动的,由被处理的单位或者其出资人向员工支付劳动报酬。劳动报酬的数额,参考企业同类职位员工的劳动报酬确定;企业无同类职位的,按照本单位员工平均工资确定。如果双方约定的报酬高于企业同职位员工工资水准的,除当事人恶意串通侵害社会公共利益的情况外,员工已经给付劳动的,劳动报酬按照实际履行的内容确认。

需要注意的是,按照《劳动合同法》第28条的规定,不考虑造成劳动合同无效的原因或过错方,只要员工已经付出了劳动,都必须支付劳动报酬。

(二)赔偿损失

如果劳动合同无效,造成合同无效的过错方应当赔偿对方因此遭受的损失。比如,员工应聘时对单位有欺诈行为导致单位在受到蒙蔽的情况下决定聘用该员工,那么合同确认无效后,企业有权要求该员工赔偿企业因为招聘录用员工而支出的费用。

(三)随时解约与经济补偿金

如果因为员工的过错导致劳动合同无效,单位可以随时提出解除劳动合同,并且无须支付员工任何经济补偿金。如果因为单位的过错导致劳动合同无效,则员工可以随时提出解除劳动合同,并要求单位依法支付经济补偿金。有关经济补偿金的计算问题,详见本书第十七章“经济补偿金”。

**【案例11:煤矿工人入职时提供虚假体检胸片】**

工人W从2011年年初开始在某煤矿从事井下采掘工作。煤矿要求W在某某医院进行入职体检。W在2011年2月28日的体检结果显示:心肺未见异常。2012年2月4日,W到某某医院进行体检,体检结果提示尘肺可能,建议进一步检查。2012年4月10日,W在重庆另一医院体检,作胸部摄片检查。2012年6月26日,重庆另一医院作出诊断结论,确认W为煤工尘肺二期。后A煤矿委托对上述三张胸片进行对比鉴定,作出《法医临床鉴定意见书》,认定:

(1)2011年2月28日胸片与2012年2月4日、4月10日胸片不属同一人；

(2)2012年2月4日和4月10日胸片属同一人。

煤矿向劳动人事争议仲裁委员会申请仲裁，请求确认因为W入职体检时作假，双方劳动合同无效。

【评析】

法院认为，根据《劳动合同法》第26条的规定，劳动者以欺诈手段使用人单位在违背真实意思的情况下订立劳动合同的，劳动合同无效或者部分无效。W承认摄于2011年2月28日的X光片确实不是自己的，辩称自己当天未找他人代替体检，但没有提供相应证据，且与法院查勘情况不符。法院认定，从2011年2月28日的摄片报告看，该次摄片经鉴定非W本人的摄片，故可以合理推断W系找他人代检，除非W能够证明医院保存的摄片资料被调换或者篡改。W在一审中未能举证医院保存的摄片资料被调换或者篡改的证据，且其在二审中经法院明确告知可以就摄片资料以及DR系统是否存在更改事实申请司法鉴定的情况下仍拒不申请鉴定，因此，W应承担举证不能的不利后果。

【相关法条】

***《劳动合同法》***

**第二十六条**　下列劳动合同无效或者部分无效：

(一)以欺诈、胁迫的手段或者乘人之危，使对方在违背真实意思的情况下订立或者变更劳动合同的；

(二)用人单位免除自己的法定责任、排除劳动者权利的；

(三)违反法律、行政法规强制性规定的。

对劳动合同的无效或者部分无效有争议的，由劳动争议仲裁机构或者人民法院确认。

**第二十七条**　劳动合同部分无效，不影响其他部分效力的，其他部分仍然有效。

**第二十八条**　劳动合同被确认无效，劳动者已付出劳动的，用人单位应当向劳动者支付劳动报酬。劳动报酬的数额，参照本单位相同或者相近岗位劳动者的劳动报酬确定。

**第三十八条** 用人单位有下列情形之一的,劳动者可以解除劳动合同:

(一)未按照劳动合同约定提供劳动保护或者劳动条件的;

(二)未及时足额支付劳动报酬的;

(三)未依法为劳动者缴纳社会保险费的;

(四)用人单位的规章制度违反法律、法规的规定,损害劳动者权益的;

(五)因本法第二十六条第一款规定的情形致使劳动合同无效的;

(六)法律、行政法规规定劳动者可以解除劳动合同的其他情形。

用人单位以暴力、威胁或者非法限制人身自由的手段强迫劳动者劳动的,或者用人单位违章指挥、强令冒险作业危及劳动者人身安全的,劳动者可以立即解除劳动合同,不需事先告知用人单位。

**第四十六条第一款** 有下列情形之一的,用人单位应当向劳动者支付经济补偿:

(一)劳动者依照本法第三十八条规定解除劳动合同的;

……

**第八十六条** 劳动合同依照本法第二十六条规定被确认无效,给对方造成损害的,有过错的一方应当承担赔偿责任。

**【案例12:公司与劳动者主张的用人单位不一致时如何认定】**

王某于2012年2月15日进入××资产管理有限公司(以下简称资产管理公司)承揽的物业管理项目从事客房服务员工作,其工资通过银行转账形式支付,每月支付上一自然月工资。王某正常工作至2012年8月15日,其工资已支付至当日。同日,王某通过特快专递向资产管理公司邮寄辞职信,以未签订劳动合同为由提出辞职,资产管理公司于2012年8月16日收到上述邮件。

王某主张与其建立劳动关系的系资产管理公司,在职期间资产管理公司未与其签订书面劳动合同,亦未为其缴纳社会保险费,并提供如下证据:(1)《加班单》、《倒休单》及《2012年8月考勤记录》,上述材料页眉处均印制有"××资产管理有限公司"字样。(2)《装修管理协议书》,载明:甲方××

资产管理有限公司88号楼项目管理处、乙方(业主)、丙方(装修公司),协议书约定了装修公司为业主进行装修的相关事项,落款处加盖上述三方印章,合同签订日期显示为2012年2月23日。(3)《支付拖欠工资日期证明》,落款“××资产管理有限公司88号楼项目管理处”,项目负责人签字处由杨某签名,该证明同时加盖“××资产管理有限公司88号楼项目管理处”印章。(4)张贴于办公室的《值班管理制度》及《质量环境职业健康安全管理方针》照片,上述文件抬头处均印制有“××资产管理有限公司”字样,其中前者落款处还印制有“××资产有限公司88号楼项目管理处二〇一一年十一月”字样。

资产管理公司及物业公司均主张资产管理公司已将物业管理项目委托物业公司管理,杨某作为物业公司项目负责人,负责该项目工作人员的招聘和管理,并使用个人账户向王某等人支付工资,故与王某建立并维持劳动关系的并非资产管理公司而系物业公司。对《支付拖欠工资日期证明》,两公司认可其中杨某签字的真实性,提出系杨某迫于压力签字的,杨某当时未看清上述证明中是否加盖有“××资产管理有限公司88号楼项目管理处”印章;对张贴于办公室的值班管理制度、管理方针的照片,两公司认可其真实性,但提出因物业管理项目系资产管理公司承揽的,故张贴该公司的管理制度。该两家公司针对上述主张提供的主要证据包括:(1)两公司签订的《物业管理服务委托合同》以及补充协议,载明物业公司接受资产管理公司的委托负责物业管理工作,承包方式为全包,资产管理公司有权对物业公司派驻的达不到要求的工作人员及主要管理人员随时提出更换等。欲以此证实物业管理项目由物业公司实际负责。(2)《支出凭单》、活期账户交易明细以及2012年2月至5月工资领用签字表,《支出凭单》显示杨某2012年3月至8月每月签字领取数万元工资;活期账户交易明细显示杨某通过银行账户向王某等人转账支付工资;工资领用签字表中由王某等员工在“领用人签字”处签名,签字表下方落款处印制有“××物业公司”字样,并加盖该公司公章,该领用表的表格上方部分纸张被撕掉。物业公司欲以此证实王某工资系杨某自该公司领取后,再通过个人账户支付。(3)物业公司与杨某、王乙、辛某签订的《劳动合同书》,其中杨某劳动合同的签订日期显示为2011年11

月1日、合同期限为2011年11月17日至2012年11月16日、杨某职务为项目经理兼财务。欲以此证实杨某等人均系物业公司员工，且该公司与员工均签订有书面劳动合同。王某对活期账户交易明细以及工资领用签字表中本人签字的真实性表示认可，但提出工资领用表上方被撕掉部分中载明资产管理公司的名称，且落款处公章以及"××物业公司"字样系事后添加，并要求就该字样与上方表格是否一次性形成申请司法鉴定。王某就此提出司法鉴定申请后，物业公司认可工资领用签字表落款处"××物业公司"字样为制作财务账目需要事后添加。

物业公司提出曾与王某签订书面劳动合同，但未就此提供证据佐证。

法院最终判决认定王某与资产管理公司存在劳动关系。

## 【评析】

本案最主要争议焦点为与王某建立并维持劳动关系的是资产管理公司还是物业公司。

首先，物业管理项目系由资产管理公司承揽的物业管理项目，客观上，王某作为物业管理项目的员工为作为资产管理公司业务组成部分的物业项目提供了劳动。

其次，本案中，王某提供的证据均表明王某在工作过程中接受资产管理公司的管理。一方面，王某工作地点张贴了由资产管理公司指定的规章制度。另一方面，王某提供的《装修管理协议书》，甲方为"××资产管理有限公司88号楼项目管理处"并加盖管理处公章。同时，由杨某签字的《支付拖欠工资日期证明》中亦加盖了上述印章。而该印章的名称直接表明了该项目管理处系资产管理公司所属部门。再结合王某提供的《加班单》《倒休单》《2012年8月考勤记录》等证据内容，王某有理由认为其系为资产管理公司提供劳动并接受该公司管理。

反之，物业公司提出系该公司对王某招聘及管理，且该公司与王某签订劳动合同，向王某支付工资。但一方面物业公司未能提供劳动合同直接证明其与王某建立劳动关系。另一方面物业公司提供的《支出凭单》系内部凭证，在无证据佐证情况下难以确认其真实性；物业公司提供的工资领用表下方虽印制有该公司名称,但在王某提出鉴定申请的情况下,其又表示上述字样与上方表格并非一次性生成而系事后添加,因此并不能据此证实王某知悉系物业公司向其支付工资。

最后,物业公司并非与物业管理项目中的甲方订立物业管理合同的企业,故即便确如两公司所述,资产管理公司已将物业管理项目委托物业公司负责,物业公司通常亦会以资产管理公司名义开展物业管理活动,但作为第三人难以对上述两公司之间的关系作出准确判断。

综合正反两方面的论述,法院认为,在没有证据显示王某明确知悉或应当知悉与其建立劳动关系的系其他企业的情形下,主观上王某有理由认为与其建立劳动关系的对方主体系资产管理公司。因而,本案中法院虽不能排除物业公司与资产管理公司的主张亦具有相应的合理性,仍应作出对王某有利的认定,即确认王某与资产管理公司存在劳动关系。

由此可见,劳动关系的建立,需要用人单位及劳动者双方具有与对方建立劳动关系的合意,该种合意包括对与其建立劳动关系的对方主体的明确认知。

# 第三章

# 规 章 制 度

规章制度是用人单位制定和颁布的,适用于单位全体或部分职工的,关于单位经营和员工管理的规范性文件。用人单位的内部管理文件的名称可以是规章、制度、办法、规定、条例、流程、手册等,它们在法律上被统称为“规章制度”。

用人单位是一个组织,员工是组织的成员,如何搭建组织与组织成员的关系,关键要依赖单位的规章制度。企业的规章制度是否全面、合法、精细、科学,是衡量现代企业管理水平高低的重要指标之一。

## 第一节　规章制度生效条件

合法有效的规章制度对员工具有约束力,其内容是单位和员工之间劳动关系中权利与义务的一部分。有效的规章制度需要满足两个条件:一是内容合法;二是程序合法。

### 一、内容合法

内容合法,就是规章制度不能存在违反法律、法规强制性规定的内容。如果规章制度违反了法律法规的强制性规定,则不合法的部分无效,对于劳动者没有约束力。

【法律风险】

规章制度内容违法会产生以下后果：

1. 违法内容无效

在劳动争议案件的审理中，仲裁委员会和法院不会适用违法的规章制度。

2. 劳动者享有解约权和经济补偿权

根据《劳动合同法》第 38 条的规定，用人单位的规章制度违反法律、法规的规定，损害劳动者权益的，劳动者可以解除劳动合同。同时，根据《劳动合同法》第 46 条的规定，劳动者根据《劳动合同法》第 38 条的规定解除劳动合同时，可要求单位支付经济补偿金。经济补偿金根据劳动者在该单位工作的年限，按照每满 1 年支付 1 个月工资的标准向劳动者支付；工作 6 个月以上不满 1 年的，按 1 年计算；工作不满 6 个月的，向劳动者支付半个月工资的经济补偿。劳动者月工资高于用人单位所在直辖市、设区的市级人民政府公布的本地区上年度职工月平均工资 3 倍的，向其支付经济补偿的标准按职工月平均工资 3 倍的计算，向其支付经济补偿的年限最高不超过 20 年。此处的"月工资"不是指员工的月标准工资，而是指员工在劳动合同解除或者终止前 12 个月的实际平均工资。

3. 损害赔偿责任

如果违反法律、法规的规章制度给劳动者造成损害，企业应当承担赔偿责任。

4. 行政处罚责任

《劳动合同法》第 80 条规定，用人单位直接涉及劳动者切身利益的规章制度违反法律、法规规定的，由劳动行政部门责令改正，给予警告。

## 二、程序合法

程序合法，是指规章制度要经过法定的民主程序协商制定或修订，并且向员工公示或告知。

根据《劳动合同法》第 4 条第 2 款的规定，用人单位在制定、修改或者决定有关劳动报酬、工作时间、休息休假、劳动安全卫生、保险福利、职工培训、劳动纪律以及劳动定额管理等直接涉及劳动者切身利益的规章制度或者重大事项时,应当经职工代表大会或者全体职工讨论,提出方案和意见,与工会或者职工代表平等协商确定。

《劳动合同法》在此条中列举的规章制度非常广泛,基本囊括了企业员工管理中的方方面面,而且还包括一个兜底语句,即“直接涉及劳动者切身利益的规章制度”。因此,本条规定适用于绝大多数规章制度。

公司在制定或修订规章制度时,第一步是讨论,公司必须将规章制度草案交给职工代表大会或者全体职工讨论,请职工代表大会或职工提出方案和意见,职工是否提出方案和意见是职工的权利,但公司必须给予职工提意见的机会。第二步是协商确定,公司需要与工会或者职工代表平等协商,确定规章制度。

**【特别提示】**

**《劳动合同法》仅规定制定规章制度应当履行上述民主程序,但并没有明确规章制度的最终稿必须得到工会或职工代表的同意。如果经过协商不能与工会或职工代表形成一致意见,法律不禁止单位直接作出决定,因为员工与单位之间是组织成员与组织之间的被管理和管理的关系。但是企业决不能因此就认为其可以在规章制度上为所欲为,无论工会或职工代表是否对规章制度提出异议,如果规章制度的内容违法,在发生劳动争议时,劳动者都可以依法主张规章制度无效。**

第三步是公告或者告知员工。对适用于公司全员的规章制度,适合采取公告方式,实践中包括公开张贴、发送全员电子邮件、在公司内部局域网上登载等方式。告知方式,是指直接将规章制度告知员工,无论规章制度是适用于全体员工还是仅适用于部分员工,都可采用告知员工的方式。

**【法律风险及对策】**

公告方式虽然简便、经济,但是也存在弊端,那就是很难留存有力的公告证据。比如,公开张贴规章制度,无法证明何时张贴的规章制度;发送全员邮件,则可能缺少有效邮件送达的证据;局域网登载规章制度,员工则可能认为自己没有义务每日关注局域网上的更新。况且企业的局域网和内部电子邮件系统都是由企业自身拥有与控制的信息系统,其记录的公正性、中立性和客观性都可能成为劳动争议仲裁、诉讼中争议的焦点。

建议企业同时采取以下措施:

1. 企业应当把规章制度装订成册并加盖公司印章,交给员工签字,确认员工已经收到规章制度并保证严格遵守。

2. 企业同时应当向员工发送电子邮件,告知员工企业已经制定了或者修订了规章制度,并在电子邮件中附上规章制度。相关电子邮件收发记录应当长期保存。

3. 企业应将规章制度全文放在内部局域网上,随时供员工阅读或下载。如果企业更新网页或者修订规章制度,应当在一定年限内继续存储保留旧的网页。

4. 企业应在劳动合同中约定员工有义务通过企业内部电子信息系统认真阅读学习新颁布或修订的规章制度。

5. 当制定或修订规章制度后,企业应组织相关员工培训学习。参训人员应当签到,企业应保存参训员工签到记录表格。

**【案例13:销售提成奖励办法对销售人员是否有效】**

员工A是公司的销售人员,其在2018年离职时与公司产生销售提成计算上的争议,员工A认为公司没有全部支付其2017年的销售提成,并出示2016年年初颁布的公司销售提成办法,要求按照该办法计算和支付2017年销售提成。而事实上,该公司每年的销售提成办法都会作一定调整,2016年的销售提成办法对销售人员相对有利,但按照2017年颁布的销售提成办法计算销售人员的奖金会低一点。

劳动仲裁委员会要求公司举证2017年的销售提成办法,如果不能举证,则将按照2016年销售提成办法进行裁决。

该公司翻阅了公司内部培训的文档记录,终于发现员工A参加了培训并与所有参训的销售人员一起在打印的培训PPT文件上签字。通过员工A

签字的文件,可以证明员工A明知2017年销售提成办法的具体内容。

最终劳动仲裁委员会裁定公司已经按照销售提成办法足额支付了员工A在2017年应得的销售提成,驳回了员工A的仲裁申请请求。

## 【评析】

本案中,公司胜诉的关键在于保留了向员工告知规章制度的有关证据。企业在实务操作中务必注意妥善保管证据,以证明规章制度合法有效。

## 【相关法条】

*《劳动合同法》*

**第四条** 用人单位应当依法建立和完善劳动规章制度,保障劳动者享有劳动权利、履行劳动义务。

用人单位在制定、修改或者决定有关劳动报酬、工作时间、休息休假、劳动安全卫生、保险福利、职工培训、劳动纪律以及劳动定额管理等直接涉及劳动者切身利益的规章制度或者重大事项时,应当经职工代表大会或者全体职工讨论,提出方案和意见,与工会或者职工代表平等协商确定。

在规章制度和重大事项决定实施过程中,工会或者职工认为不适当的,有权向用人单位提出,通过协商予以修改完善。

用人单位应当将直接涉及劳动者切身利益的规章制度和重大事项决定公示,或者告知劳动者。

**第三十八条第一款** 用人单位有下列情形之一的,劳动者可以解除劳动合同:

(一)未按照劳动合同约定提供劳动保护或者劳动条件的;

(二)未及时足额支付劳动报酬的;

(三)未依法为劳动者缴纳社会保险费的;

(四)用人单位的规章制度违反法律、法规的规定,损害劳动者权益的;

(五)因本法第二十六条第一款规定的情形致使劳动合同无效的;

(六)法律、行政法规规定劳动者可以解除劳动合同的其他情形。

**第三十九条** 劳动者有下列情形之一的,用人单位可以解除劳动合同:

(一)在试用期间被证明不符合录用条件的;

（二）严重违反用人单位的规章制度的；

（三）严重失职，营私舞弊，给用人单位造成重大损害的；

（四）劳动者同时与其他用人单位建立劳动关系，对完成本单位的工作任务造成严重影响，或者经用人单位提出，拒不改正的；

（五）因本法第二十六条第一款第一项规定的情形致使劳动合同无效的；

（六）被依法追究刑事责任的。

**第八十条**　用人单位直接涉及劳动者切身利益的规章制度违反法律、法规规定的，由劳动行政部门责令改正，给予警告；给劳动者造成损害的，应当承担赔偿责任。

**最高人民法院《关于审理劳动争议案件适用法律问题的解释（一）》**

**第五十条**　用人单位根据劳动合同法第四条规定，通过民主程序制定的规章制度，不违反国家法律、行政法规及政策规定，并已向劳动者公示的，可以作为确定双方权利义务的依据。用人单位制定的内部规章制度与集体合同或者劳动合同约定的内容不一致，劳动者请求优先适用合同约定的，人民法院应予支持。

## 第二节　如何拟定规章制度

### 一、拟定规章制度的要点

用人单位不仅要解决规章制度的生效问题，还要让规章制度体系全面、合法、精细、科学。

所谓全面，就是用人单位要通过规章制度来调整生产经营和管理的每一个环节，要做到经营的方方面面都有章可循，按章办事。

所谓合法，就是用人单位的规章制度应当合法有效，对员工具有约束力，否则劳动争议仲裁委员会和法院在审理劳动争议时不会适用该规章制度。

所谓精细，就是规章制度的规定要细致具体，具有可操作性。用人单位应努力做到精细化管理，如果规章制度里都是些泛泛而谈的规定，实际上和无规章制度没有什么差别。

所谓科学,就是规章制度的规定要合理、严谨、适合实际情况。不科学的规章制度不仅不会给企业带来效益,反而会增加更多的执行成本。

## 二、规章制度的内容

根据以往的经验,不管是关于什么方面的规章制度,一般都应当具备以下要素和内容:

(一)基本信息

规章制度的基本信息并不包括在规章制度内容里,但是它对存档、传递、检索规章制度非常重要,笔者建议把基本信息罗列在一个规章制度的封面页上。基本信息包括拟定人、批准人、拟定日期、批准日期、发布日期、版本号、制度级别、制度类型等。

通过这些基本信息,人力资源部门可以轻松地检索规章制度、对比新旧版本的变化、确定生效日期等。

**【示范文本】**

以下是一份《员工工作时间与休假管理规定》基本信息部分的体例示范(见图3-1)。

××有限公司

公司级文件

| | | |
|---|---|---|
| 文件编号: | 拟文日期:　　年　　月　　日 | 文件类别:管理规定 |
| 拟文人: | 审核日期:　　年　　月　　日 | 批准日期:　　年　　月　　日 |
| 收文人:全体员工 | | 收文部门: |
| 抄送: | | 附件:<br>附件1——工作时间调整申请表<br>附件2——考勤登记表/请假申请表<br>附件3——特殊考勤申请表<br>附件4——节假日加班计划表<br>附件5——节假日加班确认表<br>附件6——周末加班计划表<br>附件7——周末加班确认表 |

□传阅 CIRCULAR　□阅后存档　□保密/期限　□其他 OTHERS　□页数 NO. OF PAGES:7

**图3-1　员工工作时间与休假管理规定**

（二）词语定义条款

所谓定义条款，就是在规章制度中专列一条，将规章制度中出现的特定词语、术语的含义进行定义，这样可以统一文字的含义，避免出现理解上的分歧和争议。

（三）附件或附表

对于可能在日后随时调整的内容，应尽量放到规章制度的附件、附表中。比如，企业发布一个关于休息休假的规定，最好把休假天数规定在后附的表格或附件里。如果把日后可能频繁调整的内容放入了制度的正文部分，一旦修改就可能要调整正文的内容和条款编号，改动工作量大。

（四）流程图

当规章制度中涉及工作流程时，建议使用图形化的方式表述。相比纯文字表述方式，使用流程图更清晰和简洁，易于员工理解和执行。

**【示范文本】**

以下是一份销售合同审批及管理流程的流程图（见图3－2）。

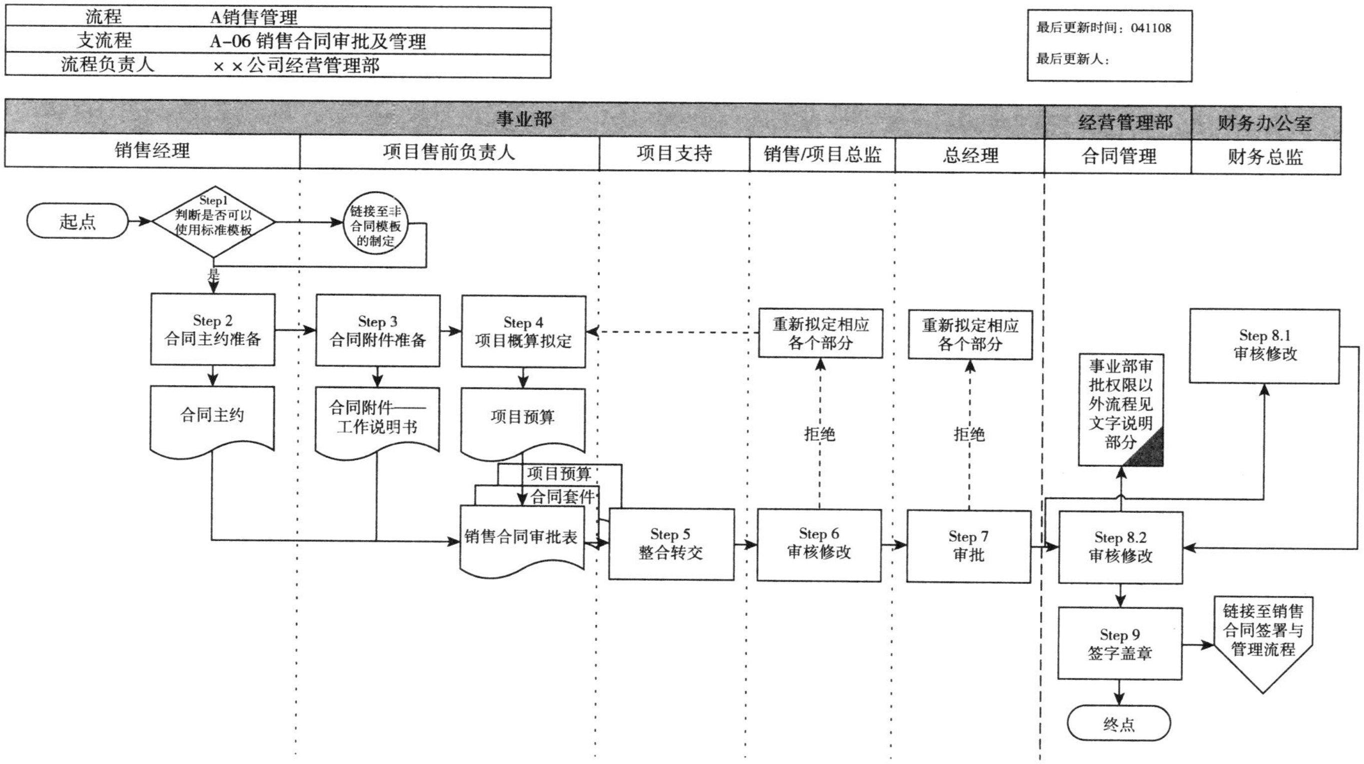


图3-2　销售合同审核及管理流程

（五）修订权条款

规章制度中应当规定该规章制度由企业哪个部门负责修改。一般修订部门就是规章制度的起草部门和主要执行部门。

（六）解释权条款

规章制度在执行中，难免遇到单位和员工理解不同或者规定存在疏漏的地方，应当规定某个部门负责解释该规章制度。当然，一旦发生了劳动争议，审理机关会根据实际情况来具体分析规章制度的文字含义，不会任由企业享有独家解释权。

**【案例14：单位辞退旷工员工，法院判决继续履行劳动合同】**

麻某于2017年12月12日到北京××自动化股份公司工作，双方于2018年1月10日签订了期限为2017年12月12日至2020年12月31日的劳动合同。麻某的岗位为人事专员，主要负责工资、社会保险和住房公积金等的行政管理工作。

2018年9月11日，公司对麻某作出《关于对麻某违纪的处理决定》（以下简称《处理决定》），内容为：麻某多次违反公司制度，具体事实包括在工作期间多次无故请假，6～8月三个月旷工6天。根据公司《员工违纪处分暂行办法》第七章第41条的规定，经研究，决定对麻某作出如下处理：(1)给予麻某开除处分，自2018年9月12日起生效。工资结算至2018年9月12日止。(2)限其2天内办理离职手续。

麻某不服，申请劳动争议仲裁，要求撤销《处理决定》，继续履行劳动合同。

公司为反驳麻某的主张，提交了《考勤统计表》、打卡记录，以证明麻某存在违纪事实。为证明处罚麻某的依据，公司提交了《员工违纪处分暂行办法》，其中第50条规定，有下列行为之一的，给予记过直至开除处分：(1)违反劳动纪律，经常迟到、早退、旷工，消极怠工，没有完成工作任务。该办法实施时间为2017年1月1日。《公司发文单》内容为公司关于印发《员工违纪处分暂行办法》的通知，会签部门处理意见处领导审批或员工已阅的时间为2017年1月14日至26日，但未显示麻某已阅。《人事管理制度》第6条载明:全年旷工累计超过3日者,给予辞退,无补偿金。《考勤管理制度》第9条载明:全年累计旷工超过3日以上作辞退处理。经质证,麻某对上述规章制度均不认可,主张上述制度未经民主程序制定,未向其公示,是违法和无效的。

**【评析】**

因为《打卡记录》《考勤统计表》中确实记载了麻某未出勤情况,且麻某不能举证证明其未出勤是因为请假,故应认定麻某存在旷工违纪事实。

公司依据《员工违纪处分暂行办法》的规定对麻某作出《处理决定》,该办法实施时间为2017年1月1日,公司发文单显示会签部门处理意见的审批和已阅时间均为2017年1月1日之后,不能证明上述办法是经过民主程序制定的,且公司也未提供向麻某公示该办法的证据。故法院对公司通过民主程序制定并向麻某公示《员工违纪处分暂行办法》的主张不予采信。公司虽提供《人事管理制度》《考勤管理制度》,证明旷工累计超过3天即予以辞退,但该公司在作出《处理决定》时并未依据上述制度,且公司也未提供上述制度经民主程序制定并向麻某公示的证据,故法院对上述制度不予采信。

综上所述,麻某存在旷工行为,但公司作出《处理决定》所依据的《员工违纪处分暂行办法》仅规定了经常旷工,视情节轻重给予通报直至开除处分,但未明确规定旷工达到何种程度属于严重违反规章制度的行为,公司《处理决定》所提其他解除劳动关系的理由,均缺乏事实及法律依据,同时,公司与麻某解除劳动关系所依据的公司规章制度在制定程序上存在瑕疵,故公司对麻某作出的处理决定依据不足,应为违法解除。仲裁委员会和法院均支持了麻某要求撤销《处理决定》的请求。

《劳动合同法》第48条规定,用人单位违反本法规定解除或者终止劳动合同,劳动者要求继续履行劳动合同的,用人单位应当继续履行。本案中,公司违法与麻某解除劳动合同,麻某要求继续履行劳动合同,符合法律规定,应当予以支持。麻某最终获得了胜诉。

本案对用人单位而言,教训有以下几点:

1. 单位在制定和修改用于处罚员工的规章制度时,一定要按照《劳动合同法》的要求履行必要的民主协商程序,并且要告知每个员工规章制度,留存履行民主程序和告知每个员工的证据。

2. 规章制度中的语言应清晰、无歧义、可操作。比如,不应仅仅笼统地规定“严重”“多次”“重大”,而应对何为“严重”、何为“多次”、何为“重大”等进行量化定义。

3. 当公司决定处罚员工时,一定要在处罚决定中准确和完整地援引规章制度,如果处罚时没准确援引规章制度规定,将来在仲裁诉讼时再更改处罚的制度依据,或者再增加作出处罚的制度依据,都是无效的。

4. 作出处罚时,应当保留向员工送达处罚的凭证。

**【相关法条】**

***《劳动合同法》***

**第四十八条** 用人单位违反本法规定解除或者终止劳动合同,劳动者要求继续履行劳动合同的,用人单位应当继续履行;劳动者不要求继续履行劳动合同或者劳动合同已经不能继续履行的,用人单位应当依照本法第八十七条规定支付赔偿金。

## 第三节 规章制度与劳动合同的关系

### 一、相同点

规章制度同劳动合同一样,其内容都涉及单位与职工之间的权利和义务。严格来看,规章制度和劳动合同都构成双方劳动法律关系的组成部分。

### 二、不同点

规章制度和劳动合同也是有区别的。我国的法律法规中只规定了规章制度在何种情况下对员工有拘束力,但从未规定将规章制度视为劳动合同的一部分。规章制度和劳动合同最明显的一个区别是:劳动合同是双方协商同意的结果,而规章制度虽然依法需要经过民主协商讨论程序,但归根结底是由企业决定的。

**【案例 15:规章制度与劳动合同的内容不一致,如何适用】**

陆某与一家广告公司于 2018 年 6 月签订了为期三年的固定期限劳动合同,担任公司销售总监。双方在劳动合同中约定了陆某的月基本工资,并约定陆某每年可获得公司当年销售额的一定比例作为奖金。2019 年年初,公司通过职工代表讨论并通过了《销售奖金发放办法》的修订案,将销售奖金按销售额的一定比例发放改为按照销售利润的一定比例发放。公司并向陆某告知了新的《销售奖金发放办法》。2020 年年初,公司按照新的《销售奖金发放办法》向陆某发放了 2019 年奖金。陆某认为,如果依据劳动合同的约定,按照销售额计算奖金,自己可以获得更高的奖金,故要求公司按照 2018 年的劳动合同约定,根据公司销售额计发奖金。

**【评析】**

本案中,劳动合同与规章制度中规定的奖金计算方法不一致。有人会认为,该公司在修订《销售奖金发放办法》时经过了民主程序,也告知了陆某,是合法有效的规章制度。该规章制度修订时间晚于公司与陆某的劳动合同签订时间,因此应当替代劳动合同中关于奖金的约定。其实不然,该规章制度的修订过程虽然符合法定的生效要件,但是其内容与劳动合同的内容不一致。规章制度是企业制定的内部管理文件,而劳动合同是单位和劳动者双方订立的契约,作为特别约定,当劳动合同与规章制度的内容不一致时,劳动合同应当优先适用。最高人民法院《关于审理劳动争议案件适用法律问题的解释(一)》第 50 条规定:“用人单位制定的内部规章制度与集体合同或者劳动合同约定的内容不一致,劳动者请求优先适用合同约定的,人民法院应予支持。”

企业可以利用规章制度对劳动合同的未尽事宜进行补充完善,但是不能用规章制度的规定变更劳动合同的规定,一旦涉及劳动合同内容的变更,必须与劳动者签署书面文件确认。

### 三、规章制度与劳动合同附件

实务中,有的企业希望强化规章制度对员工的约束力,于是在与员工订立的劳动合同中约定企业现在和未来颁布的全部规章制度都作为劳动合同的组成部分或者劳动合同的附件。

这种做法其实没有什么益处,反而还存在弊端。规章制度对劳动者的约束力并不因为它是劳动合同的附件就变得更强。相反,一旦在劳动合同中约定规章制度是劳动合同的附件或组成部分,那么日后修改规章制度就等于要修改劳动合同,制定新的规章制度就等同于要增添劳动合同的内容。而变更劳动合同不是单位可以单方面决定的事情,劳动合同的变更必须经过合同当事一方劳动者的同意。由此可见,把规章制度约定为劳动合同的附件会大大束缚公司的“手脚”,使公司丧失规章制度的自主决定权。

# 第四章
# 劳动合同期限与试用期

## 第一节 劳动合同期限

劳动合同期限,是指劳动合同的有效时间,它一般始于合同生效之日,终于合同终止之时。劳动合同期限由企业和劳动者协商确定,是劳动合同的一项重要内容,有着十分重要的作用。《劳动合同法》第12条规定:“劳动合同分为固定期限劳动合同、无固定期限劳动合同和以完成一定工作任务为期限的劳动合同。”

### 一、固定期限劳动合同

单位与员工协商一致,可以订立固定期限劳动合同。固定期限劳动合同,是指单位与员工在劳动合同中明确规定了合同效力的起始和终止的时间,劳动合同期限届满,劳动关系即告终止。固定期限劳动合同期限将届满时,如果双方协商一致,还可以续订劳动合同,延长期限。固定期限劳动合同的期限可以是较短时间,如半年、一年、两年;也可以是较长时间,如五年、十年,甚至更长时间,但不管时间长短,劳动合同的起始和终止日期都是固定的。具体期限由当事人双方自由协商确定。

固定期限的劳动合同适用范围广,灵活性高,既能保持劳动关系的相对稳定,又能促进劳动力的合理流动,使资源配置合理化、效益化,是实务中运用较多的一种劳动合同。那些长年性工作,要求保持连续性、稳定性的工作,技术性强的工作,均适宜签订较为长期的固定期限劳动合同。一般性、季节性、临时性、用工灵活、职业危害较大的工作职位，适宜签订较为短期的固定期限劳动合同。

需要注意的是，期限不满3个月的固定期限劳动合同不得约定劳动者试用期。

## 二、无固定期限劳动合同

无固定期限劳动合同，是指用人单位与员工约定无确定终止时间的劳动合同。无确定终止时间，是指劳动合同没有一个确切的终止时间，劳动合同的期限长短不能确定，但并不是劳动合同永不终止，也不是永不能解除劳动合同，只要没有出现法律规定的合同终止条件或者解除条件，双方当事人就要继续履行劳动合同规定的义务。一旦出现了法律规定劳动合同终止条件或者解除条件，无固定期限劳动合同也同样能够终止或解除。

订立无固定期限劳动合同可分为三种原因：

### （一）企业和员工协商一致而订立无固定期限劳动合同

订立劳动合同应当遵循平等自愿、协商一致的原则。只要企业与员工协商一致，没有采取胁迫、欺诈、隐瞒事实等非法手段，符合法律的有关规定，就可以订立无固定期限劳动合同。

### （二）出现法定情形时，员工提出或者同意续订劳动合同的，应当订立无固定期限劳动合同

法定情况具体包括以下几种：

1. 员工与同一企业签订的劳动合同的期限不间断达到10年。法律作这样的规定，主要是为了维持劳动关系的稳定。如果一个员工在该企业工作了10年，就能说明他已经能够胜任这份工作，而企业的这个工作职位也确实需要保持人员的相对稳定。在这种情况下，如果员工愿意，企业应当与员工订立无固定期限劳动合同，维持较长时间的劳动关系。

2. 企业初次实行劳动合同制度或者国有企业改制重新订立劳动合同时，对于已在该企业连续工作满10年并且距法定退休年龄不足10年的员工，在订立劳动合同时，允许员工提出签订无固定期限劳动合同。如果一个员工已在该企业工作满10年，但距离法定退休年龄超过10年，则不属于本

项规定的情形。

3. 企业与员工已经连续订立二次固定期限劳动合同,并且员工没有下列情形之一的:(1)在试用期间被证明不符合录用条件的;(2)严重违反用人单位的规章制度的;(3)严重失职,营私舞弊,给用人单位造成重大损害的;(4)劳动者同时与其他用人单位建立劳动关系,对完成本单位的工作任务造成严重影响,或者经用人单位提出,拒不改正的;(5)以欺诈、胁迫的手段或者乘人之危,使单位在违背真实意思的情况下订立或者变更劳动合同,并致使劳动合同无效的;(6)劳动者被依法追究刑事责任的;(7)劳动者患病或者非因工负伤,在规定的医疗期满后不能从事原工作,也不能从事由用人单位另行安排的工作的;(8)劳动者不能胜任工作,经过培训或者调整工作岗位,仍不能胜任工作的。

**【特别提示】**

**即使出现了上述法定情形,如果员工要求订立固定期限劳动合同,那么企业可以订立固定期限劳动合同。**

**【案例 16:不同用人单位的工作年限合并计算并适用签署无固定期限劳动合同的情形】**

王某在 A 公司工作,且与 A 公司于 2016 年 3 月 1 日订立了一次为期 2 年的固定期限劳动合同。2018 年 2 月底,在王某与 A 公司的固定期限劳动合同到期时,A 公司提出由其关联企业 B 公司继续与王某签署固定期限劳动合同,王某的工作地点、工作岗位、社会保险费缴纳均不变。在王某与 B 公司签署的劳动合同到期时,B 公司向王某发出了《终止劳动合同通知书》,通知不再与王某续签劳动合同。王某不认可该通知书,并在与 B 公司沟通的过程中要求签署无固定期限劳动合同。B 公司是否应当与王某续签无固定期限劳动合同?

**【评析】**

根据《劳动合同法》第 14 条的规定,用人单位与劳动者连续订立二次固定期限合同,且劳动者没有该法第 39 条和第 40 条第 1 项、第 2 项情形的,经劳动者提出或者同意续订、订立劳动合同的，除劳动者提出订立固定期限劳动合同外，用人单位应当与劳动者订立无固定期限劳动合同。

实践中，一些用人单位企图通过与所属单位、关联企业进行人员互换的方式实施恶意规避应当订立无固定期限劳动合同的法定义务，这是违反我国法律规定的。在本案中，虽然王某分别与不同的用人单位签署了劳动合同，但并非由王某主动提出，这种合同主体的变化系非劳动者原因导致的。因此王某在A公司的工作年限应合并计算入其在B公司的工作年限。B公司应当按王某的要求签署无固定期限劳动合同。因此，采取人员互换来规避订立无固定期限劳动合同的法定义务是不可行的。

但是，法院依然判决B公司终止劳动关系的行为是合法解除。这是因为，根据《劳动合同法》第14条的规定，在符合法定条件的情形之下，是否续订以及是否订立无固定期限劳动合同的主动权属于劳动者。而本案中的王某对于订立无固定期限劳动合同仅有个人陈述而不能提出其他相关证据，因此法院认定其没有提出与B公司订立无固定期限劳动合同的要求。用人单位在与劳动者连续订立了两次固定期限的劳动合同后，未必一定要与劳动者订立无固定期限的劳动合同。建议用人单位在第二次固定期限劳动合同届满前不要主动询问劳动者是否有续订的要求，若劳动者未书面提出续订要求的，用人单位可不与其签署无固定期限劳动合同。

（三）法定视为订立无固定期限劳动合同

用人单位自用工之日起满一年不与劳动者订立书面劳动合同的，视为用人单位自用工满一年的当日起与劳动者已订立无固定期限劳动合同。

### 三、以完成一定工作任务为期限的劳动合同

以完成一定工作任务为期限的劳动合同，是指用人单位与员工约定以某项工作的完成为契约期限的劳动合同。企业与员工协商一致，可以订立以完成一定工作任务为期限的劳动合同。某一项工作或工程开始之日，即为劳动合同开始之时，此项工作或工程完毕，劳动合同即告终止。例如，以完成某项科研为目的的劳动合同，以及带有临时性、季节性的劳动合同。以

完成一定工作任务为期限的劳动合同,是以工作任务完成作为终止条件,工作任务完成的时间即为劳动合同的终止时间。这种劳动合同实际上属于固定期限的劳动合同,不过表现形式与固定期限劳动合同不同。

一般出现以下几种情况,企业与员工可以签订以完成一定工作任务为期限的劳动合同:(1)以完成单项工作任务为期限的劳动合同;(2)以专案承包方式完成承包任务的劳动合同;(3)因季节原因临时用工的劳动合同;(4)其他双方约定的以完成一定工作任务为期限的劳动合同。

根据《劳动合同法》的相关规定,以完成一定工作任务为期限的劳动合同,不得约定试用期。

**【相关法条】**

***《劳动合同法》***

**第十二条** 劳动合同分为固定期限劳动合同、无固定期限劳动合同和以完成一定工作任务为期限的劳动合同。

**第十三条** 固定期限劳动合同,是指用人单位与劳动者约定合同终止时间的劳动合同。

用人单位与劳动者协商一致,可以订立固定期限劳动合同。

**第十四条** 无固定期限劳动合同,是指用人单位与劳动者约定无确定终止时间的劳动合同。

用人单位与劳动者协商一致,可以订立无固定期限劳动合同。有下列情形之一,劳动者提出或者同意续订、订立劳动合同的,除劳动者提出订立固定期限劳动合同外,应当订立无固定期限劳动合同:

(一)劳动者在该用人单位连续工作满十年的;

(二)用人单位初次实行劳动合同制度或者国有企业改制重新订立劳动合同时,劳动者在该用人单位连续工作满十年且距法定退休年龄不足十年的;

(三)连续订立二次固定期限劳动合同,且劳动者没有本法第三十九条和第四十条第一项、第二项规定的情形,续订劳动合同的。

用人单位自用工之日起满一年不与劳动者订立书面劳动合同的,视为用人单位与劳动者已订立无固定期限劳动合同。

**第十五条** 以完成一定工作任务为期限的劳动合同，是指用人单位与劳动者约定以某项工作的完成为合同期限的劳动合同。

用人单位与劳动者协商一致，可以订立以完成一定工作任务为期限的劳动合同。

**第二十六条** 下列劳动合同无效或者部分无效：

（一）以欺诈、胁迫的手段或者乘人之危，使对方在违背真实意思的情况下订立或者变更劳动合同的；

（二）用人单位免除自己的法定责任、排除劳动者权利的；

（三）违反法律、行政法规强制性规定的。

对劳动合同的无效或者部分无效有争议的，由劳动争议仲裁机构或者人民法院确认。

**第三十九条** 劳动者有下列情形之一的，用人单位可以解除劳动合同：

（一）在试用期间被证明不符合录用条件的；

（二）严重违反用人单位的规章制度的；

（三）严重失职，营私舞弊，给用人单位造成重大损害的；

（四）劳动者同时与其他用人单位建立劳动关系，对完成本单位的工作任务造成严重影响，或者经用人单位提出，拒不改正的；

（五）因本法第二十六条第一款第一项规定的情形致使劳动合同无效的；

（六）被依法追究刑事责任的。

**第四十条** 有下列情形之一的，用人单位提前三十日以书面形式通知劳动者本人或者额外支付劳动者一个月工资后，可以解除劳动合同：

（一）劳动者患病或者非因工负伤，在规定的医疗期满后不能从事原工作，也不能从事由用人单位另行安排的工作的；

（二）劳动者不能胜任工作，经过培训或者调整工作岗位，仍不能胜任工作的；

（三）劳动合同订立时所依据的客观情况发生重大变化，致使劳动合同无法履行，经用人单位与劳动者协商，未能就变更劳动合同内容达成协议的。

**第八十二条** 用人单位自用工之日起超过一个月不满一年未与劳动者

订立书面劳动合同的,应当向劳动者每月支付二倍的工资。

用人单位违反本法规定不与劳动者订立无固定期限劳动合同的,自应当订立无固定期限劳动合同之日起向劳动者每月支付二倍的工资。

**《劳动合同法实施条例》**

**第七条** 用人单位自用工之日起满一年未与劳动者订立书面劳动合同的,自用工之日起满一个月的次日至满一年的前一日应当依照劳动合同法第八十二条的规定向劳动者每月支付两倍的工资,并视为自用工之日起满一年的当日已经与劳动者订立无固定期限劳动合同,应当立即与劳动者补订书面劳动合同。

## 第二节 试用期制度

试用期,是指用人单位对新招收的员工进行考察的时间期限。约定试用期,一方面可以维护企业的利益,为每个工作职位找到合适的员工;另一方面可以维护新招收员工的利益,使被录用的员工有时间考察了解企业的工作内容、劳动条件、劳动报酬等是否符合劳动合同的规定。

### 一、试用期概述

(一)试用期条款是劳动合同选定条款

依据《劳动合同法》第17条的规定,试用期条款不是劳动合同法定必备条款,只要单位和员工双方同意,可以不在劳动合同中约定试用期。

(二)同一企业与同一员工只能约定一次试用期

依据《劳动合同法》第19条的规定,由于试用期是指企业对新招收的员工进行进一步考察的时间期限,在试用期内,企业已经考察掌握了员工的情况,因此同一企业与同一员工即使签订两次以上劳动合同,也只能约定一次试用期,一般情况下多为第一次签订劳动合同时约定试用期。

(三)禁止约定试用期的情形

依据《劳动合同法》第19条的规定,试用期是劳动合同选定条款,但有些法定情况下禁止约定试用期。禁止约定试用期的情形包括:(1)以完成一定工作任务为期限的劳动合同,不得约定试用期;(2)劳动合同期限不满3个月的,不得约定试用期。

(四)劳动合同不得仅约定试用期

依据《劳动合同法》第19条的规定,劳动合同仅约定试用期而不约定合同期,或者劳动合同期限与试用期相同的,试用期约定无效,该试用期期限视为双方约定的劳动合同期限。

**【案例17:只签署试用期合同的后果】**

A公司招聘赵某,双方先签署了一份试用期合同,合同约定赵某试用期为三个月,A公司告诉赵某,如果试用期满合格,则再和其签署正式劳动合同。试用期满时,A公司告知赵某其试用期考核不合格,公司对其不予录用。赵某提起劳动仲裁申请,请求:(1)A公司支付半个月工资作为解除劳动合同经济补偿金,并加倍支付经济补偿金;(2)A公司应支付一个月工资作为代通知金。A公司答辩称,赵某没有通过试用期考核,并举证证明赵某确实工作表现不符合录用条件。仲裁庭最终裁判赵某胜诉,支持了赵某的仲裁请求。

**【评析】**

本案中,A公司把试用期合同和试用期后的合同分开签署,这种做法导致试用期期间的合同中只有试用期,根据《劳动合同法》第19条第4款的规定,劳动合同中只约定试用期的,试用期约定无效,该期间视为劳动合同期限。试用期约定被认定无效就相当于A公司对赵某没有试用期要求,视为A公司在赵某入职时就已经认可赵某符合录用条件,不需要试用期考察。所以在本案中,A公司在赵某工作将满3个月时辞退赵某,不属于辞退试用期员工,因此不管A公司如何举证证明赵某不符合录用条件,仲裁庭都不会采信。单位单方面解除劳动合同必须严格遵守法律规定,如果辞退员工的原因不属于法定理由,就是违法解除劳动合同。本案中,A公司的辞退行为属于违法解除劳动合同,不仅需要支付解除劳动合同经济补偿金,还需要为违法解除合同而加倍支付经济补偿金。

**【案例 18:再次入职员工能否再约定一次试用期】**

王某应聘 A 公司,双方签署劳动合同,其中约定试用期为 2 个月。试用满 1 个月时,王某因个人家庭原因辞职。半年后,王某想再次进入 A 公司。A 公司的人力资源部提出要重新试用王某,而王某认为根据法律规定,一个员工只能约定一次试用期。

**【评析】**

《劳动合同法》第 19 条规定用人单位对同一人只能约定一次试用期。由于该法条太过笼统,在实践中遇到很大的争议。争议主要出现在如果同一个员工多次进入一个单位,能否再次约定试用期?根据法条的规定,这种情况下,一样不能再次约定试用期。但是这个规定存在明显的不合理之处。比如,本案中王某的第一次试用期根本就没有期满,A 公司没有完整地考察王某是否符合录用条件,如果不允许 A 公司再次约定试用期,明显不公。再如,一个员工过去在公司里担任会计,辞职后经过多年又来应聘同一个公司的财务总监职位,会计和财务总监两个岗位的重要性、工作内容、工作压力都是完全不同的,如果不允许公司再次试用考察,显然不合理。

面对这种难题,比较稳妥的做法是通过 A 公司的关联企业雇用王某,在法律上不同的企业是互相独立的主体,是不同的用人单位,所以可以约定试用期。如果确实不宜通过关联企业来雇用,那么只能和该员工就这一问题协商签署补充协议,详细说明为什么再次试用考核,把再次试用考核的合理性阐明,并写明员工完全理解并同意,自愿接受试用期考核。但是第二种方法在司法实践中能否得到司法机关的认可,存在不确定性。

## 二、试用期期间

### (一)试用期与合同期的关系

依据《劳动合同法》第 19 条的规定,单位不得任意规定试用期的长短,试用期期限和劳动合同期限之间存在对应关系。劳动合同期限在 3 个月以上不满 1 年的,试用期不得超过 1 个月;劳动合同期限在 1 年以上不满 3 年的,试用期不得超过 2 个月;3 年以上固定期限和无固定期限的劳动合同试用期不得超过6个月。试用期与劳动合同期的对照关系如表4-1所示。

**表4-1　试用期与劳动合同期的对照关系**

| 劳动合同期限 | 试用期期限 |
| --- | --- |
| 以完成一定工作任务为工作期限的劳动合同 | 不得约定试用期 |
| 期限不满3个月的劳动合同 | 不得约定试用期 |
| 期限3个月以上不满1年的劳动合同 | 试用期不得超过1个月 |
| 期限1年以上不满3年的劳动合同 | 试用期不得超过2个月 |
| 3年以上固定期限劳动合同和无固定期限劳动合同 | 试用期不得超过6个月 |

**【特别提示】**

**法律法规条文中凡是出现“以上”“以下”，都包括本数，“不满”则不包括本数。**

（二）试用期包含在合同期内

依据《劳动合同法》第19条的规定，试用期是包含在劳动合同期限之内的。有相当多的企业认为员工通过试用期考核后才是本单位的正式员工，这种观念是错误的，且导致这些企业实施了很多违反劳动法律的行为，如不给试用期内员工办理社会保险；不给试用期内员工提供年休假等。

（三）违法约定试用期的后果

违法约定试用期，是指不应当约定试用期而约定了试用期，或者约定的试用期超过了法律规定的时间上限。例如，以完成一定工作任务为期限的劳动合同约定了试用期、两年期的劳动合同却约定了长达3个月的试用期、与同一个员工约定两次试用期等。

违法约定试用期，首先由劳动行政部门责令改正，如果企业及时予以改正则不需处罚。如果违法约定的试用期已经实际履行，则企业应当以试用期满后的月工资标准，按照已经履行的超过法定试用期的期间向劳动者支付赔偿金。

**【案例19:能否在试用期满后继续试用考察员工一段时间】**

刘某应聘到一家公司担任销售助理,双方约定劳动合同期限为3年,试用期3个月。试用期即将届满,刘某提交转正申请,公司领导虽然对刘某的工作表现不是非常满意,但还想继续试用考察一段时间,于是公司以《劳动合同法》规定3年以上固定期限劳动合同试用期最长可以达到6个月为理由,提出要继续试用刘某3个月。

**【评析】**

本案中,刘某与单位的劳动合同的期限为3年,根据《劳动合同法》的规定,3年以上的固定期限劳动合同,试用期不得超过6个月。但在本案中,公司的做法违反法律规定。一是因为延长试用期是对劳动合同的变更,必须经过劳动者的同意,双方签署书面文件确认。不能任意由单位单方面决定延长试用期。二是公司提出延长试用期时,合同约定的3个月试用期已满,试用期满即视为员工通过了试用考察,对于同一个员工,单位只能试用考察一次。如果在试用期满后提出延长试用期的要求,属于对同一员工多次试用,是违反法律规定的。

**【相关法条】**

***《劳动合同法》***

**第十九条** 劳动合同期限三个月以上不满一年的,试用期不得超过一个月;劳动合同期限一年以上不满三年的,试用期不得超过二个月;三年以上固定期限和无固定期限的劳动合同,试用期不得超过六个月。

同一用人单位与同一劳动者只能约定一次试用期。

以完成一定工作任务为期限的劳动合同或者劳动合同期限不满三个月的,不得约定试用期。

试用期包含在劳动合同期限内。劳动合同仅约定试用期的,试用期不成立,该期限为劳动合同期限。

**第八十三条** 用人单位违反本法规定与劳动者约定试用期的,由劳动行政部门责令改正;违法约定的试用期已经履行的,由用人单位以劳动者试用期满月工资为标准,按已经履行的超过法定试用期的期间向劳动者支付赔偿金。

## 三、试用期工资

试用期工资一般都低于试用期满后的工资，但是法律对试用期工资的下限作了规定，员工在试用期的工资水平不得低于以下三个标准：

1. 不得低于本单位同职位最低档工资的80%。

2. 不得低于劳动合同约定工资的80%，也就是不得低于通常所说的转正后的工资水平的80%。

3. 不得低于单位所在地最低工资标准。最低工资标准是劳动者在提供正常劳动的情况下应当获得的劳动报酬。员工在试用期间工作也属于提供正常的劳动，所以试用期工资无论如何不得低于最低工资标准。

企业支付给试用期员工的工资水平必须同时满足上述三个标准。员工和企业双方在劳动合同里约定了试用期工资，而约定的试用期工资又高于本条规定的标准的，则按双方约定执行。

**【相关法条】**

***《劳动合同法》***

**第二十条** 劳动者在试用期的工资不得低于本单位相同岗位最低档工资或者劳动合同约定工资的百分之八十，并不得低于用人单位所在地的最低工资标准。

**【案例20：试用期工资与最低工资标准的关系】**

2019年5月，张某被某市A企业录用，并与公司签订了2年期的劳动合同。合同中规定试用期为2个月，试用期工资1870元。张某发现自己第一个月的工资共计3270元。其中基本工资1870元，加班工资830元，夜班津贴270元，高温津贴300元。张某认为，其基本工资1870元低于该市关于月最低工资2200元的规定，低于最低工资部分的金额应予补齐。单位表示，张某月工资共计3270元，远远超过最低工资的标准。单位的工资发放并无不妥。

【评析】

最低工资标准,是指劳动者在法定工作时间或依法签订的劳动合同约定的工作时间内提供了正常劳动的前提下,用人单位依法应支付的最低劳动报酬。根据原劳动和社会保障部颁布的《最低工资规定》第 12 条第 1 款的规定,在劳动者提供正常劳动的情况下,用人单位应支付给劳动者的工资在剔除下列各项以后,不得低于当地最低工资标准:(1)延长工作时间工资;(2)中班、夜班、高温、低温、井下、有毒有害等特殊工作环境、条件下的津贴;(3)法律、法规和国家规定的劳动者福利待遇等。

本案中,扣除加班工资 830 元、夜班津贴 270 元、高温津贴 300 元后,张某实际在试用期获得的工资为 1870 元,低于当地最低工资标准,因此 A 企业的辩解不能成立。

## 四、试用期社会保险与福利

### (一)社会保险与法定福利

试用期员工已经与企业建立了劳动合同关系,是企业的正式员工,因此企业和试用期员工都应当承担缴纳社会保险费用的法律义务。对于所有法定的劳动者的福利待遇,试用期员工同样有权享有。

### (二)补充保险与非法定福利

企业为员工购买的商业保险与非法定的福利待遇,属于企业自主决定的范围,企业对这部分待遇可以作出与转正员工不同的规定。

## 五、试用期员工的劳动合同解除

从解除劳动合同的方式来看,试用期员工劳动合同解除可分为三种情况:

### (一)试用期员工提出解除合同

一般情况下,试用期员工只需提前三日通知用人单位,即可以任何理由提出辞职。如果企业存在《劳动合同法》第 38 条规定的下列情况的,试用期员工可通知企业后立即解除劳动合同,包括:(1)未按照劳动合同约定提供劳动保护或者劳动条件的;(2)未及时足额支付劳动报酬的;(3)未依法为劳动者缴纳社会保险费的;(4)规章制度违反法律、法规的规定,损害劳动者权益的;(5)因《劳动合同法》第26条第1款规定的情形致使劳动合同无效的;(6)法律、行政法规规定劳动者可以解除劳动合同的其他情形。

用人单位以暴力、威胁或者非法限制人身自由的手段强迫劳动者劳动的,或者用人单位违章指挥、强令冒险作业危及劳动者人身安全的,劳动者可以立即解除劳动合同,无须事先告知用人单位。

(二)单位辞退试用期员工

根据《劳动合同法》的规定,存在以下情形的,用人单位与试用期劳动者解除劳动合同:(1)依据《劳动合同法》第39条的规定,在试用期间被证明不符合录用条件的;(2)依据《劳动合同法》第39条的规定,严重违反用人单位的规章制度的;(3)依据《劳动合同法》第39条的规定,严重失职,营私舞弊,给用人单位造成重大损害的;(4)依据《劳动合同法》第39条的规定,劳动者同时与其他用人单位建立劳动关系,对完成本单位的工作任务造成严重影响,或者经用人单位提出,拒不改正的;(5)依据《劳动合同法》第39条的规定,因《劳动合同法》第26条第1款第1项规定的情形致使劳动合同无效的;(6)依据《劳动合同法》第39条的规定,被依法追究刑事责任的;(7)依据《劳动合同法》第40条的规定,劳动者患病或者非因工负伤,在规定的医疗期满后不能从事原工作,也不能从事由用人单位另行安排的工作的;(8)依据《劳动合同法》第40条的规定,劳动者不能胜任工作,经过培训或者调整工作岗位,仍不能胜任工作的。

其中,根据上述第1项至第6项理由解除劳动合同的,不需要支付试用期员工经济补偿,而根据上述第7项、第8项规定解除劳动合同的,必须支付试用期员工经济补偿。试用期员工的辞退理由对比如表4-2所示。

表4-2 试用期员工的辞退理由对比

| 单位解除试用期劳动合同的法定理由 | 是否支付经济补偿 | 提前通知期 |
| --- | --- | --- |
| 1. 在试用期间被证明不符合录用条件的 | 否 | 无 |
| 2. 试用期员工严重违反用人单位的规章制度的 | 否 | 无 |
| 3. 试用期员工严重失职,营私舞弊,给用人单位造成重大损害的 | 否 | 无 |
| 4. 试用期员工同时与其他用人单位建立劳动关系,对完成本单位的工作任务造成严重影响,或者经用人单位提出,拒不改正的 | 否 | 无 |
| 5. 试用期员工采取欺诈、胁迫的手段或者乘人之危,是公司在违背真实意思的情况下订立或者变更劳动合同的 | 否 | 无 |
| 6. 试用期员工被依法追究刑事责任的 | 否 | 无 |
| 7. 试用期员工患病或者非因工负伤,在规定的医疗期满后不能从事原工作,也不能从事由用人单位另行安排的工作的 | 是 | 提前30天书面通知或支付1个月工资 |
| 8. 试用期员工不能胜任工作,经过培训或者调整工作岗位,仍不能胜任工作的 | 是 | 提前30天书面通知或支付1个月工资 |

表4-2中,第1点和第8点看上去似乎是矛盾的。"不符合录用条件"等于"不能胜任工作吗"?笔者认为,"不符合录用条件"与"不能胜任工作"之间不能完全画等号。录用条件必须在试用期开始之前就确定下来并且明确告知员工。而是否胜任工作的标准可在变换岗位、增加或变动工作任务等多种情形下随时确定和修改。两种辞退方式的成本差别很大,前者不需要提前30日通知且不需要支付经济补偿,而后者必须经过对员工培训或调岗,还要提前30日通知员工才可以解除合同(或者以代通知金代替),并且需要支付经济补偿金。所以,企业务必在试用期开始前和员工约定清楚"录用条件"。

与已经通过试用期的员工相比,试用期员工劳动合同的法定解除理由少了两个:一个是依据《劳动合同法》第40条第3项的规定,劳动合同订立时的客观情况发生重大变化，且双方不能达成劳动合同变更协议；另一个是依据《劳动合同法》第 41 条的规定，经济性裁员。《劳动合同法》之所以不允许以这两个理由辞退试用期员工，主要是因为依据《劳动合同法》第 41 条的规定，“合同订立时所依据的客观情况发生重大变化”“生产经营发生严重困难”“企业转产”“依照企业破产法规定进行重整”等情况一般都不是突然发生的，企业应当能够提早合理地预见到这些问题，并提前调整员工招聘计划。如果以这些理由单方面解除与试用期员工的劳动合同，明显合理性不足，因此《劳动合同法》规定只能以该法第 39 条和第 40 条第 1 项、第 2 项规定的理由解除试用期员工劳动合同。

**【法律风险及对策】**

依据《劳动合同法》第 21 条的规定，企业在辞退试用期员工时一定要注意掌握相关事实的证据，必须向试用期员工告知辞退理由。无凭无据就辞退试用期员工或者不告知员工辞退的理由，都属于违法解除劳动合同，依法需要支付员工双倍经济补偿金。例如，辞退不符合录用条件的试用期员工，企业应在员工入职时就列出详细具体的录用条件，并让新员工签字确认，这样日后才能依据这个录用条件考核新员工。企业还需要保存新员工不符合录用条件的客观证据、记录。

**【案例 21：试用期后以试用期不符合录用条件为由解除劳动关系的合法性】**

王某为某公司的客服代表，公司因王某在试用期期间连续出现工作失误而欲辞退王某。公司在向王某发出《解除劳动关系通知书》之前，王某的直接上司与其进行了一次谈话，公司的监控系统完整地记录了该次谈话。在谈话过程中，该上司向王某说明了公司对王某试用期的评价，表示这份工作对于王某来说可能无法承担，公司欲于试用期结束时与王某终止劳动合同。王某听后要求换岗，但该上司表示没有合适的岗位。由于试用期结束时王某仍处于哺乳期，公司在王某哺乳期结束后才向其发出《解除劳动关系通知书》。王某认为其上司的试用期评估报告系单独制作，对该报告不予认可。此外,王某表示,公司向其发出《解除劳动关系通知书》时已经超出了其试用期限,因此以试用期不符合录用条件为由辞退王某只是公司的借口,该行为是不合法的。

【评析】

首先,该上司单方制作王某的试用期评估报告并无不妥。员工试用期的考评,通常由该员工的上司依据员工试用期期间的工作表现作出评定,而不是与其他无关人员共同评定,因此,王某的直接上司有责任对王某的工作作出评定。

其次,在该上司与王某的谈话中,该上司已向王某说明了其试用期的考核结果。王某亦未对该考核结果作出反对的意见,而是提出了换岗的要求。故王某亦认识到其不能胜任客服代表的工作。因此,公司以王某未通过试用期为由提出终止合同并无不妥。

最后,公司在试用期到期前已经明确通知王某其未通过试用期,劳动合同至试用期到期日终止,王某对此是明知的。公司延迟办理解约,是出于对员工的人文关怀,并非对王某的考察或继续任用。

因此,王某在试用期期间工作表现不符合用人单位的要求,用人单位以此解约,符合法律规定。

(三)协商解除试用期员工劳动合同

实践中,也可以通过协商解除试用期员工劳动合同。如果试用期员工不符合《劳动合同法》第39条或者第40条第1项、第2项规定的情况,用人单位就不能单方解除劳动合同,只能尝试与试用期员工协商解除劳动合同。协商解除试用期员工劳动合同的,企业应当支付员工经济补偿金。

(四)经济补偿金

除了依据《劳动合同法》第39条的规定辞退试用期员工之外,企业解除试用期员工劳动合同都需要支付员工经济补偿金。经济补偿按照员工在本单位工作年限计算,每满1年按1个月工资的标准支付,不满6个月的按半个月工资标准支付,满6个月的按照1年计算。

## 【相关法条】

《劳动合同法》

**第二十一条** 在试用期中，除劳动者有本法第三十九条和第四十条第一项、第二项规定的情形外，用人单位不得解除劳动合同。用人单位在试用期解除劳动合同的，应当向劳动者说明理由。

**第三十九条** 劳动者有下列情形之一的，用人单位可以解除劳动合同：

（一）在试用期间被证明不符合录用条件的；

（二）严重违反用人单位的规章制度的；

（三）严重失职，营私舞弊，给用人单位造成重大损害的；

（四）劳动者同时与其他用人单位建立劳动关系，对完成本单位的工作任务造成严重影响，或者经用人单位提出，拒不改正的；

（五）因本法第二十六条第一款第一项规定的情形致使劳动合同无效的；

（六）被依法追究刑事责任的。

**第四十条** 有下列情形之一的，用人单位提前三十日以书面形式通知劳动者本人或者额外支付劳动者一个月工资后，可以解除劳动合同：

（一）劳动者患病或者非因工负伤，在规定的医疗期满后不能从事原工作，也不能从事由用人单位另行安排的工作的；

（二）劳动者不能胜任工作，经过培训或者调整工作岗位，仍不能胜任工作的；

（三）劳动合同订立时所依据的客观情况发生重大变化，致使劳动合同无法履行，经用人单位与劳动者协商，未能就变更劳动合同内容达成协议的。

# 第五章

# 工作时间与休息休假

员工对于企业的价值,归根结底要通过员工付出劳动时间来实现,所以考勤是员工管理中的一项基础工作。对员工考勤的目的就是要促使员工按照法律规定和劳动合同约定的时间为企业工作。

## 第一节 工 时 制 度

### 一、工时制的种类

企业制定考勤制度,首先要确定企业施行何种工时制。工时制可分为标准工时制、综合计算工时制和不定时工时制。

(一)标准工时制

标准工时制,是指员工每日工作 8 小时,每周工作 40 小时的工时制度。标准工时制是法律规定的基本工时制度,也是适用面最广的工时制度,因此,企业施行此工时制不需要向劳动行政部门申报。

尽管标准工时制是法定的基本工时制度,但是根据《劳动合同法》第 4 条的规定,用人单位关于工作时间的规章制度必须经职工代表大会或者全体员工讨论,提出方案和意见,与工会或者职工代表平等协商确定,同时规定用人单位应当将直接涉及劳动者切身利益的规章制度和重大事项决定公示或者告知劳动者,因此企业制定的关于工作时间的规章制度必须经过民主协商和公示程序。

（二）综合计算工时制

综合计算工时制，是指以周、月、季、年等为周期综合计算工作时间的工时制度，但其平均日工作时间和周工作时间应与法定标准工作时间相同，即平均每日工作不超过8小时，平均每周工作不超过40小时。

综合计算工时制只能适用于以下员工：(1)因工作性质需连续作业的；(2)生产经营受季节及自然条件限制的；(3)受外界因素影响，生产任务不均衡的；(4)因员工家庭距工作地点较远，采用集中工作、集中休息的；(5)实行轮班作业的；(6)可以定期集中安排休息、休假的。

虽然施行综合计算工时制的员工每日的工作时间可以超过8小时，每周的工作时间可以超过40小时，但是其平均日工作时间同样不能超过8小时，平均周工作时间同样不能超过40小时。如果综合计算工时周期内，总的实际工作时间超过了标准工作时间，视为加班，用人单位应当支付员工加班费。

（三）不定时工时制

不定时工时制，是指因用人单位生产特点、工作特殊需要或因职责范围的关系，无法按标准工作时间安排工作或因工作时间不固定，对需要机动作业的员工所采用的弹性工时制度。

不定时工作制仅适用于以下人员：(1)高级管理人员；(2)外勤、推销人员；(3)长途运输人员；(4)长驻外埠的人员；(5)非生产性值班人员；(6)可以自主决定工作、休息时间的特殊工作岗位的其他人员。

三种工时制的对比如表5－1所示。

**表5－1　三种工时制的对比**

| 对比项 | 标准工时制 | 综合计算工时制 | 不定时工时制 |
|---|---|---|---|
| 工作时间 | 每日不超过8小时<br>每周不超过40小时 | 以周、月、季度或年为周期计算工作时间；<br>日平均工作时间不超过8小时，周平均工作时间不超过40小时 | 弹性工作，劳动定额或其他考核标准，保障员工休息权利 |
| 内部民主协商和公示 | 需要 | 需要 | 需要 |

续表

| 对比项 | 标准工时制 | 综合计算工时制 | 不定时工时制 |
| --- | --- | --- | --- |
| 政府报批 | 不需要 | 需要 | 需要 |
| 加班费 | 标准工作时间外工作需要支付加班费 | 计算周期内实际工作时间超过标准工作时间的,需要支付加班费 | 不支付 |

## 二、工时制度的制定颁布

企业应当根据自身需要,选择适合本企业的工时制度。既可以统一采取一种工时制度,也可以是两种或三种工时制度的结合。企业需要注意,施行综合计算工时制和不定时工时制必须履行必要的法定报批程序,不能由用人单位任意决定。工时制度的制定颁布程序包括以下几步:

第一步:民主协商。工时制度属于《劳动合同法》第 4 条规定的直接涉及劳动者切身利益的规章制度,根据法律规定,企业实行综合计算工时制或不定时工时制,应当经职工代表大会或者全体职工讨论,与工会或者职工代表平等协商。

第二步:公示。企业最终应将综合计算工时制或不定时工时制的有关规章制度向员工公示。

第三步:申报。企业实行综合计算工时制和不定时工时制,应向企业营业执照注册地的区、县人力资源和社会保障局申报,按要求报送有关资料。

以北京市为例,计划施行综合计算工时制和不定时工时制的企业,应当向区、县人力资源和社会保障局报送以下资料:(1)企业营业执照副本及复印件;(2)北京市企业实行综合计算工时工作制和不定时工作制申报表。

第四步:由人力资源和社会保障局批准。

**【案例 22:对不定时工时制员工能否打卡考勤】**

员工 B 是 A 公司销售人员,A 公司对销售人员实行不定时工时制,且也从不执行加班工资制度。A 公司没有在规章制度中明确规定销售人员上下班可以不打卡,实际操作中,员工 B 有时候打卡,有时候不打卡,A 公司也从未提出过异议。

某天，员工B请员工C用其门卡代其打卡，但被门禁处的监控录像记录下来。适逢员工B与公司领导发生矛盾，关系紧张，A公司就以员工B违反考勤制度，打卡作弊为由开除员工B。员工B提起劳动争议仲裁，状告公司违法解除劳动合同，要求双倍支付经济补偿金。

**【评析】**

劳动争议仲裁委员会经审理后认为，员工B作为销售人员，适用不定时工时制，为了保障劳动者的休息权利，公司A不应在适用不定时工时制的同时再对员工B进行打卡考勤。尽管公司A的规章制度中未明确规定不对销售人员打卡考勤，但是公司A依法不应对员工B打卡考勤，因此员工B的代打卡行为不构成严重违反考勤制度，裁定公司A双倍支付员工B经济补偿金。

**【相关法条】**

**国务院《关于职工工作时间的规定》**

**第三条**　职工每日工作8小时、每周工作40小时。

**第四条**　在特殊条件下从事劳动和有特殊情况，需要适当缩短工作时间的，按照国家有关规定执行。

**第五条**　因工作性质或者生产特点的限制，不能实行每日工作8小时、每周工作40小时标准工时制度的，按照国家有关规定，可以实行其他工作和休息办法。

**原劳动部《关于企业实行不定时工作制和综合计算工时工作制的审批办法》**

**第三条**　企业因生产特点不能实行《中华人民共和国劳动法》第三十六条、第三十八条规定的，可以实行不定时工作制或综合计算工时工作制等其他工作和休息办法。

**第四条**　企业对符合下列条件之一的职工，可以实行不定时工作制。

(一)企业中的高级管理人员、外勤人员、推销人员、部分值班人员和其他因工作无法按标准工作时间衡量的职工；

(二)企业中的长途运输人员、出租汽车司机和铁路、港口、仓库的部分装卸人员以及因工作性质特殊，需机动作业的职工；

(三)其他因生产特点、工作特殊需要或职责范围的关系,适合实行不定时工作制的职工。

**第五条** 企业对符合下列条件之一的职工,可实行综合计算工时工作制,即分别以周、月、季、年等为周期,综合计算工作时间,但其平均日工作时间和平均周工作时间应与法定标准工作时间基本相同。

(一)交通、铁路、邮电、水运、航空、渔业等行业中因工作性质特殊,需连续作业的职工;

(二)地质及资源勘探、建筑、制盐、制糖、旅游等受季节和自然条件限制的行业的部分职工;

(三)其他适合实行综合计算工时工作制的职工。

**第六条** 对于实行不定时工作制和综合计算工时工作制等其他工作和休息办法的职工,企业应根据《中华人民共和国劳动法》第一章、第四章有关规定,在保障职工身体健康并充分听取职工意见的基础上,采用集中工作、集中休息、轮休调休、弹性工作时间等适当方式,确保职工的休息休假权利和生产、工作任务的完成。

**《北京市企业实行综合计算工时工作制和不定时工作制办法》**

**第四条** 企业确因生产经营特点和工作的特殊性不能实行每日工作8小时,每周工作40小时的,经申报、批准可以实行综合计算工时工作制或者不定时工作制。

**第五条** 职工的工作时间包括工艺准备、工艺结束时间、作业时间、职工自然需要的中断时间和工艺中断时间。

**第六条** 综合计算工时工作制是指采用以周、月、季、年等为周期综合计算工作时间的工时制度。

综合计算工时工作制适用于从事下列工种或者岗位的人员:

(一)因工作性质需连续作业的;

(二)生产经营受季节及自然条件限制的;

(三)受外界因素影响,生产任务不均衡的;

(四)因职工家庭距工作地点较远,采用集中工作、集中休息的;

(五)实行轮班作业的;

(六)可以定期集中安排休息、休假的。

**第七条** 企业实行综合计算工时工作制,应分别以周、月、季、年为周期综合计算工作时间,但其平均日工作时间和平均周工作时间应与法定标准工作时间相同,即平均每日工作不超过8小时,平均每周工作不超过40小时。

对于从事第三级以上(含第三级)体力劳动强度工作的职工,每日连续工作时间不得超过11小时,每周至少休息1天。

**第八条** 实行综合计算工时工作制的企业,在综合计算周期内,某一具体日(或周)的实际工作时间可以超过8小时(或40小时),但综合计算周期内的总实际工作时间不应超过总法定标准工作时间,超过部分应视为延长工作时间并按《劳动法》第四十四条第一款的规定支付劳动报酬,其中法定休假日安排职工工作的,按《劳动法》第四十四条第三款的规定支付职工工资报酬。企业延长工作时间平均每月不得超过36小时。

**第九条** 实行综合计算工时工作制的职工,综合计算工作时间的计算周期不得超过本人劳动合同尚未履行的时间。如果企业与职工终止、解除劳动合同时,其综合计算工作时间的计算周期尚未结束的,对职工的实际工作时间超过法定标准工作时间的部分,企业应按《劳动法》第四十四条第二款的规定支付劳动报酬。

**第十条** 实行综合计算工时工作制的企业可采用集中工作、集中休息、轮休调休等适当方式,确保职工的身体健康和生产、工作任务的完成。

**第十一条** 不定时工作制是指因企业生产特点、工作特殊需要或职责范围的关系,无法按标准工作时间安排工作或因工作时间不固定,需要机动作业的职工所采用的弹性工时制度。

不定时工作制适用于从事下列工种或者岗位的人员:

(一)高级管理人员;

(二)外勤、推销人员;

(三)长途运输人员;

(四)长驻外埠的人员;

(五)非生产性值班人员;

(六)可以自主决定工作、休息时间的特殊工作岗位的其他人员。

**第十二条** 对于实行不定时工作制的职工,企业应当根据标准工时制度合理确定职工的劳动定额或其他考核标准,保障职工休息权力。

**第十三条** 企业对实行综合计算工时工作制或不定时工作制的职工,应依法落实国家和本市关于女职工和未成年工的相关保护规定,合理调整其工作时间和生产定额。

**第十四条** 企业实行综合计算工时工作制或不定时工作制,应当与工会、职工代表大会或劳动者协商,企业的工作和休息制度,应向职工公示。

**第十五条** 企业实行综合计算工时工作制和不定时工作制,应向企业营业执照注册地的区、县劳动和社会保障局申报,并报送以下资料:

(一)企业营业执照副本及复印件;

(二)《北京市企业实行综合计算工时工作制和不定时工作制申报表》。

**第十六条** 区、县劳动和社会保障局对实行不定时工作制企业批准的实行时限为一至三年;实行综合计算工时工作制的企业在申报的岗位未发生变化的情况下,区、县劳动和社会保障局在批准时可以不规定实行时限,但因生产任务不均衡而实行综合计算工时工作制的企业,批准其实行时限为一至三年。

企业中的高级管理人员实行不定时工作制,不办理审批手续。国家和本市已规定实行特殊工时制度的企业不再履行审批手续。

**第十七条** 经区、县劳动和社会保障局批准实行不定时工作制和综合计算工时工作制的企业出现下列情形应重新申报:

(一)企业法人名称发生变化的;

(二)综合计算工时工作制或不定时工作制批准实行时限已满的;

(三)企业实行综合计算工时工作制和不定时工作制的工种岗位发生变化的。

**第十八条** 区、县劳动和社会保障局应在接到企业申报材料10个工作日内,提出审批意见,对符合实行综合计算工时工作制和不定时工作制条件的企业,予以批准,并在《北京市企业实行综合计算工时工作制和不定时工作制审批表》中签署审批意见。

对不符合实行综合计算工时工作制和不定时工作制条件的企业，应说明理由并书面通知申报企业。

《北京市企业实行综合计算工时工作制和不定时工作制审批表》一式三份，由区、县劳动和社会保障局、申报企业、企业工会或职工代表各执一份。

## 第二节　加班制度

### 一、加班的定义

加班，是指用人单位依法安排劳动者在标准工作时间以外工作。用人单位需要为加班向加班员工支付加班工资。合法的加班具备以下特征：

1. 加班是在标准工作时间外工作。

就标准工时制的员工而言，所谓“标准工作时间”就是工作日工作 8 小时，所谓超出标准工作时间的情况包括：(1)在工作日工作超过 8 小时；(2)在休息日工作(休息日是指周六、周日，或者政府为重大节日调休的休息日)；(3)在法定休假日工作(法定休假日是指国庆节、劳动节、春节等法定节日，但不包括与节日连休的休息日)。

就综合计算工时制的员工而言，所谓“标准工作时间”是指计算周期内的标准工作时间；所谓“加班”是指计算周期内，实际总工作时间超过了总标准工作时间。

2. 用人单位需要支付高于标准工资的加班工资。

3. 加班须经过单位同意或由单位安排。

### 二、加班工资

目前，我国对于加班工资的标准规定如下：

(一)标准工时工作制下的加班工资

1. 在日标准工作时间以外延长工作时间的，按照不低于每小时工资基数的 150% 支付加班工资。例如，用人单位安排某员工在某日工作了 9 小时，超过了每日 8 小时的日标准工时，因此该员工当日加班了 1 小时，用人单位需按照该员工小时工资基数的 150% 向其支付加班工资。

2. 在休息日工作的,应当安排其同等时间的补休,不能安排补休的,按照不低于日或者小时工资基数的200%支付加班工资。例如,用人单位安排员工在周六工作了4小时,应当安排其在工作日补休,否则应当按照该员工小时工资基数的200%向其支付4小时的加班工资。

3. 在法定休假日工作的,应当按照不低于日或者小时工资基数的300%支付加班工资。例如,用人单位安排员工在中秋节当日工作8小时,用人单位不能用补休的方式处理,必须按照该员工小时工资基数的300%向其支付加班工资。

4. 实行计件工资制的,劳动者在完成计件定额任务后,用人单位安排其在标准工作时间以外工作的,应当比照前述规定,分别按照不低于计件单价的150%、200%、300%向其支付加班工资。

(二)综合计算工时工作制员工的加班工资

用人单位经批准实行综合计算工时工作制的,在综合计算工时周期内,用人单位应当按照劳动者实际工作时间计算其工资;劳动者总实际工作时间超过总标准工作时间的部分,视为加班,应当比照标准工时工作制的规定支付加班工资。但需要特别注意的是,即便总实际工作时间没有超过总标准工作时间,一旦安排劳动者在法定休假日工作的,也应当按照小时工资基数的300%向其支付加班工资。

(三)不定时工作制员工没有加班工资

经企业申报获得劳动部门批准后,施行不定时工作制的员工,因为没有量化的工作时间规定,也就不存在所谓延长的工作时间,因此没有加班工资。

(四)非全日制工作员工的加班工资

非全日制工作的员工,可以不执行有关加班工资规定,但用人单位安排其在法定休假日工作的,其小时工资不得低于当地政府规定的非全日制从业人员法定休假日小时最低工资标准。

(五)部分公民节日期间的加班工资

妇女节、青年节等部分公民节日期间,用人单位安排员工休息、参加节日活动的,应当视同其正常劳动支付工资;员工照常工作的,可以不支付加班工资。

**【案例23:能否用员工事假冲抵员工加班时间】**

某公司在其考勤规章制度中规定,标准工时制员工当月的加班时长优先用员工的事假冲抵,假设员工当月在周六加班一天(8个工作小时),当月请事假两天(16个工作小时),那么加班时长冲抵事假,最终计算结果是员工当月未加班,请事假一天。

**【评析】**

事假是在正常工作时间内员工因个人原因请假,而加班是单位安排在正常工作时间之外延长工作时间。事假可以不发事假期间工资,而加班工资高于正常工资。

案例中企业的规章制度是否合法呢?应当分不同情况来分析。

本案中,员工是在休息日加班的,而休息日加班可以用补休的方式来代替支付加班工资,所以该公司以事假冲抵加班时间的做法就相当于安排该员工补休,这样做合法。

依据法律规定,在法定节假日加班或者在工作日延时加班,则不能用补休方式代替支付加班工资,如果本案中的员工是上述情况,企业就不能用事假冲抵,必须依法支付加班费。

本案中的员工是标准工时制员工,如果是综合计算工时制员工,处理方法又有所不同。对于综合计算工时制员工,计算周期内实际工作时间超过法定标准工作时间的部分为加班时间。以本案为例,如果员工在休息日工作了8小时,但当月请事假16小时,则其该月实际工作时间未超过标准工作时间,可不视为加班。

**【案例24:加班申请单未注明加班日期时如何确认】**

吕某于2018年12月离职,依据加班申请单向公司主张其2018年3月休息日的加班工资。该加班申请单记载,吕某3月休息日加班28.5个小时,但加班日期、申请人日期及直线上级审批日期处均未注明相应年份。

公司认可加班申请单的真实性,但主张公司已为吕某安排了调休。公司提出的相应证据是吕某2017年的调休申请单,共计72个小时。由于无法认定吕某持有的加班申请单年份,因此也无法确认公司是否已为吕某安排了调休。在这种情况下如何确认加班日期?公司又是否需要向吕某支付加班费?

## 【评析】

用人单位应当具有管理的职责,因此本案的公司作为用人单位,未督促吕某在加班申请单上注明申请日期及加班日期对应的年份,且吕某的直线上级在审批时亦未注明相应年份,致使加班申请单对应年份不明,此种情形下,公司应当承担管理不力的不利后果。在这种情况下,法院会采信员工的主张,即吕某主张的2018年3月加班申请单对应的时间。公司提交的2017年调休申请单显然不能证明公司已安排吕某调休2018年的加班时间,公司应当向吕某支付加班工资。因此,用人单位应当加强对加班制度的管理,以免再出现此类情况。

## 【相关法条】

**《北京市工资支付规定》**

**第十四条** 用人单位依法安排劳动者在标准工作时间以外工作的,应当按照下列标准支付劳动者加班工资:

(一)在日标准工作时间以外延长工作时间的,按照不低于小时工资基数的150%支付加班工资;

(二)在休息日工作的,应当安排其同等时间的补休,不能安排补休的,按照不低于日或者小时工资基数的200%支付加班工资;

(三)在法定休假日工作的,应当按照不低于日或者小时工资基数的300%支付加班工资。

**第十五条** 实行计件工资制的,劳动者在完成计件定额任务后,用人单位安排其在标准工作时间以外工作的,应当根据本规定第十四条的原则,分别按照不低于计件单价的150%、200%、300%支付加班工资。

**第十六条** 用人单位经批准实行综合计算工时工作制的,在综合计算工时周期内,用人单位应当按照劳动者实际工作时间计算其工资;劳动者总实际工作时间超过总标准工作时间的部分,视为延长工作时间,应当按照本规定第十四条第(一)项的规定支付加班工资;安排劳动者在法定休假日工作的,应当按照本规定第十四条第(三)项的规定支付加班工资。

**第十七条** 用人单位经批准实行不定时工作制度的,不适用本规定第十四条的规定。

**第十八条** 从事非全日制工作的劳动者,实行小时工资制。小时工资由用人单位与劳动者协商确定,但不得低于本市规定的非全日制从业人员小时最低工资标准。

用人单位招用非全日制工作的劳动者,可以不执行本规定第十四条的规定,但用人单位安排其在法定休假日工作的,其小时工资不得低于本市规定的非全日制从业人员法定休假日小时最低工资标准。

非全日制从业人员小时最低工资标准和法定休假日小时最低工资标准由市劳动保障部门确定、调整和公布。

**第二十条** 妇女节、青年节等部分公民节日期间,用人单位安排劳动者休息、参加节日活动的,应当视同其正常劳动支付工资;劳动者照常工作的,可以不支付加班工资。

### 三、加班时间的法定上限

劳动者的体力和精力是有限的,过度加班会损害劳动者休息的权利,伤害劳动者的身心健康。即便用人单位支付加班工资,也不能没有限度地安排劳动者加班。具体而言,依据《劳动法》第 41 条的规定,在保障劳动者身体健康的条件下延长工作时间每日不得超过 3 小时,每月不得超过 36 小时。但是依据《劳动法》第 42 条的规定,在以下情形下延长员工工作时间不受上述限制:

1. 发生自然灾害、事故或者因其他原因,威胁劳动者生命健康和财产安全,需要紧急处理的;比如 2020 年年初发生新型冠状病毒肺炎疫情期间,防护产品生产企业的职工加班生产口罩、防护服。

2. 生产设备、交通运输线路、公共设施发生故障,影响生产和公众利益,必须及时抢修的。

3. 法律、行政法规规定的其他情形。

**四、加班的禁止性规定**

女员工依法受到特殊保护,有以下情况之一的,单位不得安排女员工加班:

1. 对怀孕7个月以上的女员工,企业不得安排加班;

2. 哺乳不满1周岁婴儿的女员工,企业不得安排加班。

**【相关法条】**

***《劳动法》***

**第四十一条** 用人单位由于生产经营需要,经与工会和劳动者协商后可以延长工作时间,一般每日不得超过一小时;因特殊原因需要延长工作时间的,在保障劳动者身体健康的条件下延长工作时间每日不得超过三小时,但是每月不得超过三十六小时。

**第四十二条** 有下列情形之一的,延长工作时间不受本法第四十一条规定的限制:

(一)发生自然灾害、事故或者因其他原因,威胁劳动者生命健康和财产安全,需要紧急处理的;

(二)生产设备、交通运输线路、公共设施发生故障,影响生产和公众利益,必须及时抢修的;

(三)法律、行政法规规定的其他情形。

**第四十三条** 用人单位不得违反本法规定延长劳动者的工作时间。

***《女职工劳动保护特别规定》***

**第六条第二款** 对怀孕7个月以上的女职工,用人单位不得延长劳动时间或者安排夜班劳动,并应当在劳动时间内安排一定的休息时间。

**第九条第一款** 对哺乳未满1周岁婴儿的女职工,用人单位不得延长劳动时间或者安排夜班劳动。

## 五、企业加班管理规章制度

加班需要依法支付高于标准工资的加班工资,因此对于企业而言,员工加班并非一定是好事,企业应当制定加班管理规定,力求员工进行必要、合理和适度的加班。通过加班管理规定,企业应当实现以下目的:

1. 规定加班的申请流程和加班审批权限。例如,员工应向哪一级领导提出加班申请,哪一级领导有权审批同意加班,或者哪一级领导有权安排加班等。制定严格的加班审批流程,有利于减少不必要、不合理的加班,促进员工形成科学时间管理概念,充分发挥标准工作时间的工作效率,节省用人单位的加班费支出。

2. 及时统计各部门、职工的加班情况,为企业经营和人力资源管理提供数据参考。

3. 控制加班规模,防止违法加班、超时加班。

### 【案例 25:未经公司批准的加班,员工能索要加班工资吗】

因为工作任务繁重,广告公司设计人员张某平时经常下班后留在办公室加班,但没有任何加班前的申请手续或者加班后的领导确认,只是晚上离开公司时会在考勤表上签字。后因经营不景气,广告公司对张某施行裁员。张某申请劳动仲裁,要求公司支付长期拖欠的加班工资。张某提供了自己离职前复印的考勤记录表,证明自己的加班时间。广告公司则反驳称:考勤记录无法证明是公司安排或批准张某进行加班,张某无权对非经公司安排的加班索要加班费。张某提供了大量工作中和领导、同事的工作邮件,以这些邮件的内容证明根据公司布置给自己的工作量和要求自己提交工作成果的时限,任何一个员工都只有延长工作时间才可能完成工作任务,且证明公司领导一直明知自己经常在加班工作。

### 【评析】

本案最终以调解结案。本案的核心问题是如何认定加班是公司的安排。如果是公司安排的加班,公司应当支付加班费,如果不是公司安排的加班,公司则不需要支付加班工资。所谓公司安排的加班,应该包括两种情况:一种加班是事先经过公司明确的加班审批核准或者事后的确认,这种情况下,一般存在书面或者电子的加班审批表或者加班确认记录;另一种加班没有公司明确的事先审批核准或事后确认,只是公司委派给员工一项工作任务,如果公司交给员工一个紧急工作任务,限定了完成工作的时间,而根据公司限定的完工时间,员工必然需要加班加点才有可能完成工作,那么公平地讲,此时即使没有明确要求员工加班工作,但实质上是在安排员工加班。但在实践中,员工证明第二种加班情况的难度很大。

## 第三节 休　　假

员工可以享受或申请的休假种类繁多,包括法定休假日、法定休息日、事假、带薪年休假、病假、婚假、产假、哺乳假、探亲假、丧假等。其中法定休假日和法定休息日的具体日期是国家规定的,员工不需要专门申请。而其他种类的休假,则需要员工向单位请假。

### 一、事假

事假,是指员工因私事不能在工作时间工作,而向单位申请后享受的假期。

事假导致员工不能为单位工作,而且因为事假往往是员工的主观原因导致不能在工作时间工作,所以法律规定事假期间单位不需要支付员工工资。但是,如果单位愿意支付事假期间工资,法律也不禁止。

**【相关法条】**

**《北京市工资支付规定》**

**第二十二条** 劳动者在事假期间,用人单位可以不支付其工资。

### 二、病假

病假,是指员工因病需治疗或休养而不能工作,向单位申请后享受的假期。病假虽然导致员工不能为单位工作,但基本属于客观原因,所以法律规定，单位需要支付病假期间工资，但可以适当低于正常工资。在病休期间，用人单位应当根据劳动合同或集体合同的约定支付病假工资。用人单位支付病假工资不得低于当地最低工资标准的80%。

**【案例26：停工留薪待遇不同于病假待遇】**

王某于2018年10月24日入职ALD公司，任财务经理。2019年1月11日，王某发生事故，2019年3月6日被认定为工伤，认定部位为"肝破裂（实质破裂）、右侧肋骨骨折（第9、10、11肋骨骨折）"，2019年8月31日被鉴定为伤残级别九级。

王某于2019年2月27日至7月31日请休病假，要求公司支付2019年3月1日至7月31日的停工留薪期工资。就上述主张，王某提供以下证据：（1）诊断证明9份，以证明王某病休的治疗期间为2019年2月28日至7月31日，以及王某因腰背部软组织挫伤、肋骨骨折（陈旧）住院治疗。（2）出院记录2份。上述文件均加盖工伤保险定点医疗机构专用章。但ALD公司主张不应按停工留薪期处理，ALD公司表示，虽然王某向ALD公司提交了医院诊断证明书，但其并未向公司申请重新确定停工留薪期，故公司认为上述期间应按病假处理，公司不同意全额支付工资。最后，法院判决，2019年2月28日至7月31日，王某凭相关医疗机构出具的休假证明休假，该段休假期间ALD公司应当向王某支付工资。

**【评析】**

本案中，双方对于王某的请假期间属于停工留薪期还是病假产生争议，争议原因在于停工留薪期的待遇远高于病假的待遇。《工伤保险条例》第33条规定，在停工留薪期内，原工资福利待遇不变，由所在单位按月支付。而根据《北京市工资支付规定》的规定，用人单位支付病假工资不得低于本市最低工资标准的80%。

但是，停工留薪是工伤待遇，适用停工留薪期的前提是工伤。在本案中，由于王某提交的诊断证明显示其病休原因与其2012年工伤存在关联，属于工伤员工旧伤复发后需要继续治疗的情形。因此ALD公司应当依照《工伤保险条例》第33条和第38条的规定,按照停工留薪期的规定发给王某正常的工资和福利待遇。

劳动者的病休原因是否与工伤有关,原则上应当由工伤保险经办机构或者医院来判断,因为用人单位没有进行实质审查的专业能力,因而医院的诊断证明则十分重要。用人单位如果对医院出具的诊断证明有异议,可以申请工伤保险经办机构进行确认。如果劳动者提交的休假证明不是由工伤保险经办机构或者医院出具的,则其不能享受停工留薪待遇,用人单位可以依照相关法规及用人单位的规章制度给予其病假待遇。

**【相关法条】**

《北京市工资支付规定》

**第二十一条** 劳动者患病或者非因工负伤的,在病休期间,用人单位应当根据劳动合同或集体合同的约定支付病假工资。用人单位支付病假工资不得低于本市最低工资标准的80%。

《工伤保险条例》

**第三十三条第一款** 职工因工作遭受事故伤害或者患职业病需要暂停工作接受工伤医疗的,在停工留薪期内,原工资福利待遇不变,由所在单位按月支付。

**第三十八条** 工伤职工工伤复发,确认需要治疗的,享受本条例第三十条、第三十二条和第三十三条规定的工伤待遇。

### 三、婚假

婚假,是指员工因本人结婚而向单位申请后享受的假期。

(一)婚假的期限

我国至今没有颁布关于婚假期限的法律或法规。1980年原国家劳动总局、财政部颁布的《关于国营企业职工请婚丧假和路程假问题的通知》中规定,职工因本人结婚,经单位批准可请1~3天婚假,根据路程原因可给予路程假。以前大多数企业都是按照3天的标准规定职工婚假。

因为我国人口政策整体的转向,从控制人口转为鼓励生育,过去的晚婚假(通常 7 ~ 15 天)被各地政府在 2016 年取消,但是过去的晚婚假假期一般都被直接规定为婚假。

(二)婚假的申请条件

在实际操作中,用人单位应以请假者的结婚证作为申请婚假的请假证明。

(三)婚假工资

婚假属于带薪假,即视为员工提供了正常劳动。无论是一般婚假还是晚婚奖励假,其间工资应当按照正常工资标准发放。

(四)申请婚假的时间限制

所谓申请婚假的时间限制,是指员工领取结婚证后,应在多长期间内申请婚假。这个问题要综合几方面因素来分析。首先,法律法规并没有限定申请婚假的时间限制。作为一种针对职工特定私事而设立的休假,它与员工结婚这一特定事件具有紧密的关联性,所以企业要求员工在结婚后合理的期限内尽快使用婚假是合理的,但企业必须通过内部规章制度对此作出明确规定。

其次,如果企业制定的休假制度中规定员工必须在领取结婚证后一段期间内请假才有效,那么此制度的制定过程必须经过《劳动合同法》要求的民主协商和公示公告程序,此外,其内容还不得违反法律法规的强制性规定。

最后,企业有权要求请假员工的结婚证必须是在本单位工作期间领取的,否则,无法确定该员工是否已经在前工作单位休过婚假。

**【相关法条】**

**原国家劳动总局、财政部《关于国营企业职工请婚丧假和路程假问题的通知》**

一、职工本人结婚或职工的直系亲属(父母、配偶和子女)死亡时,可以根据具体情况,由本单位行政领导批准,酌情给予一至三天的婚丧假。

二、职工结婚时双方不在一地工作的;职工在外地的直系亲属死亡时需要职工本人去外地料理丧事的,都可以根据路程远近,另给予路程假。

三、在批准的婚丧假和路程假期间,职工的工资照发。途中的车船费等,全部由职工自理。

四、以上规定从本通知下达之日起执行。

《北京市人口与计划生育条例》

**第十六条** 依法办理结婚登记的夫妻,除享受国家规定的婚假外,增加假期七天。

《上海市人口与计划生育条例》

**第三十一条第一款** 符合法律规定结婚的公民,除享受国家规定的婚假外,增加婚假七天。

## 四、产前休息时间

国务院《女职工劳动保护特别规定》第6条规定,对怀孕7个月以上的女员工,用人单位不得延长劳动时间或者安排夜班劳动,并应当在劳动时间内安排一定的休息时间。

从这个规定来看,企业不得安排怀孕7个月以上的女员工加班或者在夜间工作。每天安排的休息时间则由企业决定,但是部分地方法规对此有具体规定,通常为每天安排休息1小时。

## 五、产前假

产前假是某些地方政府的法规规定的,不属于国务院《女职工劳动保护特别规定》中规定的产假,产假本身已经包括产前休息的15天。有的女员工产前仅仅休息15天并不够,因此部分地方政府就在产假之外又规定了产前假。产前假不是所有生育女员工都必然享受的,它必须经员工申请和单位批准同意,一般规定了产前假的地方法规中都会同时规定产前假工资按正常工资的一定比例支付。由此可见,产前假与病假性质类似。

## 六、产前检查假

产前检查是女员工生育前必经的过程,国务院《女职工劳动保护特别规定》第6条规定,怀孕女员工在劳动时间内进行产前检查,所需时间计入劳动时间。根据这个规定,产前检查期间应视为女员工正常劳动,应支付正常工资。当然,女员工休产前检查假应履行必要的请假手续,尤其是因个人原因产前检查次数较多、较频繁的女员工,更应当向单位提供医院开具的证明。

**【案例27:赴美生二胎,回国被开除】**

李某2015年生育一子,2016年入职某保险公司。2018年,李某准备生育二胎(不符合计划生育政策),遂在2018年2月至4月前后提交了多份北京妇幼医院的病假证明,每次请假两周。某保险公司的规章制度规定,达到一个月以上的病假,公司有权指定医院进行核实。公司于2018年4月至5月多次发函要求核实情况,并称如果李某不方便,也可以派医生去核实,但信函得到的答复是"拒收,人在国外"。李某于2018年4月20日也曾向公司领导发微信:"人在国外"。2018年4月28日,李某在美国洛杉矶产下一子。同年6月李某发微信,申请2018年8月底上班,公司未回复。2018年8月初,公司发函通知开除李某,理由包括:(1)李某请假证明造假;(2)李某在2018年2月至8月旷工。

李某的诉讼请求如下:(1)继续履行劳动合同;(2)公司支付其2018年4月29日至8月28日的产假工资和25%延迟赔偿金;(3)赔偿精神损失费20万元。

审理结果:驳回李某全部诉讼请求。

**【评析】**

李某赴美待产二胎期间,向用人单位提供了虚假的国内医院休假证明,违反了诚实信用原则,因此用人单位可以将该期间视为李某旷工,严重违反规章制度。根据《劳动合同法》第39条之规定,员工严重违反规章制度的,用人单位可以提前解除劳动合同且不需要支付经济补偿金。

## 七、产假

### (一)产假的期限

2012年4月28日,国务院公布了《女职工劳动保护特别规定》,这个规定替代了原《女职工劳动保护规定》。依据《女职工劳动保护特别规定》第7条的规定,女员工生育享受98天产假,其中产前可以休假15天;难产的,增加产假15天;生育多胞胎的,每多生育1个婴儿,增加产假15天。女员工怀孕未满4个月流产的,享受15天产假;怀孕满4个月流产的,享受42天产假。

违反计划生育的女员工,是否可以依法享有产假呢?答案是肯定的。《女职工劳动保护特别规定》中并没有规定必须以遵守计划生育政策作为享有产假的前提条件。因此,女员工即便违反了计划生育规定,也应当适用《女职工劳动保护特别规定》,受到特别保护。

(二)产假期间的待遇

产假期间的工资来源分为两种:一种是生育保险基金支付的生育津贴;另一种是由单位发放的工资。对已经参加生育保险的用人单位,按照用人单位上年度员工月平均工资的标准由生育保险基金支付;对未参加生育保险的用人单位,按照女员工产假前工资的标准由用人单位支付。

由此可见,如果参加了生育保险,单位就不需要再支付女员工产假期间工资。但是需要注意的是,如果女员工本人的工资标准较高,超过生育津贴支付标准的,不足部分仍应由单位补足。

女员工生育或者流产的医疗费用,按照生育保险规定的项目和标准,对已经参加生育保险的用人单位,由生育保险基金支付;对未参加生育保险的用人单位,由用人单位支付。

**【相关法条】**

**《社会保险法》**

**第五十六条** 职工有下列情形之一的,可以按照国家规定享受生育津贴:

(一)女职工生育享受产假;

(二)享受计划生育手术休假;

(三)法律、法规规定的其他情形。

生育津贴按照职工所在用人单位上年度职工月平均工资计发。

**《女职工劳动保护特别规定》**

**第七条** 女职工生育享受98天产假，其中产前可以休假15天；难产的，增加产假15天；生育多胞胎的，每多生育1个婴儿，增加产假15天。

女职工怀孕未满4个月流产的，享受15天产假；怀孕满4个月流产的，享受42天产假。

**第八条** 女职工产假期间的生育津贴，对已经参加生育保险的，按照用人单位上年度职工月平均工资的标准由生育保险基金支付；对未参加生育保险的，按照女职工产假前工资的标准由用人单位支付。

女职工生育或者流产的医疗费用，按照生育保险规定的项目和标准，对已经参加生育保险的，由生育保险基金支付；对未参加生育保险的，由用人单位支付。

**原劳动部《企业职工生育保险试行办法》**

**第五条** 女职工生育按照法律、法规的规定享受产假。产假期间的生育津贴按照本企业上年度职工月平均工资计发，由生育保险基金支付。

### 八、哺乳时间和哺乳假

哺乳时间，是指用人单位应当为哺乳期女职工每天安排1小时哺乳时间。女职工生育多胞胎的，每多哺乳1个婴儿每天增加1小时哺乳时间。

女职工在哺乳时间是视同正常工作的，因此企业不得因此克扣女职工的工资。

哺乳假不同于每天的哺乳时间，国务院《女职工劳动保护特别规定》中没有规定哺乳假，只规定了哺乳时间。哺乳假是部分地方政府专门为哺乳期女职工设立的一种休假，如江苏省、上海市、广东省政府都规定了期间不等的哺乳假。但这些地方政府规定的哺乳假都不是强制性的，女职工休哺乳假必须经过女职工申请和用人单位批准同意，而且哺乳假期间的工资不是正常工资标准，而是按照正常工资的一定比例支付。

### 【案例28：未享受的哺乳时间是否可以计作延时加班】

公司欲辞退胡某，胡某向公司主张加班期间的加班费，其中包括胡某于哺乳期间一直未享受的每天1小时的哺乳时间。胡某主张,由于工作繁忙致其未能提早下班享受该哺乳时间,要求按延时加班结算该1小时的加班工资。那么是否可以因未享受哺乳时间而以此为由要求加班工资?

**【评析】**

有不满1周岁婴儿的女职工,依法享有每班劳动时间内两次哺乳时间,每次30分钟。本案中胡某未提供证据证明系公司不同意或不允许其享受哺乳时间。现胡某没有延迟1小时上班或没有提早1小时下班,只能视为放弃,不能视为是工作时间之外的加班。因此胡某仅以其未提前1小时下班这一结果要求用人单位支付加班工资,于法无据。

**【相关法条】**

**《女职工劳动保护特别规定》**

**第九条** 对哺乳未满1周岁婴儿的女职工,用人单位不得延长劳动时间或者安排夜班劳动。

用人单位应当在每天的劳动时间内为哺乳期女职工安排1小时哺乳时间;女职工生育多胞胎的,每多哺乳1个婴儿每天增加1小时哺乳时间。

### 九、生育奖励假和陪产假

2016年各地取消晚育假后,为了鼓励生育,部分地方政府自行规定了生育奖励假和护理假,比如,北京市规定生育奖励假30天,配偶陪产假15天;上海市规定生育奖励假30天,配偶陪产假10天;广东省甚至规定了80天的生育奖励假。

**【相关法条】**

**《北京市人口与计划生育条例》**

**第十八条** 机关、企业事业单位、社会团体和其他组织的女职工,按规定生育的,除享受国家规定的产假外,享受生育奖励假三十天,其配偶享受陪产假十五天。女职工及其配偶休假期间,机关、企业事业单位、社会团体和其他组织不得降低其工资、予以辞退、与其解除劳动或者聘用合同。

女职工经所在机关、企业事业单位、社会团体和其他组织同意，可以再增加假期一至三个月。

《上海市计划生育奖励与补助若干规定》

**第二条**　符合法律规定结婚的公民，除享受国家规定的婚假外，增加婚假7天。增加的婚假一般应当与婚假合并连续使用，享受婚假同等待遇。

符合法律法规规定生育的夫妻，女方除享受国家规定的产假外，还可以再享受生育假30天，男方享受配偶陪产假10天。

生育假一般应当与产假合并连续使用，享受产假同等待遇。配偶陪产假应当在产妇产假期间连续使用，按照本人正常出勤应得的工资发给。

增加的婚假、生育假、配偶陪产假遇法定节假日顺延。

《广东省人口与计划生育条例》

**第三十条**　符合法律、法规规定生育子女的夫妻，女方享受八十日的奖励假，男方享受十五日的陪产假。在规定假期内照发工资，不影响福利待遇和全勤评奖。

## 十、丧假

我国法律中并没有直接规定丧假的期限。到目前为止，只在1980年原劳动部《关于国营企业职工请婚丧假和路程假问题的通知》中规定职工本人的直系亲属（父母、配偶、子女）死亡的，单位可酌情给予1～3天假期，并根据路程远近给予路程假。

尽管这个通知仅针对国营企业，但是也有其他的劳动法规、规章中提到“丧假”一词（如《北京市工资支付规定》第19条规定劳动者依法享受年休假、探亲假、婚假、丧假等休假期间，用人单位应当支付其工资），并且在这些法规里没有对企业的性质做区分。实践中，各类企业都按照这个标准执行。

## 十一、探亲假

探亲假规定在国务院1981年颁布的《关于职工探亲待遇的规定》中，根据该规定，凡在国家机关、人民团体和全民所有制企业、事业单位工作满1年的固定员工，与配偶不住在一起，又不能在公休假日团聚的，可以享受本规定探望配偶的待遇;与父亲、母亲都不住在一起,又不能在公休假日团聚的,可以享受本规定探望父母的待遇。但是,员工与父亲或与母亲一方能够在公休假日团聚的,不能享受本规定探望父母的待遇。

(一)探亲假的特征

根据上述规定,探亲假具有以下特征:

1. 探亲假依法只适用于国家机关、人民团体和全民所有制企业、事业单位,所以其他性质的单位如果要施行探亲假,应当在单位内部的规章制度中规定。

2. 探亲假只适用于在单位工作满一年的员工。

3. 探亲假用于员工探望不住在一起,又不能在公休假日团聚的配偶和父母。所谓"不能在公休假日团聚",是指不能在公休假日在家休息一夜或休息半天。

(二)探亲假的期限

1. 员工探望配偶的,每年给予一方探亲假一次,假期为 30 天。

2. 未婚员工探望父母,原则上每年给假一次,假期为 20 天,如果因为工作需要,本单位当年不能给予假期,或者员工自愿两年探亲一次,可以两年给假一次,假期为 45 天。

3. 已婚员工探望父母的,每四年给假一次,假期为 20 天。

上述探亲假期,是指员工与配偶、父亲、母亲团聚的时间,另外,根据实际需要给予路程假。上述假期均包括公休假日和法定节日在内。

(三)探亲假的待遇

在规定的探亲假期和路程假期内,单位按照员工本人的标准工资向其发放工资。

员工探望配偶和未婚员工探望父母的往返路费,由所在单位负担。已婚员工探望父母的往返路费,在本人月标准工资 30% 以内的,由本人自理,超过部分由所在单位负担。

【相关法条】

**国务院《关于职工探亲待遇的规定》**

**第二条**　凡在国家机关、人民团体和全民所有制企业、事业单位工作满一年的固定职工，与配偶不住在一起，又不能在公休假日团聚的，可以享受本规定探望配偶的待遇；与父亲、母亲都不住在一起，又不能在公休假日团聚的，可以享受本规定探望父母的待遇。但是，职工与父亲或与母亲一方能够在公休假日团聚的，不能享受本规定探望父母的待遇。

**第三条**　职工探亲假期：

（一）职工探望配偶的，每年给予一方探亲假一次，假期为三十天。

（二）未婚职工探望父母，原则上每年给假一次，假期为二十天。如果因为工作需要，本单位当年不能给予假期，或者职工自愿两年探亲一次的，可以两年给假一次，假期为四十五天。

（三）已婚职工探望父母的，每四年给假一次，假期为二十天。

探亲假期是指职工与配偶、父、母团聚的时间，另外，根据实际需要给予路程假。上述假期均包括公休假日和法定节日在内。

**第四条**　凡实行休假制度的职工（例如学校的教职工），应该在休假期间探亲；如果休假期较短，可由本单位适当安排，补足其探亲假的天数。

**第五条**　职工在规定的探亲假期和路程假期内，按照本人的标准工资发给工资。

**第六条**　职工探望配偶和未婚职工探望父母的往返路费，由所在单位负担。已婚职工探望父母的往返路费，在本人月标准工资百分之三十以内的，由本人自理，超过部分由所在单位负担。

## 十二、带薪年休假

所谓带薪年休假，是指员工依法每年度享有的一定期限的休假，并且休假期间视同正常工作，获得正常工资。这里的“年度”指的是公历自然年度。

（一）享受带薪年休假的前提条件

根据国务院《职工带薪年休假条例》和《企业职工带薪年休假实施办法》

的规定,员工连续工作满一年的,应当享有带薪年休假。所谓“连续工作满一年”,并非指在本单位连续工作满12个月,而是指该员工连续工作满1年,即使员工更换单位,只要是已经连续工作满1年就符合规定。从文字本意来看,“连续”应该是指没有任何间断,即没有待业的情况。

“连续工作满一年”是员工有资格享有带薪年休假的前提,但不是计算其具体年休假期间的依据,计算员工年休假期间是以“累计工作年限”为依据。

(二)带薪年休假的期限

计算员工当年度的带薪年休假期限,以该员工的累计工作年限为依据。“累计工作年限”包括在一个单位和不同单位工作的时间,只要总的工作时间累计达到了法规规定的年限,就依法享有相应期间的带薪年休假。

依据《职工带薪年休假条例》第3条的规定,员工累计工作已满1年不满10年的,年休假5天;已满10年不满20年的,年休假10天;已满20年的,年休假15天(见表5-2)。国家法定休假日、休息日不计入年休假的假期。依据《企业职工带薪年休假实施办法》第6条的规定:“员工依法享受的探亲假、婚丧假、产假等国家规定的假期以及因工伤停工留薪期间不计入年休假假期。”

**表5-2　员工工作年限与带薪年休假天数对照**

| 员工工作年限 | 带薪年休假天数 |
|---|---|
| 累计工作1年以上,不满10年 | 休假5天 |
| 累计工作10年以上,不满20年 | 休假10天 |
| 累计工作20年 | 休假15天 |

由此可见,法律规定员工累计工作时间每增加10年,就增加带薪年休假5天。法律允许用人单位给予员工长于上述期间的带薪年休假。有的用人单位采取与《职工带薪年休假条例》不同的休假日期计算方式,如员工累计工作每满1年就上调带薪休假期间,只要员工实际享有的带薪年休假不少于法定标准,这样的自主规定是允许的。

(三)入职当年的年休假期间的计算方法

有关带薪年休假的法规中所称的“年度”都是公历年度,也就是公历1

月 1 日至当年 12 月 31 日。但是企业在一年中任何时间都会有新员工入职，不可能都统一在 1 月 1 日入职，因此员工入职的当年是不完整的年度，如何计算新入职员工在当年应享有的年休假期间呢？

第一，新进用人单位的员工应当有资格享有带薪年休假，即已经“连续工作满一年”。第二，新员工入职当年年休假天数按照在本单位剩余日历天数折算确定，折算后不足一整天的部分不享受年休假。折算方法为：（当年度在本单位剩余日历天数 ÷ 365 天）× 员工本人全年应当享受的年休假天数。

（四）年休假的安排

国务院《职工带薪年休假条例》第 5 条规定，单位根据生产、工作的具体情况，并考虑员工本人意愿，统筹安排员工年休假。年休假在一个年度内可以集中安排，也可以分段安排，一般不跨年度安排。单位因生产、工作特点确有必要跨年度安排员工年休假的，可以跨一个年度安排。

这条规定说明了年休假安排的三个原则：

1. 如何安排年休假不是单位或员工任何一方单方面的决定，虽然由单位统筹安排，但安排时也要考虑员工本人的意愿，反之，虽然要尊重员工的意愿，但员工作为一个组织的成员，终究也要由单位根据生产经营情况统筹安排年休假。

2. 年休假既可以集中安排，也可以分段安排。

3. 考虑到某些用人单位生产和工作的特点，因客观原因，可以将当年度的年休假安排到下一个年度，但是仅限于此，最多推迟到下一年度中安排休假，不得再拖延安排。

（五）未休年假的补偿

员工的年休假与法定节假日一样，是其依法享有的休息时间，如果员工未休年假，其实质就同员工在法定节假日加班一样。所以员工未休年假的，企业应当依法给予经济补偿。

根据国务院《职工带薪年休假条例》的规定，用人单位经员工同意不安排年休假或者安排员工年休假天数少于应休年休假天数，应当在本年度内对员工应休而未休的年休假天数，按照其日工资收入的 300% 支付未休年休假工资报酬,其中包含用人单位支付员工正常工作期间的工资收入。实行计件工资、提成工资或者其他绩效工资制的员工,日工资收入的计发办法也按照300%的方法计算。

用人单位安排员工休年休假,但是员工因本人原因且书面提出不休年休假的,用人单位可以只支付其正常工作期间的工资收入。

所谓"未休年休假工资报酬的日工资收入",是按照员工本人的月工资除以月计薪天数(21.75天)进行折算。此处的"月工资"是指员工在用人单位支付其未休年休假工资报酬前12个月剔除加班工资后的月平均工资。员工在用人单位工作时间不满12个月的,按实际月份计算月平均工资。

(六)不享受带薪年休假的情况

员工并非在任何情况下都无条件享受带薪年休假,为了平衡单位与劳动者之间的利益,法规规定员工有下列情形之一的,不享受当年的年休假:(1)员工依法享受寒暑假,其休假天数多于年休假天数的;(2)员工请事假累计20天以上且单位按照规定不扣工资的;(3)累计工作满1年不满10年的员工,请病假累计2个月以上的;(4)累计工作满10年不满20年的员工,请病假累计3个月以上的;(5)累计工作满20年以上的员工,请病假累计4个月以上的。

如果员工在享受了年度的年休假后,年度内又出现上述2、3、4、5项情况的,可以不给予其下一年度带薪年休假。

(七)关于带薪年休假的几个实践中的法律问题

1.单位能否实施一种与国务院《职工带薪年休假条例》不同的带薪年休假制度

笔者认为,只要年休假天数不低于《职工带薪年休假条例》的规定,单位完全可以实施不同的带薪年休假制度。《职工带薪年休假条例》中规定每工作满五年才能调整一次年休假天数,每次增加五天年休假天数。很多人都认为调整增长的频率过低,有些企业规定员工每工作一年就可以增加一天带薪年休假,这样的规定就是合法的,员工享受到的休假天数不低于法规的规定,同时还可以更早地享受到休假天数的递增。

2. 单位能否给予员工超出《职工带薪年休假条例》规定天数的带薪年休假

超出法定年休假的休假天数，可称为“补充年休假”。法律从来不禁止企业给予员工更高的福利待遇，因此单位在法定年休假基础上再提供给员工补充年休假是允许的。但是需要提醒企业注意的一点是，如果员工未休法定年休假，企业要向其支付3倍工资补偿，而如果员工未休补充年休假，要不要也给予3倍工资补偿呢？这个问题可以由企业自主决定，为了避免企业和员工发生争议纠纷，建议企业在规章制度中予以明确。

3. 员工在辞职时集中休年假怎么办

基于法律规定，员工在提出辞职后30日内就可以解除劳动合同，为什么法律需要设立辞职预告期？这是考虑到单位需要一个准备期和缓冲期，在此期间内，单位需找临时替代人员、调整员工工作内容、交接工作文档、交接工作内容等。

但是有的员工一旦决定跳槽，就一天也不想在单位多待，于是提交辞职的同时就提出休年假申请。设想一下，一个月大约20个工作日，假设一个可以享有10天年休假的员工提出辞职，那么这个员工真正来单位继续上班和交接工作的日子仅剩下10天，这就很可能无法实现辞职预告期的初衷。

对于这个问题，法律、法规和司法解释都没有直接的相关规定。它涉及员工辞职的权利、员工年休假的权利、员工工作交接的义务、单位统筹安排年休假的权利四个方面的问题。要妥善处理该问题其实就是要平衡这四个方面，片面地保护一方面而忽视另一方面是不合理的。因此，笔者也建议企业在劳动合同和企业规章制度中对此作出专门规定。

**【案例29：是否员工在本单位工作满一年才能享有带薪假】**

钱某应聘到一家公司工作。入职后不久，钱某希望休带薪年假，但公司的人力资源部门告知钱某，按照公司规定，必须在本公司工作满1年后才能享有带薪年休假。钱某认为，公司的规定不符合法律规定。公司人力资源部门的解释是，公司无法查证员工在入职以前是否连续工作满1年，因此为了方便和简化管理，直接规定必须进入本公司后满1年方可以享有带薪年假。

钱某不服公司的解释,向劳动执法部门举报了公司。劳动执法部门接到钱某举报后向该公司了解情况,发现举报情况属实,责令该公司立即改正。

【评析】

国务院《职工带薪年休假条例》规定,员工连续工作满1年即可以享有带薪年休假,其中没有限定员工必须在同一单位连续工作满1年,也没有限定员工必须在本单位连续工作满1年。因此,一个人只要曾经连续工作满1年,那么他进入任何一家单位,都应当立即享有带薪年假的权利。

一般来说,单位自身的确没有能力,也没有义务去查证员工在入职前是否连续工作满1年,但是单位可以允许员工提供有关证据来证明自己已经连续工作满1年。本案中,该公司在内部规章制度中直接规定必须在本单位工作满1年才享有年休假,是不合法的。

这里需要提醒企业注意的是,国务院《职工带薪年休假条例》中的用语是“连续工作满一年”,而不是“累计工作满一年”。因此,如果某应届毕业生在A公司工作了半年,之后辞职到B公司工作了半年,只要在A公司工作的期间和在B公司工作的期间没有衔接上,那么就不能称为“连续工作满一年”。

**【案例30:当过教师的员工换到新单位后能否享受当年的年休假】**

何某原是一所大学的老师,在2017年7月从学校离职,来到一家公司上班。何某希望在2017年10月休几天年假,与当年的十一长假连接起来。但是该公司没有批准何某的请假申请。该公司认为,何某原来是大学老师,在2017年上半年已经休了寒假,寒假的期间超过了何某应享有的年假天数,所以何某依法不再享有当年的带薪年休假。该公司的做法是否合法?

【评析】

一种观点认为,带薪年假制度是为了保障员工基本的休息权,如果一个人已经依法享受了年假,那么不应该因为换单位而多享受年假。这种观点有一定道理,但是立法者对此问题其实已经有所考虑,查证一个员工在上一个单位休了几天年假在实务中是比较困难的,因此《企业职工带薪年休假实施办法》专门规定了一年中新进员工的年假折算方法,这样的规定简化了实务操作,也适度地平衡了员工和新单位的利益。因此本案中,只要何某符合已经连续工作满一年的条件,该公司就应当允许何某休年假,不应当追究何某在原单位是否已经把当年的年假休完。

**【案例31:在无法提供入职时间的情形下如何计算年休假】**

**F某是一家企业的员工,也是企业合伙人。该企业于2018年11月为F某办理了退工手续后,F某主张该企业应就其应休未休的2017年及2018年的年休假进行经济补偿。但由于F某与企业并未签署劳动合同,双方也无法就各自主张的入职时间提供充分的证据,因而也就无法确认F某应休年休假天数。在这种情形下,应当如何确定年休假天数?**

**【评析】**

年休假天数取决于员工累计工作的时间,因此,确定F某的入职时间是本案年休假计算的重点。本案双方均认可劳动关系的存在,只是对于入职时间存在争议。根据最高人民法院《关于审理劳动争议案件适用法律问题的解释(一)》第44条的规定:"因用人单位作出的开除、除名、辞退、解除劳动合同、减少劳动报酬、计算劳动者工作年限等决定而发生的劳动争议,用人单位负举证责任。"因此,本案的合伙企业应对其主张的F某入职期限提供证据,否则将承担举证不能的不利后果。

《劳动合同法》规定,"用人单位自用工之日起即与劳动者建立劳动关系"。因此,《员工入职表》《劳动合同》《职工名册》等其他相类似文件都可以作为用工之日的证据。但本案的特殊情况在于,F某既是该合伙企业的员工又是企业合伙人,其入职程序未必像普通程序一样正规,可能不存在《员工入职表》或《劳动合同》。而《劳动合同法》中仅规定了用人单位应当建立《职工名册》,但未明确《职工名册》的具体形式,因此,用人单位建立的《职工名册》可能只有职工的姓名而没有相应的入职时间。

在不存在上述文件的情况下,若劳动者无法就其主张的入职时间提出充分的证据,用人单位可以以"社会保险费"的缴纳时间作为劳动者的入职时间。在上海市中级人民法院(2014)沪二中民三(民)终字第1044号民事判决书中,上海市第二中级人民法院即依照用人单位为劳动者缴纳社会保险费的情况确认了劳动者的入职时间及其应享有的年休假天数。

**【案例32:用人单位对补充年休假的自主调整权】**

吕某所在公司给予员工每年5天的补充年休假。公司在员工手册中规定,“公司可以安排或调整员工年假计划,公司对辞职员工应享有而未休的年假将给予薪资补偿”。后吕某辞职,要求公司支付其未休年假的薪资补偿。公司拒绝了吕某的要求,主张公司可以依据员工手册的规定安排或调整员工年假计划,因此公司有权取消吕某的补充年休假。此外公司认为,法律并未规定用人单位对补充年休假的补偿,因此吕某无权就未休的补充年休假向公司要求支付薪资补偿。

**【评析】**

法律不禁止用人单位给予员工超过法定年休假天数的假期,此为用人单位的管理自主权。因此,用人单位可以就补充年休假的天数、申请方式、休假制度进行自主规定。本案中,公司的员工手册规定的是“公司可以安排或调整员工年假计划”,并未就公司取消员工年假进行规定。因此公司有权在证明调整员工年假计划的合理性的前提下进行安排或调整,但不能直接取消或者缩减员工的补充年假。

关于未休补充年假应否支付未休年假工资,鉴于公司在员工手册中规定对辞职员工应享有而未休的年假给予薪资补偿,而未区分法定年假和补充年假的情形,在此类规定不明的情况下,法院可能会倾向于支持劳动者的主张,判决公司按照法定年假标准对员工未休的补充年假进行补偿。

因此,公司在制定规章制度时应当注意区分员工的法定权利和公司福利。建议对二者分别规定,并明确员工未享受公司福利的后果。

**【相关法条】**

**《职工带薪年休假条例》**

**第二条** 机关、团体、企业、事业单位、民办非企业单位、有雇工的个体工商户等单位的职工连续工作1年以上的，享受带薪年休假(以下简称年休假)。单位应当保证职工享受年休假。职工在年休假期间享受与正常工作期间相同的工资收入。

**第三条** 职工累计工作已满1年不满10年的，年休假5天；已满10年不满20年的，年休假10天；已满20年的，年休假15天。

国家法定休假日、休息日不计入年休假的假期。

**第四条** 职工有下列情形之一的，不享受当年的年休假：

(一)职工依法享受寒暑假，其休假天数多于年休假天数的；

(二)职工请事假累计20天以上且单位按照规定不扣工资的；

(三)累计工作满1年不满10年的职工，请病假累计2个月以上的；

(四)累计工作满10年不满20年的职工，请病假累计3个月以上的；

(五)累计工作满20年以上的职工，请病假累计4个月以上的。

**第五条** 单位根据生产、工作的具体情况，并考虑职工本人意愿，统筹安排职工年休假。

年休假在1个年度内可以集中安排，也可以分段安排，一般不跨年度安排。单位因生产、工作特点确有必要跨年度安排职工年休假的，可以跨1个年度安排。

单位确因工作需要不能安排职工休年休假的，经职工本人同意，可以不安排职工休年休假。对职工应休未休的年休假天数，单位应当按照该职工日工资收入的300%支付年休假工资报酬。

**《企业职工带薪年休假实施办法》**

**第三条** 职工连续工作满12个月以上的，享受带薪年休假(以下简称年休假)。

**第四条** 年休假天数根据职工累计工作时间确定。职工在同一或者不同用人单位工作期间，以及依照法律、行政法规或者国务院规定视同工作期间，应当计为累计工作时间。

**第五条** 职工新进用人单位且符合本办法第三条规定的，当年度年休假天数，按照在本单位剩余日历天数折算确定，折算后不足1整天的部分不享受年休假。

前款规定的折算方法为:(当年度在本单位剩余日历天数÷365天)×职工本人全年应当享受的年休假天数。

**第六条** 职工依法享受的探亲假、婚丧假、产假等国家规定的假期以及因工伤停工留薪期间不计入年休假假期。

**第七条** 职工享受寒暑假天数多于其年休假天数的,不享受当年的年休假。确因工作需要,职工享受的寒暑假天数少于其年休假天数的,用人单位应当安排补足年休假天数。

**第八条** 职工已享受当年的年休假,年度内又出现条例第四条第(二)、(三)、(四)、(五)项规定情形之一的,不享受下一年度的年休假。

**第九条** 用人单位根据生产、工作的具体情况,并考虑职工本人意愿,统筹安排年休假。用人单位确因工作需要不能安排职工年休假或者跨1个年度安排年休假的,应征得职工本人同意。

**第十条** 用人单位经职工同意不安排年休假或者安排职工年休假天数少于应休年休假天数,应当在本年度内对职工应休未休年休假天数,按照其日工资收入的300%支付未休年休假工资报酬,其中包含用人单位支付职工正常工作期间的工资收入。

用人单位安排职工休年休假,但是职工因本人原因且书面提出不休年休假的,用人单位可以只支付其正常工作期间的工资收入。

**第十一条** 计算未休年休假工资报酬的日工资收入按照职工本人的月工资除以月计薪天数(21.75天)进行折算。

前款所称月工资是指职工在用人单位支付其未休年休假工资报酬前12个月剔除加班工资后的月平均工资。在本用人单位工作时间不满12个月的,按实际月份计算月平均工资。

职工在年休假期间享受与正常工作期间相同的工资收入。实行计件工资、提成工资或者其他绩效工资制的职工,日工资收入的计发办法按照本条第一款、第二款的规定执行。

**第十二条** 用人单位与职工解除或者终止劳动合同时,当年度未安排职工休满应休年休假的,应当按照职工当年已工作时间折算应休未休年休假天数并支付未休年休假工资报酬,但折算后不足1整天的部分不支付未休年休假工资报酬。

前款规定的折算方法为:(当年度在本单位已过日历天数÷365天)×职工本人全年应当享受的年休假天数－当年度已安排年休假天数。

用人单位当年已安排职工年休假的,多于折算应休年休假的天数不再扣回。

**最高人民法院《关于审理劳动争议案件适用法律问题的解释(一)》**

**第四十四条**　因用人单位作出的开除、除名、辞退、解除劳动合同、减少劳动报酬、计算劳动者工作年限等决定而发生的劳动争议,用人单位负举证责任。

**《劳动合同法》**

**第七条**　用人单位自用工之日起即与劳动者建立劳动关系。用人单位应当建立职工名册备查。

## 十三、请假的方式

请假的申请及批准方式可分为口头、书面和电子三种。

口头请假方式没有留存任何书面证据,在实践中最易产生劳动争议纠纷。

书面请假方式可以保留请假申请和批准的书面证据,未来可证明员工是否申请休假、休假是否得到用人单位批准。

很多企业还会采取电子审批方式,由员工在单位的考勤信息系统上提交电子休假申请,领导直接在考勤信息系统上做批复。电子审批的请假方式环保、高效,可以在信息系统内保存请假审批记录,请假员工和审批领导不在一地办公时也可以进行休假审批。但是电子审批的信息系统属于用人单位所有和控制,当单位与员工发生劳动争议时,劳动者有可能对处于单位控制下的电子信息系统的安全性、公正性、客观性提出质疑。从目前的司法实践来看,如果没有合理的理由怀疑信息系统的公正性,一般这种质疑不被司法机关支持。但是建议用人单位防患于未然,在员工入职时就要求员工签署书面的文件,在文件中约定员工接受和认可企业的各种内部信息化管理系统所作的所有记录。

**【案例 33:员工春节提前请假未批准,公司以其旷工为由解除劳动关系被判违法】**

戴某是湖北人,2017 年 8 月进入江苏省昆山市某电子公司工作。该电子公司规定,员工请假应提前填写请假单,未办理请假、休假手续而擅自离岗者以旷工论处。

2021 年 2 月 11 日至 17 日为春节假期。因路途遥远,戴某于 2021 年 1 月 30 日就通过公司内部网络填写了请假单,请求 2021 年 2 月的 10 日、18 日、19 日请假 3 天。对此,公司多次与戴某协商,要求戴某于春节期间值班,但是戴某坚持不同意,公司当时也未明确拒绝戴某的请假申请。2021 年 2 月 9 日晚,戴某踏上了返回老家的路程。两天后,公司通过内部网络退回了戴某的请假申请。戴某对此并不知情。2 月 20 日,戴某回到公司上班。此时,公司却以戴某连续旷工 3 天为由,作出了开除戴某的决定。戴某对此不服,提起劳动争议仲裁和诉讼。后法院经审理认为,该公司解除劳动合同违法,判决公司支付戴某违法解除劳动合同赔偿金 8 万余元。

**【评析】**

劳动合同的履行应遵守诚实信用原则,对于劳动者的请假申请,用人单位应根据其情形在合理期限内作出明确答复。戴某是湖北人,其请假日期为春节前一天和春节后两天,该期间系我国春运期间,戴某的请假申请涉及其春节回家的行程安排,故公司更应在合理期限内尽早进行答复。本案中,公司在春节假期开始之后才驳回戴某的请假申请,此后公司更是在戴某回公司后直接对其作出开除的决定,没有给戴某申辩的机会,该公司的上述行为违背了诚实信用原则。

# 第六章

# 薪 酬 管 理

## 第一节 职工薪酬的范围

薪酬,是人力资源管理中常用词,但我国劳动法律法规中使用的关于员工报酬的词语一般是劳动报酬和工资。因此在法条中没有直接与薪酬对应的法律用语。

顾名思义,劳动报酬就是员工因为付出劳动而应获得的报酬。所以企业支付给员工的与员工的劳动没有直接关系的费用不属于劳动报酬的范畴,如独生子女补贴、离退休人员的福利待遇、医疗补助等,类似的项目一般应当归入福利费用。劳动报酬既包括货币形式也包括非货币形式的报酬,如股票期权,即属于劳动报酬的一种。

什么是工资?工资是货币形式的劳动报酬。根据国家统计局发布的《关于工资总额组成的规定》,工资一般由以下部分组成:计时工资、计件工资、奖金、津贴和补贴、加班加点工资、特殊情况下支付的工资。

1. 计时工资,是指按计时工资标准(包括地区生活费补贴)和工作时间支付给个人的劳动报酬。包括:

(1)对已做工作按计时工资标准支付的工资;

(2)实行结构工资制的单位支付给员工的基础工资和职务(岗位)工资;

(3)新参加工作员工的见习工资(学徒的生活费);

(4)运动员体育津贴。

2. 计件工资,是指对已做工作按计件单价支付的劳动报酬。包括:

(1)实行超额累进计件、直接无限计件、限额计件、超定额计件等工资制,按劳动部门或主管部门批准的定额和计件单价支付给个人的工资;

(2)按工作任务包干方法支付给个人的工资;

(3)按营业额提成或利润提成办法支付给个人的工资。

3. 奖金,是指支付给员工的超额劳动报酬和增收节支的劳动报酬。

4. 津贴和补贴,是指为了补偿员工特殊或额外的劳动消耗和因其他特殊原因支付给员工的津贴,以及为了保证员工工资水平不受物价影响支付给员工的物价补贴。

5. 加班加点工资,是指按规定支付的加班工资和加点工资。

6. 特殊情况下支付的工资。包括根据国家法律、法规和政策规定,因患病、工伤、生产、婚丧事、探亲、定期休假、停工学习、执行国家或社会义务等原因按计时工资标准或计时工资标准的一定比例支付的工资。

7. 附加工资、保留工资。

从最近几年关于财政和税收法律法规的修改变化来看,国家为了加强个人所得税的征管,过去属于福利范畴的项目,很多都划入了工资的范围。主要表现在政府把凡是按月、按标准发放的各种补贴、补助都定性为工资性收入,其理由是按月、按标准发放的补贴与计时工资没有性质上的差异,只是更换不同的名目而已。

## 第二节　基本工资与正常工作时间工资

基本工资在法律上没有绝对清晰的定义,类似的标准工资、基础工资等词语也是如此。在我国《劳动法》上比较常用的词语是正常工作时间工资,它是指员工在正常的工作时间内工作而应获得的工资。

一般来说,企业与员工在劳动合同中明确约定的该员工工资标准,应理解为该员工正常工作时间工资。业务提成、奖金等,属于依据员工实际工作结果和表现才能确定的工资,它们不是以工作时间来衡量的工资,所以不应属于正常工作时间工资,也无法在签署劳动合同时提前确定具体金额。

在计算年休假、产假、加班工资时,应以正常工作时间工资作为计算依据。但是为了避免争议，建议在劳动合同或规章制度里直接明确计算年休假、产假、加班工资时仅以基本工资为计算依据，不包含奖金、提成和福利等。

## 第三节　日工资和小时工资

确定了正常工作时间工资后，就可以计算出员工的日工资和小时工资。

### 一、制度工作时间的计算

年工作日：365 天 - 104 天（休息日）- 11 天（法定节假日）= 250 天

季工作日：250 天 ÷ 4 季 = 62.5 天/季

月工作日：250 天 ÷ 12 月 = 20.83 天/月

工作小时数的计算：以月、季、年的工作日乘以每日的 8 小时。

### 二、日工资、小时工资的折算

按照《劳动法》第 51 条的规定，法定休假日用人单位应当依法支付工资，即折算日工资、小时工资时不剔除国家规定的 11 天法定节假日。据此，日工资、小时工资的折算为：

日工资：月工资收入 ÷ 月计薪天数

小时工资：月工资收入 ÷（月计薪天数 × 8 小时）

月计薪天数 =（365 天 - 104 天）÷ 12 月 = 21.75 天

## 第四节　加 班 工 资

### 一、加班工资计算基数

根据目前的法律法规的规定，加班工资是以员工的正常工作时间工资为基础按比例计算得出的。但为了避免争议纠纷，建议在劳动合同里直接明确计算加班工资以劳动合同中约定的本人工资标准为计算依据，不包含该员工的奖金、提成和福利等。上海某法院在一判例中认为，“因在劳动合同中未约定工资,故按照劳动者实际获得的月收入扣除非常规性奖金、福利性薪资、风险性薪资等项目后的正常工作时间的月工资确定”。

个别地区(如江苏省)允许在劳动合同中约定或规章制度中规定用于计算加班工资的基数。

**【案例34:加班工资计算基础的确定】**

申某于2018年11月2日向北京某公司申请辞职并于当日获得同意。申某离职前要求公司支付其工作期间内的加班工资。双方对于申某的加班时间没有异议,但对于加班工资的计算基数存在争议。根据申某的工资条可知,申某的工资构成为基本工资+交通费+住房补贴+奖金+加班费。其中,申某的基本工资出现过浮动,自2018年1月起由8400元/月变为7200元/月,被减去的1000元转入交通费,住房补贴及奖金都是固定数额。公司主张加班费的计算基数应以基本工资为准,依据是公司发布实施的《关于发放福利及奖金的通知》中规定:“交通费、住房补贴及奖金不作为加班工资的计算基数。”但是申某主张其加班工资的计算基数应当包括基本工资、交通费、住房补贴及奖金,因双方从未在劳动合同中约定工资数额,因此应以其实际到手工资计算加班费。

**【评析】**

在劳动合同对工资额没有明确约定的情况下如何确定加班工资基数,一些地方法规对此有相应的规定。例如,《北京市工资支付规定》第44条规定,按照劳动合同约定的劳动者本人工资标准确定;劳动合同没有约定的,按照集体合同约定的加班工资基数以及休假期间工资标准确定;劳动合同、集体合同均未约定的,按照劳动者本人正常劳动应得的工资确定。加班工资基数以及各种假期工资不得低于本市规定的最低工资标准。

本案中,公司未在劳动合同中与申某约定工资金额,并且在其内部的规章中将交通费、住房补贴及奖金排除在加班工资的计算基数之外。首先,公司未能证明该内部规章经过了公示,申某未必知晓公司对加班工资计算基数的规定。其次,公司未与申某协商便随意拆分申某的工资组成,并以这种方式降低基本工资从而达到少支付加班工资的目的，这是违反法律规定的。最后，由于申某的基本工资、交通费、住房补贴及奖金的每月数额都基本稳定，都属于申某正常劳动应得的工资，因此申某的加班工资计算基数应当包括基本工资、交通费、住房补贴及奖金。

## 二、标准工时制员工的加班工资

企业依法安排员工在标准工作时间以外工作的，应当按照下列标准支付劳动者加班工资：

1. 在工作日标准工作时间以外延长工作时间的，按照不低于小时工资基数的150%支付加班工资。

2. 在休息日工作的，应当安排其同等时间的补休，不能安排补休的，按照不低于日或者小时工资基数的200%支付加班工资。

3. 在法定休假日工作的，应当按照不低于日工资或者小时工资基数的300%支付加班工资。

实行计件工资制的，员工在完成计件定额任务后，企业安排其在标准工作时间以外工作的，应当根据以上原则，分别按照不低于计件单价的150%、200%、300%支付加班工资。

## 三、综合计算工时制员工的加班工资

企业经批准实行综合计算工时工作制的，在综合计算工时周期内，企业应当按照劳动者实际工作时间计算其工资；员工总实际工作时间超过总标准工作时间的部分，视为延长工作时间，应当按照不低于小时工资基数的150%支付加班工资；安排员工在法定休假日工作的，应当按照不低于日工资或者小时工资基数的300%支付加班工资。

## 四、不固定工时制员工的加班工资

不固定工时制员工因为不做考勤，也就没有所谓超出标准工作时间的问题。所以绝大多数地方政府都不要求企业给不固定工时制员工支付加班费。但上海市规定，不固定工时制员工在法定节假日加班的，企业需要按照不低于日工资或者小时工资基数的300%支付加班工资。

## 五、非全日制工作员工的加班工资

对于非全日制工作的员工,实行小时工资制,非全日制工作员工加班时仍按照双方约定的小时工资执行,可以不执行加班工资的规定。但企业安排非全日制员工在法定休假日工作的,员工的小时工资不得低于当地政府规定的非全日制从业人员法定休假日小时最低工资标准。

## 六、部分公民节日期间的加班工资

妇女节、青年节等部分公民节日期间,企业安排员工休息、参加节日活动的,应当视同其正常劳动支付工资;员工照常工作的,可以不支付加班工资。

**【相关法条】**

**《北京市工资支付规定》**

**第十四条** 用人单位依法安排劳动者在标准工作时间以外工作的,应当按照下列标准支付劳动者加班工资:

(一)在日标准工作时间以外延长工作时间的,按照不低于小时工资基数的150%支付加班工资;

(二)在休息日工作的,应当安排其同等时间的补休,不能安排补休的,按照不低于日或者小时工资基数的200%支付加班工资;

(三)在法定休假日工作的,应当按照不低于日或者小时工资基数的300%支付加班工资。

**第十五条** 实行计件工资制的,劳动者在完成计件定额任务后,用人单位安排其在标准工作时间以外工作的,应当根据本规定第十四条的原则,分别按照不低于计件单价的150%、200%、300%支付加班工资。

**第十六条** 用人单位经批准实行综合计算工时工作制的,在综合计算工时周期内,用人单位应当按照劳动者实际工作时间计算其工资;劳动者总实际工作时间超过总标准工作时间的部分,视为延长工作时间,应当按照本规定第十四条第(一)项的规定支付加班工资;安排劳动者在法定休假日工作的,应当按照本规定第十四条第(三)项的规定支付加班工资。

**第十七条**　用人单位经批准实行不定时工作制度的,不适用本规定第十四条的规定。

**第十八条**　从事非全日制工作的劳动者,实行小时工资制。小时工资由用人单位与劳动者协商确定,但不得低于本市规定的非全日制从业人员小时最低工资标准。

用人单位招用非全日制工作的劳动者,可以不执行本规定第十四条的规定,但用人单位安排其在法定休假日工作的,其小时工资不得低于本市规定的非全日制从业人员法定休假日小时最低工资标准。

非全日制从业人员小时最低工资标准和法定休假日小时最低工资标准由市劳动保障部门确定、调整和公布。

**第二十条**　妇女节、青年节等部分公民节日期间,用人单位安排劳动者休息、参加节日活动的,应当视同其正常劳动支付工资;劳动者照常工作的,可以不支付加班工资。

**第四十四条**　根据本规定第十四条计算加班工资的日或者小时工资基数、根据第十九条支付劳动者休假期间工资,以及根据第二十三条第一款支付劳动者产假、计划生育手术假期间工资,应当按照下列原则确定:

(一)按照劳动合同约定的劳动者本人工资标准确定;

(二)劳动合同没有约定的,按照集体合同约定的加班工资基数以及休假期间工资标准确定;

(三)劳动合同、集体合同均未约定的,按照劳动者本人正常劳动应得的工资确定。依照前款确定的加班工资基数以及各种假期工资不得低于本市规定的最低工资标准。

## 第五节　奖金与计件工资

奖金,是指支付给员工的超额劳动报酬和增收节支的劳动报酬。计件工资,是指对已做工作按计件单价支付的劳动报酬,计件工资包括:

1. 实行超额累进计件、直接无限计件、限额计件、超定额计件等工资制,按劳动部门或主管部门批准的定额和计件单价支付给个人的工资。

2. 按工作任务包干方法支付给个人的工资。

3. 按营业额提成或利润提成办法支付给个人的工资。

奖金和计件工资不根据劳动者的工作时长计算与发放,而是根据劳动者实际工作量或者实际工作绩效计算和发放。相对于计时工资而言,奖金和计件工资的计算方法与发放条件要更复杂,在人力资源管理中比较容易引发劳动争议。企业在制定奖金和计件工资的规章制度时要注意以下问题:

1. 必须明确规定奖金和计件工资的统计周期。比如,以月还是以季度为单位统计员工工作量或者销售额。

2. 必须明确规定奖金和计件工资的发放时间和发放条件。比如,营业额提成和利润提成是以销售合同签署为发放条件,还是以实际收到客户付款为发放条件;多长时间向员工发放一次奖金;员工工作未满一个统计周期的情况下如何计算和发放奖金。

3. 企业在制定或者修改有关奖金和计件工资的规章制度时,必须依法与员工民主协商。关于工资的规章制度属于与员工切身利益直接相关的规章制度,根据《劳动合同法》第 4 条的规定,此类规章制度必须经职工代表大会或者全体职工讨论,提出方案和意见,与工会或者职工代表平等协商。

依据《劳动合同法》第 4 条的规定,每次制定和修订有关奖金或计件工资的规章制度后,必须向有关员工公布或告知。

## 第六节　工资的支付

### 一、工资支付的标准

企业应当按照劳动合同和规章制度规定的工资标准向员工支付工资,既包括正常工作时间工资,也包括员工应得的提成工资、奖金、津贴和补贴、加班费、休假期间工资等。只要员工提供了正常工作时间的劳动,其实际得到的工资不应低于当地的最低工资标准。

（一）最低工资标准

最低工资标准，是指法律或法规规定的劳动者在法定工作时间或依法签订的劳动合同约定的工作时间内提供了正常劳动的前提下，用人单位依法应支付的最低劳动报酬。最低工资标准一般采取月最低工资标准和小时最低工资标准两种形式。对于全日制员工，国家既规定月最低工资标准，也规定小时最低工资标准。对于非全日制员工，国家只规定小时最低工资标准。最低工资标准每两年至少调整一次。目前，我国所有省、自治区、直辖市人民政府均正式颁布实施了当地的最低工资标准。

企业需要注意的是，某些支付项目不能包含在最低工资标准中。对于全日制劳动者，下列项目不作为最低工资标准的组成部分，用人单位必须按规定另行支付：（1）劳动者在中班、夜班、高温、低温、井下、有毒有害等特殊工作环境、条件下的津贴；（2）劳动者应得的加班、加点工资；（3）劳动者个人应缴纳的各项社会保险费和住房公积金；（4）根据法律法规规定不计入最低工资标准的其他收入。

对于非全日制劳动者，有的地区规定小时最低工资标准包括用人单位及劳动者应缴纳的养老、医疗、失业等社会保险费，如北京市；也有部分地区规定小时最低工资标准不包括单位和劳动者应缴纳的社会保险费，如上海市。

（二）正常工作时间工资

正常工作时间工资是员工在法定的工作时间内提供了正常的劳动所应获得的工资，应约定于劳动合同中，它的性质属于计时工资，与绩效无关，所以只要员工按时工作了，企业就应当足额支付其正常工作时间工资。如果员工请事假、病假，显然没有在法定的工作时间提供正常的劳动，此时可依法不发或者按比例发放假期期间工资。

（三）假期工资

从工资支付依据的角度，假期可分为：（1）无工资假期：如员工请事假，企业可以不发工资。（2）全额工资假期：即公司视员工为正常工作，按照正常工作时间工资支付工资，如婚假、丧假、产假、哺乳时间、产前检查假、探亲假、带薪年休假、护理假等。（3）按比例支付工资假期：即公司按照正常工作时间的一定比例支付员工工资,如病假、哺乳假。《北京市工资支付规定》规定,劳动者患病或者非因工负伤的,在病休期间,用人单位应当根据劳动合同或集体合同的约定支付病假工资。用人单位支付病假工资不得低于本市最低工资标准的80%。

(四)停工停业期间工资

非因劳动者本人原因造成用人单位停工、停业的,在一个工资支付周期内,用人单位应当按照劳动者提供正常劳动向其支付工资。

超过一个工资支付周期的,可以根据劳动者提供的劳动,按照双方新约定的标准向其支付工资,但不得低于当地最低工资标准;用人单位没有安排劳动者工作的,按地方政府规定的标准向劳动者支付生活费。目前有的地方(如北京市、安徽省、浙江省、江苏省、深圳市等)对生活费标准做了明确规定,也有的地方一直没有对生活费标准做明确规定(如重庆市、天津市)。生活费标准各地规定不一,有的地方规定以最低工资标准为生活费标准(如上海市);有的地方规定以最低工资标准的80%为生活费标准(如浙江省、江苏省、广东省);有的地方规定以最低工资标准的70%为生活费标准(如北京市、安徽省、山东省)。人力资源管理相关工作人员可查询当地政府颁布的工资支付条例(或类似名称的规定)。

以2020年年初新型冠状病毒肺炎疫情期间为例,北京市的用人单位因为疫情而无法开工的,停工停业的第一个工资支付周期内,用人单位应当按照劳动者提供正常劳动支付劳动者工资。按北京市地方法规规定,停工超过一个工资支付周期的,用人单位如果没有安排劳动者工作的,应当按照不低于北京市最低工资标准的70%支付劳动者基本生活费。

**【案例35:不给综合计算工时制员工排班,是否就可以不给其发工资】**

张某是一家公司的技术服务人员,其工作是根据客户的需要,由公司安排为客户上门提供计算机系统维护技术服务。张某属于综合计算工时制员工,双方约定以月为综合计算工时周期,按张某实际工作时间计发工资。

张某在工作中虽然表现一般,但没有违反规章制度。张某与上级领导的关系较差,张某的上级领导为了逼张某主动辞职,便故意在一个月内不给张某排班,并以张某未实际工作为由不发工资。该公司的做法是否合法?如不合法,该公司应当如何发放工资?

【评析】

本案中用人单位的做法在实践中亦比较常见,俗称“冷处理”。很多单位会用这种方法降低员工实际得到的绩效工资、计件工资、奖金等工资水平,但本案中用人单位的做法非常极端,完全不给员工安排工作。

依照法律规定,综合计算工时制员工按照实际工作时间获得劳动报酬,如果计算周期内的实际工作时间超过标准工作时间,超过的部分属于加班,应支付加班工资。但是如果实际工作时间低于标准工作时间,应如何发放工资?

以北京市的《北京市工资支付规定》为例,其中第27条规定,非因劳动者本人原因造成单位停工、停产的,在一个工资支付周期内的,用人单位应按照提供正常劳动支付劳动者工资;超过一个工资支付周期的,可以根据劳动者提供的劳动,按照双方新约定的标准支付工资,但不得低于本市最低工资标准;用人单位没有安排劳动者工作的,应当按照不低于本市最低工资标准的70%支付劳动者基本生活费。根据该条的内涵,可以得出以下两点结论:

1. 非因员工原因导致停工、停产的,即使员工没有工作可做,单位也不能完全不发工资,起码应当按照本市最低工资标准的一定比例向员工发放工资;从这一点可见,本案中用人单位单位不向张某发的基本生活费是不合法的。

2. 非因员工原因导致停工、停产的,且超过一个工资周期后,企业才可根据双方新的约定,按低于劳动合同约定的标准支付员工工资。

本案中,用人单位没有发生停工、停产现象,且张某不是因为单位停工、停产而没有工作可做,而是因为单位故意不给其排班。因此,本案中用人单位故意不给张某排班并不发工资的做法违法,张某有权比照该期间内标准工作时间工资向用人单位索要报酬。

## 二、工资支付的周期与时间

### (一)工资支付周期

用人单位应当自用工之日起计算劳动者工资。用人单位可以以小时、日、周、月为周期支付工资。以完成一定工作任务计发工资的,应当在工作任务完成后即时支付劳动者工资。用人单位应当至少每月向劳动者支付一次工资,但并不是所有的工资项目都必须按月发放,用人单位可以设立超出一个月周期的工资项目,比如季度奖金、半年奖金、年终奖金、以项目完成为标志的项目奖金、以收到销售款为条件的销售提成等。

### (二)工资支付时间

用人单位向劳动者支付工资应当按照规定日期足额支付,不得克扣或者无故拖欠。工资支付日期遇法定休假日或者休息日的,应当提前在最近的工作日支付。

劳动关系双方依法解除或终止劳动合同时,用人单位应在解除或终止劳动合同时一次付清劳动者工资。那么,劳动者最后的工资应当在解除或终止劳动合同当日付清,或在下一个工资发放日发放,还是其他日期发放?《劳动合同法》未对此作明确规定,有的地方法规作了明确的规定,建议人力资源管理相关工作者查阅当地政府颁布的工资支付条例(或类似名称的规定),笔者总结了目前部分地方法规对劳动合同解除或终止时最后工资支付日期的规定,如表6-1所示:

**表6-1 最后工资支付日期的地方规定对比**

| 省市 | 地方规定 | 提示 |
|---|---|---|
| 江苏省 | 应当在劳动关系解除或者终止之日起2个工作日内一次性付清劳动者工资。双方另有约定的除外 | 允许在劳动合同里作约定 |
| 湖南省 | 终止或者解除劳动合同之日起3日内一次性付清劳动者的工资 | |
| 深圳市 | 支付周期不超过1个月的工资,用人单位应当自劳动关系解除或者终止之日起3个工作日内一次付清;支付周期超过1个月的工资,可以在约定的支付日期支付 | 支付周期超过1个月的工资报酬,例如季度奖金、年终销售提成,可以在劳动合同中特别约定支付日期 |

续表

| 省市 | 地方规定 | 提示 |
| --- | --- | --- |
| 广东省 | 在终止或解除劳动合同当日结清 | 注意,深圳经济特区适用自己的规定 |
| 浙江省 | 应当自办理解除或者终止劳动合同手续之日起 5 日内一次性结清工资 | |

如果当地法规没有明确规定最后工资的支付期限,笔者建议用人单位最好在劳动合同中对最后工资的支付日期予以约定。

实践中,解除和终止劳动合同时基本工资的结算日期一般不会引发很大的争议,比较容易引发劳动争议的是销售提成和绩效工资等超过一个周期的工资项目。员工离职时,这类工资的支付条件可能尚未具备,比如季度还未满、年终尚未到、绩效评定还未做、货款尚未收回,所以此类工资更容易引发劳动者和单位的纠纷。

以终止或解除劳动合同时销售提成的结算为例,深圳市的法院在审判实践中认为:如果用人单位和劳动者约定销售提成以单位实际收到业务款为前提条件,那么用人单位应当等到业务款收到后再支付劳动者销售提成,业务款是否收到的举证责任由劳动者承担。

解除或终止劳动合同时,对于支付周期未满的奖金,用人单位能否不支付?笔者认为,这种做法的确对劳动者不公平,比如年终奖,有的单位年终奖所占年收入比例很高,假设员工当年已经在此单位工作了 10 个月,此时离职尚未到年终,如果彻底剥夺该员工的该年年终奖,明显不公平合理。《深圳市员工工资支付条例》规定,劳动关系解除或者终止时,员工月度奖、季度奖、年终奖等支付周期未满的工资,按照员工实际工作时间折算计发。至于在什么时点发放,按照《深圳市员工工资支付条例》第 11 条的规定,支付周期超过一个月的工资,可以在约定的支付日期支付。比如,一家深圳企业约定在年底(12 月 31 日)全员绩效考评后支付年终奖,而员工在 2019 年 10 月 31 日离职,那么等到 12 月 31 日绩效考评后,该企业应当根据该员工的绩效考评结果,按其实际工作时间折算发放当年年终奖金。在其他地方的法规中,鲜有类似深圳的明确规定,导致案件裁判的尺度不一。从用人单位角度考量,无论当地地方法规有无关于离职员工奖金、提成结算的规定,笔者都强烈建议单位在劳动合同或其相关规章制度里作详细具体的规定,规定越全面详细,发生劳动争议的概率相对越小,将来劳动争议的胜诉概率也相对越高。

(三)保存工资支付记录

按照各地法规的规定,用人单位应当保存工资支付记录至少 2 年。工资支付记录一般必须包括以下内容:支付单位名称、工资计发时段、发放时间、员工姓名、正常工作时间、加班时间、正常工作时间工资、加班工资等应发项目以及扣除的项目、金额及员工工资账号、银行代发工资凭证或员工签收等。

需要特别强调的是,农民工的工资支付记录应当保存至少 3 年。2020 年 5 月 1 日起施行的《保障农民工工资支付条例》第 15 条规定,用人单位应当按照工资支付周期编制书面工资支付台账,并至少保存 3 年。书面工资支付台账应当包括用人单位名称,支付周期,支付日期,支付对象姓名、身份证号码、联系方式,工作时间,应发工资项目及数额,代扣、代缴、扣除项目和数额,实发工资数额,银行代发工资凭证或者农民工签字等内容。用人单位向农民工支付工资时,应当提供农民工本人的工资清单。

在法定的保存期限内,用人单位必须保存工资支付的相关记录和资料。这些记录和资料可以在发生劳动争议时用于证明劳动者此期间内的实际工资标准、工资发放历史数据,如果用人单位在应当保存的期间内没有适当保存相关记录和资料,就会在劳动争议案件中承担举证不能的不利后果。例如,劳动者在 2020 年 7 月 1 日离职后提起劳动争议仲裁,索要 2018 年 7 月 1 日以来少发的部分工资,由于在法定保留工资支付记录期间,用人单位有责任举证证明已经向该劳动者足额发放了该期间的工资报酬,如果不能举证证明,法官就会直接认定劳动者主张的欠发金额,并据此作出补发工资的判决。

笔者建议,用人单位在选择代发工资银行时选择那些能够方便提供近 3 年工资支付记录证明的银行,有的银行只提供当月总的发放记录,不能提供具体某个员工的工资发放记录,不利于用人单位在劳动争议案件中提供证据。

**【案例 36:离职员工的绩效工资如何计算和支付】**

徐某是一家公司的部门销售总监,根据该公司的销售提成奖励办法,销售人员的销售提成根据销售合同签约额按比例计算。该公司的规章制度规定,支付销售提成的条件是公司实际收到客户支付的销售合同款,销售人员一旦离职就丧失获得销售提成的资格。徐某在该公司工作几年后,该公司因遇到经营困难等问题将徐某辞退。徐某认为,自己在离职前的几个月刚刚为公司签下几个标的额较大的销售合同,故提起劳动争议仲裁申请,要求公司支付销售提成。公司辩称:(1)公司规定只有实际收到客户付款才能支付销售提成,这些客户目前尚未付款;(2)公司规章制度规定员工一旦离职就不再享有销售提成,所以拒绝支付徐某销售提成。徐某反驳称:公司没有把《销售提成奖励办法》告知自己,且该规定中关于离职就不能享有销售提成的规定有违公平原则。

本案最终的审理结果支持了徐某的请求,裁定公司立即支付销售提成。裁判的理由是:(1)该公司的《销售提成奖励办法》未经法定民主程序制定,该公司也未出示证据证明已经将《销售提成奖励办法》告知徐某;(2)《销售提成奖励办法》中关于离职员工不再享有销售提成的规定明显对劳动者不公平,不予适用。

**【评析】**

笔者认为,本案中企业败诉的原因主要是以下两点:

1. 企业制定和发布《销售提成奖励办法》的程序有瑕疵,这是该企业在本案中最大的不利因素。关于企业规章制度如何才对员工具有约束力,请读者参阅本书关于规章制度的章节。

2.《销售提成奖励办法》的内容不够细致。事实上,离职员工不得享受销售提成的规定也有其合理性,关键在于企业在规章制度中如何去解释和表述。该企业的实际情况是:销售人员并非只负责销售签约,销售人员在销售合同签约之后还会负责与客户继续沟通、催款、协调等工作。一旦销售人员离职,后续工作就会交给接手该项目的其他销售人员,此后的销售提成将由接手的销售人员享有。这种做法虽然在某个具体的销售项目上看似不够公平,但总体上是公平的,因为每个销售人员都可能在工作中接手其他离职人员的项目,而且公司总体上并没有因为员工的流动而“节省”工薪支出。但是,该公司的《销售提成奖励办法》中没有直接写明员工离职后由接手员工享有销售提成,这样就给司法机关一种离职员工被公司“坑”而公司占了便宜的感觉。可见,如何拟定企业规章制度大有学问,企业应当聘请有丰富的劳动争议经验的专业律师协助拟定规章制度。

### 三、合法延期支付工资

用人单位因为不可抗力(如自然灾害、银行系统故障等)而无法支付员工工资的,不属于无故拖欠工资,但是当不可抗力情形消除后,应当立刻支付员工工资。

用人单位因生产经营困难暂时无法按时支付工资的,应当向劳动者说明情况,并经与工会或者职工代表协商一致,或者经劳动者本人同意后,可以延期支付工资。但不能超过地方政府规定的最长期限。表6-2是部分地区对用人单位延期支付工延期支付工资最长期限的规定。

**表6-2 部分地区规定企业延期支付工资的最长期限**

| 省市 | 延期支付工资的最长期限 |
| --- | --- |
| 北京市 | 30天 |
| 上海市 | 1个月 |
| 深圳市 | 15天 |
| 浙江省 | 30天 |
| 江苏省 | 30天 |
| 安徽省 | 30天 |
| 重庆市 | 2个月 |

**【相关法条】**

**原劳动部《工资支付暂行规定》**

**第十二条** 非因劳动者原因造成单位停工、停产在一个工资支付周期内的,用人单位应按劳动合同规定的标准支付劳动者工资。超过一个工资支付周期的,若劳动者提供了正常劳动,则支付给劳动者的劳动报酬不得低于当地的最低工资标准;若劳动者没有提供正常劳动,应按国家有关规定办理。

**《保障农民工工资支付条例》**

**第十五条** 用人单位应当按照工资支付周期编制书面工资支付台账,并至少保存3年。

书面工资支付台账应当包括用人单位名称,支付周期,支付日期,支付对象姓名、身份证号码、联系方式,工作时间,应发工资项目及数额,代扣、代缴、扣除项目和数额,实发工资数额,银行代发工资凭证或者农民工签字等内容。

用人单位向农民工支付工资时,应当提供农民工本人的工资清单。

**《北京市工资支付规定》**

**第二十六条** 用人单位因生产经营困难暂时无法按时支付工资的,应当向劳动者说明情况,并经与工会或者职工代表协商一致后,可以延期支付工资,但最长不得超过30日。

**第二十七条** 非因劳动者本人原因造成用人单位停工、停业的,在一个工资支付周期内,用人单位应当按照提供正常劳动支付劳动者工资;超过一个工资支付周期的,可以根据劳动者提供的劳动,按照双方新约定的标准支付工资,但不得低于本市最低工资标准;用人单位没有安排劳动者工作的,应当按照不低于本市最低工资标准的70%支付劳动者基本生活费。国家或者本市另有规定的从其规定。

**《上海市企业工资支付办法》**

十、企业确因生产经营困难,资金周转受到影响,暂时无法按时支付工资的,经与本企业工会或职工代表协商一致,可以延期在一个月内支付劳动者工资,延期支付工资的时间应告知全体劳动者。

**《深圳市员工工资支付条例》**

**第十二条** 用人单位因故不能在约定的工资支付日支付工资的,可以延长五日;因生产经营困难,需延长五日以上的,应当征得本单位工会或者员工本人书面同意,但是最长不得超过十五日。

**第十三条** 用人单位与员工的劳动关系依法解除或者终止的,支付周期不超过一个月的工资,用人单位应当自劳动关系解除或者终止之日起三个工作日内一次付清;支付周期超过一个月的工资,可以在约定的支付日期支付。

**第十四条** 员工工资应当从用人单位与员工建立劳动关系之日起计发至劳动关系解除或者终止之日。

劳动关系解除或者终止时,员工月度奖、季度奖、年终奖等支付周期未满的工资,按照员工实际工作时间折算计发。

**《浙江省企业工资支付管理办法》**

**第二十一条** 因自然灾害等不可抗力导致企业无法按时足额支付劳动者工资的,在不可抗力原因消除后应当立即支付。企业确因生产经营困难,经依法集体协商或者经劳动者本人同意,可以延期支付全部或者部分工资,但最长不得超过30日。

**《江苏省工资支付条例》**

**第四十条** 由于不可抗力原因,导致延期支付劳动者工资的,应当在不可抗力原因消除后三十日内支付劳动者工资。

用人单位确因生产经营困难,资金周转受到严重影响无法在约定的工资支付周期内支付劳动者工资的,应当以书面形式向劳动者说明情况,在征得工会或者职工代表大会(职工大会)的同意后,可以延期支付工资,但最长不得超过三十日。

**《重庆市职工权益保障条例》**

**第十六条** 用人单位应当以法定货币形式按期足额支付职工工资,不得克扣和无故拖欠职工工资。

因不可抗力原因,用人单位确实无法按期足额支付职工工资时,可以延期或者部分发放职工工资,但应当向职工说明原因,并应当在不可抗力消除后及时补发。

用人单位因生产经营困难,需延期支付工资的,应当在约定工资支付日五日前,征得职工本人或者本单位工会书面同意,延期一个月以上的,还应当提请职工(代表)大会同意,但最长不得超过两个月。

在建设、交通、矿山等领域推行工资保证金制度，工资保证金的使用、管理办法由市政府相关主管部门制定。

### 四、工资支付中的其他注意事项

根据法规规定，工资应当以我国法定货币——人民币支付，不得以实物及有价证券替代货币支付工资。

用人单位应将工资支付给劳动者本人。劳动者本人因故不能领取工资时，可由其亲属或委托他人代领，但是用人单位一定要取得劳动者本人的授权以及受托人的收据，以免日后发生争议。用人单位可委托银行代发工资。

用人单位必须书面记录支付劳动者工资的数额、时间、领取者的姓名以及签字，并保存2年以上备查。

用人单位在支付工资时应向劳动者提供一份其个人的工资清单，纸质或电子形式均可。

## 第七节　工资的扣除

### 一、能否通过扣减工资处罚员工

工资是员工履行劳动合同义务获得的报酬。如果员工没有全面、正确履行劳动合同，雇主自然希望通过扣减工资对员工进行处罚。比如，员工迟到、早退、旷工、上班时间上网聊天等，这些违反劳动合同或者规章制度的行为都是员工不履行自身职责和义务的表现，那么扣除一定的工资合情合理。

企业通过规章制度设定员工违反劳动纪律和规章制度的罚则，在2008年《劳动合同法》施行前是非常普遍的做法。但是随着《劳动合同法》的出台，根据《劳动合同法》第25条的规定，除违反培训服务期或竞业限制约定的情形外，用人单位不得与劳动者约定由劳动者承担违约金，近年来对于企业能否根据规章制度扣减员工工资存在很大的争议。

其中一种观点认为，也基本是劳动行政部门的观点，认为企业规章制度中的扣减工资规定实质上就是变相的违约金、违约责任的规定，应予禁止。另一种观点认为，《劳动合同法》第25条有矫枉过正之嫌，完全忽视了雇主与劳动者之间的权利和义务的平衡,无视企业的内部管理需求。

【法律风险及对策】

针对《劳动合同法》第25条带来的问题,有人提出一种应对方法,就是变过去的“减法”为“加法”,例如把迟到扣工资改为设立月全勤奖,只有全勤的情况下员工才能获得月全勤奖。笔者认为这种方法是可行的。

笔者的建议是,一方面,可以变过去的“减法”为“加法”,把违反规章制度的处罚改为遵守制度的奖励鼓励;另一方面,对于确实不适于取消的扣减工资规定,一定要制定得具体、明确、合理、适度。而且用人单位在规章制度制定过程中要严格履行法定民主协商程序,当发生劳动争议时仍然有机会说服审理机关采纳适用相关规章制度。

## 二、法律允许扣减工资的情况

有下列情况之一的,用人单位可以代扣劳动者工资:(1)用人单位代扣代缴的个人所得税;(2)用人单位代扣代缴的应由劳动者个人负担的各项社会保险费用;(3)法院判决、裁定中要求代扣的抚养费、赡养费;(4)法律、法规规定可以从劳动者工资中扣除的其他费用。

因劳动者本人原因给用人单位造成经济损失的,用人单位可按照劳动合同的约定要求其赔偿经济损失。经济损失的赔偿,可从劳动者本人的工资中扣除。但每月扣除的部分不得超过劳动者当月工资的20%。若扣除后的剩余工资部分低于当地月最低工资标准,则按最低工资标准支付。但是,当劳动合同解除时,用人单位要求劳动者一次性将赔偿损失款付清是合理合法的。

**【案例37:公司的客户拖欠合同款,公司能否暂扣销售人员工资】**

杨某是一家IT公司的销售人员,双方在劳动合同中约定杨某月基本工资为15,000元。杨某负责的一个客户拖欠公司货款几十万元,杨某作为销售人员负责向该客户催收货款,但是客户始终以各种理由拖延付款。公司的有关制度规定,如果一名销售人员负责的客户逾期付款金额达到10万元的,暂时按基本工资的50%向该销售人员发放工资。公司据此决定在该客户付款之前，暂时按照7500元向杨某支付月工资，其余部分待实际收到客户付款后一并支付给杨某。杨某虽然努力催收，但是仍未能从客户处收回合同款。其后杨某决定辞职，要求公司将拖欠的月基本工资一次性支付给自己，但公司以杨某负责的客户尚未付款为由拒绝，只同意待今后客户实际付款后再支付杨某剩余工资。该公司的做法是否合法?

## 【评析】

该公司关于暂扣销售人员50%工资的规章制度是否有效呢？分析一项规章制度是否有效，首先应看这个规章制度的制定颁布程序是否合法。本案中，姑且假设该规章制度的制定程序符合法律规定，再看这项规章制度的内容是否合法：

1. 杨某与公司约定的基本工资是每月15,000元，所谓"基本工资"，一般理解为劳动者的正常工作时间工资。基本工资不是奖金或者计件工资，它和工作的实际效果、效能没有关系。如果根据规章制度的规定，以工作的实际结果为标准发放绩效类工资，是可以的；但是，以工作的实际结果来决定基本工资的发放，则有违"基本工资"的性质。

2. 客户拖欠货款一般属于客户的责任和过错，作为销售人员的杨某没有过错。该公司强行让员工来承担客观原因造成的公司损失和风险，显然有失公平。当然，如果杨某对该笔合同款形成呆坏账负有责任，那么杨某应当承担相应的责任，但是即便如此，根据现行法律法规的规定，因员工的原因给单位造成经济损失的，单位扣减员工的工资不得超过当月工资的20%，且扣减后的工资不得低于当地最低工资标准。更何况在本案中，客户的欠款还在催收过程中，并不能确定公司必然收不回货款。

综上所述，本案中单位以客户拖欠合同款为由，暂扣销售人员基本工资的做法违法。

## 【相关法条】

**《工资支付暂行规定》**

**第十五条** 用人单位不得克扣劳动者工资。有下列情况之一的，用人单位可以代扣劳动者工资：

(1)用人单位代扣代缴的个人所得税;

(2)用人单位代扣代缴的应由劳动者个人负担的各项社会保险费用;

(3)法院判决、裁定中要求代扣的抚养费、赡养费;

(4)法律、法规规定可以从劳动者工资中扣除的其他费用。

**第十六条** 因劳动者本人原因给用人单位造成经济损失的,用人单位可按照劳动合同的约定要求其赔偿经济损失。经济损失的赔偿,可从劳动者本人的工资中扣除。但每月扣除的部分不得超过劳动者当月工资的20%。若扣除后的剩余工资部分低于当地月最低工资标准,则按最低工资标准支付。

**《劳动合同法》**

**第二十二条** 用人单位为劳动者提供专项培训费用,对其进行专业技术培训的,可以与该劳动者订立协议,约定服务期。

劳动者违反服务期约定的,应当按照约定向用人单位支付违约金。违约金的数额不得超过用人单位提供的培训费用。用人单位要求劳动者支付的违约金不得超过服务期尚未履行部分所应分摊的培训费用。

用人单位与劳动者约定服务期的,不影响按照正常的工资调整机制提高劳动者在服务期期间的劳动报酬。

**第二十三条** 用人单位与劳动者可以在劳动合同中约定保守用人单位的商业秘密和与知识产权相关的保密事项。

对负有保密义务的劳动者,用人单位可以在劳动合同或者保密协议中与劳动者约定竞业限制条款,并约定在解除或者终止劳动合同后,在竞业限制期限内按月给予劳动者经济补偿。劳动者违反竞业限制约定的,应当按照约定向用人单位支付违约金。

**第二十五条** 除本法第二十二条和第二十三条规定的情形外,用人单位不得与劳动者约定由劳动者承担违约金。

## 第八节 工资的调整

工资的调整,俗称涨工资或者降工资。与本章上一节工资的扣减不同,本节所称工资的调整是指对劳动者工资标准的改变,这种改变一般是稳定持续的，而工资扣减是根据个别情况做的个别扣除。

涨工资不会发生劳动争议，本节关注降工资的问题，降工资和裁员一样，是最让人力资源管理人员头疼的棘手问题之一。

合同内容是当事人协商一致的结果，未经合同当事方协商一致不得改变。而工资标准是劳动合同的必备内容，从这个角度来看，降工资很难实现，除非劳动者自己同意降工资。

如果允许用人单位单方面随意调整劳动者工资，就会严重侵犯劳动者的权益，劳动合同或者录用通知约定的薪酬待遇就形同虚设了。但是如果只能涨工资，不经劳动者同意绝对不能降工资，也不公平不合理，只会导致劳资关系失衡，最终会破坏企业和市场经济的活力。

实践中，法院在近些年审理调降工资的案件时，并非绝对要求降工资必须经劳动者同意。下面是两个代表性案例：

**【案例38：公司对涉嫌违规员工在调查期内调岗降薪】**

付某于2013年3月6日入职广州的A证券公司。工作岗位是创新融资部的承揽岗，主要负责债券业务，为该团队的负责人。2017年3月9日，付某调岗至转型辅导中心，岗位调整后负责跟踪L债券项目的债务违约情况。双方最后一期劳动合同期限为2017年1月1日至2019年12月31日。劳动合同约定A证券公司可以根据公司经营情况及付某的工作表现调岗调薪。劳动合同约定付某工资标准为24,500元/月。付某工资明细显示2017年3月其基本工资由24,500元/月调整为5600元/月，单位代扣社会保险费及公积金部分未调整。付某于2018年8月3日通过企业OA邮件系统向A证券公司提出解除劳动合同，并索要2017年3月以来的拖欠工资、奖金提成及相应的经济补偿金。2017年10月10日，中国证券监督管理委员会广东监督管理局出具了《关于对A证券股份有限公司采取出具警示函措施的决定》，对A证券公司作为某有限公司非公开发行2014年中小企业私募债券的承销商和受托管理人，采取出具警示函的行政监管措施。2017年10月19日，中国证券业协会出具了《关于对A证券股份有限公司采取自律惩戒措施的决定》，由于广州证券公司L债券项目涉嫌违规情况，对广州证券公司采取责令整改的自律管理措施,并记入协会诚信信息管理系统。

法院认为,付某主张的 2017 年 3 月至 2018 年 12 月工资差额问题,付某自 2017 年 3 月起到新岗位报到工作,其自 2017 年 4 月开始应已知晓薪酬调整的事宜。双方签订的劳动合同约定广州 A 证券公司可以根据公司经营情况及付某的工作表现调岗调薪。付某作为涉嫌违规的 L 项目的主办人,其在配合调查期间,A 证券公司依据公司规定调整其薪酬,属于企业行使自主经营权范围,并无不妥。故对于付某的诉讼请求,法院不予支持。

**【案例 39:公司对不胜任工作的员工调岗降薪】**

李某任职 A 公司的资本市场部副总裁,2017 年 3 月 1 日双方签订期限自 2017 年 3 月 1 日起至 2020 年 2 月 29 日止的劳动合同,其中试用期为 2017 年 3 月 1 日至 8 月 31 日。

同日,双方签署《薪酬确认书》,约定:李某的月度工资及试用期工资为税前 58,333 元。李某的劳动报酬由三部分构成,分别是基本薪资、绩效奖金、业务奖金提成。基本薪资为税前 58,333 元/月,绩效奖金为 X 元(X = 25,000 元 × N,N 为转正后的月数)。其中基本薪资按月发放;绩效奖金年底一次性发放,但是如李某中途离职或者当年在工作中存在重大失误或严重违反公司纪律的行为,绩效奖金部分不再发放,同时公司保留要求李某赔偿损失和对已发放薪资进行追偿的权利;业务奖金提成参照公司绩效考核与奖惩制度执行。如李某在试用期间无具体项目落地的,A 公司有权解除与李某的劳动合同。李某的福利待遇按甲方相关规定执行,A 公司有权根据自身经营情况或管理需要,适时调整李某的福利待遇。

2017 年 10 月 24 日,A 公司以李某试用期内未能达到公司最低绩效考核指标为由,通知李某调整工作岗位和薪资标准。另 A 公司未支付李某 2017 年、2018 年年度的绩效奖金。A 公司称因李某未能完成承诺的绩效,故对李某调整至总裁办行政岗位,并降低工资标准、减发年度绩效奖金。

李某提起诉讼请求:(1)A 公司支付李某 2017 年 10 月 1 日至 2018 年 6 月 30 日工资差额 434,232.6 元;(2)A 公司支付李某 2017 年 3 月 1 日至 12 月 31 日绩效奖金 100,000 元;(3)A 公司支付李某 2018 年 1 月 1 日至 6 月

30日绩效奖金150,000元;(4)A公司支付李某解除劳动合同经济补偿金38,101.5元。

A公司就调岗、调薪的合法性、正当性,向法院提交了以下证据:

1.《劳动合同书》。其中第3.1条约定:甲方(A公司)根据工作需要聘用乙方(李某)从事业务岗位的工作。乙方同意:甲方根据经营管理的需要,或乙方的工作能力、考评结果、工作业绩及健康状况等情况,可将乙方调整至其他工作岗位工作,并可视岗位情况调整乙方的薪酬。乙方应严格按照甲方的要求,按时、按质、按量地完成工作任务;乙方应不断提高自身的职业技能,以达到甲方的工作要求。第6.5条约定:甲方根据乙方的工作能力和表现,可调整乙方的工作岗位及职务,并可相应调整薪酬及福利待遇。

2.《薪酬确认书》。其中规定,李某的福利待遇按A公司相关规定执行,A公司有权根据自身经营情况或管理需要,适时调整李某的福利待遇。李某对该证据的真实性认可,证明目的不认可。

3.入职承诺书及其他入职材料。在入职承诺书中李某承诺:"本人已认真阅读和了解公司的各项规章制度及流程,并严格遵守,如有违反愿意接受按照公司制度处理";"愿意接受因公司需要而被安排的符合国家法律规定的任何工作,包括外派(派往异地工作)"。

4.《资本市场部绩效合约书》。李某在2017年3月签署,其中详细规定了每个季度的净利润和融资规模目标,但未填写实际完成信息,绩效责任人确认一栏有李某的签字。该表下方备注:"个绩效合约书具体奖惩办法依据《公司绩效考核与奖励制度》执行。"李某认可其签字的真实性,认可净利润和融资规模等任务未完成。

法院认为,关于李某要求A公司支付2017年10月1日至2018年6月30日工资差额434,232.6元的诉讼请求,该请求涉及对于A公司对李某进行调岗调薪行为的合法性及正当性的判断。《劳动合同法》第40条第2项规定,劳动者不能胜任工作,经过培训或者调整工作岗位,仍不能胜任工作的,用人单位提前30日以书面形式通知劳动者本人或者额外支付劳动者一个月工资后,可以解除劳动合同。由此可知,法律赋予用人单位在劳动者不能胜任工作的情况下,单方调整其工作岗位并相应调整其工资标准的权利。

在A公司与李某签订的劳动合同及《A公司绩效考核与奖惩制度》中,已显示李某知悉A公司的规章制度,同意A公司根据经营管理需要,其工作能力、考评结果、工作业绩及健康状况等情况,将其调整至其他工作岗位工作,并可视岗位情况调整薪酬。故A公司在李某不能胜任工作的情况下,有权行使用工自主权,调整李某的工作岗位及劳动报酬。本案中,李某签署了《资本市场部绩效合约书》,该合约书中有明确的绩效目标,李某并未完成,故法院认定李某存在不能胜任工作的情形。综上所述,A公司调整李某工作岗位及于2017年10月调整李某基本薪资的行为符合双方约定及规章制度的规定,且未违反法律强制性规定,法院予以支持。

【评析】

上述两个案例涉及的均是调岗降薪问题。调降工资操作,最重要的是合法性,同时也要兼顾合理性。法院重点审查调降工资决定的合法性,也审查合理性。最典型的合法合理的调降工资理由是调岗,因为以岗定薪是普遍公认的准则。法院难以否定以岗定薪的原则,因为它与同工同酬原则保持一致。

单位要想合法合理地调降工资,最重要的工具就是规章制度。以江苏省为例,在《江苏省工资支付条例》第34条中规定,用人单位依法变动劳动者工作岗位降低其工资水平,应当符合用人单位依法制定的规章制度的规定,但不得违反诚信原则滥用权力,对劳动者的工作岗位作出不合理的变动。从中可以得出结论,江苏省认可用人单位依据依法制定的规章制度对劳动者工资进行公平合理范围内的调降。

【特别提示】

**用人单位在调降劳动者工资前的必备工作:**

**1. 依法制定有关工资调整的规章制度,规章制度的制定和修改必须经过《劳动合同法》第4条规定的民主程序;**

**2. 规章制度中应当对工资调整的条件、调整程序、调整幅度作具体规定;**

**3. 向劳动者告知该规章制度,并保存签收或阅读记录;**

**4. 在劳动合同中明确约定用人单位有权依据经营状况或劳动者的工作**

**表现，按照规章制度的规定调整员工的工作岗位、工作内容和工资标准；**

**5. 要调降工资之前，用人单位应当收集相关证据，比如员工严重违章、业绩未达标、不胜任工作等的证据，并建议向律师咨询意见；**

**6. 调降工资应当留下凭证，比如劳动合同补充协议、调整通知、工资发放记录等。**

## 第九节 员工股权激励

员工股权激励不属于货币形式的劳动报酬，是工资以外的劳动报酬。一般包括限制性股票（股权）、股票期权、虚拟股权（股票）三种形式。股权激励已经是企业，尤其是上市公司和拟上市（IPO）公司常见的一类薪酬。股权激励的目的是调动公司的经营者、管理者甚至普通员工的积极性，使其勤勉尽责地为公司的长期发展服务。本节主要简要介绍上市公司（中国境内）的股权激励，而拟上市公司也应当按照法律对上市公司的标准来制定员工股权激励方案。

### 一、激励对象

根据法律规定，可以限制性股票或股票期权方式激励的对象包括：

1. 董事；

2. 监事（非上市公司）；

3. 高级管理人员、核心技术（业务）人员；

4. 公司认为应当激励的其他员工。

法律规定不得对以下人员实施限制性股票或股票期权激励：

1. 独立董事、上市公司监事；

2. 单独或合计持有上市公司5%以上股份的股东或实际控制人及其配偶、父母、子女；

3. 最近12个月内被证券交易所认定为不适当人选的；

4. 最近12个月内被中国证监会及其派出机构认定为不适当人选的；

5. 最近12个月内因重大违法违规行为被中国证券监督管理委员会（以

下简称证监会)及其派出机构行政处罚或者采取市场禁入措施的;

6. 具有《公司法》规定的不得担任公司董事、高级管理人员情形的;

7. 法律法规规定不得参与上市公司股权激励的;

8. 中国证监会认定的其他情形。

上市公司全部在有效期内的股权激励计划所涉及标的的股票总数累计不得超过公司股本总额的 10%。非经股东大会特别决议批准,任何一名激励对象通过全部在有效期内的股权激励计划获授的本公司股票,累计不得超过公司股本总额的 1%。

## 二、员工股权激励的方式

股权激励,是指上市公司以本公司股票为标的,对其董事、高级管理人员及其他员工进行的长期性激励。主要包括限制性股票、股票期权和虚拟股票三种常见方式。法律对限制性股票和股票期权这两种激励方式作了具体详细的规范。

(一)限制性股票

限制性股票,是指激励对象按照股权激励计划规定的条件,获得的转让等部分权利受到限制的本公司股票。它的实施流程如图 6－1 示:

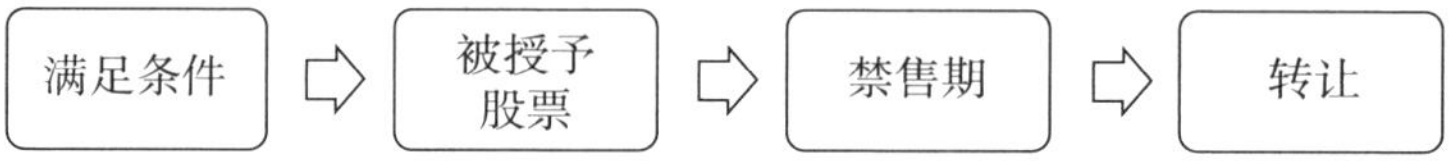


**图 6－1　限制性股票实施流程**

(二)股票期权

股票期权,是指上市公司授予激励对象在未来一定期限内以预先确定的条件购买本公司一定数量股份的权利。它的实施流程如图 6－2 所示:

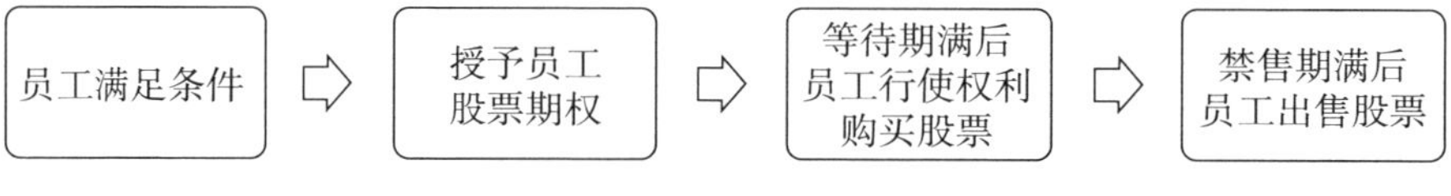


**图 6－2　股票期权实施流程**

期权,是买卖双方的一种合约,买方有权在未来某一时间内或者未来某一时点,以事先约定的价格购买约定数额的标的物。股票期权是以股票为标的物的期权,是指公司授予员工一项权利,根据这项权利,员工可以在一定期间内或者未来某一时点以事先约定的价格(行权价格)购买公司的一定份额的股份。作为一种员工激励手段,股票期权已经在创业企业、高科技企业中被广泛应用,如果公司经过努力经营并成功上市,员工往往可以获得极高的收益。

股票期权的操作一般经过四个环节:赠与、授予、行权和出售。

赠与是一个合约,即公司决定将一定数额的股票期权作为薪酬支付给员工。

授予则是员工实际获得了股票期权,即股票期权实际支付给了员工。

多数情况下,赠与和授予两个环节可能是合并的,即公司与员工签订股票期权合同时就授予员工股票期权。

行权,即行使权利,是员工按照约定的价格实际购买股票。行权一般要在股票期权到期日之前行使,如果逾期仍不购买股票,则股票期权将作废。员工一旦实际行权购买了股票,则获得了行权价格与行权时股票的实际市场价格的差价。

出售,是员工将股票售出获得现金,如果行权购买股票后股票又有升值,则员工可获得股票的资本增值。当然,如果股票价格下跌了,相应的风险和损失也要由该员工承担。

(三)虚拟股票

公司授予激励对象一种虚拟的股票,激励对象可以据此享受一定数量的分红权和股价升值收益。享受股价升值收益的称为溢价收入型虚拟股票,享受分红权的称为股利收入型虚拟股票。两种虚拟股票的实施流程如图6-3、图6-4所示。虚拟股票可以既享受溢价收入又享有分红。

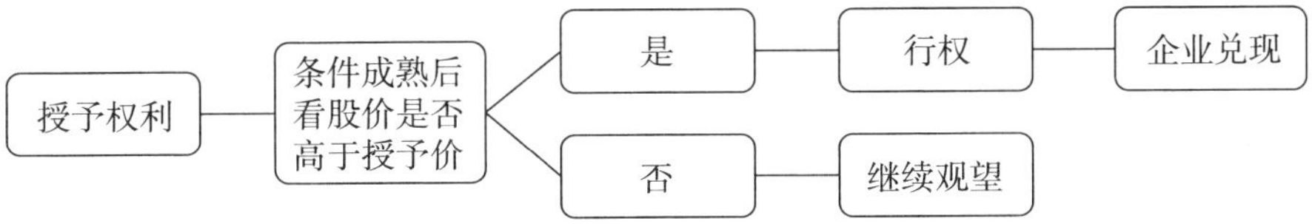


**图6-3　溢价收入型虚拟股票实施流程**

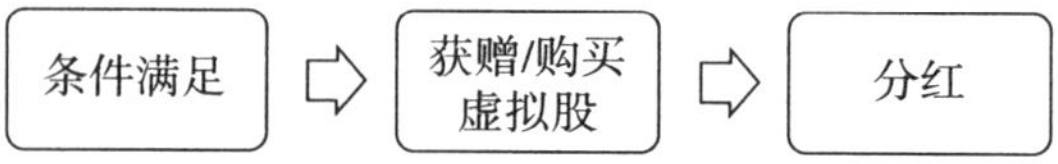


图6-4 股利收入型虚拟股票的实施流程

限制性股票、股票期权、虚拟股票这三种员工股权激励方式的优劣对比如表6-3所示。

表6-3 限制性股票、股票期权、虚拟股票优劣对比

| 激励方式 | 权利内容 | 收益来源 | 优势 | 劣势 |
| --- | --- | --- | --- | --- |
| 限制性股票 | 完整的股权 | 股票市场 | 增强员工归属感效果明显 | 需要改变股权结构,可影响注册资本 |
| 股票期权 | 完整的股权 | | | |
| 虚拟股票 | 获得增值、分红 | 企业利润 | 1.不必改变股权结构和注册资本;<br>2.对企业经营管理不产生冲击;<br>3.操作简单 | 需要大量的现金;激励的长期性较弱 |

股权激励实施程序(简要)如图6-5所示:

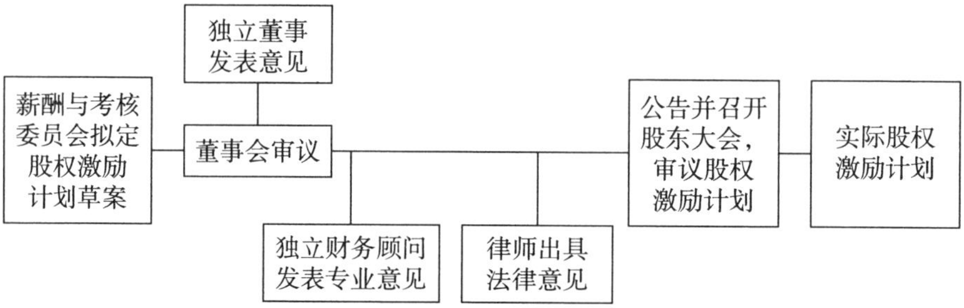


图6-5 股权激励实施程序

## 三、股权激励与劳动争议

用人单位与用人单位之间发生的股权激励纠纷是否属于劳动争议呢?如果属于劳动争议,那么解决股权激励纠纷争议就必须经过劳动争议仲裁程序,如果不属于劳动争议,则可以直接通过民事诉讼或者商事仲裁解决股权激励纠纷。

员工股权激励不是常见的待遇，目前对其相关争议是否属于劳动争议存在不同观点。一种观点认为，员工股权激励纠纷属于一般的股权纠纷，另一种观点认为，员工股权激励纠纷属于劳动争议。在很多司法案例中，法官认为员工股权激励是一种劳动报酬，所以应当属于劳动争议范畴。这就给员工股权激励纠纷的解决增加了复杂性，用人单位一般都倾向于按照一般股权投资纠纷解决员工股权激励纠纷，员工则倾向于按照劳动争议解决，这是因为一旦按照劳动争议解决股权激励纠纷，无论在诉讼的举证责任分配上、裁判尺度上，还是在劳动争议案件审理过程中法官的审判思维习惯上，一般对员工相对有利。

# 第七章

# 培训服务期

培训服务期,是指用人单位为劳动者提供专业技术教育训练,并负担专项教育训练费用,双方约定劳动者应当在一定期间内为用人单位服务。其特征如下。

1. 培训服务期由双方自愿约定

培训服务期应由单位和接受培训的员工约定,而不是单位自行决定和命令。

2. 培训服务期是员工承诺的最短服务期间

培训服务期是员工承诺的为单位服务的最短服务期间。受训员工使用了单位的资金接受培训,提高了自身的知识技能,劳动者个人获益是显而易见的,根据法律的公平原则,受训员工应当保证至少为单位服务一定期间,回报单位的培养教育。

3. 单位必须负担了培训费用

单位必须负担培训费用,才有资格提出订立培训服务期的要求。如果员工个人负担培训服务费接受教育培训,单位没有资格要求员工承诺最低服务期。

4. 仅限于专业技术教育培训

《劳动合同法》第 22 条第 1 款规定:“用人单位为劳动者提供专项培训费用,对其进行专业技术培训的,可以与该劳动者订立协议,约定服务期。”

## 第一节　培训的内容和来源

根据我国 1994 颁布的《劳动法》的规定,用人单位有对员工进行职业培训的法定义务。《劳动法》第八章第68条规定，用人单位应当建立职业培训制度，提取和使用职业培训经费，根据本单位实际，有计划地对劳动者进行职业培训。从事技术工种的劳动者，上岗前必须经过培训。《劳动法》第八章中规定的职业培训是比较宽泛的概念，既包括了单位内部的培训，如入职培训、企业文化教育、规章制度培训、上岗技术培训等；也包括了单位外部的培训，如学历教育、外语培训等。

### 一、培训的内容

《劳动合同法》的培训服务期制度中所指的培训，从其内容上看，仅限于专业技术教育培训。所以，诸如对员工进行企业文化教育、内部规章制度学习、新员工入职教育等与专业技术无关的学习和培训都不包括在内。对于与专业技术教育无关的培训，企业不得对受训员工提出服务期要求。

### 二、培训的来源

培训的来源即是由谁提供培训。虽然法律法规没有直接明确规定培训必须由外部培训教育机构提供，但根据《劳动合同法》的规定，只有单位为员工提供了专项培训费用，才可以与员工约定培训服务期。在实践中，如果单位没有向外部培训教育机构支付培训教育费用，没有取得相应的支付凭证，则无法认定单位为员工提供了专项培训费用。

很多单位都实施内部培训，但培训的讲师往往就是本单位的员工，这种培训虽然客观上也需要单位支出一定的时间成本、人工成本，但因为难以认定上述成本为培训费用，所以单位提供此种内部培训不能和员工约定服务期。

## 第二节 培训服务期期限

### 一、培训服务期的长短

《劳动合同法》没有对培训服务期的年限作出具体规定，应当理解为培训服务期间的长短可以由劳动合同双方当事人协议确定。但是，依据《劳动合同法》第 22 条的规定,企业在与员工协定确定培训服务期间年限时要遵守两点:第一,要体现公平合理的原则,企业不得滥用权力约定明显与培训不相匹配的过长的培训服务期;第二,企业与员工约定的培训服务期间较长的,企业应当按照工资调整机制提高员工在劳动期间的劳动报酬。

### 二、培训服务期的起算

服务期是从培训开始时计算还是从培训结束时计算呢?法律对此没有作直接具体规定。如果是极短期的培训,差别不大;如果是较长期的培训,尤其是学历教育,约定清楚培训服务期起算日期就很重要了。合理的做法是约定从培训结束后开始计算服务期。

依据《劳动合同法实施条例》第 17 条的规定,培训服务期和劳动合同有效期都是关于劳动者为单位工作服务的期间。如果双方在《培训服务期协议》中约定的培训服务期的到期日晚于劳动合同约定的合同到期日,劳动合同期自动续延至培训服务期届满之日。

## 第三节　员工的违约责任

根据《劳动合同法》的规定,劳动者违反培训服务期约定,在服务期未满之前离职的,应当按照双方约定向用人单位支付违约金。

员工违反服务期约定,既包括员工在服务期内主动辞职,也包括因为员工过错而导致企业在服务期内辞退员工。如果有下列情形之一,且导致用人单位与劳动者解除约定服务期的劳动合同的,应认定劳动者违反服务期约定:

1. 劳动者严重违反用人单位的规章制度的。

2. 劳动者严重失职,营私舞弊,给用人单位造成重大损害的。

3. 劳动者同时与其他用人单位建立劳动关系,对完成本单位的工作任务造成严重影响,或者经用人单位提出,拒不改正的。

4. 劳动者以欺诈、胁迫的手段或者乘人之危,使用人单位在违背真实意思的情况下订立或者变更劳动合同的。

5. 劳动者被依法追究刑事责任的。

用人单位与劳动者在《培训服务期协议》中约定的违约金数额不得超过用人单位提供的培训费用。用人单位要求劳动者支付的违约金不得超过服务期尚未履行部分所应分摊的培训费用。可见:

1. 用人单位与劳动者可以就劳动者违反服务期约定违约金。

2. 劳动者违反服务期约定的违约金总额不得超过单位负担的培训费用,即劳动者违反服务期约定的最大责任是把单位负担的培训费用偿还单位而已。

例如,企业指派员工接受一项英语培训,课程的总费用为2万元,双方约定服务期是自培训结束时起3年,企业和员工各自负担培训费1万元,那么员工违反培训服务期的违约金最多不能超过1万元。

3. 违约金的计算方式是服务期尚未履行部分所应分摊的培训费用。

**【案例40:如何计算违反培训服务期约定员工的违约金】**

田某是A公司员工,A公司指派田某学习并参加计算机系统集成项目经理资质考试,田某如果能顺利通过该考试取得项目经理资质,则有助于A公司申请和维持计算机系统集成一级资质。该项学习考试费用为12,000元,A公司与田某签订了《培训服务期协议》,约定田某在考取项目经理资质后必须为A公司服务满3年。田某在取得项目经理资质后,收到多家公司的高薪邀请,遂于约定服务期满1年时向A公司辞职。

**【评析】**

A公司为田某支付的培训费总计12,000元,田某未履行的服务期期间为2年,占总服务期期间的2/3。A公司能够向田某主张的违约金最高为:12,000元×2/3=8000元。

**【案例41:未对员工提供专业培训,最低服务期约定是否必然无效】**

2012年6月13日,天津某贵金属经营公司与周某签订为期3年的劳动合同。该合同约定周某在公司的市场部门担任总监职务;周某保证在公司工作3年以上,无论何种因周某的原因而导致的离职,周某须按工作时间比例[(3年-已工作时间)/3年]返还公司事先已经支付的对周某必须在公司工作3年以上的经济补偿金20万元;该条款独立于该合同,不因该合同或该合同的其他条款的无效而无效。

2012年8月20日,公司支付周某经济补偿金20万元。

2013年11月15日,周某向公司提出辞职,并于当日办妥离职交接手续。关于辞职原因,周某在辞职信中表述为"个人发展";在辞职申请书填写为"休息""调整状态""自主创业"。上述事实,有经周某质证的辞职信、辞职申请书等证据予以佐证。

2013年12月13日,贵金属经营有限公司向上海市浦东新区劳动人事争议仲裁委员会提出仲裁申请,要求周某返还入职的经济补偿金105,555.5元。2014年2月24日该委作出裁决,对贵金属经营有限公司的请求未予处理。

该公司不服裁决,因此向法院提起诉讼。公司的诉讼请求为要求周某赔偿经济损失105,555.5元(要求周某返还相应比例的经济补偿金)及其离职之日至2014年4月30日同期银行贷款利息2688.34元。

法院判决如下:(1)周某于判决生效之日起10日内,返还天津某贵金属经营有限公司经济补偿金105,388.13元;(2)驳回天津某贵金属经营有限公司的其他诉讼请求。

## 【评析】

1. 是否只有单位提供了专业技术培训费用才能约定最低服务期

2012年修改的《劳动合同法》第37条中规定了员工享有对劳动合同的随时解约权,唯一的条件是员工需要依法提前通知用人单位。因此,一般情况下,员工不受所谓最低服务期的约束,通俗地说就是尽管签署了劳动合同,员工只要依法提前通知单位,随时都可以辞职。

《劳动合同法》只规定了一种特殊情形下,员工对用人单位负有履行最低服务期的义务,即《劳动合同法》第22条规定,用人单位为劳动者提供专项培训费用,对其进行专业技术培训的,可以与该劳动者订立协议,约定服务期。劳动者违反服务期约定的，应当按照约定向用人单位支付违约金。但需注意的是，《劳动合同法》也未禁止用人单位与员工就专项培训以外的原因约定服务期。

假设用人单位没有为员工提供专项培训费用，就绝对不可以与员工约定最低服务期吗？这个问题在《劳动合同法》颁布后对用人单位产生了一定的困扰。尤其是《劳动合同法》第25条规定，除了员工违反培训服务期约定或者违反竞业禁止约定的情况，单位不得与员工约定员工承担违约金。

本案中，公司与周某之间虽然存在最低服务期约定，但并不是《劳动合同法》中规定的关于专业技术培训的服务期约定。尽管如此，公司支付给周某的补偿金与《劳动合同法》中规定的专项技术培训费用具有一个共同点，两者都是一种附带最低服务期义务的预付费用。

笔者从本案判决可以总结出一个原则，如果员工提前享受了某种利益，并且双方都认可该利益不是无偿的，那么员工表示通过一定工作期间来回报公司的承诺是有效的。如果员工违反了服务期承诺，单位有权利要求员工返还提前获得的利益。本案中，公司与周某签署的最低服务期条款内容具体，权利义务清晰明确，因此得到了法官的支持。

2. 违约责任条款为何得到了法官的支持

《劳动合同法》第22条第2款规定："劳动者违反服务期约定的，应当按照约定向用人单位支付违约金。违约金的数额不得超过用人单位提供的培训费用。用人单位要求劳动者支付的违约金不得超过服务期尚未履行部分所应分摊的培训费用。"而周某与公司订立的劳动合同中约定"无论何种由于周某的原因导致周某离职，周某须按工作时间比例[（3年－已工作时间）/ 3年]返还公司事先已经支付的对周某在公司工作必须3年以上的经济补偿金20万元"。即如果周某违反最低服务期约定，需要根据实际履行的期间，按比例返还公司事先支付的经济补偿金。

用人单位向劳动者支付报酬，劳动者因此付出相应的劳动成果，是劳动者与用人单位各自的基本义务。企业给予劳动者价值较高的财物等特殊待遇，属于预付性质。劳动者未能按照约定期限付出劳动的，属于不完全履行约定义务。根据合同履行的对等原则，对于劳动者未履行的部分，给付者可以要求相应返还。

周某的劳动合同中约定违约金计算方式与《劳动合同法》第22条规定的违约金计算方式实质相同,都是按照尚未履行的服务期,按比例返还单位事先支付的费用。周某劳动合同中关于最低服务期的违约责任约定在法官眼中是公平、合情合理的,因此在判决中得到了法官的支持。

建议用人单位订立最低服务期条款时,应当约定具体的支付违约金的日期和逾期支付违约金的利息计算方法。

## 第四节 培训费用

界定培训费的范围对用人单位很重要,因为它决定了用人单位可以向违反服务期的劳动者索要多少违约金。

根据《劳动合同法实施条例》第16条的规定,培训费用包括三部分:(1)用人单位为了对劳动者进行专业技术培训而支付的有凭证的培训费用;(2)培训期间的差旅费用;(3)因培训产生的用于该劳动者的其他直接费用。

该条最后一项没有直接列明费用的名目,这就给用人单位在培训服务期协议里留下了自主约定的空间,只要是因培训费用产生的用于受训劳动者的直接费用,都可以约定属于培训费用的范畴。

**【案例42:由关联公司负担专项培训费用的培训服务期争议】**

曹某于2006年起进入DGS(中国)投资有限公司上海分公司(以下简称投资公司)工作,劳动合同至2012年7月31日到期。

2008年8月5日,投资公司与曹某签订了一份《培训服务期协议》,约定:

1. 曹某作为某销售和营销项目的成员,由投资公司地区发展部派往德国YC服务有限公司(以下简称德国母公司)接受2年的国际培训;

2. 曹某将于2008年8月1日同德国母公司确立聘用关系,德国母公司将承担员工为培训项目所发生的实际费用,所发生的培训费用应包括但不限于下列项目:返程机票、健康保险补贴、租房补贴、护照和签证费用;

3. 基于员工的休眠劳动合同，投资公司将按照中国上海市的规定缴纳员工强制性社会保险费，其中应由员工缴纳的部分先由投资公司预缴，员工同意在回国后偿还；前提是员工从取得学位或结束国际培训时开始持续4年（最低服务期为4年）为投资公司提供服务，该保证自与德国母公司的聘用关系确立起立即生效；如果员工在培训期间解除劳动合同，员工应偿还全部培训费用；如果员工在培训完成后，在劳动合同期间内解除合同，对于未履约的月数，员工应按比例偿还部分培训费用；无论是集团内职位还是工作地点发生任何变更，该协议对员工当前聘用合同（劳动合同）及其每次续约具有约束力。

曹某参加的该海外培训项目截至2010年8月31日（曹某的最低服务期应至2014年8月31日）。

曹某在海外期间由德国母公司支付其各项培训费用共计7740.03欧元及16,054.14美元。

2010年9月7日，曹某、投资公司及YC特种化学（上海）有限公司（与投资公司同为德国母公司的子公司，以下简称化学公司）签订了一份《劳动关系变更协议》，其中约定曹某与投资公司签订的劳动合同于2010年10月31日终止，曹某与化学公司重新签订劳动合同，期限自2010年11月1日起，化学公司确认接受投资公司与曹某之间的培训和服务期协议，培训和服务期协议由曹某与化学公司继续履行。

2010年11月1日，曹某与化学公司签订一份自2010年11月1日起至2013年10月31日止的劳动合同，约定培训和服务期协议应作为该劳动合同不可分割的一个组成部分。

2011年7月7日，曹某向化学公司提出辞职。曹某在化学公司实际工作至2011年8月8日。

2012年8月6日，化学公司申请劳动仲裁，要求曹某按比例偿还参加海外培训期间的培训费用人民币121,303.76元。

上海市劳动人事争议仲裁委员会于2012年9月27日作出裁决：曹某返还化学公司培训费5805.02欧元和12,040.6美元。仲裁裁决书下达后，曹某与化学公司均对裁决书不服，提起了民事诉讼。曹某要求法院判令其无须返还化学公司培训费用。

法院判决结果如下:(1)曹某于判决生效之日起10日内返还化学公司培训费人民币60,000元;(2)曹某于判决生效之日起10日内返还化学公司2008年8月至2010年8月社会保险费个人缴纳部分共计人民币25,121元。

【评析】

1. 曹某参加的海外培训项目是否属于专业技术培训

本案中,法院认定投资公司将曹某派至德国接受为期2年的国际培训系专业技术培训,主要基于以下几点因素:

(1)投资公司与曹某签订了内容明确的《培训服务期协议》。首先,签订《培训服务期协议》表明投资公司履行了告知曹某其参加的是专业技术培训的义务,且曹某也对此性质表示了认可。其次,该《培训服务期协议》明确约定了培训内容、培训期限、培训费用、服务期期限以及双方其他重要的权利义务(如员工违反协议约定而应承担的支付违约金的义务)。

(2)多样化的培训形式。曹某在庭审中认可在海外培训期间的每个项目中,公司会委派一名资深员工定期进行咨询和辅导,除了工作之外,其每年还会定期参加研讨会,相互交流学习,通过工作交流来积累经验。

因此,法院认为曹某参与的在职培训项目的目标就是培训具有国际经验的未来销售和营销经理,旨在通过理论培训以及在岗经验提供有意义的职业发展,该项培训从项目介绍及签订的培训服务期协议上均可以体现曹某是由投资公司派至德国接受为期2年的国际专项培训。

2. 曹某应返还培训费用的范围

用人单位提供的培训费用应当包括哪些方面呢?《劳动合同法实施条例》第16条明确规定,培训费用包括“有凭证的培训费用、培训期间的差旅费用以及因培训产生的用于该劳动者的其他直接费用”,即劳动者在培训期间的工资不应算入培训费用组成范围,劳动者在培训期间的社会保险费、福利待遇、住房公积金等项目亦应不属于培训费用。原因在于,这些待遇与工资一样,都是劳动者基于劳动关系所获得的正常报偿,与用人单位提供的出资培训之间不存在对价关系。

本案中，曹某与投资公司签订的《培训服务期协议》约定："如果员工在培训期间解除合同，员工应偿还全部培训费用；如果员工在培训完成后，但在合同期间内解除合同，对于未履约的月数，员工应按比例偿还部分费用。"虽然化学公司请求曹某按比例返还的培训费包括其在海外培训期间所产生的返程机票、健康保险补贴、租房补贴、护照和签证等培训费用共计人民币121,303.76元，但是法院在综合考虑曹某在德国期间边工作边培训的情形，从权利义务对等的角度出发，在培训期间曹某工作所应取得的工资费用不应纳入培训费用范围，所以并没有严格按照投资公司与曹某的约定计算曹某应按比例返还的培训费，而是酌定曹某返还培训费人民币6万元。

3. 违约的曹某应向谁返还培训费用

虽然签署《培训服务期协议》的单位是投资公司，但是实际负担曹某在德国培训费用的却是德国母公司。曹某在本案庭审中始终辩称所谓培训费用均是其在德国工作期间由德国母公司支付的，而德国母公司从未要求自己返还培训费用，因此自己没有义务返还培训费用。

法院判决曹某向化学公司返还培训费用，主要基于以下原因：

(1)实际负担培训费用的单位虽然不是直接签署《培训服务期协议》的单位，但是两者是母公司与子公司的关系，存在紧密的关联关系；

(2)德国母公司之所以愿意负担培训费用，是因为曹某同意并签署《培训服务期协议》，曹某事后以负担费用的单位与签约单位不同作为拒绝返还培训费的理由，对用人单位明显不公平；

(3)《培训服务期协议》中已经写明在德国培训期间的培训费用由德国母公司负担，曹某在签署协议时就对此明知，事后反悔，违反诚实信用原则。

## 第五节 培训服务期协议的常见实务问题

### 一、单位不能要求员工必须继续履行服务期

员工违反服务期承诺单位能否要求其继续履行服务期，答案是否定的。一旦发生员工违约，单位并不能要求员工必须继续履行服务期，因为辞职是劳动者就业自由的重要内容，不容限制。何况"强扭的瓜不甜"，一定要员工

履行完服务期对单位没有意义。如果员工在承诺的服务期内辞职,单位只能要求员工承担违约责任。

## 二、预防员工违约风险的措施

针对员工拒绝或无力支付违约金的风险,单位可以通过以下措施来预防:

1. 与员工适当分担培训费用,而不是由单位负担全部培训费用。

2. 可采取员工先垫付培训费用,服务期满后单位报销培训费的措施。这样即使员工在服务期满前离职,单位也无须向员工追讨违约金。

3. 如果服务期较长,可以分阶段报销培训费,如服务期为培训结束后 3 年,可以约定员工每服务满 1 年则单位报销培训费的 1/3。

## 三、员工因单位过错而解除劳动合同不属于违反服务期承诺

根据《劳动合同法实施条例》第 26 条第 1 款的规定,用人单位与劳动者约定了服务期,而单位存在以下行为导致员工解除劳动合同,不属于员工违反服务期承诺,员工不需要支付违约金:(1)未按照劳动合同约定提供劳动保护或者劳动条件的;(2)未及时足额支付劳动报酬的;(3)未依法为劳动者缴纳社会保险费的;(4)用人单位的规章制度违反法律、法规的规定,损害劳动者权益的;(5)因本法第 26 条第 1 款规定的情形致使劳动合同无效的;(6)法律、行政法规规定劳动者可以解除劳动合同的其他情形;(7)用人单位以暴力、威胁或者非法限制人身自由的手段强迫劳动者劳动的,或者用人单位违章指挥、强令冒险作业危及劳动者人身安全的。

**【案例 43:员工以单位违法在先为由,免除培训服务期协议约定的违约责任】**

李某是 A 公司职工,2019 年 9 月,A 公司安排李某参加某项专业技术培训。A 公司与李某签署了《培训服务期协议》,约定培训服务期为培训结束后 2 年。李某在培训结束后收到 B 公司的招聘意向,因为 B 公司承诺给予李某远优于 A 公司的薪酬待遇,李某很想从 A 公司跳槽去 B 公司,但是苦于其已经与 A 公司签署了《培训服务期协议》且仍在承诺服务期内,不敢提

出辞职。B公司提醒李某关注A公司是否存在违反劳动合同或违反劳动法律的行为。李某遂以A公司未依法足额缴纳社会保险费为由解除与A公司劳动合同。A公司认为李某违反培训服务期承诺,提起劳动仲裁,要求李某依约定支付违约金。李某提出反申请,要求A公司支付经济补偿金。

**【评析】**

本案经审理查明,A公司一直未按照员工实际工资缴纳社会保险费,而是按照当地最低工资标准缴纳社会保险费。仲裁委员会认为,李某有权因A公司不依法缴纳社会保险费而解除劳动关系,并支持了其关于支付经济补偿金的申请。根据《劳动合同法实施条例》的规定,李某的解约行为不属于违反服务期承诺,故仲裁委员会驳回了A公司索要违约金的申请。

本案的教训:企业即使与职工签订了培训服务期协议也并非"高枕无忧",如果单位自身存在严重违反《劳动法》的行为,则可能无法保证服务期协议的有效执行。

**【相关法条】**

***《劳动合同法》***

**第二十二条** 用人单位为劳动者提供专项培训费用,对其进行专业技术培训的,可以与该劳动者订立协议,约定服务期。

劳动者违反服务期约定的,应当按照约定向用人单位支付违约金。违约金的数额不得超过用人单位提供的培训费用。用人单位要求劳动者支付的违约金不得超过服务期尚未履行部分所应分摊的培训费用。

用人单位与劳动者约定服务期的,不影响按照正常的工资调整机制提高劳动者在服务期期间的劳动报酬。

***《劳动合同法实施条例》***

**第十六条** 劳动合同法第二十二条第二款规定的培训费用,包括用人单位为了对劳动者进行专业技术培训而支付的有凭证的培训费用、培训期间的差旅费用以及因培训产生的用于该劳动者的其他直接费用。

**第十七条** 劳动合同期满,但是用人单位与劳动者依照劳动合同法第二十二条的规定约定的服务期尚未到期的,劳动合同应当续延至服务期满;

双方另有约定的,从其约定。

**第二十六条** 用人单位与劳动者约定了服务期,劳动者依照劳动合同法第三十八条的规定解除劳动合同的,不属于违反服务期的约定,用人单位不得要求劳动者支付违约金。

有下列情形之一,用人单位与劳动者解除约定服务期的劳动合同的,劳动者应当按照劳动合同的约定向用人单位支付违约金:

(一)劳动者严重违反用人单位的规章制度的;

(二)劳动者严重失职,营私舞弊,给用人单位造成重大损害的;

(三)劳动者同时与其他用人单位建立劳动关系,对完成本单位的工作任务造成严重影响,或者经用人单位提出,拒不改正的;

(四)劳动者以欺诈、胁迫的手段或者乘人之危,使用人单位在违背真实意思的情况下订立或者变更劳动合同的;

(五)劳动者被依法追究刑事责任的。

**四、飞行员培训服务期争议的特殊性**

飞行员与航空公司的劳动法律关系具有一定特殊性,区别于其他行业领域,主要表现在原中国民用航空总局下发了一系列关于规范飞行员离职和流动的部门规章,包括《关于规范飞行人员流动管理保证民航飞行队伍稳定的意见》(民航人发〔2005〕104 号)、《关于进一步加强民航飞行队伍管理的意见》(民航发〔2006〕109 号)等。这些部门规章中规定了航空公司招录其他航空公司在职飞行人员的,新用人单位应当补偿原用人单位培养飞行人员的费用,并且制定了赔偿金额的计算方法。尽管这些文件是部门规章,层级低于法律,但是在司法实践中,法官不能无视这些规定。最高人民法院在 2005 年专门发文要求各级法院参照上述文件审理有关案件。

**【案例 44:未签署培训服务期协议的飞行员辞职,为什么须赔偿航空公司培训费损失】**

2002 年 8 月 1 日,陶某入职中国 N 航空集团公司(以下简称 N 航公司)下属的大连分公司从事飞行工作。

2012 年 8 月 17 日，陶某调入 N 航公司并签订无固定期限劳动合同。其劳动合同第 27 条约定“甲方(N 航公司)依法建立培训服务期制度。对于由甲方提供专项培训费用，为乙方(陶某)进行专业技术培训的，甲方应做好职工教育培训台账管理，并与乙方订立培训服务期协议，约定服务期”；第 28 条约定“乙方须按甲方有关培训管理的规定和培训服务期协议，履行为甲方服务的义务。如果乙方违反培训服务期协议约定的，应当按照约定向甲方支付违约金”。

2013 年 9 月 13 日，陶某向 N 航公司递交《解除劳动关系通知书》，要求解除双方劳动关系。N 航公司于 2013 年 9 月 16 日收到该通知。

2013 年 9 月 27 日，N 航公司向陶某发出《关于陶某辞职的复函》，以公司飞行人员紧缺、无合适人员接替工作为由，不同意陶某的辞职申请。陶某的体检合格证和飞行员航线驾驶执照现在在陶某处，陶某的飞行技术档案在 N 航公司处。

在仲裁和诉讼过程中，N 航公司主张在陶某入职前后，N 航公司出资委托相关培训机构对陶某进行专业技术培训，并提供了相应证明，以证实陶某于 2004 年至 2013 年在该公司进行 A320 和 A330 机型训练，训练费用合计人民币 419,578 元。

N 航公司主张，依照其内部的《中国 N 航空(集团)公司实行劳动合同制补充规定》的规定，陶某应支付违约金 1,791,150.72 元。该文件第四章“违约赔偿”第 11 条规定的员工违约赔偿的范围包括：“(一)招收录用员工所支付的费用，包括用人单位招收录用员工所支付的城市增容费、教育补偿费、差旅费等各项费用。(二)为员工支付的培训费。(三)直接经济损失。(四)违约金。”该文件第 12 条规定的员工违约赔偿的计算标准包括：“(一)培训费用赔偿按 N 航人劳(1996)55 号文规定执行。双方有约定的按约定办理。(二)直接经济损失，按以下办法计算：五万元(含)以下的按 100% 计算；五万元起每增加一万元，增加部分按递减 10% 计算。(三)违约金，员工因个人原因提前解除劳动合同应向用人单位交纳违约金。违约金总额 = 乙方解除合同前十二个月平均工资 × 未满年限(可计算到月)。未满年限每年扣一个月平均工资，超过 24 个月的按 24 个月计算。”N 航公司提交了《中国

N航空(集团)公司第一届职代会第五次会议关于确认职代会联席会通过实行劳动合同制补充规定和劳动合同管理暂行办法的决议》,主张该规定已经职代会讨论通过,并向陶某公示,合法有效。对此,陶某提出,该文件是N航公司单方的规定,且未经民主程序,也无证据证明已经公示,因此对劳动者不具有法律约束力,不能据此主张违约金。

陶某向某省劳动人事争议调解仲裁院申请仲裁,要求裁决N航公司为其出具解除劳动关系的证明及安保评价,办理劳动人事档案、社会保险关系的转移手续,将其航空人员健康记录本、体检合格证、飞行技术履历档案、飞行经历记录本、驾驶员飞行记录簿、飞行员执照关系、空勤登机证移交到中国民用航空某地区管理局暂存保管。N航公司在仲裁阶段提出反申请,主张劳动合同不应解除,如果陶某不能继续履行劳动合同,要求陶某某支付赔偿金6,775,650.72元(其中培训费2,884,500元、违约金1,791,150.72元、重新培训或招聘一名飞行员的损失210万元)。

法院依照《劳动法》第17条,《劳动合同法》第22条、第25条、第37条、第50条、第90条,《民事诉讼法》第64条第1款,参照《关于规范飞行人员流动管理保证民航飞行队伍稳定的意见》(民航人发〔2005〕104号)、《关于贯彻落实规范飞行人员流动管理保证民航飞行队伍稳定意见有关问题的通知》(民航人发〔2005〕109号)、《关于进一步加强民航飞行队伍管理的意见》(民航发〔2006〕109号)、《大型飞机公共航空运输承运人运行合格审定规则》(中国民用航空局令第195号,已失效)的规定,判决:

1. 确认陶某与N航公司的劳动合同于2013年10月16日解除,N航公司于本判决生效之日起15日内为陶某出具解除劳动合同证明书,并为陶某办理档案和社会保险关系转移手续。

2. 陶某于本判决生效之日起10日内赔偿N航公司培训费用70万元。

3. 陶某于本判决生效之日起5日内将飞行执照交N航公司,N航公司于本判决生效之日起10日内按《关于进一步加强民用飞行队伍管理的意见》(民航发〔2006〕109号)的规定将陶某的飞行执照、技术档案及相关档案材料等交N航公司所在地的地区管理局暂存保管。在陶某付清上述判决第二项的培训费后,N航公司协助陶某取回飞行执照、技术档案及相关档案材料。

4. 驳回陶某的其他诉讼请求。

5. 驳回N航公司的其他诉讼请求。

【评析】

1. 劳动合同不限制陶某依法行使劳动合同解除权

陶某于2013年9月13日向N航公司发出《解除劳动关系通知书》,N航公司于2013年9月16日收到该通知,至2013年10月16日已满30日,符合《劳动合同法》第37条的规定,因此,双方的劳动合同于2013年10月16日解除。N航公司应当根据《劳动合同法》第50条的规定,为陶某出具解除劳动合同的证明,并为陶某办理档案和社会保险关系的转移手续。

即使劳动者与用人单位约定了最低服务期,劳动者仍然可以辞职,只是应当按照约定向用人单位支付违反服务期承诺的违约金。

2. 飞行员与航空公司之间的劳动关系需适用专门的规章

本案中,尽管飞行员与航空公司之间并没有订立专项培训服务期协议,也没有约定最低服务期,但是劳动争议仲裁委员会、法院都裁判认定辞职飞行员应当赔偿航空公司培养飞行员的费用。

笔者认为,飞行员与航空公司的劳动法律关系具有一定特殊性,是其他行业领域不具备的,主要表现在以下几方面:

(1)原中国民用航空总局下发了一系列关于规范飞行员离职和流动的部门规章,包括《关于规范飞行人员流动管理保证民航飞行队伍稳定的意见》(民航人发〔2005〕104号)、《关于贯彻落实规范飞行人员流动管理保证民航飞行队伍稳定意见有关问题的通知》(民航人发〔2005〕109号)、《关于进一步加强民航飞行队伍管理的意见》(民航发〔2006〕109号)等。最高人民法院在2005年专门发文要求各级法院参照上述文件审理有关案件。

(2)飞行员具有特殊性,属于高技能人才,需要长时间的能力培养和持续的能力保持,陶某入职后由N航公司出资委托相关培训机构对其进行专项技术训练,在陶某获得并提高飞行技术过程中,N航公司付出了高额的培训费用。根据公平原则,如果离职员工不赔偿航空公司的损失,势必给航空公司造成巨大的经济损失。航空行业是一个关系到公众利益的行业,如果航空公司在此类案件中不能得到合理的赔偿,势必影响航空公司培训飞行员的积极性,进而可能影响飞行的安全和旅客的利益。

由于民航的特殊性,本案例对其他行业中培训费劳动争议的参照价值较小。因此,非航空公司的用人单位建议在支付专项培训费用前与员工签署服务期协议,明确约定最低服务期和违约金。

3. 法院为何驳回N航公司的违约金请求

“违约金”中的“约”这个字,表明违约金必须基于当事人之间的合同约定。N航公司并未与陶某签订专业技术培训协议并约定服务期,N航公司要求陶某支付违约金1,791,150.72元的请求缺乏事实和法律依据,因此其要求陶某支付违约金的诉讼请求被法院驳回。

**【相关法条】**

**《关于规范飞行人员流动管理保证民航飞行队伍稳定的意见》**

一、依法规范航空运输企业用工行为,逐步建立和完善飞行人员依法有序的流动机制。航空运输企业招用飞行人员,应当遵守有关法律法规,面向社会,公开招收。对招用其他航空运输企业在职飞行人员的,应当与飞行人员和其所在单位进行协商,达成一致后,方可办理有关手续,并根据现行航空运输企业招收录用培训飞行人员的实际费用情况,参照70万~210万元的标准向原单位支付费用。对未与原用人单位终止或解除劳动合同的飞行人员,不得建立新的劳动关系、签订劳动合同。

**《关于贯彻落实规范飞行人员流动管理保证民航飞行队伍稳定意见有关问题的通知》**

一、航空公司招用在职飞行人员,应积极主动地与飞行员所在航空公司进行协商,并视情况支付其为培养飞行员所发生的费用。在确定具体补偿费用标准时,原则上以飞行人员初始培训费70万元为基数,从飞行员参加工作开始,综合考虑后续培养费用,以年均20%递增计算补偿费用,最高计算10年,即最高补偿费用为210万元。45岁以后再从210万元开始,以70万元为基数,以年均20%递减计算补偿费用。

【示范文本】

以下示范合同仅供读者研究参考之用，不代表笔者提供的法律咨询意见，作者对示范合同内容的合法性、适用性和实际效果不做任何保证。

**培训及服务期协议**

本协议于20____年____月____日(生效日期)由__________有限公司，注册地址：____________，营业执照注册号：__________(以下简称甲方)；与________，身份证号：____________，地址：____________(以下简称乙方)在__________签署。

甲方和乙方在下文单独称为“一方”，合称为“双方”。

**前　　言**

甲方同意派乙方参加外部学习培训并根据约定为此承担全部或部分费用，乙方承诺在约定的服务期内持续为甲方工作。

双方经友好协商，根据《中华人民共和国劳动法》《中华人民共和国劳动合同法》及其他法律法规达成本协议，本协议作为劳动合同书的补充协议，构成双方之间劳动合同的一部分。

**1.学习培训**

1.1　乙方参加的学习培训项目名称为：____________。

1.2　培训机构为：__________。

1.3　乙方参加上述项目的时间为：________________。

1.4　项目学费总计：人民币(大写)______元整。

1.5　甲方同意为该项目支付的培训费用包括：

a)学费：人民币______元整。

b)交通食宿：甲方同意支付至培训地点的往返交通费，培训地点位于乙方工作地点以外的，甲方同意支付培训期间食宿费。

c)签证费：如果培训地点位于境外，甲方同意支付因此产生的签证费用。

d)脱产培训期间工资：脱产培训期间按固定工资的百分之____(__

____%)发放工资。

e)脱产培训期间福利:照常发放。

f)其他:其他甲方同意支付的,为支持和保证其培训而发生的费用。

乙方在学习期间应当维护甲方企业形象,认真学习,接受甲方的监督,定期汇报学习成绩和情况,并照常履行劳动合同中约定的保密义务、竞业限制义务等合同义务。

**2. 最低服务期**

无论乙方的学习效果如何,无论乙方学习后是否通过了有关的考试(如有),乙方自学习结束之日起,应至少为甲方服务____年(服务期)。若服务期到期日晚于已签订的劳动合同到期日,则劳动合同到期日自动顺延至服务期到期日。

**3. 终止学习**

无论乙方因任何原因中途终止学习,乙方应立即全额偿还甲方已经负担的培训费用、脱产期间工资和福利费用。因乙方终止学习而导致的责任由乙方承担。

**4. 违约金**

如果乙方在服务期开始之前或服务期满之前辞职,或者因乙方违反劳动合同或乙方过错导致甲方在服务期满前解除劳动关系,乙方须向甲方支付违约金,违约金标准为服务期尚未履行部分所应分摊的培训费用。

甲方可直接从应付乙方的款项中扣除本条规定的违约金。

**5. 生效**

本协议应由甲方盖章乙方签字后于前述生效日期生效。本协议一式两份,甲方持一份,乙方持一份。

| | |
|---|---|
| 甲方:________有限公司 | 乙方: |
| 授权代表: | 授权代表: |
| 职务: | 职务: |
| ________年____月____日 | ________年____月____日 |

# 第八章

# 保密与竞业限制

## 第一节　保 密 制 度

《劳动合同法》第 23 条第 1 款规定："用人单位与劳动者可以在劳动合同中约定保守用人单位的商业秘密和与知识产权相关的保密事项。"

### 一、商业秘密的定义

根据《反不正当竞争法》第 9 条的规定，"商业秘密"，是指不为公众所知悉、具有商业价值并经权利人采取保密措施的技术信息和经营信息等商业信息。

商业秘密和其他无形财产（专利权、商标权、著作权等）相比，有以下特点：

第一，商业秘密不为公众所知悉，而其他知识产权都是公开的，法律对专利权甚至有公开程度的明确要求。

第二，商业秘密是能使经营者获得利益，获得竞争优势，或具有潜在的商业利益。

第三，权利人必须采取了保密措施，信息不为公众知悉还不够，权利人必须为了保护它采取了保密措施，如单位与员工签订了保密协议、单位在资料上标注了"保密"标记、单位采取了门禁安检措施等。

第四，商业秘密的保护期不是法定的，保护期的实际长短取决于商业秘密权利人的保密措施和其他人对此项秘密的公开。一项技术秘密可能由于权利人保密措施得力和技术本身的应用价值而延续很长时间,远远超过专利技术受法律保护的期限。例如,著名饮料可口可乐诞生于1885年,但是其配方至今还不为公众知悉,配方就是可口可乐的商业秘密。

尽管《反不正当竞争法》中已经对商业秘密作了定义,但该定义比较抽象笼统,笔者建议用人单位根据自身行业特点和企业特点,在劳动合同和保密制度中对商业秘密作更具体详细的规定,如在劳动合同中对商业秘密进行列举,在合同中约定管理方法、产销策略、客户名单、货源情报等经营资讯和生产配方、工艺流程、技术诀窍、设计图纸等技术资讯为用人单位的商业秘密。

## 二、保密义务

保密义务的具体内容需要当事人自己详细约定。根据笔者的执业经验,《保密协议》里应规定的具体保密义务包括以下几方面:

第一,不得泄露。即不得向第三方泄露商业秘密。泄露对象一般应在条款里明确为他人及无关的员工。尤其需注意,员工不仅不能向单位以外的组织和个人泄露商业秘密,也不能向同一单位中无关的员工泄露商业秘密。

第二,不得用于其他用途。员工不得将商业秘密用于未经用人单位许可的用途。员工在工作中知悉的单位商业秘密,应当仅仅为员工完成工作职责而使用,不能用于自己的私人用途或者工作以外的用途。

第三,遵守保密规定。企业可以直接规定若干保密措施,用于具体指导员工的保密工作,如用于研发工作的计算机禁止连接国际互联网、禁止将保密信息携带出公司、在特定计算机上禁止使用U盘等。

第四,归还保密资料。当员工离职或者换岗时,应当将持有的保密资料归还公司或者与接手的人员交接。

## 三、保密期限

保密期限,是指接收商业秘密的组织或个人应承担保密义务的期限。保密期限分为固定期限保密和无限期保密。用人单位可在员工保密协议中约定一个固定的保密期限,例如,可以约定“员工应在劳动合同期及劳动合同终止或解除后五年内保守单位的商业秘密”。约定多长时间取决于以下因素:

第一,商业秘密自身的商业价值大小。商业价值越大的,其对公司的重要性越高,一般保密期限应当相对长一些。

第二,商业秘密可利用的时间长短,即其生命周期。商业秘密的可利用周期越长,保密期限应当约定的越长,至少应当超过商业秘密的可利用时间,否则起不到保护公司经济利益的目的。

第三,有关权利人的要求。员工在工作中接触到的保密资料既包括用人单位自身的保密信息,也包括用人单位的客户或者商业合作伙伴的保密信息。对于这些第三方权利人的信息,用人单位也对信息的权利人承担着保密义务。例如,客户和商业伙伴向用人单位披露信息时要求用人单位保密10年,那么用人单位要求自己员工的保密期限至少不能少于10年。

因为用人单位一般无法事先预见员工在工作期间将接触、知悉哪些商业秘密,因此就无法事先预见商业秘密的价值大小和商业秘密的生命周期,如果在员工保密协议中一概约定一个固定的保密期限,很可能不足以保护单位的商业秘密。所以笔者建议单位约定无限期保密,即员工应在劳动合同期及劳动合同解除或终止后永远保守商业秘密。

### 四、员工违反保密义务的违约责任

《劳动合同法》第25条规定,单位只能对违反培训服务期约定和违反竞业禁止约定的员工约定违约金,禁止对其他事项约定劳动者承担违约金。因此,单位和员工不能在合同里约定员工违反保密义务的违约金。

但是,这并不等于员工违反保密义务就无须向单位承担赔偿责任。《劳动合同法》第90条规定:“劳动者违反本法规定解除劳动合同,或者违反劳动合同中约定的保密义务或者竞业限制,给用人单位造成损失的,应当承担赔偿责任。”

《劳动合同法》第25条的规定从诞生就引起法律界的讨论,尤其是受到企业界的广泛争议。反对该条款者认为:《劳动合同法》的立法者既然不否认员工违反劳动合同会给单位造成损失,为何限制在劳动合同中约定劳动者承担违约金?立法者允许单位对于违反保密义务的劳动者索赔,但同时又禁止以最常见的索赔方式——违约金来索赔。而违约金最突出的优点就是事先设定了赔偿金额的计算方法,省去了当发生违约行为后证明实际损失的麻烦。在很多情况下,受害人无法证明实际损失的大小并不等于没有发生损失,而只是无法客观证明具体损失金额。

对此,笔者建议:第一,用人单位在劳动合同或规章制度里约定泄露商业秘密损失的计算方法。但是必须指出的是,提前设定的关于损失的计算方法如果不恰当,有可能被劳动争议仲裁员或法官认定为违约金条款。因此,单位需要慎重对待,建议聘请专业律师协助单位拟定劳动合同和规章制度。第二,用人单位要注意收集关于商业秘密价值的证据,在员工侵犯单位商业秘密时积极举证,如委托开发协议、研发设备采购协议、研发预算报告、研发项目结项审计报告、研发费支出凭证、工资支出凭证等。

## 五、保密工作中的几个实务问题

### (一)采用保密条款还是保密协议

保密条款是劳动合同中的一个条款,而保密协议是劳动合同的附件。显然,保密条款在篇幅上没有保密协议长,在内容上没有保密协议具体,在约定上没有保密协议周全。

为了保护单位的商业秘密,笔者建议企业应当选择签署内容详尽的保密协议,而不仅仅是在劳动合同中约定简单的保密条款。

### (二)用人单位是否需要支付保密费

保密费,顾名思义,是指单位要求员工承担保密义务,并专门为此支付给员工的酬劳。在商业秘密案件审理中,“支付保密费”的确是权利人采取保密措施的一种,它可以证明权利人采取了保密措施。

但从法律规定来看,单位无须为员工履行保密义务而支付任何酬劳,因为商业秘密是单位的无形资产,泄露或者违法利用单位的商业秘密是法律上的侵权违法行为,为法律所禁止。所以,单位支付给员工保密费完全是单位自愿的行为;相反,如果没有适当的合同约定的话,未来一旦停发保密费,还容易引起“保密义务已经终止”的误解。所以笔者建议用人单位不支付员工保密费。

（三）离职前进行脱密处理

所谓脱密，是指调整员工的工作岗位或工作内容，在劳动合同解除之前的一定期间内使员工不再接触用人单位的保密信息。如果某员工因为岗位职责而参与涉及商业秘密的工作，或者可以接触商业秘密，而用人单位又计划未来不与该员工续签劳动合同或者辞退该员工，那么用人单位可以提前一段时间（如半年）就调整该员工的岗位或工作内容，这样员工就无法继续参与该项涉密工作，对于该工作后续产生的商业秘密就无法接触。同时单位可以在调整涉密岗位工作时检查员工的办公电脑，删除该员工不应再保留和接触的保密信息。

但是，如果涉密员工主动辞职，依据《劳动合同法》的规定，劳动者只需要提前 30 日（试用期内提前 3 日）通知用人单位即可，用人单位在这么短的时间内无法实施脱密安排，员工可以短期内入职其他单位。所以个别地方（如江苏省）的法规或司法实践突破了 30 日辞职预告期的规定，允许用人单位与劳动者为了脱密的目的，对涉密员工约定更长的辞职预告期。

（四）离职保密义务提醒

单位可在员工离职时，尤其是接触重大保密信息的中高级管理人员和技术人员离职时发出书面的保密义务提示。书面保密义务提示的作用是提醒离职员工在离职后应当继续保守公司的商业秘密、不得在新单位使用公司的商业秘密、不得泄露公司的商业秘密。公司可要求离职员工签收《离职保密义务提示》，虽然书面提示的内容与保密协议的内容基本一致，但是企业在员工离职时着重重申一下，可以增强离职员工对保密工作的重视，表明企业对保护商业秘密的认真态度，在一定程度上预防和吓阻潜在的侵犯商业秘密行为。

**【相关法条】**

《反不正当竞争法》

**第九条** 经营者不得实施下列侵犯商业秘密的行为：

(一)以盗窃、贿赂、欺诈、胁迫、电子侵入或者其他不正当手段获取权利人的商业秘密;

(二)披露、使用或者允许他人使用以前项手段获取的权利人的商业秘密;

(三)违反保密义务或者违反权利人有关保守商业秘密的要求,披露、使用或者允许他人使用其所掌握的商业秘密;

(四)教唆、引诱、帮助他人违反保密义务或者违反权利人有关保守商业秘密的要求,获取、披露、使用或者允许他人使用权利人的商业秘密。

经营者以外的其他自然人、法人和非法人组织实施前款所列违法行为的,视为侵犯商业秘密。

第三人明知或者应知商业秘密权利人的员工、前员工或者其他单位、个人实施本条第一款所列违法行为,仍获取、披露、使用或者允许他人使用该商业秘密的,视为侵犯商业秘密。

本法所称的商业秘密,是指不为公众所知悉、具有商业价值并经权利人采取相应保密措施的技术信息、经营信息等商业信息。

**《劳动合同法》**

**第二十三条** 用人单位与劳动者可以在劳动合同中约定保守用人单位的商业秘密和与知识产权相关的保密事项。

对负有保密义务的劳动者,用人单位可以在劳动合同或者保密协议中与劳动者约定竞业限制条款,并约定在解除或者终止劳动合同后,在竞业限制期限内按月给予劳动者经济补偿。劳动者违反竞业限制约定的,应当按照约定向用人单位支付违约金。

**第九十条** 劳动者违反本法规定解除劳动合同,或者违反劳动合同中约定的保密义务或者竞业限制,给用人单位造成损失的,应当承担赔偿责任。

## 【示范文本】

以下示范文本仅供读者研究参考之用,不代表笔者提供的法律咨询意见,笔者对示范文本内容的合法性、适用性和实际效果不做任何保证。

### 保 密 协 议

甲　　方:　　　　　　　　　　　　乙　　方:

地　　址：　　　　　　　　　　　　地　　址：
法定代表人：　　　　　　　　　　　居民身份证号：
鉴于：

乙方可能因工作需要接触到属于甲方的或由甲方承担保密义务的有关技术、市场、财务、人力资源、经营状况等方面的保密信息；

甲乙双方经协商一致，在甲方住所地签署如下协议（以下简称本协议）。

**1. 保密信息：**保密信息是指甲方的和甲方对第三方承担保密义务的非公知的所有信息，包括但不限于：

1.1　关于甲方现有的，以及正在开发或者构思之中的产品和服务的规划、设计、定义、方案；工具模具、制造方法、工艺过程、材料配方、经验公式、实验数据、计算机软件及其算法和设计等方面的信息、资料和图纸；模型、样品、源程序、目标程序等。

1.2　甲方现有的或者正在开发之中的质量管理方法、定价方法、销售方法、业务计划、产品开发计划、招聘计划、内部业务规程以及供应商和客户的名单等业务活动信息。

1.3　甲方的经营目标及数据，营业额、毛利、利润、材料及产成品的实际成本和标准成本等财务信息。

1.4　甲方的投标书。

1.5　甲方与他人订立的任何合同、合约、备忘录和协议。

1.6　甲方的薪酬体系和员工薪酬水平。

1.7　按照法律和协议，甲方对第三方负有保密义务的信息。

1.8　其他甲方标注“保密”字样的信息或者按照甲方保密制度规定应当保守的保密信息。

**2. 保密义务**

2.1　乙方应认真阅读、严格执行甲方有关保密制度和规定。

2.2　乙方同意，未经甲方书面同意，决不公开发表或对其他人泄露任何保密信息。

2.3　除非为了履行自己在甲方的职务，乙方不得为其他目的使用任何保密信息，不得复印、复制、传送、转移含有保密信息的任何资料，无论这些保密信息是否是由乙方本人开发出来的。

2.4　乙方保证仅为履行本职工作的目的使用保密信息。

2.5　乙方应严格遵照甲方的有关规定和良好的职业操守存储、传递和保护保密信息。

2.6　即使劳动合同终止,上述保密义务规定将持续有效。如果乙方违反本条规定,造成保密信息泄露,乙方须赔偿甲方因此遭受的全部经济损失。

**3. 劳动合同解除或终止时的义务**

劳动合同无论由于何种原因解除或终止,乙方同意按照甲方的要求:

3.1　立即向甲方移交自己所掌握的,所有包含甲方知识产权或保密信息的文档、记录、笔记、提纲、存储介质、数据、源程序、目标程序、模型、样品以及任何其他材料,并办妥有关交接手续。

3.2　对于乙方所知的不处于乙方掌握中的甲方保密信息,乙方应当提供一份清单,清楚说明这些保密信息处于何地何人控制之下。

3.3　完成上述工作后,在甲方的监督下(或者向乙方书面保证已经)不可恢复地删除或销毁乙方存档的甲方保密信息。

**4. 保证**

乙方声明并保证,接受甲方聘用并签署本协议,并没有违反自己曾签署过的任何其他合同、协议或法律文件。

**5. 违约责任**

如果乙方违反本协议约定的义务,应当:

5.1　按照甲方的要求,立即停止违约行为和侵犯甲方商业秘密的行为;

5.2　赔偿甲方因此遭受的损失,包括但不限于经济损失、律师费、诉讼费及其他相关维权支出费用。

**6. 其他**

6.1　若双方因本协议发生争议,双方约定由甲方住所地有管辖权的法院管辖。

6.2　本协议自双方签字或盖章之日起生效。

6.3　本协议一式两份,甲、乙双方各执一份,各份均具有同等法律效力。

甲方(盖章):　　　　　　　　　　乙方(签字):

法定代表人：

或委托代理人（签章）： 年 月 日

年 月 日

## 第二节 竞业限制

《劳动合同法》第 23 条规定："用人单位与劳动者可以在劳动合同中约定保守用人单位的商业秘密和与知识产权相关的保密事项。对负有保密义务的劳动者，用人单位可以在劳动合同或者保密协议中与劳动者约定竞业限制条款，并约定在解除或者终止劳动合同后，在竞业限制期限内按月给予劳动者经济补偿。劳动者违反竞业限制约定的，应当按照约定向用人单位支付违约金。"

### 一、竞业限制的范围

竞业限制是限制员工的竞业行为，具体而言是指：

1. 禁止员工到与本单位生产或者经营同类产品、从事同类业务的有竞争关系的其他用人单位工作。

2. 禁止员工自己开业生产或者经营与单位同类产品、从事同类业务。

### 二、适用范围

（一）负有保密义务的员工

《劳动合同法》第 23 条仅规定了对于负有保密义务的员工，企业可以与员工约定竞业限制条款。因此，企业首先必须与员工签订保密条款或保密协议，只有这样，该员工才属于负有保密义务的员工。

（二）竞业限制的人员限于三类

1. 高级管理人员。根据我国《公司法》的规定，高级管理人员是指公司的经理、副经理、财务负责人，上市公司董事会秘书和公司章程规定的其他人员。

2. 高级技术人员。

3.其他负有保密义务的人员。

因《劳动合同法》明文限定只有上述三类人员方能限制竞业,所以企业如果与超出上述范围的员工订立竞业限制条款,将是无效的。

## 三、竞业限制期限

《劳动合同法》规定在解除或者终止劳动合同后,竞业限制人员到与本单位生产或者经营同类产品、从事同类业务的有竞争关系的其他用人单位,或者自己开业生产或者经营同类产品、从事同类业务的竞业限制期限,不得超过2年。

《劳动合同法》规定的2年竞业限制期限是从解除和终止劳动合同之日开始计算,但员工在劳动关系存续期间忠实于本单位是理所应当的。《公司法》中明确规定董事和高级管理人员不得自营或者为他人经营与所任职公司相同的业务,《劳动合同法》对于员工同时在两个单位任职也基本持否定态度(非全日制用工除外)。所以单位可以在劳动合同中约定在职期间员工须履行竞业限制义务。用人单位不需要为员工履行在职期间的竞业限制义务而支付经济补偿。

### 【案例45:签署了保密协议的劳动者主张自己不实际接触原单位保密信息】

北京R公司是一家专业从事拟IPO企业上市申报材料打印排版业务的公司,张某是该公司的制作员。张某入职后与R公司签署了《保护商业秘密合同书》,对竞业限制期、竞业限制补偿金、违约金等做了具体约定。

张某离职后,R公司依据《保护商业秘密合同书》的约定,向张某支付竞业限制补偿金。后张某入职了一家R公司的竞争企业。R公司以张某违反竞业限制义务为理由,要求张某依照《保护商业秘密合同书》的约定向R公司支付违约金。而张某认为,自己是一名负责排版打印的员工,不接触R公司的商业秘密,不属于《劳动合同法》规定的知悉商业秘密的人员,所以《保护商业秘密合同书》无效,对其本人没有约束力。

【评析】

本案中，劳动者虽主张“职位是制作员，具体负责排版打印工作，不属于知悉荣大商贸公司商业秘密的人员”，但法院认为，“R公司的主营业务是财经印务，并与张某签订了《保护商业秘密合同书》，明确了张某需保守的商业秘密。张某作为公司的制作员，知悉R公司及工作过程中的相关信息，属于负有保密义务的人员，应承担竞业限制义务。”从这个案例可以看出，对用人单位而言，与劳动者签署《保密协议》或者在《劳动合同》中约定保密条款非常重要，它是证明劳动者知悉商业秘密的最直观和简便的证据。

## 四、竞业限制补偿

《劳动合同法》规定，企业和员工应当约定在解除或者终止劳动合同后，在竞业限制期限内按月给予员工经济补偿。

竞业限制义务和保密义务有一定的相关性，但两者从概念上讲是不同的。保密义务是保守单位商业秘密的义务，企业不需要向负担了保密义务的人员支付酬劳。而竞业限制义务是对离职员工的就业自由的限制，员工可能因为竞业限制而被迫放弃或错过一些个人的职业发展机会，因此我国法律要求单位支付给员工一定的经济补偿。

### （一）竞业限制补偿金的支付

竞业限制补偿金必须按月支付。在《劳动合同法》颁布之前，我国各地对于竞业限制补偿的支付方式规定不同，有的地方规定需按年支付竞业限制补偿金，也有的地方规定按每半年支付。但自《劳动合同法》施行以后，必须统一按月支付竞业限制补偿金。竞业限制补偿金应当在员工离职后按月支付，员工在职时，企业以保密费或竞业限制补偿金等名目支付的补偿金都是无效的，它们不能代替企业应在员工离职后支付的竞业限制补偿金。

除按月支付外，实践中常见以下的支付方式：（1）离职后，在竞业限制期内一次性或者每季度、每半年支付竞业限制补偿金。（2）在职期间，每月支付一笔竞业限制补偿金，离职时不再另行支付竞业限制补偿金。（3）在职期间,一次性支付竞业限制补偿金。

**【案例46:在职期间支付竞业限制补偿金是否合法】**

重庆某出国企划有限公司(以下简称A公司)与吴某签订了一份《劳动合同书》,约定:吴某受聘于A公司,期限为2007年3月5至2010年6月4日,担任秘书级别工作,其工作范围包括前台接待、电脑录入和编辑、电话咨询和面谈咨询、文案企划和代理、外语口笔头翻译、客户联络和服务、办公室辅助事务等,基本月薪800元,奖金根据业绩情况另行发放,正式工作每满1年后享受2160元的年度保密津贴,合同期满3年时享受3600元的竞业避止补偿。

合同还约定了吴某应当保守公司商业秘密,违反约定须承担21,600元的违约金;在合同期限内、合同终止和解除后3年内,不得受聘于与A公司行业和业务性质相同的其他用人单位,不得自己经营相同性质的业务,如果违反则要承担36,000元的违约金。2008年6月,A公司向吴某发放了年度保密津贴1926.2元;2009年6月24日,吴某提出辞职,解除合同时A公司向吴某支付了竞业避止补偿金2544.06元和年度保密津贴2163.55元,上述款项均对缺勤作了相应扣减。2009年7月6日,吴某与从事出国中介服务的广东某教育服务有限公司(以下简称B公司)重庆分公司建立劳动关系,A公司遂诉至法院,认为吴某违反保密协议约定和竞业限制约定,要求吴某承担违约责任,B公司与B公司的重庆分公司承担连带责任。

一审法院审理认为:A公司虽然与吴某在《劳动合同书》中对竞业限制及补偿作了约定,但《劳动合同法》实施后,双方并没有对与现行法律相违背的约定进行相应的调整和变更。且A公司并未在解除劳动合同后按月向吴某支付经济补偿金,故该竞业限制约定对吴某没有法律约束力。A公司亦无证据证明吴某有将A公司的经营信息、业务渠道、客户资料等泄露给B公司的事实,故对A公司主张吴某承担违反保密约定和竞业限制约定支付违约金的请求不予支持。判决驳回A公司诉讼请求。

A公司不服,提起上诉。A公司认为:按月支付竞业限制补偿金并非法律强制性规定,A公司已提前一次性支付了补偿金,吴某也实际接受并未提出异议，吴某应当按照约定履行竞业限制义务。即使A公司还负有按月支付补偿金的义务，其时间最早也是双方解除劳动合同的次月即2009年7月24日，而吴某在离职后短短几天就和B公司重庆分公司建立了劳动关系，吴某恶意违约在先，应当承担违约责任。

二审法院审理认为：用人单位与劳动者可以约定对劳动者离职后进行竞业限制，但因该约定限制了劳动者的择业权，必须以用人单位支付竞业限制补偿作为对价。本案中，双方将年度保密津贴和竞业避止补偿约定于《劳动合同书》第六章劳动报酬中，且支付的条件为"每满一年、合同满三年即可享受"，且实际是按照吴某的出勤天数予以核发，A公司支付给吴某的年度保密津贴和竞业避止补偿实为吴某工作期间的劳动报酬，而并非对吴某在解除或终止劳动合同后受到竞业限制的补偿。因此，吴某不受该约定的限制。A公司主张吴某泄露其商业秘密亦缺乏事实依据，遂判决驳回上诉，维持原判。

## 【评析】

1. 竞业限制期违法

《劳动合同法》对于竞业限制期的长短有统一的规定，竞业限制期最长不得超过2年。所以本案中2007年签署的劳动合同中关于3年竞业限制期的条款应当作相应修改，当事人若不修改，则与《劳动合同法》冲突的约定无效。具体到本案中，超过法定最长期限规定的部分无效。

2. 竞业限制补偿金金额是否合法合理

在《劳动合同法》中没有明确规定竞业限制补偿金的标准或者下限。但是在2013年最高人民法院颁布的司法解释中规定当事人在劳动合同或者保密协议中约定了竞业限制，但未约定解除或者终止劳动合同后给予劳动者经济补偿，劳动者履行了竞业限制义务，要求用人单位按照劳动者在劳动合同解除或者终止前12个月平均工资的30%按月支付经济补偿的，法院应予支持。

从上述司法解释中，笔者得出一个结论，假设约定的竞业限制补偿金低于劳动者离职前月平均工资的30%，那么如果劳动者主张补偿金过低，则法院在判决中调高补偿金的可能性很大。同时读者需要注意,有的地方政府或地方的法院对于竞业限制补偿金的标准有规定,如果当地有规定的话,必须遵守当地规定的补偿标准,如果当地没有明确规定的,笔者建议月补偿标准至少不要低于劳动者离职前12月月平均工资的30%。

3. 在职时或者离职时一次性支付竞业限制补偿金是否合法

本案中,法院考虑的主要是这笔年度保密津贴和竞业避止补偿的性质,关键不在于是否离职后按月支付。因为本案中的年度保密津贴和竞业避止补偿是按工作年限计算的,而且按出勤率扣减,因此明显具有劳动报酬的性质,丝毫未体现竞业限制补偿的特点,所以本案中法院判决用人单位败诉。

实践中,很多用人单位不想支付竞业限制补偿金,于是巧立名目,把一部分劳动报酬说成是竞业限制补偿,这种做法法院是不会认可的。

**【案例47:解除竞业限制协议是否仍需支付竞业限制补偿金】**

闫某于2017年5月11日与公司签署了3年期限的劳动合同,劳动合同中约定了离职后的竞业限制条款,但未约定经济补偿。2019年5月30日闫某离职。离职后,闫某向公司索要竞业限制的经济补偿,公司以闫某没有证据证明其履行了义务为由拒绝支付。后公司又于2019年8月向闫某发送通知书,表示公司不会向闫某支付经济补偿,闫某可以不履行竞业限制条款。在公司发放了上述通知后,是否还需要向闫某支付竞业限制补偿金呢?

**【评析】**

由于公司与闫某在劳动合同中约定了竞业限制条款,而其在与闫某解除劳动合同时,没有明确告知闫某不用遵守竞业限制条款,现公司没有证据证明闫某未履行竞业限制的约定,故其应向闫某支付竞业限制补偿金。

根据最高人民法院《关于审理劳动争议案件适用法律问题的解释(一)》第39条第2款的规定:“在解除竞业限制协议时,劳动者请求用人单位额外支付劳动者三个月的竞业限制经济补偿的,人民法院应予支持。”因此,公司除了要向闫某支付其自离职之日起至收到无须履行竞业限制义务的通知之日期间的竞业限制补偿金，还需给付闫某3个月的竞业限制经济补偿金。

(二)竞业限制补偿金的标准

竞业限制补偿金的标准在《劳动合同法》中没有作硬性规定。因此，竞业限制补偿金的标准应由企业和员工自由约定。但是我国各地方的劳动规章和各地方法院审判指导意见对竞业限制补偿金标准有不同的规定与适用意见，建议企业人力资源部门根据本企业的所在地、经营地等的实际情况制定相适应的竞业限制补偿金标准。

如果单位与员工签署了竞业限制协议或营业限制条款，但是没有具体约定经济补偿标准，而员工又实际履行了竞业限制义务，那么该员工仍有权索取竞业限制经济补偿金。2021年1月1日起施行的最高人民法院《关于审理劳动争议案件适用法律问题的解释(一)》第36条规定："当事人在劳动合同或者保密协议中约定了竞业限制，但未约定解除或者终止劳动合同后给予劳动者经济补偿，劳动者履行了竞业限制义务，要求用人单位按照劳动者在劳动合同解除或者终止前十二个月平均工资的30%按月支付经济补偿的，人民法院应予支持。前款规定的月平均工资的30%低于劳动合同履行地最低工资标准的，按照劳动合同履行地最低工资标准支付。"

## 五、竞业限制违约责任

依据《劳动合同法》第23条的规定，员工离职后违反竞业限制协议或竞业限制条款规定的竞业限制义务，应当按照约定向企业支付违约金，给企业造成损失的，还要依法支付损害赔偿金。

## 六、竞业限制的几个实务问题

(一)如何约定违约金

竞业限制违约金的标准由企业与员工约定，违约金应当适度合理，既要对离职员工有一定的压力，但也不能畸高。如果约定的违约金过高，在劳动争议案件审理过程中，当事人可以申请法院适当降低。

这里有一个技巧,由于我国民事诉讼费的收费标准规定的劳动争议案件受理费极低,是象征性的,法院受理费与赔偿请求额没有关系,即向违反竞业限制义务的员工索赔高额违约金不需要向法院缴纳高额诉讼费,所以用人单位可以对违反竞业限制义务约定高额违约金,给员工以震慑和压力,至于是否会被法院调降违约金,调降多少,毕竟是后话。

(二)止损条款

在竞业限制协议中,可以约定员工一旦违反竞业限制,则企业有权立即停付剩余竞业限制期的补偿金,这是一个止损条款。协议中应同时约定企业因员工违反竞业限制义务而停付补偿金后,也不免除员工的竞业限制义务。这种合同约定已经在 2021 年 1 月 1 日起施行的最高人民法院《关于审理劳动争议案件适用法律问题的解释(一)》中得到认可,其第 40 条规定,劳动者违反竞业限制约定,向用人单位支付违约金后,用人单位要求劳动者按照约定继续履行竞业限制义务的,法院应予支持。

(三)何时签署竞业限制协议

竞业限制协议涉及员工离职之后的事项,但如果等到员工准备离职时才要求其签署竞业限制协议,则很难达成协议。通常来说,劳动者提交辞职时,往往已经找好了下一个单位。劳动者多倾向于在熟悉的领域和行业中继续发展,这样才能充分利用自身已有的专业知识和工作经验,所以离职员工跳槽进入竞争对手企业的概率很高。建议企业在员工入职时就签署竞业限制协议,防止员工在后期不同意签署竞业限制协议。

**【案例 48:企业因疏忽错过签署竞业限制协议的最佳时间】**

黄某被 A 公司招聘担任计算机软件工程师,入职时签署了劳动合同和保密协议,但是没有签署竞业限制协议。黄某在工作中表现出色,因此被 A 公司委以重用,担任 A 公司的研发负责人。A 公司和竞争对手 B 公司都在争取在股票市场上市,B 公司以更加优厚的待遇邀请黄某加入。为了获得更高的薪酬和股票期权,黄某向 A 公司提出辞职。黄某即将前往 B 公司的消息被 A 公司领导得知。作为 A 公司的研发负责人,黄某一旦离职前往竞争对手 B 公司,势必影响 A 公司的上市计划。为了阻止黄某前往 B 公司,A 公司提出和黄某签署竞业限制协议,哪怕支付高额竞业限制补偿金也在所不惜。但是黄某拒绝签署竞业限制协议。

【评析】

本案中,黄某在刚入职A公司时只是普通的技术人员,但是随着不断地成长,逐渐成为高级技术管理人员。A公司在黄某入职时没有与黄某签署竞业限制协议,在黄某成为关键高管时也没有及时签署竞业限制协议,直到黄某"羽翼丰满"要离职时,A公司才提出签署竞业限制协议。任何协议的订立都要建立在协议双方合意的基础上,只要员工不愿意签署竞业限制协议,企业不能把协议强加于员工。高管员工与普通员工不同,他们在人力市场上的议价能力要更高,所以企业应当在自身谈判地位较高的时候,尽早与员工签署竞业限制协议。

(四)提前终止竞业限制

建议企业在竞业限制协议中约定提前终止条款,为自己保留一定的灵活空间。需要注意两点:一是在竞业限制协议中享有提前终止权的只能是企业一方,员工是履行竞业限制义务的一方,如果员工也有权提前终止竞业限制期,那么竞业限制协议就形同虚设了。二是应当同时约定企业无须为提前终止竞业限制协议支付违约金。

如果企业在未约定提前终止条款的情况下单方面提前终止竞业限制协议,员工可以要求企业额外支付3个月经济补偿金。

(五)反向竞业限制

反向竞业限制是笔者创立的名词。所谓反向竞业限制,就是用人单位不通过与员工的竞业限制协议来限制员工离职后的竞业行为,而是与有可能招募该员工的其他单位签署协议,事先禁止其他单位招募该员工。

在经营过程中,本企业的员工难免会接触企业的客户、合作伙伴或者竞争对手。有时候,本企业的竞争对手同时也在与本企业开展商业合作,比如韩国三星公司与日本索尼公司既是竞争对手,同时也共同投资设立了合资公司,这类现象在商业活动中并不罕见。客户、合作伙伴或者竞争对手都可能劝诱用人单位的员工跳槽,用人单位可在与客户、合作伙伴或竞争对手的商业合同中加入禁止雇佣条款,禁止对方招聘本单位员工,这样就等于堵住了员工前往竞争对手的途径。用人单位在禁止雇佣条款中应限定一个禁止雇佣的期限,并规定违反此条款的违约责任。

**【案例 49:单位能否单方提前终止竞业限制协议】**

2018 年 3 月,张某从一家广告公司辞职,离职前公司和张某签署了竞业限制协议,协议中约定竞业限制期为 2 年,公司应每月支付张某竞业限制补偿 24,000 元,竞业限制协议中没有规定单方任意解约权。张某离职后离开了广告公司所在城市,到其他地区求职生活。广告公司按期支付了 3 个月竞业限制补偿,后广告公司领导经重新考虑,认为张某并没有那么大价值,不值得限制其竞业行为,于是停止支付张某竞业限制补偿,同时向张某工作时的租住地址寄出了终止竞业限制通知,但是因为张某已经离开该城市,通知无法送达张某,被快递公司退回。之后广告公司未向张某发送短信、电子邮件或以其他方式告知张某终止竞业限制协议。

时隔 2 年,广告公司突然接到劳动仲裁委员会送达的案件受理通知,原来张某申请了仲裁,诉称自己一直按要求履行竞业限制义务,要求广告公司支付拖欠的竞业限制补偿金。

**【评析】**

该案审理中,尽管广告公司出示了终止竞业限制通知被退回的凭证,但是因为竞业限制协议中未规定广告公司有权单方面提前终止协议,且广告公司寄出的通知未实际送达张某。劳动仲裁委员会和法院最终都判定广告公司应当按约定补足未支付的竞业限制补偿金与逾期违约金。根据最高人民法院《关于审理劳动争议案件适用法律问题的解释(一)》第 39 条的规定,在竞业限制期限内,用人单位请求解除竞业限制协议的,法院应予支持。在本案中,广告公司虽然有权提前解除竞业限制协议,但需证明已经将解除协议通知实际送达了张某,否则仍需支付经济补偿金。

**【案例50:用人单位违法解除劳动合同后劳动者是否仍应遵守《竞业禁止》合同义务】**

刘某入职北京A公司,双方于2018年1月24日签订了无固定期限劳动合同,其中第21条约定:刘某在离职后1年内不得到与A公司生产相同或类似产品或经营同类产品,或业务上有竞争关系的其他企业、组织任职,也不得自己生产或经营与A公司有竞争关系的同类产品或业务等;竞业禁止补偿金标准为每月20,000元。2020年3月8日,A公司单方面无故解除与刘某的劳动关系。

刘某曾以要求A公司支付违法解除劳动合同赔偿金、工资等为由提起仲裁申请,劳动争议仲裁委员会查明事实后,认定A公司违法解除与刘某的劳动合同,并裁决A公司支付刘某违法解除劳动合同赔偿金以及相应的未休年假工资、工资差额等。

刘某此后自行履行了双方在劳动合同第21条中约定的竞业禁止义务,A公司未按照双方约定的一年的竞业禁止期限支付竞业禁止补偿金。刘某于竞业禁止期满1年后再次提出劳动争议仲裁申请,索要竞业禁止补偿金。但A公司主张刘某离职时该公司并未支付刘某竞业禁止补偿金,且该公司的解除劳动合同行为已被判定为非法解除,故刘某应明知无须再履行竞业禁止义务。刘某对此不予认可。仲裁委员会裁决A公司支付刘某2020年3月9日至2021年3月8日已履行竞业禁止义务期间的经济补偿金240,000元。

**【评析】**

在本案中,刘某与A公司在劳动合同中所约定的竞业限制条款合法有效,对双方均具有约束力。A公司未能提供证据证明刘某于离职后有违反竞业禁止义务的行为,故A公司应该支付刘某竞业禁止补偿金。A公司虽主张曾经明确告知刘某无须履行竞业禁止义务,但未能提供证据予以证明。在双方的劳动合同中,也没有约定A公司可用不支付竞业禁止补偿金的方式间接告知刘某无须履行竞业禁止义务,所以仲裁委员会不认可刘某收到了无须履行竞业禁止义务的通知。

对于用人单位违法解除劳动合同,《劳动合同法》仅规定单位应承担的法律后果是按照支付违法解除劳动合同的赔偿金,并未规定由此产生《竞业禁止协议》不生效或竞业禁止协议解除的法律后果。《竞业禁止协议》仅仅是针对员工离职后竞业限制义务和给予相应补偿的约定,对竞业限制协议的效力问题一般应当独立地分析判断,除非用人单位明确表示劳动者可以不再履行竞业禁止之义务,否则劳动者当然受竞业禁止协议之拘束,同时也有权要求用人单位支付相应的竞业禁止补偿。

### 【相关法条】

***《劳动合同法》***

**第二十四条** **竞业限制的人员限于用人单位的高级管理人员、高级技术人员和其他负有保密义务的人员。竞业限制的范围、地域、期限由用人单位与劳动者约定,竞业限制的约定不得违反法律、法规的规定。**

**在解除或者终止劳动合同后,前款规定的人员到与本单位生产或者经营同类产品、从事同类业务的有竞争关系的其他用人单位,或者自己开业生产或者经营同类产品、从事同类业务的竞业限制期限,不得超过二年。**

**第九十条** 劳动者违反本法规定解除劳动合同,或者违反劳动合同中约定的保密义务或者竞业限制,给用人单位造成损失的,应当承担赔偿责任。

***《公司法》***

**第一百四十八条** 董事、高级管理人员不得有下列行为:

(一)挪用公司资金;

(二)将公司资金以其个人名义或者以其他个人名义开立账户存储;

(三)违反公司章程的规定,未经股东会、股东大会或者董事会同意,将公司资金借贷给他人或者以公司财产为他人提供担保;

(四)违反公司章程的规定或者未经股东会、股东大会同意,与本公司订立合同或者进行交易;

(五)未经股东会或者股东大会同意,利用职务便利为自己或者他人谋取属于公司的商业机会,自营或者为他人经营与所任职公司同类的业务;

(六)接受他人与公司交易的佣金归为己有;

(七)擅自披露公司秘密;

（八）违反对公司忠实义务的其他行为。董事、高级管理人员违反前款规定所得的收入应当归公司所有。

**最高人民法院《关于审理劳动争议案件适用法律问题的解释（一）》**

**第三十六条**　当事人在劳动合同或者保密协议中约定了竞业限制，但未约定解除或者终止劳动合同后给予劳动者经济补偿，劳动者履行了竞业限制义务，要求用人单位按照劳动者在劳动合同解除或者终止前十二个月平均工资的30%按月支付经济补偿的，人民法院应予支持。

前款规定的月平均工资的30%低于劳动合同履行地最低工资标准的，按照劳动合同履行地最低工资标准支付。

**第三十九条**　在竞业限制期限内，用人单位请求解除竞业限制协议时，人民法院应予支持。

在解除竞业限制协议时，劳动者请求用人单位额外支付劳动者三个月的竞业限制经济补偿的，人民法院应予支持。

**第四十条**　劳动者违反竞业限制约定，向用人单位支付违约金后，用人单位要求劳动者按照约定继续履行竞业限制义务的，人民法院应予支持。

**【示范文本】**

以下示范文本仅供读者研究参考之用，不代表笔者提供的法律咨询意见，笔者对示范文本内容的合法性、适用性和实际效果不做任何保证。

**离职竞业限制协议**

甲　　方：________有限公司　　　　乙　　方：
法定代表人：　　　　　　　　　　　居民身份证或其他证件号：
注册地址：　　　　　　　　　　　　住址：
　　　　　　　　　　　　　　　　　常用联系方式：

第一条　**离职竞业限制期：**自甲乙双方劳动合同解除或终止次日开始____个月为离职竞业限制期。但离职竞业限制期可因本协议之规定提前终止。

第二条　**离职竞业限制：**在离职竞业限制期内，乙方非经甲方事先书面

同意:

(一)不得自营与甲方同类的产品、服务或有竞争的业务。双方都承认,本款中"自营"包括但不限于以下情形:

1.乙方作为个人从事竞争业务;

2.乙方成为从事竞争业务企业的股东、投资人、合伙人、承包人、租赁经营者;

(二)不得接受生产与甲方同类产品、从事同类服务和业务的甲方竞争对手的聘用,或者通过接受竞争对手的下包商、分包商、供应商或劳务派遣单位的聘用间接为竞争对手工作;

(三)不得向甲方的竞争对手提供(无论是直接的或者间接的、有偿的或无偿的)咨询和协助;

(四)不得采取任何变相的,或间接的规避前述三项禁止性规定的行为。

第三条　**竞争对手:为避免理解上的分歧,甲方竞争对手在此至少包括以下企业及其关联机构(但不限于):________________**

第四条　**补偿标准与支付时间:考虑到乙方履行了离职竞业限制义务,**甲方在约定的离职竞业限制期内,按月向乙方支付离职竞业限制经济补偿,标准为:人民币________元/每月(如该金额低于离职时地方法规规定的最低竞业限制经济补偿标准,则按地方规定执行)。支付应在下月15日之前。(本《离职竞业限制协议》中的"月"是指自然月。)

第五条　**离职竞业限制经济补偿的支付方式:**除非乙方在离职时书面指定其接收离职竞业限制经济补偿的银行账号,否则甲方将向乙方离职时的工资账户支付离职竞业限制经济补偿。如果乙方变更或注销账户,应当提前30日书面通知甲方新的用于接受离职竞业限制经济补偿的账号。在离职时的工资账户或乙方所指定账户不可用时,甲方可以直接向第三方机构提存或者在任何一家银行开设一个账号存入离职竞业限制经济补偿(因此发生的费用由乙方负担),到账日或提存日即视为乙方收取竞业限制补偿金日期。因乙方或银行原因导致离职竞业限制经济补偿迟延到账的,不得视为甲方迟延支付,乙方不得以此为由终止离职竞业限制义务。

第六条　**查询义务:**乙方有义务每月查询离职竞业限制经济补偿是否

到账。如果任何一月的离职竞业限制经济补偿逾期,乙方有义务立即与甲方联络查询,确认是否因不可抗力或银行原因导致延期到账。

第七条 **报告义务:**乙方有义务在离职竞业限制期内的每月____日之前向甲方报告当时的就业情况,包括是否待业或自营业务、单位或自营企业名称、岗位名称、工作地点、入职时间等。上述信息未发生变化的,乙方也应当按时报告。乙方如果未适当履行上述报告义务,甲方有权暂时中止支付竞业限制补偿金,直至乙方补正后补发。

第八条 **离职竞业限制义务的终止:**乙方的离职竞业限制义务因为下列原因终止:

(一)甲方提前3个月通知乙方终止本协议;或

(二)本协议约定竞业限制期期满;或

(三)双方协商一致提前终止本协议。

第九条 **乙方违约责任:**如果乙方违反本协议第一条离职竞业限制义务,乙方应当:

(一)返还甲方已经支付的全部离职竞业限制经济补偿;并且

(二)支付甲方违约金,违约金标准为12个月的离职竞业限制经济补偿;并且

(三)造成甲方其他经济损失的,乙方应当予以赔偿。

此外,甲方在发现乙方违反离职竞业限制义务后,有权立即终止支付竞业限制补偿,此时乙方的竞业限制义务并不因终止支付竞业限制经济补偿而解除。

第十条 **税负:**竞业限制补偿金的相关所得税由乙方负担,甲方可根据国家规定代扣代缴。

第十一条 **竞业限制地域范围:**离职竞业限制的地域范围为中国以及全球范围内甲方提供产品或服务的国家和地区。

第十二条 **生效与终止:**《离职竞业限制协议》自双方签署后即生效,在劳动合同解除或终止后继续有效,直至竞业限制义务终止。

第十三条 **其他:**本协议一式两份,双方各持一份。因本协议发生争议的,由甲方住所地人民法院管辖。

甲方(签章):　　　　　　　　　　乙方(签字):

法定代表人:

或委托代理人(签章):　　　　　　签订日期:　　年　　月　　日

签订日期:　　年　　月　　日

# 第九章

# 集体劳动合同

## 第一节　集体劳动合同的内容和效力

### 一、集体劳动合同的定义

集体劳动合同,是指由工会或职工代表代表全体员工与企业之间,根据法律、法规的规定,就劳动报酬、工作时间、休息休假、劳动安全卫生、保险福利等事项,在平等协商一致的基础上签订的书面协议。通常集体劳动合同的内容比相关法律的规定更专业,但是比单个劳动合同更具原则性、一般性。单个员工与用人单位在签订劳动合同时可以依据法律法规和参照集体劳动合同的相关规定,约定更有利于己方的条款。

### 二、集体劳动合同的内容

集体劳动合同的具体内容既可以涉及劳动关系的各个方面,也可以只涉及劳动关系的某个方面。根据《集体合同规定》,集体合同可以就下列多项或某项内容进行约定:

1. 劳动报酬。主要包括:(1)用人单位工资水平、工资分配制度、工资标准和工资分配形式;(2)工资支付办法;(3)加班、加点工资及津贴、补贴标准和奖金分配办法;(4)工资调整办法;(5)试用期及病假、事假等期间的工资待遇;(6)特殊情况下员工工资(生活费)支付办法;(7)其他劳动报酬分配办法。

2. 工作时间。主要包括:(1)工时制度;(2)加班、加点办法;(3)特殊工种的工作时间;(4)劳动定额标准。

3. 休息休假。主要包括:(1)日休息时间、周休息日安排、年休假办法;(2)不能实行标准工时员工的休息休假;(3)其他假期。

4. 劳动安全与卫生。主要包括:(1)劳动安全卫生责任制;(2)劳动条件和安全技术措施;(3)安全操作规程;(4)劳保用品发放标准;(5)定期健康检查和职业健康体检。

5. 补充保险和福利。主要包括:(1)补充保险的种类、范围;(2)基本福利制度和福利设施;(3)医疗期延长及其待遇;(4)职工亲属福利制度。

6. 女员工和未成年工特殊保护。主要包括:(1)女员工和未成年工禁忌从事的劳动;(2)女员工的经期、孕期、产期和哺乳期的劳动保护;(3)女员工、未成年工定期健康检查;(4)未成年工的使用和登记制度。

7. 职业技能培训。主要包括:(1)职业技能培训项目规划及年度计划;(2)职业技能培训费用的提取和使用;(3)保障和改善职业技能培训的措施。

8. 劳动合同管理。主要包括:(1)劳动合同签订时间;(2)确定劳动合同期限的条件;(3)劳动合同变更、解除、续订的一般原则及无固定期限劳动合同的终止条件;(4)试用期的条件和期限。

9. 奖惩。主要包括:(1)劳动纪律;(2)考核奖惩制度;(3)奖惩程序。

10. 裁员,主要包括:(1)裁员的方案;(2)裁员的程序;(3)裁员的实施办法和补偿标准。

11. 集体合同期限。

12. 变更、解除集体合同的程序。

13. 履行集体合同发生争议时的协商处理办法。

14. 违反集体合同的责任。

15. 双方认为应当协商的其他内容。

**【相关法条】**

**《集体合同规定》**

**第八条** 集体协商双方可以就下列多项或某项内容进行集体协商,签订集体合同或专项集体合同:

(一)劳动报酬;

（二）工作时间；

（三）休息休假；

（四）劳动安全与卫生；

（五）补充保险和福利；

（六）女职工和未成年工特殊保护；

（七）职业技能培训；

（八）劳动合同管理；

（九）奖惩；

（十）裁员；

（十一）集体合同期限；

（十二）变更、解除集体合同的程序；

（十三）履行集体合同发生争议时的协商处理办法；

（十四）违反集体合同的责任；

（十五）双方认为应当协商的其他内容。

## 三、集体劳动合同的效力

（一）效力的普遍性

集体劳动合同订立、生效后，对签订集体劳动合同双方所代表的人员都具有约束力。任何一方不得擅自变更或解除集体劳动合同。对于员工来说，除集体劳动合同的特别规定外，集体劳动合同的全部内容适用于企业内部全体员工，对于非工会会员也适用。集体劳动合同也适用于集体劳动合同生效后被企业录用的员工。集体劳动合同生效后，对企业的效力也不因企业法人代表的变动而改变。

（二）集体劳动合同对于劳动合同的效力

对于签订了集体劳动合同的企业，该集体劳动合同对于本单位全部劳动合同都具有约束力，或者称该集体劳动合同起到基准作用。这主要表现在两个方面：

1. 补充性效力。即集体劳动合同所规定的标准在一定条件下可以成为劳动合同的补充约定。假如集体劳动合同中有在单个劳动合同中未涉及的约定,这项约定对员工和企业也是有约束力的,集体劳动合同规定的内容是全体员工权益的最低标准。

2. 替代性效力。假如单个劳动合同中约定的劳动条件和劳动报酬等标准低于集体劳动合同规定的标准,则应按照集体劳动合同约定的标准执行;当集体劳动合同规定的标准变更,单个劳动合同中相关内容的标准也要变更,以使其不低于集体劳动合同规定的标准。

**【案例 51:个人标准不能低于集体合同】**

王某是 A 公司的员工,王某与 A 公司签订了为期 2 年的劳动合同,其中规定 A 公司每月向王某支付一次工资。王某入职后,其间 A 公司的工会与 A 公司订立了《集体合同》,《集体合同》中规定 A 公司的员工在年终可获得第 13 个月工资。

但是年终过后,王某未收到 A 公司支付的第 13 个月工资。王某要求 A 公司补发第 13 个月工资,但 A 公司认为王某的劳动合同中已经明确规定了工资的支付次数。

**【评析】**

依据《劳动法》第 35 条的规定,依法签订的集体合同对企业和企业全体员工具有约束力。员工个人与企业订立的劳动合同中劳动条件和劳动报酬等标准不得低于集体合同的规定。

凡是依法订立的集体合同,无论订立在某一员工入职前还是入职后,均对该员工生效,当集体合同的标准高于个人劳动合同时,应当以集体合同规定的标准为准。

## 第二节 集体劳动合同的种类

### 一、专项集体劳动合同

专项集体劳动合同,是指企业与工会或职工代表根据法律、法规、规章的规定,就集体协商的某项内容签订的专项书面协定。集体劳动合同的具体内容,可能涉及劳动关系的各个方面,也可能只涉及劳动关系的某个方面。随着社会经济的发展,劳动关系中各方面的问题也逐渐暴露,想要用一个集体劳动合同解决所有问题越来越不可能。为了减少协商谈判所需要的社会成本,也为了更有针对性、更有效地解决劳动关系某一方面的问题,工会在推进集体劳动合同制度的实务中订立专项集体劳动合同,逐渐成为一种普遍形式。依据《劳动合同法》第52条的规定,企业员工一方与用人单位可以订立劳动安全卫生、女员工权益保护、工资调整机制等专项集体劳动合同。具体如下。

(一)劳动安全卫生的专项集体劳动合同

是指在已有的《劳动法》《工会法》《安全生产法》《职业病防治法》《消防法》《危险化学品安全管理条例》等劳动安全卫生法律、法规及标准的前提下,为进一步规范企业与员工双方在生产经营中的行为,加强安全生产的管理和监督,防止和减少安全生产事故的发生,维护员工的安全健康合法权益,促进企业的稳步发展,依据有关规定,结合某行业、某企业实际订立的劳动安全卫生专项协议。

(二)女员工权益保护专项集体劳动合同

是指企业与本单位女性员工根据法律、法规、规章的规定,就企业全体女性员工合法权益和特殊利益方面的内容通过集体协商签订的专项协定。它对企业和本单位的全体女员工具有法律约束力。结合企业的工作实际制定的女员工特殊权益保护专项集体劳动合同,往往具有较强的针对性、实效性和可操作性,是切实维护女性员工合法权益和特殊利益的重要机制和手段。

(三)工资调整机制专项集体劳动合同

原劳动和社会保障部在2007年提出中国将力争在5年内,使各类企业都建立工资集体协商制度,形成正常的工资增长机制。工资集体协商制度,是指员工代表与企业代表依法就企业内部工资分配制度、工资分配形式、工资收入水准进行平等协商,并在协商一致的基础上签订工资协定的一种制度安排。在企业与员工进行工资集体协商过程中,员工一方明显处于弱势。代表企业利益一方往往组织严密,具有很强的专业素质,而代表员工利益的一方往往是由选举、任命等方式临时产生,缺乏谈判的动力和技能,因此工资谈判常常“走过场”，难有实际效果。为此，员工一方需借助有组织的工会力量，才能够真正与企业一方平等协商，订立工资调整机制方面的专项集体劳动合同。

**二、行业性集体劳动合同和区域性集体劳动合同**

随着集体劳动合同制度的实施，各级工会积极开展各种形式的实务，近年来行业性集体劳动合同、区域性集体劳动合同得到了相当大的发展。例如，上海市总工会与原上海市劳动和社会保障局、上海市企业联合会共同联手，积极推动制定本市区域性集体劳动合同、行政性集体劳动合同工作。可以说，推行行业性集体劳动合同、区域性集体劳动合同，有利于跳出单个企业的局限，促进某行业、某区域的员工和企业平等协商，从而能够保护更大范围的员工的合法权益。如果法律明确行业性集体劳动合同、区域性集体劳动合同的法律地位，一方面将更加有利于推动行业性集体劳动合同、区域性集体劳动合同的发展；另一方面也能够对行业性集体劳动合同、区域性集体劳动合同的发展起到规范作用。

(一)行业性集体劳动合同

行业性集体劳动合同，是指在一定行业内，由地方工会或者行业性工会联合会与相应行业内企业方面代表，就劳动报酬、工作时间、休息休假、劳动安全卫生、保险福利等事项进行平等协商，所签订的集体劳动合同。行业性集体劳动合同一般具有以下优势：(1)同一领域的各企业具有行业共同性，在利润和员工工资水准、职业危害状况、员工素质等方面的内容往往比较接近，可以就某一方面制定具体的、有针对性的共同标准，从而容易达成行业性集体劳动合同。(2)行业性集体劳动合同能够更广泛地保护整个行业内的员工的合法权益，同时在和谐稳定劳动关系的基础上，使行业整体素质也得到提升。(3)协商订立行业性集体劳动合同能够减少劳资谈判的社会成本，因此行业性集体劳动合同有逐渐扩展范围的趋势。《劳动合同法》第53条的规定提到的建筑业、采矿业、餐饮服务业等，行业特点都比较明显，这决定了这些行业容易订立切实可行的行业性集体劳动合同。可以由工会与企业方面代表订立行业性集体劳动合同，或者订立区域性集体劳动合同。

（二）区域性集体劳动合同

区域性集体劳动合同，是指在一定区域内（指县、区、乡、镇、街道、村），由区域性工会联合会与相应经济组织或区域内企业，就劳动报酬、工作时间、休息休假、劳动安全卫生、保险福利等事项进行平等协商，所签订的集体劳动合同。发展区域性集体劳动合同制度需要注意以下几点：

1. 区域性集体劳动合同不适合在大范围、大区域内推行。由于企业性质差异、各行业员工需求不同等原因，在一个较大区域内协商签订集体劳动合同比较困难，即使签订了集体劳动合同，合同也往往因为缺少针对性而难以实施。

2. 区域性集体劳动合同的优势在于，在基层（乡、镇、街道、村）较小的区域内，基层工会能够较好地发挥熟悉当地企业和员工的优势，就当地某些特殊情况、特殊需要订立区域性集体劳动合同。

## 第三节 集体劳动合同的订立

### 一、提出集体协商请求

集体协商首先由任何一方向对方提出书面的集体协商请求。集体协商请求既可以由企业提出，也可以由工会或者职工代表提出。根据《集体合同规定》第 32 条第 2 款的规定，对方应当在收到集体协商请求之日起 20 天内以书面形式回应。

### 二、协商前准备阶段

协商代表在协商开始之前应当做好以下协商准备工作：

1. 熟悉与集体协商内容有关的法律、法规、规章和制度；

2. 了解与集体协商内容有关的情况和资料，收集用人单位和员工对协商意向所持的意见；

3. 拟定集体协商议题，集体协商议题可由提出协商一方起草，也可由双方指派代表共同起草；

4. 确定集体协商的时间、地点等事项；

5. 共同确定一名非协商代表担任集体协商记录员,记录员应保持中立、公正,并为集体协商双方保密。

## 三、召开协商会议

按照《集体合同规定》的要求,集体合同协商会议应当由双方轮流主持,具体会议程序如下:

1. 宣布议程和会议纪律;

2. 一方首席代表提出协商的具体内容和要求,另一方首席代表就对方的要求作出回应;

3. 协商双方就商谈事项发表各自意见,开展充分讨论;

4. 双方首席代表归纳意见,达成一致的,应当形成集体合同草案或专项集体合同草案,由双方首席代表签字。

## 四、员工讨论方案

经双方协商代表协商一致达成集体合同草案或专项集体合同草案后,应当将草案提交职工代表大会或者全体员工讨论。

职工代表大会或者全体员工讨论集体合同草案或专项集体合同草案时,应当有2/3以上员工代表或者员工出席,且须经全体员工代表半数以上或者全体员工半数以上同意后方获通过。

## 五、签署

集体合同草案或专项集体合同草案经职工代表大会或者职工大会通过后,由集体协商双方首席代表签字。

## 六、劳动行政部门审查和生效

集体合同或专项集体合同审查实行属地管辖,具体管辖范围由省级劳动保障行政部门规定。中央管辖的企业以及跨省、自治区、直辖市的用人单位的集体合同应当报送劳动保障部或劳动保障部指定的省级劳动保障行政部门。

集体合同或专项集体合同签订或变更后，应当自双方首席代表签字之日起 10 日内，由用人单位一方将文本一式三份报送劳动保障行政部门审查。

劳动保障行政部门对报送的集体合同或专项集体合同的下列事项进行合法性审查，包括：

1. 集体协商双方的主体资格是否符合法律、法规和规章规定；

2. 集体协商程序是否违反法律、法规、规章规定；

3. 集体合同或专项集体合同内容是否与国家规定相抵触。

劳动保障行政部门对集体合同或专项集体合同有异议的，应当自收到文本之日起 15 日内将《审查意见书》送达双方协商代表。用人单位与本单位员工就劳动保障行政部门提出异议的事项经集体协商重新签订集体合同或专项集体合同的，用人单位一方应当将文本报送劳动保障行政部门审查。劳动保障行政部门自收到文本之日起 15 日内未提出异议的，集体合同或专项集体合同即行生效。

## 七、公布集体合同

生效的集体合同或专项集体合同，应当自其生效之日起由协商代表及时以适当的形式向本方全体人员公布。

**【相关法条】**

**《集体合同规定》**

**第三十二条** 集体协商任何一方均可就签订集体合同或专项集体合同以及相关事宜，以书面形式向对方提出进行集体协商的要求。

一方提出进行集体协商要求的，另一方应当在收到集体协商要求之日起 20 日内以书面形式给以回应，无正当理由不得拒绝进行集体协商。

**第三十三条** 协商代表在协商前应进行下列准备工作：

（一）熟悉与集体协商内容有关的法律、法规、规章和制度；

（二）了解与集体协商内容有关的情况和资料，收集用人单位和职工对协商意向所持的意见；

（三）拟定集体协商议题，集体协商议题可由提出协商一方起草，也可由

双方指派代表共同起草;

(四)确定集体协商的时间、地点等事项;

(五)共同确定一名非协商代表担任集体协商记录员。记录员应保持中立、公正,并为集体协商双方保密。

**第三十四条** 集体协商会议由双方首席代表轮流主持,并按下列程序进行:

(一)宣布议程和会议纪律;

(二)一方首席代表提出协商的具体内容和要求,另一方首席代表就对方的要求作出回应;

(三)协商双方就商谈事项发表各自意见,开展充分讨论;

(四)双方首席代表归纳意见。达成一致的,应当形成集体合同草案或专项集体合同草案,由双方首席代表签字。

**第三十五条** 集体协商未达成一致意见或出现事先未预料的问题时,经双方协商,可以中止协商。中止期限及下次协商时间、地点、内容由双方商定。

**第三十六条** 经双方协商代表协商一致的集体合同草案或专项集体合同草案应当提交职工代表大会或者全体职工讨论。

职工代表大会或者全体职工讨论集体合同草案或专项集体合同草案,应当有三分之二以上职工代表或者职工出席,且须经全体职工代表半数以上或者全体职工半数以上同意,集体合同草案或专项集体合同草案方获通过。

**第三十七条** 集体合同草案或专项集体合同草案经职工代表大会或者职工大会通过后,由集体协商双方首席代表签字。

**第四十三条** 集体合同或专项集体合同审查实行属地管辖,具体管辖范围由省级劳动保障行政部门规定。

中央管辖的企业以及跨省、自治区、直辖市的用人单位的集体合同应当报送劳动保障部或劳动保障部指定的省级劳动保障行政部门。

**第四十四条** 劳动保障行政部门应当对报送的集体合同或专项集体合同的下列事项进行合法性审查:

(一)集体协商双方的主体资格是否符合法律、法规和规章规定;

（二）集体协商程序是否违反法律、法规、规章规定；

（三）集体合同或专项集体合同内容是否与国家规定相抵触。

**第四十五条** 劳动保障行政部门对集体合同或专项集体合同有异议的，应当自收到文本之日起15日内将《审查意见书》送达双方协商代表。《审查意见书》应当载明以下内容：

（一）集体合同或专项集体合同当事人双方的名称、地址；

（二）劳动保障行政部门收到集体合同或专项集体合同的时间；

（三）审查意见；

（四）作出审查意见的时间。

《审查意见书》应当加盖劳动保障行政部门印章。

**第四十六条** 用人单位与本单位职工就劳动保障行政部门提出异议的事项经集体协商重新签订集体合同或专项集体合同的，用人单位一方应当根据本规定第四十二条的规定将文本报送劳动保障行政部门审查。

**第四十七条** 劳动保障行政部门自收到文本之日起15日内未提出异议的，集体合同或专项集体合同即行生效。

**第四十八条** 生效的集体合同或专项集体合同，应当自其生效之日起由协商代表及时以适当的形式向本方全体人员公布。

## 第四节 集体合同的变更、解除、终止和续订

### 一、集体合同的变更和解除

经企业和员工双方协商代表协商一致，可以变更或解除集体合同或专项集体合同。变更集体合同的程序与订立集体合同的程序相同，双方也需要将变更后的集体合同报送劳动保障行政部门审查。根据《集体合同规定》，有下列情形之一的，可以变更或解除集体合同或专项集体合同：

1. 用人单位因被兼并、解散、破产等原因，致使集体合同或专项集体合同无法履行的；

2. 因不可抗力等原因致使集体合同或专项集体合同无法履行或部分无法履行的；

3. 集体合同或专项集体合同约定的变更或解除条件出现的;

4. 法律、法规、规章规定的其他情形。

## 二、集体合同的终止和续订

根据《集体合同规定》的规定,集体合同或专项集体合同的期限一般为 1 至 3 年,合同期满或双方约定的终止条件出现时,合同即行终止。集体合同或专项集体合同期满前 3 个月内,任何一方均可向对方提出重新签订或续订的要求。

**【相关法条】**

**《集体合同规定》**

**第三十八条** 集体合同或专项集体合同期限一般为 1 至 3 年,期满或双方约定的终止条件出现,即行终止。

集体合同或专项集体合同期满前 3 个月内,任何一方均可向对方提出重新签订或续订的要求。

**第三十九条** 双方协商代表协商一致,可以变更或解除集体合同或专项集体合同。

**第四十条** 有下列情形之一的,可以变更或解除集体合同或专项集体合同:

(一)用人单位因被兼并、解散、破产等原因,致使集体合同或专项集体合同无法履行的;

(二)因不可抗力等原因致使集体合同或专项集体合同无法履行或部分无法履行的;

(三)集体合同或专项集体合同约定的变更或解除条件出现的;

(四)法律、法规、规章规定的其他情形。

**第四十一条** 变更或解除集体合同或专项集体合同适用本规定的集体协商程序。

**第四十二条** 集体合同或专项集体合同签订或变更后,应当自双方首席代表签字之日起 10 日内,由用人单位一方将文本一式三份报送劳动保障行政部门审查。

劳动保障行政部门对报送的集体合同或专项集体合同应当办理登记手续。

# 第十章

# 工　　会

由于客观和历史原因，与西方国家相比，现阶段我国工会在争取和保障劳动者权益方面的作用仍比较小，但是从发展趋势来看，工会在劳资关系中的地位必然会逐步提升，能力必然会逐步提高，作用必然会逐步增强，工会问题给未来中国企业在人力资源管理方面提出了巨大挑战。

## 第一节　工会的定义和职责

### 一、工会的定义

（一）工会由职工自愿建立

根据《工会法》第2条的规定，工会是职工自愿结合的工人阶级的群众组织，代表职工的利益，依法维护职工的合法权益。我国法律不强制要求用人单位必须建立工会，但是职工要求建立或者参加工会的，用人单位不得阻挠。

（二）工会的法律地位

中华全国总工会、地方总工会、产业工会具有社会团体法人资格。如果基层工会组织具备我国《民法典》规定的法人条件，则依法取得社会团体法人资格。《民法典》规定的取得法人资格的条件是指：（1）工会必须依法成立；（2）工会有必要的财产和经费；（3）工会有自己的名称、组织机构和场所；（4）其他法律规定的条件。

企业管理者尤其需要注意上述第2点，依法具备法人资格的工会拥有必要的财产和经费,所以工会的财产不属于企业所有,而是属于工会所有。

(三)工会的成员

按照法律规定,在中国境内的企业、事业单位、机关中以工资收入为主要生活来源的体力劳动者和脑力劳动者,不分民族、种族、性别、职业、宗教信仰、教育程度,都有依法参加和组织工会的权利。任何组织和个人不得阻挠和限制。

**【相关法条】**

《工会法》

**第二条** 工会是职工自愿结合的工人阶级的群众组织。

中华全国总工会及其各工会组织代表职工的利益,依法维护职工的合法权益。

**第三条** 在中国境内的企业、事业单位、机关中以工资收入为主要生活来源的体力劳动者和脑力劳动者,不分民族、种族、性别、职业、宗教信仰、教育程度,都有依法参加和组织工会的权利。任何组织和个人不得阻挠和限制。

**第十四条** 中华全国总工会、地方总工会、产业工会具有社会团体法人资格。

基层工会组织具备民法通则规定的法人条件的,依法取得社会团体法人资格。

## 二、工会的职责

关于工会的职责的法律规定,散见于我国《工会法》《劳动法》《劳动合同法》中,总结而言,工会的基本职责包括:

(一)监督保障员工的民主管理权利

依据《工会法》第 19 条的规定,如果企业、事业单位违反职工代表大会制度和其他民主管理制度,则工会有权要求纠正,保障职工依法行使民主管理的权利。

法律、法规规定应当提交职工大会或者职工代表大会审议、通过、决定的事项,企业、事业单位应当依法办理。

(二)帮助指导员工与企业签订劳动合同和集体合同

依据《工会法》第20条的规定,工会应当帮助、指导员工与企业以及实行企业化管理的事业单位签订劳动合同。

工会应代表员工与企业以及实行企业化管理的事业单位进行平等协商,签订集体合同。集体合同草案应当提交职工代表大会或者全体员工讨论通过。

(三)代表全体员工对单位就集体劳动合同提起仲裁诉讼

如果企业违反集体合同,侵犯员工劳动权益的,工会可以依法要求企业承担责任;因履行集体合同发生争议,经协商不能解决的,工会可以代表全体员工向劳动争议仲裁机构提请仲裁,仲裁机构不予受理或者对仲裁裁决不服的,工会可以向法院提起诉讼。

如果员工为自身的权益申请劳动争议仲裁或者向法院起诉,则工会应当给予帮助和支持。

(四)侵犯员工合法权益时代表员工交涉和诉讼

依据《工会法》第22条的规定,如果企业、事业单位违反劳动法律、法规规定,有下列侵犯员工劳动权益的情形,工会应当代表员工与企业、事业单位进行交涉,要求企业、事业单位采取措施予以改正;企业、事业单位应当予以研究处理,并向工会作出答复;企业、事业单位拒不改正的,工会可以请求当地人民政府依法作出处理:(1)克扣员工工资的;(2)不提供劳动安全卫生条件的;(3)随意延长劳动时间的;(4)侵犯女员工和未成年工特殊权益的;(5)其他严重侵犯员工劳动权益的。

(五)对单位处分员工提出异议

依据《工会法》第21条的规定,如果企业、事业单位处分员工,而工会认为不适当的,有权提出意见。

(六)单位辞退员工时进行监督

依据《劳动合同法》第41条、第43条的规定,企业单方面解除员工劳动合同时,应当事先将理由通知工会,如果工会认为企业违反法律、法规的规定和有关合同的约定,可要求企业重新研究处理,企业应当认真研究工会的意见,并将研究处理结果书面通知工会。

**【案例52:被解雇员工同时是工会主席的,用人单位是否仍须通知工会】**

公司因马某经调岗后仍不胜任工作,单方面向马某发出了解除劳动关系通知书。马某认为,公司单方面解除劳动合同未事先通知工会,应当依照经济补偿双倍标准向其支付赔偿金。但公司认为,马某系公司的工会主席,身份具有特殊性,无须事先通知工会。

**【评析】**

本案中,公司因马某系工会主席而不事先通知工会是违反程序的。尽管马某系公司工会主席,岗位上具有特殊性,但并不能因此免除用人单位通知工会并听取意见的义务,由于用人单位未履行通知义务,违反劳动合同解除程序,应当按照经济补偿金双倍标准支付赔偿金。因为,用人单位将理由通知工会的义务虽然仅是程序性要求,但是这一程序对于保障劳动者免受不公正解雇,促进劳资双方通过自我协调化解纠纷,保障劳动者的合法权益具有重要意义。

但用人单位未履行通知工会的义务的,不必然要支付赔偿金。根据最高人民法院《关于审理劳动争议案件适用法律问题的解释(一)》第47条的规定,用人单位在解除合同时未履行通知工会的义务,可以在起诉前予以补正。也就是说,劳动争议仲裁裁决后,无论是劳动者起诉,还是用人单位起诉,必须在原告起诉前补正通知工会的程序,否则只要劳动者主张单位未通知工会,用人单位的解约行为就会被法院认定为违法解除劳动合同。

(七)调查企业侵犯员工合法权益的行为

依据《工会法》第25条的规定,工会有权对企业、事业单位侵犯员工合法权益的问题进行调查,有关单位应当予以协助。员工因工伤亡事故和其他严重危害员工健康问题的调查处理,必须有工会参加。工会应当向有关部门提出处理意见,并有权要求追究直接负责的主管人员和有关责任人员的责任。对工会提出的意见,企业应当及时研究,给予答复。

(八)参与劳动争议调解工作

依据《工会法》第28条的规定,工会有权参加本企业的劳动争议调解工作。

## 【相关法条】

《工会法》

**第十九条** 企业、事业单位违反职工代表大会制度和其他民主管理制度,工会有权要求纠正,保障职工依法行使民主管理的权利。

法律、法规规定应当提交职工大会或者职工代表大会审议、通过、决定的事项,企业、事业单位应当依法办理。

**第二十条** 工会帮助、指导职工与企业以及实行企业化管理的事业单位签订劳动合同。

工会代表职工与企业以及实行企业化管理的事业单位进行平等协商,签订集体合同。集体合同草案应当提交职工代表大会或者全体职工讨论通过。

工会签订集体合同,上级工会应当给予支持和帮助。

企业违反集体合同,侵犯职工劳动权益的,工会可以依法要求企业承担责任;因履行集体合同发生争议,经协商解决不成的,工会可以向劳动争议仲裁机构提请仲裁,仲裁机构不予受理或者对仲裁裁决不服的,可以向人民法院提起诉讼。

**第二十一条** 企业、事业单位处分职工,工会认为不适当的,有权提出意见。

企业单方面解除职工劳动合同时,应当事先将理由通知工会,工会认为企业违反法律、法规和有关合同,要求重新研究处理时,企业应当研究工会的意见,并将处理结果书面通知工会。

职工认为企业侵犯其劳动权益而申请劳动争议仲裁或者向人民法院提起诉讼的,工会应当给予支持和帮助。

**第二十二条** 企业、事业单位违反劳动法律、法规规定,有下列侵犯职工劳动权益情形,工会应当代表职工与企业、事业单位交涉,要求企业、事业单位采取措施予以改正;企业、事业单位应当予以研究处理,并向工会作出答复;企业、事业单位拒不改正的,工会可以请求当地人民政府依法作出处理:

(一)克扣职工工资的;

(二)不提供劳动安全卫生条件的;

（三）随意延长劳动时间的；

（四）侵犯女职工和未成年工特殊权益的；

（五）其他严重侵犯职工劳动权益的。

**第二十三条** 工会依照国家规定对新建、扩建企业和技术改造工程中的劳动条件和安全卫生设施与主体工程同时设计、同时施工、同时投产使用进行监督。对工会提出的意见，企业或者主管部门应当认真处理，并将处理结果书面通知工会。

**第二十四条** 工会发现企业违章指挥、强令工人冒险作业，或者生产过程中发现明显重大事故隐患和职业危害，有权提出解决的建议，企业应当及时研究答复；发现危及职工生命安全的情况时，工会有权向企业建议组织职工撤离危险现场，企业必须及时作出处理决定。

**第二十五条** 工会有权对企业、事业单位侵犯职工合法权益的问题进行调查，有关单位应当予以协助。

**第二十六条** 职工因工伤亡事故和其他严重危害职工健康问题的调查处理，必须有工会参加。工会应当向有关部门提出处理意见，并有权要求追究直接负责的主管人员和有关责任人员的责任。对工会提出的意见，应当及时研究，给予答复。

**第二十七条** 企业、事业单位发生停工、怠工事件，工会应当代表职工同企业、事业单位或者有关方面协商，反映职工的意见和要求并提出解决意见。对于职工的合理要求，企业、事业单位应当予以解决。工会协助企业、事业单位做好工作，尽快恢复生产、工作秩序。

**第二十八条** 工会参加企业的劳动争议调解工作。

地方劳动争议仲裁组织应当有同级工会代表参加。

**《劳动合同法》**

**第四十三条** 用人单位单方解除劳动合同，应当事先将理由通知工会。用人单位违反法律、行政法规规定或者劳动合同约定的，工会有权要求用人单位纠正。用人单位应当研究工会的意见，并将处理结果书面通知工会。

**最高人民法院《关于审理劳动争议案件适用法律问题的解释（一）》**

**第四十七条** 建立了工会组织的用人单位解除劳动合同符合劳动合同

法第三十九条、第四十条规定,但未按照劳动合同法第四十三条规定事先通知工会,劳动者以用人单位违法解除劳动合同为由请求用人单位支付赔偿金的,人民法院应予支持,但起诉前用人单位已经补正有关程序的除外。

## 第二节 工会的建立

企业、事业单位、机关有会员25人以上的,应当建立基层工会委员会;不足25人的,可以单独建立基层工会委员会,也可以由两个以上单位的会员联合建立基层工会委员会,还可以选举组织员1人,组织会员开展工会活动。建立工会的程序如下:

1. 依法向上一级工会提出申请

一般可由企业申请或者员工选出的代表向上一级工会提出建立工会组织申请。

2. 成立建会筹备组

上一级工会批准建立工会申请后,应成立建会筹备组,负责建会筹备期间的工作。

3. 发展会员

筹备组成立后应发展员工入会,愿意加入工会的员工应填写《中国工会会员申请表》,经审核批准后成为工会会员。

4. 召开会员大会

筹备组召开基层会员大会(或会员代表大会),选举产生工会委员会、选举工会主席、副主席。员工人数在200人以上的企业、事业单位的工会,可以设专职工会主席、工会专职工作人员,主席与工作人员的人数由工会与企业、事业单位协商确定。基层工会委员会每届任期3年或者5年。各级地方总工会委员会和产业工会委员会每届任期5年。

5. 报告和公布

会员大会(或会员代表大会)召开后,向上一级工会报告大会召开情况和选举的工会主席、副主席名单,以及各工作委会分工情况。向全体工会会员和全体员工公布大会召开情况和选举的工会主席、副主席名单,以及各工作委员会分工情况。

【相关法条】

《工会法》

**第十条** 企业、事业单位、机关有会员二十五人以上的,应当建立基层工会委员会;不足二十五人的,可以单独建立基层工会委员会,也可以由两个以上单位的会员联合建立基层工会委员会,也可以选举组织员一人,组织会员开展活动。女职工人数较多的,可以建立工会女职工委员会,在同级工会领导下开展工作;女职工人数较少的,可以在工会委员会中设女职工委员。

企业职工较多的乡镇、城市街道,可以建立基层工会的联合会。

县级以上地方建立地方各级总工会。

同一行业或者性质相近的几个行业,可以根据需要建立全国的或者地方的产业工会。

全国建立统一的中华全国总工会。

**第十一条** 基层工会、地方各级总工会、全国或者地方产业工会组织的建立,必须报上一级工会批准。

上级工会可以派员帮助和指导企业职工组建工会,任何单位和个人不得阻挠。

## 第三节 工 会 委 员

### 一、工会委员的产生和罢免

各级工会委员会由会员大会或者会员代表大会民主选举产生。企业主要负责人的近亲属不得作为本企业基层工会委员会成员的人选。

工会会员大会或者会员代表大会有权撤换或者罢免其所选举的代表或者工会委员会组成人员。罢免工会主席、副主席必须召开会员大会或者会员代表大会讨论,非经会员大会全体会员或者会员代表大会全体代表过半数通过,不得罢免。

## 二、工会委员的任期

依据《工会法》第15条的规定,基层工会委员会每届任期3年或者5年。各级地方总工会委员会和产业工会委员会每届任期5年。

## 三、工会工作时间

基层工会委员会召开会议或者组织员工活动,应当在生产或者工作时间以外进行,需要占用生产或者工作时间的,应当事先征得企业、事业单位的同意。

工会委员分为专职委员和非专职委员,其中非专职委员占用每月不超过3个工作日的生产或者工作时间参加会议或者从事工会工作。

## 四、工会委员的工资待遇

非专职委员参加工会工作期间工资照发,其他待遇不受影响。专职工作人员的工资、奖励、补贴,由所在单位支付。社会保险和其他福利待遇等,享受本单位员工同等待遇。

## 五、工会委员的劳动合同期限

依据《工会法》第18条的规定,工会委员基层工会专职主席、副主席或者委员自任职之日起,其劳动合同期限自动延长,延长期限相当于其任职期间;非专职主席、副主席或者委员自任职之日起,其尚未履行的劳动合同期限短于任期的,劳动合同期限自动延长至任期期满。但是,任职期间个人严重过失或者达到法定退休年龄的除外。

**【相关法条】**

《**工会法**》

**第九条** 工会各级组织按照民主集中制原则建立。

各级工会委员会由会员大会或者会员代表大会民主选举产生。企业主要负责人的近亲属不得作为本企业基层工会委员会成员的人选。

各级工会委员会向同级会员大会或者会员代表大会负责并报告工作,

接受其监督。

工会会员大会或者会员代表大会有权撤换或者罢免其所选举的代表或者工会委员会组成人员。

上级工会组织领导下级工会组织。

**第十五条** 基层工会委员会每届任期三年或者五年。各级地方总工会委员会和产业工会委员会每届任期五年。

**第十七条** 工会主席、副主席任期未满时,不得随意调动其工作。因工作需要调动时,应当征得本级工会委员会和上一级工会的同意。

罢免工会主席、副主席必须召开会员大会或者会员代表大会讨论,非经会员大会全体会员或者会员代表大会全体代表过半数通过,不得罢免。

**第十八条** 基层工会专职主席、副主席或者委员自任职之日起,其劳动合同期限自动延长,延长期限相当于其任职期间;非专职主席、副主席或者委员自任职之日起,其尚未履行的劳动合同期限短于任期的,劳动合同期限自动延长至任期期满。但是,任职期间个人严重过失或者达到法定退休年龄的除外。

**第四十条** 基层工会委员会召开会议或者组织职工活动,应当在生产或者工作时间以外进行,需要占用生产或者工作时间的,应当事先征得企业、事业单位的同意。

基层工会的非专职委员占用生产或者工作时间参加会议或者从事工会工作,每月不超过三个工作日,其工资照发,其他待遇不受影响。

**第四十一条** 企业、事业单位、机关工会委员会的专职工作人员的工资、奖励、补贴,由所在单位支付。社会保险和其他福利待遇等,享受本单位职工同等待遇。

## 第四节 工会的经费和财产

根据法律规定,工会经费的来源包括:

1. 工会会员缴纳的会费;

2. 建立工会组织的企业、事业单位、机关按每月全部职工工资总额的

2%向工会拨缴的经费,企业、事业单位拨缴的经费在税前列支;

3. 工会所属的企业、事业单位上缴的收入;

4. 人民政府的补助;

5. 其他收入。

依据《工会法》第43条的规定,如果企业、事业单位无正当理由拖延或者拒不拨缴工会经费,基层工会或者上级工会可以向当地人民法院申请支付令;用人单位拒不执行支付令的,工会可以依法申请人民法院强制执行。

依据《工会法》第44条的规定,工会应当根据经费独立原则,建立预算、决算和经费审查监督制度。各级工会建立经费审查委员会。各级工会经费收支情况应当由同级工会经费审查委员会审查,并且定期向会员大会或者会员代表大会报告,接受监督。工会会员大会或者会员代表大会有权对经费使用情况提出意见。

由于企业向工会拨缴的工会经费允许在税前列支,实务中这也成为部分企业向员工发放福利的避税手段。

### 【相关法条】

**《工会法》**

**第四十二条** 工会经费的来源:

(一)工会会员缴纳的会费;

(二)建立工会组织的企业、事业单位、机关按每月全部职工工资总额的百分之二向工会拨缴的经费;

(三)工会所属的企业、事业单位上缴的收入;

(四)人民政府的补助;

(五)其他收入。

前款第二项规定的企业、事业单位拨缴的经费在税前列支。

工会经费主要用于为职工服务和工会活动。经费使用的具体办法由中华全国总工会制定。

**第四十三条** 企业、事业单位无正当理由拖延或者拒不拨缴工会经费,基层工会或者上级工会可以向当地人民法院申请支付令;拒不执行支付令的，工会可以依法申请人民法院强制执行。

**第四十四条** 工会应当根据经费独立原则，建立预算、决算和经费审查监督制度。

各级工会建立经费审查委员会。

各级工会经费收支情况应当由同级工会经费审查委员会审查，并且定期向会员大会或者会员代表大会报告，接受监督。工会会员大会或者会员代表大会有权对经费使用情况提出意见。

工会经费的使用应当依法接受国家的监督。

**第四十五条** 各级人民政府和企业、事业单位、机关应当为工会办公和开展活动，提供必要的设施和活动场所等物质条件。

**第四十六条** 工会的财产、经费和国家拨给工会使用的不动产，任何组织和个人不得侵占、挪用和任意调拨。

**第四十七条** 工会所属的为职工服务的企业、事业单位，其隶属关系不得随意改变。

# 第十一章

# 劳 务 派 遣

劳务派遣,是指劳动力派遣单位与用工单位(被派遣单位)签订派遣合同,在得到派遣员工同意后,使派遣员工在被派遣单位指挥监督下提供劳动。劳务派遣最大的特点是劳动力的雇用与使用相分离,派遣员工不与实际使用劳动力的被派遣单位签订劳动合同,而是与派遣单位建立劳动关系。

## 第一节　劳务派遣单位

### 一、劳务派遣单位的设立条件

在 2012 年,我国对 2008 年起实施的《劳动合同法》进行了第一次修订,该修订案于 2013 年 7 月 1 日开始实施。根据修订后的《劳动合同法》第 57 条的规定,劳务派遣单位应当依照《公司法》有关规定设立,注册资本不得少于人民币 200 万元,必须有与开展业务相适应的固定的经营场所和设施,有符合法律、行政法规规定的劳务派遣管理制度等法律、行政法规规定的其他条件。《劳动合同法》这样规定是为设立劳务派遣单位设置必要的门槛,提高劳务派遣单位承担风险的能力,从而更好地保护劳务派遣员工的权利。

有的企业为了降低雇佣成本,将一些正式员工以改制名义分流到本企业设立的劳务派遣公司,然后再以劳务派遣公司的名义派遣到本企业。还有的企业设立劳务派遣公司,将招聘的员工以劳务派遣公司的名义派遣到下属企业。为此,《劳动合同法》第 67 条明确规定,用人单位不得设立劳务派遣单位向本单位或者所属单位派遣劳动者。

**【案例53:劳务派遣单位无资质,能否推定劳动者与用工单位形成劳动关系】**

吴某于2016年9月26日与上海A公司签订期限为2016年9月26日至2018年9月25日的劳动合同,由A公司将吴某派遣至上海某服饰公司从事工艺师工作。2018年8月26日,A公司获得《劳务派遣经营许可证》。

吴某在2018年7月因被拖欠加班费、奖金等争议解除劳动合同,申请仲裁,要求上海某服饰公司支出拖欠的加班费、奖金,并支付解除劳动合同补偿金。上海某服饰公司主张吴某的用人单位是A公司,服饰公司仅仅是用工单位,吴某应当向A公司主张权利。

**【评析】**

《劳动合同法》第57条规定:"经营劳务派遣业务应当具备下列条件:(一)注册资本不得少于人民币二百万元;(二)有与开展业务相适应的固定的经营场所和设施;(三)有符合法律、行政法规规定的劳务派遣管理制度;(四)法律、行政法规规定的其他条件。经营劳务派遣业务,应当向劳动行政部门依法申请行政许可;经许可的,依法办理相应的公司登记。未经许可,任何单位和个人不得经营劳务派遣业务。"

A公司没有劳务派遣资质,A公司与服饰公司签署的劳务派遣协议无效吗?A公司虽然没有劳务派遣资质,违反了《劳务派遣行政许可实施办法》的规定,但是《劳务派遣行政许可实施办法》只是2013年人力资源和社会保障部制定的部门规章,而非法律和行政法规,A公司的行为属于行政违法行为,但并不导致劳务派遣协议无效,也不必然导致吴某与服饰公司之间形成劳动关系。

**二、劳务派遣单位与被派遣人的法律关系**

第一,依据《劳动合同法》第58条的规定,劳务派遣单位是被派遣人员的用人单位,劳务派遣单位应当履行用人单位对员工的义务。这一规定明确了劳务派遣单位与员工形成法律规定的正式劳动关系,劳务派遣单位不仅享有用人单位的权利,也要对被派遣人员承担用人单位义务。劳务派遣单位与被派遣员工订立劳动合同,除了要有一般劳动合同的必备条款外,还要明确约定被派遣员工的实际用工单位以及派遣期限、工作职位等情况。

第二,依据《劳动合同法》第 58 条的规定,劳务派遣单位应当与被派遣员工订立 2 年以上(含 2 年)的固定期限劳动合同。被派遣员工在无工作期间,劳务派遣单位还要按月支付不低于劳动派遣单位所在地政府规定的最低工资标准的劳动报酬。

**【相关法条】**

*《劳动合同法》*

**第五十七条** 经营劳务派遣业务应当具备下列条件:

(一)注册资本不得少于人民币二百万元;

(二)有与开展业务相适应的固定的经营场所和设施;

(三)有符合法律、行政法规规定的劳务派遣管理制度;

(四)法律、行政法规规定的其他条件。

经营劳务派遣业务,应当向劳动行政部门依法申请行政许可;经许可的,依法办理相应的公司登记。未经许可,任何单位和个人不得经营劳务派遣业务。

**第五十八条** 劳务派遣单位是本法所称用人单位,应当履行用人单位对劳动者的义务。劳务派遣单位与被派遣劳动者订立的劳动合同,除应当载明本法第十七条规定的事项外,还应当载明被派遣劳动者的用工单位以及派遣期限、工作岗位等情况。

劳务派遣单位应当与被派遣劳动者订立二年以上的固定期限劳动合同,按月支付劳动报酬;被派遣劳动者在无工作期间,劳务派遣单位应当按照所在地人民政府规定的最低工资标准,向其按月支付报酬。

**第六十七条** 用人单位不得设立劳务派遣单位向本单位或者所属单位派遣劳动者。

## 第二节 劳务派遣协议

### 一、劳务派遣协议的适用范围和限制

（一）只能在三类工作岗位上采用劳务派遣

《劳动合同法》第 66 条规定，劳务派遣只能适用于临时性、辅助性或者替代性的工作岗位。

临时性岗位，是指用工单位的工作岗位存续时间不超过 6 个月；辅助性岗位，是指用工单位的工作岗位为主营业务岗位提供服务；替代性岗位是指用工单位的员工因脱产学习、休假等原因在该工作岗位上无法工作的一定期间，可以由被派遣劳动者替代工作。尽管有上述法律规定，劳动者、派遣单位与用工单位之间仍可能发生对岗位定性的分歧，尤其是对如何界定辅助性岗位，极易发生争议。

外国企业常驻代表机构和外国金融机构驻华代表机构等使用被派遣劳动者的，以及船员用人单位以劳务派遣形式使用国际远洋海员的，不受临时性、辅助性、替代性岗位的限制。

（二）辅助性岗位使用劳务派遣员工的，必须事先履行内部民主协商程序和公示程序

根据《劳务派遣暂行规定》第 3 条第 3 款的规定，用工单位决定使用被派遣劳动者的辅助性岗位，应当经职工代表大会或者全体员工讨论，提出方案和意见，与工会或者职工代表平等协商确定，并在用工单位内公示。必须注意，对于在临时性岗位和替代性岗位使用劳务派遣劳动者的，法律法规未要求用工单位履行上述内部民主协商程序和公示程序。

（三）对劳务派遣规模的限制

从 2016 年 3 月 1 日起，用工单位使用的被派遣劳动者数量不得超过其用工总量的 10%。根据《劳务派遣暂行规定》第 4 条的规定，所谓用工总量，是指用工单位订立劳动合同人数与使用的被派遣劳动者人数之和。但是，如果用工单位依法不能订立劳动合同，则不受 10% 上限的约束，比如外国驻华代表机构，使用劳务派遣劳动者不受 10% 比例的约束。此外，船员用人单

位以劳务派遣形式使用国际远洋海员的,不受劳务派遣用工比例的限制。

## 二、劳务派遣协议的主体

依据《劳动合同法》第59条的规定,劳务派遣协议由派遣单位和用工单位签署。用工单位在选择派遣单位时应当注意审查劳务派遣单位的相关资质,查阅其营业执照和劳务派遣经营许可证。如果对方不具备《劳动合同法》规定的经营条件,则不应与其签署派遣协议,以防对方因为非法而中断经营。

## 三、劳务派遣协议的内容

在劳务派遣协议中,应当明确约定以下内容:

1. 派遣的工作岗位名称和岗位性质。岗位性质,是指临时性岗位、辅助性岗位或替代性岗位。

2. 工作地点。

3. 派遣人员数量和派遣期限。派遣期限,是指被派遣员工依派遣单位的派遣,受用工单位指挥、管理的时间。实际用工单位应当根据工作职位的实际需要与劳务派遣单位确定派遣期限,不得将连续用工期限分割订立数个短期劳务派遣协议。

4. 按照同工同酬原则确定的劳动报酬数额和支付方式。

5. 社会保险费的数额和支付方式。

6. 工作时间和休息休假事项。

7. 被派遣劳动者工伤、生育或者患病期间的相关待遇。

8. 劳动安全卫生以及培训事项。

9. 经济补偿等费用。即如果派遣单位需依法支付给被派遣劳动者经济补偿金,是否由用工单位负担。

10. 劳务派遣协议期限。

11. 劳务派遣服务费的支付方式和标准。

12. 违反劳务派遣协议的责任。

13. 法律、法规、规章规定应当纳入劳务派遣协议的其他事项。

劳务派遣单位应当将劳务派遣协议的内容告知被派遣员工。劳务派遣单位不得克扣实际用工单位按照劳务派遣协议支付给被派遣员工的劳动报酬。劳务派遣单位和实际用工单位不得向被派遣员工收取费用。

**【相关法条】**

**《劳动合同法》**

**第五十九条**　劳务派遣单位派遣劳动者应当与接受以劳务派遣形式用工的单位(以下称用工单位)订立劳务派遣协议。劳务派遣协议应当约定派遣岗位和人员数量、派遣期限、劳动报酬和社会保险费的数额与支付方式以及违反协议的责任。

用工单位应当根据工作岗位的实际需要与劳务派遣单位确定派遣期限,不得将连续用工期限分割订立数个短期劳务派遣协议。

**第六十条**　劳务派遣单位应当将劳务派遣协议的内容告知被派遣劳动者。

劳务派遣单位不得克扣用工单位按照劳务派遣协议支付给被派遣劳动者的劳动报酬。

劳务派遣单位和用工单位不得向被派遣劳动者收取费用。

**第六十六条**　劳动合同用工是我国的企业基本用工形式。劳务派遣用工是补充形式,只能在临时性、辅助性或者替代性的工作岗位上实施。

前款规定的临时性工作岗位是指存续时间不超过六个月的岗位;辅助性工作岗位是指为主营业务岗位提供服务的非主营业务岗位;替代性工作岗位是指用工单位的劳动者因脱产学习、休假等原因无法工作的一定期间内,可以由其他劳动者替代工作的岗位。

用工单位应当严格控制劳务派遣用工数量,不得超过其用工总量的一定比例,具体比例由国务院劳动行政部门规定。

## 第三节 派遣单位和用工单位对被派遣劳动者的责任

### 一、派遣单位对被派遣劳动者的义务

劳务派遣单位是一种特殊的用人单位,应当对被派遣劳动者履行下列义务:

1. 根据《劳务派遣暂行规定》第 8 条的规定,如实告知被派遣劳动者工作内容、工作条件、工作地点、职业危害、安全生产状况、劳动报酬,应遵守的规章制度以及劳务派遣协议的内容,以及劳动者要求了解的其他情况。

2. 根据《劳务派遣暂行规定》第 8 条的规定,建立培训制度,对被派遣劳动者进行上岗知识、安全教育培训。

3. 根据《劳务派遣暂行规定》第 8 条的规定,按照国家规定和劳务派遣协议约定,依法支付被派遣劳动者的劳动报酬和相关待遇。

4. 根据《劳务派遣暂行规定》第 8 条的规定,按照国家规定和劳务派遣协议约定,依法为被派遣劳动者缴纳社会保险费,并办理社会保险相关手续。

5. 根据《劳务派遣暂行规定》第 8 条的规定,督促用工单位依法为被派遣劳动者提供劳动保护和劳动安全卫生条件。

6. 根据《劳务派遣暂行规定》第 8 条的规定,依法出具解除或者终止劳动合同的证明。

7. 根据《劳务派遣暂行规定》第 8 条的规定,协助处理被派遣劳动者与用工单位的纠纷。

8. 根据《劳务派遣暂行规定》第 10 条的规定,被派遣劳动者在用工单位因工作遭受事故伤害的,为其申请工伤认定,承担工伤保险责任。

9. 法律、法规和规章规定的其他事项。

### 二、用工单位对被派遣人员的责任

根据《劳动合同法》的规定,用工单位需要对被派遣人员承担以下责任:

1. 根据《劳动合同法》第 62 条的规定,执行国家劳动标准,提供相应的劳动条件和劳动保护。

2. 根据《劳动合同法》第 62 条的规定，告知被派遣劳动者的工作要求和劳动报酬。

3. 根据《劳动合同法》第 62 条的规定，支付加班费、绩效奖金，提供与工作岗位相关的福利待遇。

4. 根据《劳动合同法》第 62 条的规定，对在岗被派遣劳动者进行工作岗位所必需的培训。

5. 根据《劳动合同法》第 62 条的规定，如果连续用工的，实行正常的工资调整机制。

6. 根据《劳动合同法》第 62 条的规定，用工单位不得将被派遣劳动者再派遣到其他用人单位。

7. 根据《劳动合同法》第 63 条的规定，被派遣劳动者享有与用工单位的劳动者同工同酬的权利。用工单位无同类岗位劳动者的，参照用工单位所在地相同或者相近岗位劳动者的劳动报酬确定。

8. 根据《劳动合同法》第 64 条的规定，保证被派遣劳动者有权在用工单位依法参加或者组织工会，维护自身的合法权益。

9. 根据《劳动合同法》第 60 条的规定，不得向被派遣劳动者收取费用。

10. 根据《劳务派遣暂行规定》第 10 条的规定，被派遣劳动者在用工单位因工作遭受事故伤害的，劳务派遣单位应当依法申请工伤认定，用工单位应协助工伤认定的调查核实工作；被派遣劳动者在申请进行职业病诊断、鉴定时，用工单位应当负责处理职业病诊断、鉴定事宜，并如实提供职业病诊断、鉴定所需的劳动者职业史和职业危害接触史、工作场所职业病危害因素检测结果等资料。

**【案例 54：有关劳务派遣员工的劳动争议案件中谁是被告】**

李某通过外企服务公司被派遣到一家在华的日资企业工作。李某与外企服务公司的劳动合同中规定，李某应当严格遵守被派遣单位（用工单位）的内部规章制度，如果因违反被派遣单位的规章制度而被退回，则外企服务公司将以李某违反用工单位规章制度为由解除劳动合同。

李某在工作中与该日资企业的上级主管发生矛盾，该日资企业以李某违反公司规章制度为由将其退回外企服务公司,外企服务公司则以李某严重违反用工单位规章制度为由解除劳动合同。李某对日资企业将其退回外企服务公司的理由不服,认为日资企业没有正当理由辞退自己,于是提起劳动争议仲裁,李某应以谁为仲裁被申请人呢?

【评析】

在劳务派遣法律关系中,劳动者的用人单位是劳务派遣公司,劳动者与劳务派遣公司之间建立劳动合同关系。但是实际使用劳动者的单位是被派遣单位,即用工单位。劳动者的合法权益可能是被用工单位侵害,可能是被劳务派遣公司侵害,也可能是被两者同时侵害。

为了保护劳动者的合法权益,《劳动合同法》第92条规定,劳务派遣单位违反法律规定,给被派遣劳动者造成损害的,劳务派遣单位和用工单位承担连带赔偿责任。外企服务公司作为用人单位,是劳动争议的被申请人,因争议内容与日资企业有直接关系,所以该日资企业应当同时作为被申请人。如进入诉讼程序,则外企服务公司与日资企业为共同被告。

**【案例55:被派遣单位可否将劳动者派驻至其他单位】**

金某由用人单位外服公司派遣至服装公司担任跟单员一职。服装公司后向金某出具员工调动(换岗)通知书,告知金某因公司业务需要,决定派金某到设计公司从事业务跟单工作,并要求金某严格遵守设计公司的规章制度,如有违反其规章制度出现迟到早退情况的,由设计公司扣发工资,且设计公司可依据情节的轻重决定是否解除劳动合同。金某认为,服装公司的该行为名为换岗实为再派遣。但是,服装公司认为跟单员这一岗位的性质就是要求派驻至不同公司,因此金某被派驻至设计公司不属于服装公司的再派遣。金某是否可以拒绝服从服装公司的安排?

【评析】

本案中,金某与外服公司建立劳动关系并被派遣至服装公司工作,服装公司与金某之间系劳务派遣用工关系。服装公司作为用工单位,如需对金某的岗位以及工作地点进行调整,应当与用人单位以及劳动者协商一致且调整内容具有合理性；现根据服装公司出具的员工调动（换岗）通知书所载明的内容可知，其在未和金某进行协商的情况下，单方决定派金某去设计公司，并要求金某遵守设计公司的规章制度、授权设计公司按照规定决定是否扣发工资以及解除劳动合同等，该岗位调动通知不具有合理性，故金某对服装公司出具的员工调动（换岗）通知提出异议并拒绝服从其内容的安排并无不妥。

## 【相关法条】

***《劳动合同法》***

**第六十条** 劳务派遣单位应当将劳务派遣协议的内容告知被派遣劳动者。

劳务派遣单位不得克扣用工单位按照劳务派遣协议支付给被派遣劳动者的劳动报酬。

劳务派遣单位和用工单位不得向被派遣劳动者收取费用。

**第六十一条** 劳务派遣单位跨地区派遣劳动者的，被派遣劳动者享有的劳动报酬和劳动条件，按照用工单位所在地的标准执行。

**第六十二条** 用工单位应当履行下列义务：

（一）执行国家劳动标准，提供相应的劳动条件和劳动保护；

（二）告知被派遣劳动者的工作要求和劳动报酬；

（三）支付加班费、绩效奖金，提供与工作岗位相关的福利待遇；

（四）对在岗被派遣劳动者进行工作岗位所必需的培训；

（五）连续用工的，实行正常的工资调整机制。

用工单位不得将被派遣劳动者再派遣到其他用人单位。

**第六十三条第一款** 被派遣劳动者享有与用工单位的劳动者同工同酬的权利。用工单位应当按照同工同酬原则，对被派遣劳动者与本单位同类岗位的劳动者实行相同的劳动报酬分配办法。用工单位无同类岗位劳动者的，参照用工单位所在地相同或者相近岗位劳动者的劳动报酬确定。

**第六十四条** 被派遣劳动者有权在劳务派遣单位或者用工单位依法参加或者组织工会，维护自身的合法权益。

## 第四节 劳务派遣的几个实务问题

### 一、退回劳务派遣员工及经济补偿问题

用工单位应当注意,在劳务派遣协议中应明确本方有权退回被派遣员工,至于退回的具体理由,可以在协议中协商约定。如果双方未在派遣协议中明确约定退工条件,则根据《劳务派遣暂行规定》第12条的规定,在遇到以下情形时,用工单位可将被派遣劳动者退回派遣单位:

1. 派遣协议订立时所依据的客观情况发生重大变化,致使劳务派遣无法履行,经用工单位与派遣单位协商,未能就变更劳务派遣协议内容达成协议的;

2. 用工单位因经济性裁员需要退工的;

3. 用工单位被依法宣告破产、吊销营业执照、责令关闭、撤销、决定提前解散或者经营期限届满不再继续经营的;

4. 劳务派遣协议期满终止的。

被派遣劳动者退回后,在无工作期间,劳务派遣单位应当按照不低于所在地人民政府规定的最低工资标准向其按月支付报酬。

实践中存在这样一种现象:派遣单位往往要求用工单位在退回员工时支付经济补偿,且标准比照单位解除劳动合同的经济补偿标准。

用工单位退回被派遣员工,其实并不等于该员工的劳动合同关系解除,派遣单位完全可以给该员工另行安排其他用工单位。派遣单位之所以要求用工单位在退回人员时支付经济补偿,主要是因为我国劳务派遣单位的经营方式和管理能力还比较落后,没有真正具备调配人力的能力,所以人员一旦被退回,派遣单位没有能力、没有把握把人再派遣出去。

企业在选择劳务派遣模式时,一定要注意劳务派遣协议中是否有退回员工时必须支付经济补偿的条款。企业应争取通过谈判删去这样的约定,否则采用劳务派遣方式只是节省一些人力资源工作量(如发放工资、缴纳社会保险费、报税等)而已,并不能真正降低用工成本、提升用工灵活性。

**【案例56:被派遣劳动者应向谁辞职】**

2012年2月,在上海生活的求职者杨某联系到北京的A公司,杨某与A公司就入职问题进行了沟通,提出为了在上海落户口,其不希望与北京的A公司直接签署劳动合同。A公司为此联系了上海的一家劳务派遣公司与杨某签署劳动合同,再把杨某派遣至A公司在上海的办事处工作。双方商定,杨某从2012年3月28日开始入职。

2012年2月26日,恰逢A公司举办年会,A公司为了表示对杨某的欢迎,令杨某加深对其的了解,邀请尚未入职的杨某来北京参加年会,并承诺报销路费。

杨某在2012年2月26日参加了A公司在北京总部的年会。

2012年3月28日,杨某与上海一家劳务派遣公司签署劳动合同,并被派遣至A公司在上海的办事处工作。杨某入职后,A公司报销了其2月参加年会的路费。

2013年6月中旬,杨某因为工作表现太差,在会议上被领导当众批评,一怒之下向领导发短信提出辞职,短信中未明确写明期望的离职日期。领导收到短信后告诉杨某7月1日离职,并通知人力资源部给杨某办理离职手续。

2013年7月1日,A公司给劳务派遣公司发文,通知杨某的最后工作日为7月1日。

劳务派遣公司收到通知后,没有立刻通知杨某,只保留了7月11日通知杨某到劳务派遣公司办理离职工作交接的邮件。杨某实际于7月15日到派遣公司办理了离职工作交接。

杨某离职后仍对A公司不满,故提出劳动争议仲裁,劳务派遣公司和A公司都为被申请人。请求如下:

1. 本人因A公司拖欠工资而离职,劳务派遣公司应支付经济补偿金(工作年限自2012年2月26日起计算);

2. 本人自2012年2月26日起就被劳务派遣公司派遣至A公司上班,但是合同是3月28日才签署的,所以劳务派遣公司应当补发本人2月26日至3月28日的工资;

3. 劳务派遣公司应当支付本人2013年7月1日至15日的工资;

4. A公司应当对上述请求承担连带责任。

杨某为此提交了一份A公司的报销审批单。A公司辩称,公司只是在2012年2月26日邀请尚未入职的杨某作为客人参加年会,报销并不能证明存在工作关系。杨某离职系主动离职,不应依法获得经济补偿金。

【评析】

1. 关于入职日期

A公司给杨某报销路费本身没有错,但失误在于报销单的填写内容。

在杨某年会路费的报销单上,写明"申请人"是杨某,"申请部门"是上海分区。这种写法表明杨某是公司的员工,申请人是申请部门的成员。因为公司邀请的客人不可能作为公司内部报销流程的申请人,不可能适用公司内部的报销流程和制度。

A公司虽然主张杨某当时是以客人身份参加年会,但未能留存任何证据。很多公司在招聘过程中会为中高级职位的应聘者报销路费、住宿费,在处理时,应当在发送的Offer、电子邮件、报销单等文件里写明完整、真实的缘由。

2. 关于离职

杨某的劳动关系是与劳务派遣公司建立的,严格地说,杨某应当向劳务派遣公司提出辞职,但是杨某向A公司提出辞职,只能说明杨某不希望继续被派遣至A公司工作。

《劳务派遣暂行规定》第14条规定:"被派遣劳动者提前30日以书面形式通知劳务派遣单位,可以解除劳动合同。被派遣劳动者在试用期内提前3日通知劳务派遣单位,可以解除劳动合同。劳务派遣单位应当将被派遣劳动者通知解除劳动合同的情况及时告知用工单位。"

A公司接到杨某辞职申请后确定杨某最后工作日为7月1日,并在7月1日通知劳务派遣公司,属于用工单位退回派遣员工的行为。至于退回是否太突然,是否给劳务派遣公司预留了合理的准备期,属于A公司与劳务派遣公司之间的事情。

劳务派遣公司在杨某被退回后,可以选择立即解除劳动合同,也可以将杨某派遣至其他单位，这属于劳务派遣公司自主决定的范畴。所以劳务派遣单位应支付杨某7月15日之前的工资，但A公司对该段期间的工资不应承担连带责任。

3. 关于经济补偿金

杨某向A公司提出辞职，能否等同于向劳务派遣公司辞职？从劳动合同关系、劳务派遣合同关系上来看，杨某向A公司提出辞职，不能等同于向劳务派遣公司辞职。既然杨某没有向劳务派遣公司提出辞职，那么劳务派遣公司提前解聘就应当支付经济补偿金。

## 二、劳务派遣员工的工伤问题

被派遣员工在用工单位工作期间，如果因工作负伤或者患上职业病，是否属于工伤？虽然被派遣员工是因为在用工单位的工作而负伤或患职业病，不是直接因为用人单位（派遣单位）原因导致，但是被派遣员工是由用人单位派出的，员工在用工单位工作就是在履行和用人单位之间的劳动合同，所以被派遣人员在用工单位因工作负伤或患职业病属于工伤。

因为被派遣人员是用人单位的员工，所以应当由用人单位为员工缴纳工伤保险费。当员工在用工单位因工作负伤或患职业病时，由用人单位申请工伤认定，但用工单位应当协助工伤认定的调查核实工作。但即使办理了工伤保险，在发生工伤后仍有一些费用和法律责任需要雇主承担，所以在签订劳务派遣协议时，用工单位需要留意两点：一是要明确约定用人单位必须为被派遣人员办理工伤保险，因为用人单位不办理工伤保险导致的员工的任何损失一律由用人单位承担，与用工单位无关；二是要注意在协议中用人单位是否把发生工伤后的相关雇主责任转嫁到自己身上。

## 三、劳务派遣员工的同工同酬问题

依据《劳动合同法》第63条的相关规定，用工单位应当保证平等对待本单位员工与派遣人员，做到同工同酬。同工同酬是一个比较抽象的标准。通常来讲，同一个岗位还会分不同的工资等级；同一类岗位的员工可能承担的工作内容不完全相同，工作强度也不完全一致；同样岗位的员工，工作效率和工作业绩也不尽相同;同样岗位员工的工作经验、学历背景也会不同。企业有权利根据这些因素在员工的薪酬上有所差别,但是要遵守一个原则,就是标准要平等一致,不能本单位员工用一套薪酬体系,而派遣人员适用另一套薪酬体系。

## 四、被派遣员工的保密和职务开发成果问题

根据法律规定,劳务派遣协议是派遣单位和用工单位之间签署的协议,法律没有强制要求用工单位必须与被派遣人员签署任何协议。

站在用工单位的角度,即使在劳务派遣协议中已经对保密和职务开发成果知识产权作了约定,笔者仍建议用工单位应当与被派遣人员再单独签署《保密协议》和《知识产权协议》,以保护本企业的商业秘密和知识产权,同时也通过这一举措强化被派遣人员的保密意识和法律意识。

# 第十二章

# 非全日制用工制度

根据《劳动合同法》第 68 条的规定，非全日制用工，是指以小时计酬为主，劳动者在同一用人单位一般平均每日工作时间不超过 4 小时，每周工作时间累计不超过 24 小时的用工形式。

## 第一节　非全日制用工的特点

### 一、合同的形式

依据《劳动合同法》第 69 条的规定，非全日制用工劳动合同既可以订立书面合同也可以订立口头合同，这一点与全日制用工劳动合同不同。法律的这一规定体现了非全日制用工制度的灵活性。但是笔者建议应当尽量订立书面合同，书面合同有利于分清责任、保留证据、避免纠纷和争议。

### 二、多重劳动关系

我国《劳动合同法》规定，从事非全日制用工的员工可以与一个或者一个以上企业订立劳动合同，即允许从事非全日制用工的员工建立双重或多重劳动关系，这就突破了《劳动法》禁止建立多重劳动关系的限制。员工以非全日制的形式就业，不仅在一个单位的工作时间比标准工时少，而且其收入也往往低于全日制员工。因此，非全日制就业的人员不仅有可能产生从事两种或两种以上职业的愿望，而且也拥有可调剂安排的劳动时间。从事非全日制用工的员工可以与一个企业订立劳动合同，形成劳动关系；也可以与一个以上企业分别订立劳动合同,建立双重或多重劳动关系。

## 三、无试用期

《劳动合同法》第 17 条第 2 款规定用人单位与员工可以协商约定试用期,此条规定将试用期作为劳动合同的约定条款,而不是必备条款。《劳动合同法》第 70 条规定“非全日制用工双方当事人不得约定试用期”,这是针对非全日制用工的特殊性对第 17 条规定作出的限制性规定。

一般而言,员工在试用期内的劳动报酬往往低于劳动合同约定对同一职位的工资,以致很多单位把试用人员当成廉价劳动力,甚至利用试用期解除劳动合同相对容易的特点,频繁地更换试用人员,加重了劳动关系的不确定性,也增加了员工的经济负担。非全日制用工就属于灵活的用工形式,劳动关系的不确定性比全日制用工更大,而且非全日制员工的收入也往往低于全日制员工,所以法律需要严格控制试用期,来加强对非全日制员工的保护。

## 四、随时解约权

《劳动合同法》第 71 条规定,非全日制用工双方当事人任何一方都可以随时通知对方终止用工。终止非全日制用工的,企业不需向非全日制员工支付经济补偿。

这一规定也是对非全日制用工不得约定试用期的一种救济性规定。对企业来说,不得约定试用期就不能以员工在试用期间被证明不符合录用条件而与员工解除劳动合同。有了可以随时通知员工终止用工的权利,企业即便没有试用期也可以辞退不符合录用条件的非全日制员工。同样,对员工而言,也可通过这一条规定随时终止劳动合同。另外,在建立劳动关系后,非全日制员工也不需要按照《劳动合同法》第 37 条的规定提前 30 日以书面形式通知企业,而可以随时以书面或口头的形式提出终止劳动关系。

## 第二节 非全日制用工的劳动报酬

根据《劳动合同法》第72条的规定，非全日制用工小时计酬标准不得低于企业所在地人民政府规定的最低小时工资标准。非全日制用工劳动报酬结算支付周期最长不得超过15日。按照原劳动和社会保障部《关于非全日制用工若干问题的意见》（劳社部发〔2003〕12号）的规定，非全日制用工的小时最低工资标准由省、自治区、直辖市规定，并报劳动保障部门备案。自2001年以来，北京、天津、江苏等地陆续发布了非全日制用工小时最低工资标准。此处应注意，全日制小时最低工资标准与非全日制小时最低工资标准是不同的。

政府在确定和调整非全日制小时最低工资标准时应当综合参考以下因素：(1)当地政府颁布的月最低工资标准；(2)单位应缴纳的基本养老保险费和基本医疗保险费（当地政府颁布的月最低工资标准未包含个人缴纳社会保险费因素的，还应考虑个人应缴纳的社会保险费）；(3)非全日制员工在工作稳定性、劳动条件和劳动强度、福利等方面与全日制员工之间的差异。

非全日制小时最低工资标准的测算方法为：小时最低工资标准＝[（月最低工资标准÷20.92÷8）×（1＋单位应当缴纳的基本养老保险费与基本医疗保险费比例之和）]×（1＋浮动系数）。根据《关于非全日制用工若干问题的意见》的规定，非全日制用工的工资支付可以按小时、日、周或月为单位结算。但《劳动合同法》缩短了非全日制劳动结算的最长周期，不再允许以月为结算单位。

目前，在制定小时最低工资标准中最突出的问题就是如何处理小时最低工资标准中是否直接包含应缴纳的社会保险费因素。在已经出台小时最低工资标准的地区，对这一问题的处理办法至少分为以下三种：一是将应缴纳的社会保险费直接纳入小时最低工资标准（或小时最低劳动报酬）之中。大连市于2001年10月18日规定，小时工的小时最低工资标准为5元。在制定这一标准时，已经将小时工由个人承担缴纳社会保险费的因素考虑在内,即小时最低工资中包含应缴纳的社会保险费。二是将最低工资标准和个人应缴纳的社会保险最低缴费额之和统称为最低工资,而不直接将社会保险费纳入最低工资标准之中。江苏省规定,最低工资是指省人民政府公布的企业最低工资标准和依法应由个人缴纳的社会保险(包含养老、医疗、失业)最低缴费额,要求各类企业在执行最低工资时,应包括上述两部分。三是不将社会保险缴费因素直接纳入最低工资标准之中,但又在制定最低工资标准时间接地将个人承担的社会保险缴费额与最低工资标准挂钩,规定最低工资标准是个人缴纳社会保险费之后的实得工资收入。上海市于2001 年 8 月 6 日颁布小时工的小时最低工资标准为 4 元,其中不包括个人缴纳的社会保险费。但上海市规定小时工的劳动报酬包括工资和社会保险费。如果用人单位按小时最低工资标准向小时工支付工资,那么小时工个人应缴纳的社会保险费由用人单位支付,以确保小时工实际获得的工资收入不低于最低工资标准。

## 第三节　非全日制用工的社会保险

从事非全日制工作的劳动者应当参加基本养老保险,原则上参照个体工商户的参保办法执行。对于已参加过基本养老保险和建立个人账户的人员,前后缴费年限合并计算,跨统筹地区转移的,应办理基本养老保险手续和个人账户的转移、接续手续。符合退休条件时,按国家规定计发基本养老金。

从事非全日制工作的劳动者可以以个人身份参加基本医疗保险,并按照待遇水平与缴费水平相挂钩的原则,享受相应的基本医疗保险待遇。参加基本医疗保险的具体办法由各地劳动保障部门研究制定。

用人单位应当按照国家有关规定为建立劳动关系的非全日制劳动者缴纳工伤保险费。从事非全日制工作的劳动者发生工伤,依法享受工伤保险待遇;被鉴定为伤残 5 ~ 10 级的,经劳动者与用人单位协商一致,可以一次性结算伤残待遇及有关费用。

## 【相关法条】

《劳动合同法》

**第六十八条** 非全日制用工,是指以小时计酬为主,劳动者在同一用人单位一般平均每日工作时间不超过四小时,每周工作时间累计不超过二十四小时的用工形式。

**第六十九条** 非全日制用工双方当事人可以订立口头协议。

从事非全日制用工的劳动者可以与一个或者一个以上用人单位订立劳动合同;但是,后订立的劳动合同不得影响先订立的劳动合同的履行。

**第七十条** 非全日制用工双方当事人不得约定试用期。

**第七十一条** 非全日制用工双方当事人任何一方都可以随时通知对方终止用工。终止用工,用人单位不向劳动者支付经济补偿。

**第七十二条** 非全日制用工小时计酬标准不得低于用人单位所在地人民政府规定的最低小时工资标准。

非全日制用工劳动报酬结算支付周期最长不得超过十五日。

# 第十三章

# 社 会 保 险

福利国家出现于20世纪后半叶，当时的工业化国家纷纷进行社会保障制度的实践和改革。社会保险是一种为丧失劳动能力、暂时失去劳动岗位或因生理健康原因造成损失的人口提供收入或补偿的社会和经济制度。社会保险计划由政府举办，强制某一群体将其收入的一部分作为社会保险费形成社会保险基金，在满足一定条件的情况下，被保险人可从基金中获得固定的收入或损失的补偿。社会保险是一种再分配制度，它的目标是保证物质及劳动力的再生产和社会的稳定。社会保险的主要项目包括养老保险、医疗保险、失业保险、工伤保险、生育保险等。

## 第一节　社会保险的强制性与法定性

社会保险最鲜明的特征就是强制性，依据《社会保险法》第 4 条第 1 款的规定，单位和劳动者都必须依法缴纳社会保险费。

社会保险的另一个特征是内容法定性，社会保险的具体内容由国家法律、法规以及地方相关规章、规范调整，单位和劳动者不能更改。《劳动合同法》第 17 条规定社会保险是劳动合同的法定条款，正因如此，在劳动合同中不可能对社会保险问题作个性化的、与法定内容有区别的约定。实践中，一般仅在劳动合同中原则性地规定单位应当依法为员工办理社会保险登记，缴纳社会保险费。

不办理社会保险登记或者不按时足额缴纳社会保险费，单位会面临行政处罚和赔偿员工损失两种法律责任。

(一)行政处罚

依据《社会保险法》第 84 条的规定,用人单位不办理社会保险登记的,由社会保险行政部门责令限期改正;逾期不改正的,对用人单位处应缴社会保险费数额 1 倍以上 3 倍以下的罚款,对其直接负责的主管人员和其他直接责任人员处 500 元以上 3000 元以下的罚款。

依据《社会保险法》第 86 条的规定,用人单位未按时足额缴纳社会保险费的,由社会保险费征收机构责令限期缴纳或者补足,并自欠缴之日起,按日加收万分之五的滞纳金;逾期仍不缴纳的,由有关行政部门处欠缴数额 1 倍以上 3 倍以下的罚款。

(二)赔偿员工

如果单位不给员工办理社会保险或者不按时足额缴纳社会保险,且无法补缴社会保险的,员工有权要求单位赔偿其因此遭受的损失。最高人民法院《关于审理劳动争议案件适用法律问题的解释(一)》第 1 条第 5 项规定,劳动者以用人单位未为其办理社会保险手续,且社会保险经办机构不能补办导致其无法享受社会保险待遇为由,要求用人单位赔偿损失而发生争议的,法院应予受理。

此外,如果单位不依法为员工缴纳社会保险费,员工还可以依据《劳动合同法》第 38 条的规定解除劳动合同,并同时根据《劳动合同法》第 46 条和第 47 条的规定索要经济补偿金。经济补偿按劳动者在本单位工作的年限,每满 1 年向劳动者支付 1 个月工资;6 个月以上不满 1 年的,按 1 年计算向劳动者支付;不满 6 个月的,向劳动者支付半个月工资。劳动者月工资高于用人单位所在直辖市、设区的市级人民政府公布的本地区上年度职工月平均工资 3 倍的,单位向其支付经济补偿的标准按职工月平均工资 3 倍的数额支付,向其支付经济补偿的年限最高不超过 12 年。

**【案例 57:员工不愿意办理社会保险怎么办】**

北京 A 公司招聘王某从事工程师工作,王某户口不在北京,并且王某不打算长期定居在北京,遂向 A 公司提出不愿意办理社会保险的请求,并提出可以和公司签署书面的协议,保证不会在将来因为社会保险问题追究公司的任何责任。A 公司的人力资源管理人员感到为难,向律师咨询处理方法。

【评析】

单位不给员工缴纳社会保险费是典型的违法行为,但是有相当多的劳动者主动要求不办理社会保险,究其原因,主要是我国社会保险关系跨地区转移存在不便,按现有做法,员工因为跨地区换工作将导致保险金的减少,换工作越频繁就越吃亏。所以有不少员工对于缴纳社会保险费积极性不高,甚至在入职时就主动提出不想办理社会保险,还有的员工希望单位把社会保险费用支付给自己,由员工自己找关系在家乡缴纳社会保险费。

如果员工主动要求不办理社会保险,即使员工签署书面承诺或协议也不合法,因为社会保险具有法律强制性,它不仅是员工个人的权益,也是员工的法定义务,无论是单位还是劳动者个人都必须参加社会保险。

有的外地户籍员工申请单位将其社会保险费用支付给个人,由员工自己在外地缴纳社会保险费。这种做法在实务中很常见,其合理性在于:第一,《劳动合同法》并没有绝对禁止一个员工同时与两个以上单位存在劳动关系,《劳动合同法》第 39 条规定劳动者同时与其他用人单位建立劳动关系的,只有在对本单位工作任务造成严重影响或者单位提出后拒不改正时,单位才有权利解除劳动合同,该条款隐含的意思是,如果一个员工同时与两个单位建立劳动关系,不严重影响工作的话,单位没有理由与其解除劳动合同;第二,员工在外地通过其他单位缴纳社会保险费,从《社会保险法》的角度来看,单位和个人都参加了社会保险,对国家的社会保险制度没有实质性的损害。

但是需要注意的是,本单位必须比照正常缴纳社会保险的费用标准将同等钱款支付给个人,并且与该员工签署书面协议,明确责任和义务。这样产生劳动争议或者遇到劳动行政部门检查的情况时,才能够说明真实情况。从律师的角度来看,这种做法只有在万不得已的情况下才可以采用,因为该做法在实务中仍可能面临其他难题,比如一旦该员工发生工伤,那么办理工伤认定和申请工伤保险都很麻烦。

## 【相关法条】

**《社会保险法》**

**第八十四条** 用人单位不办理社会保险登记的，由社会保险行政部门责令限期改正；逾期不改正的，对用人单位处应缴社会保险费数额一倍以上三倍以下的罚款，对其直接负责的主管人员和其他直接责任人员处五百元以上三千元以下的罚款。

**第八十六条** 用人单位未按时足额缴纳社会保险费的，由社会保险费征收机构责令限期缴纳或者补足，并自欠缴之日起，按日加收万分之五的滞纳金；逾期仍不缴纳的，由有关行政部门处欠缴数额一倍以上三倍以下的罚款。

**《劳动合同法》**

**第三十八条第一款** 用人单位有下列情形之一的，劳动者可以解除劳动合同：

（一）未按照劳动合同约定提供劳动保护或者劳动条件的；

（二）未及时足额支付劳动报酬的；

（三）未依法为劳动者缴纳社会保险费的；

（四）用人单位的规章制度违反法律、法规的规定，损害劳动者权益的；

（五）因本法第二十六条第一款规定的情形致使劳动合同无效的；

（六）法律、行政法规规定劳动者可以解除劳动合同的其他情形。

**最高人民法院《关于审理劳动争议案件适用法律问题的解释（一）》**

**第一条** 劳动者与用人单位之间发生的下列纠纷，属于劳动争议，当事人不服劳动争议仲裁机构作出的裁决，依法提起诉讼的，人民法院应予受理：

……

（五）劳动者以用人单位未为其办理社会保险手续，且社会保险经办机构不能补办导致其无法享受社会保险待遇为由，要求用人单位赔偿损失发生的纠纷；

……

**人力资源和社会保障部《城镇企业职工基本养老保险关系转移接续暂行办法》**

**第四条** 参保人员跨省流动就业转移基本养老保险关系时,按下列方法计算转移资金:

(一)个人账户储存额:1998年1月1日之前按个人缴费累计本息计算转移,1998年1月1日后按计入个人账户的全部储存额计算转移。

(二)统筹基金(单位缴费):以本人1998年1月1日后各年度实际缴费工资为基数,按12%的总和转移,参保缴费不足1年的,按实际缴费月数计算转移。

## 第二节 基本养老保险

基本养老保险,是指劳动者达到法定退休年龄并且缴纳基本养老保险费达到法定年限时,由国家和社会依法给予一定收入补偿,维持其老年生活的一种社会保险制度。

### 一、征缴范围

基本养老保险的征缴范围包括国有企业、城镇集体企业、外商投资企业、城镇私营企业和其他城镇企业及其员工,实行企业化管理的事业单位及其员工。

### 二、缴费基数

用人单位应当按照国家规定的本单位员工工资总额的比例缴纳基本养老保险费,记入基本养老保险统筹基金。

员工应当按照国家规定的本人工资的比例缴纳基本养老保险费,记入个人账户。

无雇工的个体工商户、未在用人单位参加基本养老保险的非全日制从业人员以及其他灵活就业人员参加基本养老保险的,应当按照国家规定缴纳基本养老保险费,分别记入基本养老保险统筹基金和个人账户。

人力资源管理者需要注意，缴费基数中所说的工资是包括正常劳动时间的工资、奖金、津贴与补贴、计件工资、加班工资和特殊情况下支付的工资的工资总额。

对于个人缴费基数，各地政府还有上限和下限规定，企业应注意根据当地政府的规定执行。以北京市为例，缴费工资基数低于本市上一年度职工月平均工资60%的，以本市上一年度职工月平均工资的60%作为缴费工资基数；超过本市上一年度职工月平均工资300%的部分，不计入缴费工资基数，不作为计发基本养老金的基数。

## 三、缴费比例

目前各地规定的个人缴费比例都是本人上一年度月平均工资的8%。各地规定的企业的缴费比例不完全一致，但都不低于本单位员工工资总额的12%。

## 四、基本养老保险待遇

### （一）享受养老保险待遇的条件

参加基本养老保险的个人，达到法定退休年龄时累计缴费满15年的，可按月领取基本养老金。

参加基本养老保险的个人，达到法定退休年龄时累计缴费不足15年的，可以缴费至满15年，按月领取基本养老金；也可以转入新型农村社会养老保险或者城镇居民社会养老保险，按照国务院规定享受相应的养老保险待遇。

### （二）基本养老保险待遇

参保人可在退休后按月领取基本养老金；参加基本养老保险的个人，因病或者非因工死亡的，其遗属可以领取丧葬补助金和抚恤金；在未达到法定退休年龄时因病或者非因工致残完全丧失劳动能力的，可以领取病残津贴。所需资金从基本养老保险基金中支付。

**【案例58:公司能否以当地政府公布的社会保险缴费基数下限为员工缴纳社会保险费】**

北京的A公司为了减少人力成本支出,按照北京市政府公布的社会保险缴费基数下限为全公司的员工缴纳社会保险。小张于2019年1月到A公司上班,2019年北京市公布的社会保险缴费基数下限为7855元,小张的基本工资为12,000元,其中还不包括绩效奖金和加班费。小张因与领导关系不和而准备跳槽,经咨询律师后,小张于2020年12月以A公司不依法为自己缴纳社会保险费为由,单方面提出解除劳动合同并索要经济补偿金。

**【评析】**

本案中,A公司应当以小张的工资总额为基数,按比例缴纳各项社会保险费用。只有当员工个人工资过高或过低时,才能按照当地地方政府公布的社会保险缴费基数上限或下限缴纳社会保险。小张的实际工资水平高于北京市社会保险缴费基数下限,A公司按照社会保险缴费基数下限为小张缴纳社会保险费属于未足额缴纳社会保险费的行为。因此,A公司的做法违反了社会保险缴纳的法规。

根据《劳动合同法》第38条第1款第3项的规定,用人单位如果未依法为劳动者缴纳社会保险费,员工有权立即解除劳动合同。而根据该法第16条的规定,员工因该法第38条规定解除劳动合同的,用人单位应当支付经济补偿金。

A公司未足额缴纳社会保险费的行为是否属于《劳动合同法》第38条中所规定的未依法缴纳社会保险费?有一种观点认为,未足额缴纳属于未依法缴纳的一种,未依法缴纳既包括完全未缴纳,也包括未足额缴纳。另一种观点认为,《劳动合同法》第38条中的未依法缴纳仅仅指完全未缴纳。对此,在司法实践中一般倾向于第二种观点,即《劳动合同法》第38条所规定的未依法缴纳社会保险费仅仅指完全未缴纳社会保险费,如果用人单位缴纳了社会保险费,但未足额缴纳,则员工有权要求单位补足或补偿损失,但不能以《劳动合同法》第38条为理由解除劳动合同。但是,需要提醒企业注意,上述司法实践的处理方法毕竟不是法律或司法解释的明文规定,只要未依法足额缴纳社会保险费，企业就承担着很大的行政处罚和赔偿风险。

【相关法条】

《社会保险法》

**第十二条** 用人单位应当按照国家规定的本单位职工工资总额的比例缴纳基本养老保险费，记入基本养老保险统筹基金。

职工应当按照国家规定的本人工资的比例缴纳基本养老保险费，记入个人账户。

无雇工的个体工商户、未在用人单位参加基本养老保险的非全日制从业人员以及其他灵活就业人员参加基本养老保险的，应当按照国家规定缴纳基本养老保险费，分别记入基本养老保险统筹基金和个人账户。

**第十六条** 参加基本养老保险的个人，达到法定退休年龄时累计缴费满十五年的，按月领取基本养老金。

参加基本养老保险的个人，达到法定退休年龄时累计缴费不足十五年的，可以缴费至满十五年，按月领取基本养老金；也可以转入新型农村社会养老保险或者城镇居民社会养老保险，按照国务院规定享受相应的养老保险待遇。

**第十七条** 参加基本养老保险的个人，因病或者非因工死亡的，其遗属可以领取丧葬补助金和抚恤金；在未达到法定退休年龄时因病或者非因工致残完全丧失劳动能力的，可以领取病残津贴。所需资金从基本养老保险基金中支付。

《北京市基本养老保险规定》

**第十二条** 城镇职工以本人上一年度月平均工资为缴费工资基数，按照8%的比例缴纳基本养老保险费，全额计入个人账户。

缴费工资基数低于本市上一年度职工月平均工资60%的，以本市上一年度职工月平均工资的60%作为缴费工资基数；超过本市上一年度职工月平均工资300%的部分，不计入缴费工资基数，不作为计发基本养老金的基数。

**第十三条** 企业以全部城镇职工缴费工资基数之和作为企业缴费工资

基数,按照20%的比例缴纳基本养老保险费。企业缴纳的基本养老保险费在税前列支。

**第十四条** 城镇个体工商户和灵活就业人员以本市上一年度职工月平均工资作为缴费基数,按照20%的比例缴纳基本养老保险费,其中8%计入个人账户。

## 第三节 基本医疗保险

基本医疗保险,是指员工因疾病或者非因公致残时,从国家和社会获得物质帮助的社会保险制度。

### 一、征缴范围

基本医疗保险征缴范围包括国有企业、城镇集体企业、外商投资企业、城镇私营企业和其他城镇企业及其员工,国家机关及其工作人员,事业单位及其员工,民办非企业单位及其员工,社会团体及其专职人员。

### 二、征缴基数

基本医疗保险的缴费基数规定与基本养老保险的规定相同。

### 三、缴费比例

目前各地政府颁布的基本医疗保险缴费比例各不相同,个人缴费比例大多为本人上年月平均工资的2%,企业缴费比例则各地规定不同,且各地政府经常调整缴费比例,企业应注意及时根据当地规定调整执行。

### 四、基本医疗保险待遇

符合基本医疗保险药品目录、诊疗项目、医疗服务设施标准以及急诊、抢救的医疗费用,按照国家规定从基本医疗保险基金中支付。参保人员医疗费用中应当由基本医疗保险基金支付的部分,由社会保险经办机构与医疗机构、药品经营单位直接结算。

下列医疗费用不纳入基本医疗保险基金支付范围:(1)应当从工伤保险基金中支付的;(2)应当由第三人负担的;(3)应当由公共卫生负担的;(4)在境外就医的。

医疗费用依法应当由第三人负担,第三人不支付或者无法确定第三人的,由基本医疗保险基金先行支付。基本医疗保险基金先行支付后,有权向第三人追偿。

**【相关法条】**

**《社会保险法》**

**第二十七条**　参加职工基本医疗保险的个人,达到法定退休年龄时累计缴费达到国家规定年限的,退休后不再缴纳基本医疗保险费,按照国家规定享受基本医疗保险待遇;未达到国家规定年限的,可以缴费至国家规定年限。

**第二十八条**　符合基本医疗保险药品目录、诊疗项目、医疗服务设施标准以及急诊、抢救的医疗费用,按照国家规定从基本医疗保险基金中支付。

**第二十九条**　参保人员医疗费用中应当由基本医疗保险基金支付的部分,由社会保险经办机构与医疗机构、药品经营单位直接结算。

社会保险行政部门和卫生行政部门应当建立异地就医医疗费用结算制度,方便参保人员享受基本医疗保险待遇。

**第三十条**　下列医疗费用不纳入基本医疗保险基金支付范围:

(一)应当从工伤保险基金中支付的;

(二)应当由第三人负担的;

(三)应当由公共卫生负担的;

(四)在境外就医的。

医疗费用依法应当由第三人负担,第三人不支付或者无法确定第三人的,由基本医疗保险基金先行支付。基本医疗保险基金先行支付后,有权向第三人追偿。

**《北京市基本医疗保险规定》**

**第十条**　职工按本人上一年月平均工资的2%缴纳基本医疗保险费。

职工本人上一年月平均工资低于上一年本市职工月平均工资60%的,

以上一年本市职工月平均工资的60%为缴费工资基数,缴纳基本医疗保险费。

职工本人上一年月平均工资高于上一年本市职工月平均工资300%以上的部分,不作为缴费工资基数,不缴纳基本医疗保险费。

无法确定职工本人上一年月平均工资的,以上一年本市职工月平均工资为缴费工资基数,缴纳基本医疗保险费。

**第十一条** 本规定施行前已退休的人员不缴纳基本医疗保险费。

本规定施行后参加工作,累计缴纳基本医疗保险费男满25年、女满20年的,按照国家规定办理了退休手续,按月领取基本养老金或者退休费的人员,享受退休人员的基本医疗保险待遇,不再缴纳基本医疗保险费。

本规定施行前参加工作施行后退休,缴纳基本医疗保险费不满前款规定年限的,由本人一次性补足应当由用人单位和个人缴纳的基本医疗保险费后,享受退休人员的基本医疗保险待遇,不再缴纳基本医疗保险费。经劳动保障行政部门认定,职工的连续工龄或者工作年限符合国家规定的,视同基本医疗保险缴费年限。

**第十二条** 用人单位按全部职工缴费工资基数之和的9%缴纳基本医疗保险费。

## 第四节 失业保险

失业保险,是指员工因非本人意愿而失去工作,经失业登记并在寻找新工作时,由国家和社会给予物质帮助和保障的社会保险制度。

### 一、征缴范围

根据《社会保险费征缴暂行条例》的规定,失业保险的征缴范围包括国有企业、城镇集体企业、外商投资企业、城镇私营企业和其他城镇企业及其员工,事业单位及其员工。

## 二、征缴基数

失业保险征缴基数的规定与基本养老保险征缴基数规定相同。但深圳市于2013年1月1日开始实施《深圳经济特区失业保险若干规定》,该地方法规突破了我国《失业保险条例》的规定,将当地最低工资标准作为缴费基数。

## 三、征缴比例

各地规定不同,企业应随时注意当地最新的保险征缴比例规定。

## 四、失业保险待遇

### (一)享受条件

1. 失业人员必须已经缴纳失业保险费满1年。

2. 必须非因本人意愿而失业,因此辞职或者协商解除劳动合同的劳动者不属于失业保险的针对范围。

3. 已经办理失业登记,并且有求职要求。

### (二)享受待遇

1. 失业保险待遇

失业人员可按月领取失业保险金。失业保险金的标准由省、自治区、直辖市政府确定,不得低于城市居民最低生活保障标准。失业人员在领取失业保险金期间死亡的,参照当地对在职职工死亡的规定,向其遗属发给一次性丧葬补助金和抚恤金。所需资金从失业保险基金中支付。

2. 失业保险待遇期限

社会保险制度要奖勤罚懒,所以享受失业保险待遇不应是无限期的。根据法律规定,失业人员失业前用人单位和本人累计缴费失业保险满1年不足5年的,领取失业保险金的期限最长为12个月;累计缴费失业保险满5年不足10年的,领取失业保险金的期限最长为18个月;累计缴费失业保险10年以上的,领取失业保险金的期限最长为24个月。重新就业后再次失业的,缴费时间重新计算,领取失业保险金的期限与前次失业应当领取而尚未领取的失业保险金的期限合并计算,最长不超过24个月。

## 【相关法条】

**《社会保险法》**

**第四十五条** 失业人员符合下列条件的,从失业保险基金中领取失业保险金:

(一)失业前用人单位和本人已经缴纳失业保险费满一年的;

(二)非因本人意愿中断就业的;

(三)已经进行失业登记,并有求职要求的。

**第四十六条** 失业人员失业前用人单位和本人累计缴费满一年不足五年的,领取失业保险金的期限最长为十二个月;累计缴费满五年不足十年的,领取失业保险金的期限最长为十八个月;累计缴费十年以上的,领取失业保险金的期限最长为二十四个月。重新就业后,再次失业的,缴费时间重新计算,领取失业保险金的期限与前次失业应当领取而尚未领取的失业保险金的期限合并计算,最长不超过二十四个月。

**第四十七条** 失业保险金的标准,由省、自治区、直辖市人民政府确定,不得低于城市居民最低生活保障标准。

**第四十八条** 失业人员在领取失业保险金期间,参加职工基本医疗保险,享受基本医疗保险待遇。

失业人员应当缴纳的基本医疗保险费从失业保险基金中支付,个人不缴纳基本医疗保险费。

**第四十九条** 失业人员在领取失业保险金期间死亡的,参照当地对在职职工死亡的规定,向其遗属发给一次性丧葬补助金和抚恤金。所需资金从失业保险基金中支付。

个人死亡同时符合领取基本养老保险丧葬补助金、工伤保险丧葬补助金和失业保险丧葬补助金条件的,其遗属只能选择领取其中的一项。

**《北京市失业保险规定》**

**第六条** 用人单位和职工个人应当按月足额缴纳失业保险费。

用人单位应缴纳的失业保险费,由社会保险经办机构委托用人单位的开户银行按月代为扣缴。

职工个人应缴纳的失业保险费，由用人单位代为扣缴。

**第七条**　失业保险费缴纳标准：

（一）国有企业、城镇集体企业、股份制企业及各类联营企业、私营企业和事业单位，按本单位上年职工月平均工资总额的1.5%缴纳失业保险费；

（二）外商投资企业和港、澳、台商投资企业按本单位中方职工上年月平均工资总额的1.5%缴纳失业保险费；

（三）职工个人按本人上年月平均工资的0.5%缴纳失业保险费。职工本人月平均工资高于上一年本市职工月平均工资300%以上的部分，不作为缴纳失业保险费的基数；

（四）用人单位招用的农民合同制工人本人不缴纳失业保险费。

**第八条**　失业保险费收缴费率需要调整时，由市劳动保障行政部门会同市财政部门提出，报市人民政府同意，国务院批准后执行。

***《深圳经济特区失业保险若干规定》***

**第一条**　为了保障职工失业期间的基本生活，促进其再就业，根据《中华人民共和国社会保险法》等法律、行政法规的基本原则，结合深圳经济特区（以下简称特区）实际，制定本规定。

**第二条**　职工应当参加失业保险，由职工和与其形成劳动关系的特区内企业、国家机关、事业单位、社会团体、民办非企业单位、城镇个体经济组织以及其他社会组织（以下称用人单位）按照规定标准共同缴纳失业保险费。

公务员、参照公务员法管理的工作人员和事业单位职员参加失业保险的办法按照有关规定执行。

**第三条**　市社会保险经办机构（以下简称市社保机构）具体承办失业保险费征缴、失业保险待遇支付等失业保险管理服务工作。

**第四条**　失业保险费的缴费标准为：

（一）用人单位以不超过本市月最低工资标准百分之二的缴费费率按照应当参加失业保险的职工人数按月缴纳；

（二）职工按照不超过本市月最低工资标准百分之一的缴费费率按月缴纳。

具体缴费费率由市政府根据国家、广东省的有关规定和特区具体情况确定并予以公布。

## 第五节　生育保险

生育保险,是指女员工因生育子女,由国家和社会给予的物质帮助的社会保险制度。

### 一、征缴范围

生育保险的征缴范围包括所有城镇企业。

### 二、缴费基数

与基本养老保险缴费基数规定相同。

### 三、缴费比例

员工不需要缴纳生育保险费,各地政府规定的生育保险缴费比例不同,企业应按当地实际情况执行。

### 四、生育保险待遇

生育保险基金支付范围包括:

1. 生育津贴。按照用人单位月缴费基数除以30再乘以产假天数计算。生育津贴为女员工产假期间的工资,生育津贴低于本人工资标准的,差额部分由企业补足。

2. 生育医疗费用。

3. 计划生育手术医疗费用。

**【相关法条】**

***《社会保险法》***

**第五十三条**　职工应当参加生育保险,由用人单位按照国家规定缴纳生育保险费,职工不缴纳生育保险费。

**第五十四条**　用人单位已经缴纳生育保险费的,其职工享受生育保险待遇;职工未就业配偶按照国家规定享受生育医疗费用待遇。所需资金从生育保险基金中支付。

生育保险待遇包括生育医疗费用和生育津贴。

**第五十五条**　生育医疗费用包括下列各项:

(一)生育的医疗费用;

(二)计划生育的医疗费用;

(三)法律、法规规定的其他项目费用。

**第五十六条**　职工有下列情形之一的,可以按照国家规定享受生育津贴:

(一)女职工生育享受产假;

(二)享受计划生育手术休假;

(三)法律、法规规定的其他情形。

生育津贴按照职工所在用人单位上年度职工月平均工资计发。

**《北京市企业职工生育保险规定》**

**第七条**　生育保险费由企业按月缴纳。职工个人不缴纳生育保险费。

企业按照其缴费总基数的0.8%缴纳生育保险费。企业缴费总基数为本企业符合条件的职工缴费基数之和。

职工缴费基数按照本人上一年月平均工资计算;低于上一年本市职工月平均工资60%的,按照上一年本市职工月平均工资的60%计算;高于上一年本市职工月平均工资3倍以上的,按照上一年本市职工月平均工资的3倍计算;本人上一年月平均工资无法确定的,按照上一年本市职工月平均工资计算。

**第十五条**　生育津贴按照女职工本人生育当月的缴费基数除以30再乘以产假天数计算。

生育津贴为女职工产假期间的工资,生育津贴低于本人工资标准的,差额部分由企业补足。

**第十六条**　生育医疗费用包括女职工因怀孕、生育发生的医疗检查费、接生费、手术费、住院费和药品费。

计划生育手术医疗费用包括职工因计划生育实施放置(取出)宫内节育器、流产术、引产术、绝育及复通手术所发生的医疗费用。

生育、计划生育手术医疗费用符合本市基本医疗保险药品目录、诊疗项目和医疗服务设施项目规定的,由生育保险基金支付。

**北京市人力资源和劳动社会保障局《关于调整本市职工生育保险政策有关问题的通知》**

三、参加本市生育保险的职工,因生育或计划生育享受产假的,产假期间可享受生育津贴。生育津贴按照职工所在用人单位月缴费平均工资除以30天再乘以产假天数计发。

生育津贴即为产假工资,生育津贴高于本人产假工资标准的,用人单位不得克扣;生育津贴低于本人产假工资标准的,差额部分由用人单位补足。

原参加生育保险的职工,本通知执行之日前已经生育或计划生育享受产假,本通知执行之日后申报生育津贴的,按照本通知规定的生育津贴计发办法计算生育津贴。

## 第六节　工伤保险

工伤,是指员工因工作原因受到事故伤害或者患职业病。工伤保险,是指员工因发生工伤而获得医疗救治和经济补偿的社会保险制度。

### 一、征缴范围

我国境内的企业、事业单位、社会团体、民办非企业单位、基金会、律师事务所、会计师事务所等组织和有雇工的个体工商户均应当依照规定参加工伤保险,为本单位全部员工或者雇工缴纳工伤保险费。

### 二、缴费基数

与基本养老保险缴费基数规定相同。

### 三、缴费比例

工伤保险的费率由政府确定和颁布,政府根据不同行业的风险确定行业费率。因此,工伤保险的费率不是全国统一的,企业应当根据当地政府规定的行业费率缴纳工伤保险费。

### 四、工伤认定

员工只有经过工伤认定后方能享受工伤保险待遇。我国《社会保险法》第36条第1款规定:“职工因工作原因受到事故伤害或者患职业病,且经工伤认定的,享受工伤保险待遇;其中,经劳动能力鉴定丧失劳动能力的,享受伤残待遇。”

#### (一)工伤认定的程序

工伤认定需要经过申请、受理、核查、决定的过程。

1. 申请认定工伤的主体和期限

员工发生事故伤害或者按照《职业病防治法》的规定被诊断、鉴定为职业病,所在单位应当自事故伤害发生之日或者被诊断、鉴定为职业病之日起30日内,向统筹地区劳动保障行政部门提出工伤认定申请。遇有特殊情况,经报劳动保障行政部门同意,申请时限可以适当延长。向省级劳动保障行政部门提出工伤认定申请的,根据属地原则应向用人单位所在地设区的市级劳动保障行政部门提出。

如果用人单位未在规定的期限内提出工伤认定申请,受伤害员工或者其直系亲属、工会组织在事故伤害发生之日或者被诊断、鉴定为职业病之日起1年内,可以直接向有关部门提出工伤认定申请。

2. 提交资料

提出工伤认定申请者应当填写《工伤认定申请表》,并提交劳动合同文本复印件或其他建立劳动关系的有效证明、医疗机构出具的受伤后诊断证明书或者职业病诊断证明书(或者职业病诊断鉴定书)。

3. 处理期限

劳动保障行政部门自受理工伤认定申请之日起60日内应作出工伤认定决定。认定决定包括工伤或视同工伤的认定决定和不属于工伤或不视同工伤的认定决定。劳动保障行政部门应当自工伤认定决定作出之日起20个工作日内,将工伤认定决定送达工伤认定申请人以及受伤害员工(或其直系亲属)和用人单位,并抄送社会保险经办机构。

4. 法律救济途径

员工或者其直系亲属、用人单位对工伤认定申请不予受理的决定不服或者对工伤认定决定不服的,可以依法申请行政复议或者提起行政诉讼。

(二)工伤认定标准

员工有下列情形之一的,应当认定为工伤:

1. 在工作时间和工作场所内,因工作原因受到事故伤害的,或者没有证据证明是非工作原因导致的伤害。

2. 工作时间前后在工作场所内,从事与工作有关的预备性或者收尾性工作受到事故伤害的。

3. 在工作时间和工作场所或合理区域内,因履行工作职责(或与履行工作职责相关),受到暴力等意外伤害的。

4. 患职业病的。

5. 因工外出期间,由于工作原因受到伤害或者发生事故下落不明的。

如何认定因工外出期间?一般包括员工受用人单位指派或者因工作需要在工作场所以外从事与工作职责有关的活动期间;员工受用人单位指派外出学习或者开会期间;员工因工作需要的其他外出活动期间。

6. 在上下班途中,受到机动车事故伤害的。

如何认定上下班途中?根据最高人民法院的相关司法解释,上下班途中包括以下情况:(1)在合理时间内往返于工作地与住所地、经常居住地、单位宿舍的合理路线的上下班途中;(2)在合理时间内往返于工作地与配偶、父母、子女居住地的合理路线的上下班途中;(3)从事属于日常工作生活所需要的活动,且在合理时间和合理路线的上下班途中;(4)在合理时间内其他合理路线的上下班途中。从以上司法解释的规定来看,上下班途中并不能拘泥于固定的路线,而要根据一般的生活常识来分析员工是否处在上班或下班的途中。

7. 员工参加用人单位组织或者受用人单位指派参加其他单位组织的活动受到伤害的。

注意,此类活动并不局限于与工作相关,或者与职责相关的活动,只要是用人单位组织或指派参加的活动,即使与工作或职责无关,也都属于范围之内。例如,员工参加单位组织的旅游活动中受到的伤害,也属于工伤。

8. 在工作时间内,员工来往于多个与其工作职责相关的工作场所之间的合理区域因工受到伤害的。

9. 员工在工作时间和工作岗位,突发疾病死亡或者在 48 小时之内经抢救无效死亡的。

10. 员工在抢险救灾等维护国家利益、公共利益活动中受到伤害的。

11. 员工原在军队服役,因战、因公负伤致残,已取得革命伤残军人证,到用人单位后旧伤复发的。

12. 法律、行政法规规定应当认定为工伤的其他情形。

员工因下列情形之一导致本人在工作中伤亡的,不认定为工伤:(1)故意犯罪;(2)醉酒或者吸毒;(3)自残或者自杀;(4)员工因工外出期间从事与工作或者受用人单位指派外出学习、开会无关的个人活动受到伤害;(5)法律、行政法规规定的其他情形。

**【案例 59:入职培训罚做俯卧撑受伤,员工获工伤赔偿】**

小李是 2016 年 6 月入职某公司的新员工。当年 7 月 12 日,小李参加公司培训,在小组比赛中,小李所在的组失利了,负责培训的老师王某要求小李做 200 个俯卧撑作为惩罚。第二天,因为组内有两个组员未按规定佩戴临时工牌,王某再次惩罚小李做了 20 个俯卧撑。小李在做完俯卧撑后,感到身体不适,遂前往医院。经诊断,小李因运动过度导致腰部、腰椎受伤、血尿等。

事后,该公司为小李申请了工伤认定,有关部门确认小李为工伤,伤残等级为 10 级。小李也从公司处获得了工伤赔偿。

**【评析】**

新员工参加入职培训是很常见的事情,此类培训的内容与实际工作不一定有非常直接的联系,甚至有的培训内容近似于比赛和游戏,培训的时间在周末,培训的地点在度假村、旅游景点。在这种场所和时间内发生的伤害是工伤吗?

尽管本案中的培训内容是游戏比赛,但是该入职培训是用人单位组织,并要求小李参加的。所以,无论该培训内容是什么,该培训是否在用人单位的办公场所进行,该培训期间应属于工作时间。根据《工伤保险条例》第 14 条的规定,在工作时间和工作场所内,因工作原因受到事故伤害的属于工伤;因工外出期间,由于工作原因受到伤害或者发生事故下落不明的属于工伤。

**【案例 60:律师事务所组织员工旅游,发生车祸算工伤】**

赵某是江苏某律师事务所的一名律师。2014 年 9 月,单位组织去山西旅游,并包租了一辆大巴。9 月 15 日,赵某和同事们乘坐的大巴在高速上发生连环追尾事故。几位同事都受了皮外伤,赵某受伤最重,她的头部和颈部猛撞到靠背,后经医院诊断为颈椎棘骨折。

赵某向人力和社会保障部门申请工伤认定。然而,2014 年 12 月 5 日,当地人力和社会资源保障局却作出不予认定工伤的决定,理由是旅游不是工作。2015 年 1 月 13 日,赵某向法院提起诉讼,要求当地人力和社会资源保障局撤销之前不予认定工伤的决定书,重新作出原告为工伤的认定。

**【评析】**

近些年,此类关于单位组织旅游过程中发生的工伤案件中,既有认定属于工伤的,也有认定不属于工伤的。认定属于工伤的案件中,人力和社会资源保障局或法官的观点是,单位组织的旅游应属于《工伤保险条例》中规定的工作原因的延伸;而认定不属于工伤的案件中,人力和社会资源保障局或法官的理由是旅游活动不属于工作。

2014 年 9 月 1 日,最高人民法院《关于审理工伤保险行政案件若干问题的规定》开始实施,依据其第 4 条规定,员工参加用人单位组织或者受用人单位指派参加其他单位组织的活动受到伤害,人力和社会资源保障部门认定为工伤的,法院应予支持。笔者认为,根据该司法解释,对于用人单位组织旅游中发生的伤害是否属于工伤不应再有争议了。只要是单位组织员工参加的活动中员工受到伤害的,一律可以认定为工伤。

（三）工伤保险待遇

1. 因工伤发生的费用，按照国家规定从工伤保险基金中支付以下费用：

（1）治疗工伤的医疗费用和康复费用。

（2）住院伙食补助费。

（3）到统筹地区以外就医的交通食宿费。

（4）安装配置伤残辅助器具所需费用。

（5）生活不能自理的，经劳动能力鉴定委员会确认的生活护理费。

（6）一次性伤残补助金。一次性伤残补助金的标准如下：一级伤残为27个月的本人工资，二级伤残为25个月的本人工资，三级伤残为23个月的本人工资，四级伤残为21个月的本人工资，五级伤残为18个月的本人工资，六级伤残为16个月的本人工资，七级伤残为13个月的本人工资，八级伤残为11个月的本人工资，九级伤残为9个月的本人工资，十级伤残为7个月的本人工资。

（7）一至四级伤残职工按月领取的伤残津贴。职工按月领取的伤残津贴标准如下：一级伤残为本人工资的90%，二级伤残为本人工资的85%，三级伤残为本人工资的80%，四级伤残为本人工资的75%。伤残津贴实际金额低于当地最低工资标准的，由工伤保险基金补足差额。

（8）终止或者解除劳动合同时，应当享受的一次性医疗补助金；一次性工伤医疗补助金的具体标准由省、自治区、直辖市人民政府规定。

（9）因工死亡的，其遗属领取的丧葬补助金、供养亲属抚恤金和因工死亡补助金。丧葬补助金的标准为6个月的统筹地区上年度职工月平均工资。供养亲属抚恤金按照职工本人工资的一定比例发给由因工死亡职工生前提供主要生活来源、无劳动能力的亲属。其标准为：配偶每月40%，其他亲属每人每月30%，孤寡老人或者孤儿每人每月在上述标准的基础上增加10%。核定的各供养亲属的抚恤金之和不应高于因工死亡职工生前的工资。供养亲属的具体范围由国务院社会保险行政部门规定。一次性工亡补助金标准为上一年度全国城镇居民人均可支配收入的20倍。

（10）劳动能力鉴定费。

2. 因工伤发生的费用，按照国家规定由用人单位支付以下费用：

(1)治疗工伤期间的工资福利。

(2)五级、六级伤残职工按月领取的伤残津贴。伤残津贴标准如下:五级伤残为本人工资的70%,六级伤残为本人工资的60%,并由用人单位按照规定为其缴纳应缴纳的各项社会保险费,伤残津贴实际金额低于当地最低工资标准的,由用人单位补足差额。

(3)终止或者解除劳动合同时,应当享受的一次性伤残就业补助金。一次性伤残就业补助金的具体标准由省、自治区、直辖市人民政府规定。

工伤职工符合领取基本养老金条件的,停发伤残津贴,享受基本养老保险待遇。基本养老保险待遇低于伤残津贴的,从工伤保险基金中补足差额。

职工所在用人单位未依法缴纳工伤保险费,发生工伤事故的,由用人单位支付工伤保险待遇。用人单位不支付的,从工伤保险基金中先行支付。社会保险机构支付后可依法向用人单位追偿。

**【案例61:用人单位不缴纳工伤保险费,由用人单位支付工伤保险待遇】**

小王是某高尔夫球场的球童,该单位未给小王办理工伤保险。某天中午下班时,小王乘坐球场内的球车前往办公区就餐,小王在球车转弯时不慎跌落,摔伤昏迷,送医抢救无效死亡。

单位希望与小王的家属和解,但其提出的赔偿金额过低。小王的家属不了解法律规定,不知道索要多少赔偿额适当,经咨询律师后得知,在单位不为员工办理工伤保险的情况下,该单位应该直接负担法律规定的工伤保险待遇。小王的家属在与单位的协商谈判中据理力争,最终基本按照工伤保险待遇的标准获得了单位的赔偿。

**【评析】**

本案中,用人单位不为员工办理工伤保险,因小失大。其实只要平时依法为员工缴纳工伤保险费,就不需要支出如本案中单位支出的高额赔偿款。

**【案例62:工作中受到他人伤害负工伤,应由谁来赔偿】**

2011年8月15日,阮某进入食品公司工作,双方未签订劳动合同,食品公司也未为阮某缴纳社会保险费，阮某的月工资为1800元。

2011年9月13日，阮某与案外人李某在食品公司的门店门口因琐事发生口角，李某使用冰锥将阮某刺伤。经人力资源和社会保障局认定，阮某因履行工作职责受到的暴力伤害系工伤。2013年9月23日，劳动能力鉴定委员会出具《鉴定结论书》，鉴定阮某因工致残程度为八级。

2012年4月6日，阮某将李某作为被告，向法院提起侵权赔偿诉讼，法院判决李某应赔偿如下费用：医疗费112,874.10元；住院伙食补助费1160元；交通费1200元；住宿费9164元；误工费7250元；残疾赔偿金62,576元；护理费3600元；营养费3600元；精神损害抚慰金10,000元；鉴定费1800元。

该判决已生效并进入执行程序。但因为李某无可供执行的财产，故执行法院无法实际执行上述判决，李某始终未实际赔偿阮某。

阮某于2014年1月16日以挂号信形式向食品公司寄送《解除劳动关系通知书》，以食品公司未及时、足额支付阮某工伤待遇，且未为阮某缴纳社会保险费为由，提出自2014年1月15日起与食品公司解除劳动关系。

之后，阮某申请仲裁，要求食品公司支付其以下费用：工伤医疗费112,874.10元；住院伙食补助费1160元；2011年9月14日至2012年9月13日停工留薪期待遇19,200元；一次性伤残补助金38,960元；一次性伤残就业补助金42,228元；一次性工伤医疗补助金42,228元；经济补偿金×××元。

食品公司认为，阮某是被李某打伤，且阮某已经状告李某，法院也已经判决李某应当赔偿阮某医疗费、伙食补助费和误工费，所以食品公司不应再赔偿上述三项费用。

## 【评析】

1. 阮某可以向谁索赔

本案是员工在工作中被第三人伤害造成工伤的案件，关于医疗费、住院伙食补助费的问题，在第三人侵权引起工伤事故的情形下，会产生工伤员工的工伤保险赔偿请求权与工伤员工向第三人提起的侵权损害赔偿请求权两种赔偿请求权。所以李某和食品公司均负有赔偿责任,只是各自的赔偿基础不同,李某是基于侵权伤害他人而应当赔偿受害人损失,食品公司是基于雇主责任应当赔偿员工在工作中遭受的损害。此时阮某有权向李某和食品公司中任何一方索赔,也有权向两者同时索赔。

2. 重复赔偿的项目如何处理

当阮某向李某和食品公司两者同时索赔时,医疗费与住院伙食补助费属于相同且存在重复的项目,这应当如何处理呢? 此时应遵循民法的填平原则和实际赔偿原则。所谓填平原则,就是应当让受害人的损失得到实际的弥补,填平受害人发生的损失;所谓实际赔偿原则,就是受害人不能因为赔偿而获得额外利益。通俗地说,就是已经从甲处得到实际赔偿后,不能就相同损失再从乙处得到重复的赔偿。

根据这两个原则,因为李某并未实际赔偿阮某,所以食品公司没有充分的理由拒绝赔偿阮某的医疗费、住院伙食补助费。

关于停工留薪期的工资问题,即为什么阮某向食品公司索要 19,200 元,而向李某索要 7250 元呢? 这是因为阮某状告李某时,尚处在停工留薪期内,因此计算的期间较短,而阮某状告食品公司时,停工留薪期已经结束,计算的期间较长。这时就应该适用填平原则,即阮某可依据就高原则获得赔偿,故法院依法确认食品公司应支付阮某 2011 年 9 月 14 日至 2012 年 9 月 13 日停工留薪期工资 19,200 元。

当然,需要指出的是:针对上述三项赔偿项目,食品公司作为用人单位在履行了相应的赔偿义务后,可就阮某已实际获得的重复赔偿部分取得追偿权,向李某追偿。

3. 补助金

关于一次性伤残补助金、一次性伤残就业补助金、一次性工伤医疗补助金及经济补偿金的问题,阮某已明确以挂号信形式向食品公司寄送《解除劳动关系通知书》,以食品公司未及时、足额支付阮某工伤待遇,且未为阮某缴纳社会保险费为由,要求解除劳动合同。

《工伤保险条例》第 37 条规定,员工因工致残被鉴定为七级至十级伤残的,享受以下待遇:(1)从工伤保险基金按伤残等级支付一次性伤残补助金,标准为：七级伤残为13个月的本人工资，八级伤残为11个月的本人工资，九级伤残为9个月的本人工资，十级伤残为7个月的本人工资；(2)劳动、聘用合同期满终止，或者职工本人提出解除劳动、聘用合同的，由工伤保险基金支付一次性工伤医疗补助金，由用人单位支付一次性伤残就业补助金。一次性工伤医疗补助金和一次性伤残就业补助金的具体标准由省、自治区、直辖市人民政府规定。

所以，食品公司理应支付阮某一次性伤残补助金、一次性伤残就业补助金、一次性工伤医疗补助金及经济补偿金。

**【相关法条】**

***《社会保险法》***

**第三十七条** 职工因下列情形之一导致本人在工作中伤亡的，不认定为工伤：

(一)故意犯罪；

(二)醉酒或者吸毒；

(三)自残或者自杀；

(四)法律、行政法规规定的其他情形。

**第三十八条** 因工伤发生的下列费用，按照国家规定从工伤保险基金中支付：

(一)治疗工伤的医疗费用和康复费用；

(二)住院伙食补助费；

(三)到统筹地区以外就医的交通食宿费；

(四)安装配置伤残辅助器具所需费用；

(五)生活不能自理的，经劳动能力鉴定委员会确认的生活护理费；

(六)一次性伤残补助金和一至四级伤残职工按月领取的伤残津贴；

(七)终止或者解除劳动合同时，应当享受的一次性医疗补助金；

(八)因工死亡的，其遗属领取的丧葬补助金、供养亲属抚恤金和因工死亡补助金；

(九)劳动能力鉴定费。

**第三十九条** 因工伤发生的下列费用,按照国家规定由用人单位支付:

(一)治疗工伤期间的工资福利;

(二)五级、六级伤残职工按月领取的伤残津贴;

(三)终止或者解除劳动合同时,应当享受的一次性伤残就业补助金。

**《工伤保险条例》**

**第十四条** 职工有下列情形之一的,应当认定为工伤:

(一)在工作时间和工作场所内,因工作原因受到事故伤害的;

(二)工作时间前后在工作场所内,从事与工作有关的预备性或者收尾性工作受到事故伤害的;

(三)在工作时间和工作场所内,因履行工作职责受到暴力等意外伤害的;

(四)患职业病的;

(五)因工外出期间,由于工作原因受到伤害或者发生事故下落不明的;

(六)在上下班途中,受到非本人主要责任的交通事故或者城市轨道交通、客运轮渡、火车事故伤害的;

(七)法律、行政法规规定应当认定为工伤的其他情形。

**第十五条** 职工有下列情形之一的,视同工伤:

(一)在工作时间和工作岗位,突发疾病死亡或者在48小时之内经抢救无效死亡的;

(二)在抢险救灾等维护国家利益、公共利益活动中受到伤害的;

(三)职工原在军队服役,因战、因公负伤致残,已取得革命伤残军人证,到用人单位后旧伤复发的。

职工有前款第(一)项、第(二)项情形的,按照本条例的有关规定享受工伤保险待遇;职工有前款第(三)项情形的,按照本条例的有关规定享受除一次性伤残补助金以外的工伤保险待遇。

**第十六条** 职工符合本条例第十四条、第十五条的规定,但是有下列情形之一的,不得认定为工伤或者视同工伤:

(一)故意犯罪的;

(二)醉酒或者吸毒的;

（三）自残或者自杀的。

**第三十七条** 职工因工致残被鉴定为七级至十级伤残的，享受以下待遇：

（一）从工伤保险基金按伤残等级支付一次性伤残补助金，标准为：七级伤残为13个月的本人工资，八级伤残为11个月的本人工资，九级伤残为9个月的本人工资，十级伤残为7个月的本人工资；

（二）劳动、聘用合同期满终止，或者职工本人提出解除劳动、聘用合同的，由工伤保险基金支付一次性工伤医疗补助金，由用人单位支付一次性伤残就业补助金。一次性工伤医疗补助金和一次性伤残就业补助金的具体标准由省、自治区、直辖市人民政府规定。

**最高人民法院《关于审理工伤保险行政案件若干问题的规定》**

**第四条** 社会保险行政部门认定下列情形为工伤的，人民法院应予支持：

（一）职工在工作时间和工作场所内受到伤害，用人单位或者社会保险行政部门没有证据证明是非工作原因导致的；

（二）职工参加用人单位组织或者受用人单位指派参加其他单位组织的活动受到伤害的；

（三）在工作时间内，职工来往于多个与其工作职责相关的工作场所之间的合理区域因工受到伤害的；

（四）其他与履行工作职责相关，在工作时间及合理区域内受到伤害的。

# 第十四章

# 劳动合同的变更

劳动合同变更，是指用人单位和劳动者经过协商达成一致，对劳动合同的部分内容进行修改或补充。例如，调整工作岗位、调整工资、改变工作地点等。

## 第一节　劳动合同变更的原因

### 一、法律原因

劳动合同的签订和履行必须以不违反法律、法规的规定为前提。如果劳动合同签订时所依据的法律、法规被修改或者废止，不变更劳动合同就可能出现与法律、法规不相符甚至是违反法律、法规的情况，导致劳动合同因违法而无法履行。因此，根据法律、法规的变化而变更劳动合同的相关内容是必要且必需的。

### 二、企业方面的原因

企业经上级主管部门批准或者根据市场变化决定转移生产、调整生产任务或者生产经营方案等。企业的生产经营不是一成不变的，而是要根据上级主管部门批准或者根据市场变化调整自己的经营策略和产品结构，这就不可避免地会发生转移生产、调整生产任务或者生产经营方案的情况。在这种情况下，有些工种、产品生产职位就可能被撤销，或者被其他新的工种、职位所替代，原劳动合同可能因签订条件的改变而发生变更。

### 三、员工方面的原因

员工的身体健康状况发生变化,劳动能力部分丧失,员工能力差不能胜任工作等原因,造成无法按照原劳动合同约定的内容履行。

### 四、客观方面的原因

客观原因的出现使得当事人在原劳动合同中约定的权利义务的履行成为不必要或者不可能。这时应当允许当事人对劳动合同有关内容进行变更。主要包括以下客观原因:

1. 由于不可抗力的发生,使原劳动合同的履行成为不可能或者失去意义。不可抗力是指当事人所不能预见、不能避免且不能克服的客观情况,如自然灾害、意外事故、战争等。

2. 签署劳动合同时的客观经济情况发生重大变化致使劳动合同无法履行。这是民法的情势变更原则在劳动合同履行中的运用。

**【案例 63:一场因单位调整工作地点引发的劳动争议】**

B 公司与温某等人具有劳动合同关系,B 公司与温某等员工分别在劳动合同中约定工作地点为“全国”,同时约定“同意 B 公司根据生产经营状况不时安排温某等员工到其他地方办事或完成工作任务”。

2018 年 5 月 31 日,B 公司向温某等员工发出《关于仓库搬迁通知》,主要内容为“我司深圳仓库将于 6 月搬迁至东莞寮步金兴路凯通物流园内,时间如下:6 月 10 日准备打包,6 月 20 日旧仓库封仓,6 月 20 日至 30 日进行搬迁,7 月 1 日东莞仓库正常运作。详细时间按各组时间进度,请各位同事积极配合。如有异议,请于本通知后 3 天内向直接领导提出书面说明”。温某等员工不同意变更工作地点,但是并没有提出书面说明。2018 年 6 月 6 日,温某等员工到原仓库工作被 B 公司限制进入,B 公司要求温某等员工到公司新仓库报到,但未作出任何解除劳动合同的意思表示。2018 年 6 月 27 日,温某等员工申请劳动仲裁,要求 B 公司支付违法解除劳动合同的赔偿金。

法院判决 B 公司变更温某等 12 名员工工作地点的行为没有违反劳动

合同的约定和法律规定,不需要支付违法解除劳动合同的赔偿金。

【评析】

1. 法院认定B公司与温某等人对劳动合同中“工作地点为全国”的约定有效

法院认为,B公司与温某等人签订的劳动合同约定温某等员工的工作地点在“全国”以及“同意B公司根据生产经营状况不时安排温某等员工到其他地方办事或完成工作任务”,这是劳动合同双方的真实意思表示,是温某等员工对自己权利的处分,且用人单位在公平合理的范围内,可以对劳动者行使适当的调岗权,故上述约定是有效的。

本案有以下几点特殊性:

第一,东莞与深圳相邻,两地直线距离为76千米,考虑到深圳作为国内特大一线城市,这一地点的变更并不必然给劳动者带来不可克服的影响;

第二,B公司虽然变更了温某等人的工作地点,但是对其工作岗位以及工资待遇并没有做出变更;

第三,B公司实际生产经营的客观情况发生变化,其行使的调岗权在公平合理的范围之内;

第四,B公司给予温某等人合理的考虑期,并且通知中已写明了不书面答复的后果。

个案的裁判虽然有借鉴意义,但也不宜完全照搬学习。笔者建议,用人单位在对劳动者工作地点进行约定时,不能过于模糊也不能过于具体,过于模糊容易被司法机构认定无效,过于具体则不利于公司对人员岗位的管理。比如,用人单位可根据需要在劳动合同中约定两三个确定的工作地点,明确劳动者在需要时应当服从单位安排,在上述范围内调整工作地点等。

2. 公司是否可以随意变更员工的工作地点

如上所述,出于对本案特殊性的考量,认定B公司与温某等人劳动合同中“工作地点为全国”的约定有效,因此,B公司要求温某等员工到东莞的新仓库报到上班符合合同约定,并没有变更劳动合同,不需要再次与温某等人协商。且在仓库搬迁前,B公司已经发出通知,要求有异议的员工于通知后

3天内向直接领导提出书面说明，但是温某等人没有提出书面异议，而是直接以行为拒绝到新仓库上班。对于温某等人拒绝到东莞新仓库上班的行为，法院认定温某等人是以自己的行为表明提出解除劳动合同，并非B公司作出解除劳动合同的意思表示。因此，本案劳动合同的解除不适用《劳动合同法》第46条用人单位应当向劳动者支付经济补偿和第87条用人单位应当承担赔偿金的情形，温某等12名员工申请劳动仲裁要求支付违法解除劳动合同赔偿金的行为没有法律依据，法院并没有支持其诉求。

## 第二节　劳动合同变更的原则

### 一、平等自愿，协商一致原则

变更劳动合同必须坚持平等自愿、协商一致的原则，即劳动合同的变更必须经企业和员工双方当事人的同意。平等自愿、协商一致原则既是劳动合同订立的原则，也是其变更应遵循的原则。劳动合同关系是通过员工与企业协商一致而形成的，其变更当然也应当通过双方协商一致才能进行。劳动合同允许变更，但不允许单方变更，任何单方变更劳动合同的行为都是无效的行为。

**【案例64：员工不能胜任工作，单位是否可以单方面决定调岗】**

某公司女职工王某是公司销售部的销售助理，在该岗位工作多年，工作得心应手。2019年王某因生育休产假，其间，公司招聘了新员工李某接替王某原来的工作岗位。当王某产假结束返回工作时，该公司已经没有王某原先的岗位，而李某不愿意调岗，因此公司与王某协商，希望把王某安排在其他部门的其他岗位上。王某虽然同意，但对休产假后被更换到不熟悉的岗位很不情愿，在新岗位的工作中带着抵触情绪，工作不积极主动，工作表现不佳，并因此与公司领导、同事不断产生矛盾。

公司发现王某不能适应新的岗位，经研究后努力说服李某，李某终于同意调岗，这样就可以空出原岗位给王某。但此时王某已经对公司有了很强的抵触情绪，其深知自己处于哺乳期而受到法律的特殊保护，即便自己不能胜任工作,公司也不能辞退自己。故王某坚决和公司采取对立的做法,坚决不同意回到原岗位。

【评析】

调整岗位属于劳动合同的变更,同时又是用人单位对员工的管理行为,具有双重特点。如果确有证据证明员工不能胜任目前的工作,那么用人单位有权对员工合理调岗;反之,如果用人单位因为重组业务、部门合并等原因而需要调整员工岗位,则应当与员工协商一致。对于受法律特殊保护的哺乳期女员工,调整其岗位和工资更是非常敏感,企业应当慎重处理。

本案中,王某不适应休产假之后的新岗位,公司想把其调回到休产假之前的原岗位。由于王某处于哺乳期,根据法律规定,即使王某调回原岗位后仍不能胜任工作,公司也不能与其解除劳动关系。所以公司调岗的本意并非想经过调岗后再利用《劳动合同法》第40条第2项的规定解除与王某的劳动关系,只是想通过调岗来达到人尽其用的目的。那么,王某拒绝用人单位调岗的决定,公司是否可以以此为由提前解除劳动合同(开除)呢?笔者认为,用人单位对待此类情况应当慎重。第一,用人单位应当有充分的客观证据证明王某确实不能胜任现有岗位;第二,用人单位虽然有权给不适岗员工调岗,但调岗应当在合理的范围内,不能以调岗为幌子逼员工辞职;第三,建议用人单位给员工调岗,但不降薪;第四,在劳动合同中明确约定在不适岗时,员工有义务服从单位调岗;第五,在有效的规章制度中明确规定此类不服从调岗的行为属于严重违反规章制度。在满足上述五个条件的情况下,如果不适岗员工仍然没有合理理由而拒绝调岗,则用人单位可以考虑开除员工。对于与王某类似的情况,公司应当采取什么措施应对呢?一般来说可以从以下几个方面应对:

1. 在劳动合同中约定员工不适岗时,员工有义务服从单位的调岗安排;

2. 在规章制度中规定,员工不适岗又不服从调岗安排,属于严重违反规章制度的行为;

3. 王某在工作中表现不佳,公司可以在符合法律规定和公司规章制度的前提下,调降其绩效类工资和奖金,这也是故意消极怠工的员工应得的不利后果；

4. 如果王某的消极怠工行为达到了严重违反公司规章制度的程度，即使王某是哺乳期女员工，单位也可以随时解除和其的劳动关系，且不需要支付王某经济补偿；

5. 如果王某不认真工作，严重失职，给用人单位造成了重大损害，单位可以解除和王某的劳动关系，且不需要支付王某经济补偿。

**【案例 65：用人单位是否可以单方面调整内退员工的内退补贴】**

**公司因生产经营的变更，与杨某协商内退。双方同意，在不解除劳动关系的前提下，让未达法定退休年龄的杨某退出工作岗位，而公司按月支付其低于正常劳动情况下的一定的工资数额，但双方没有就内退待遇签署书面协议。此后公司每月向杨某发放 2411 元的职称补贴。后公司发布《关于内退人员待遇的通知》，规定“取消全部内退人员的职称补贴待遇”。杨某认为，公司停止向其发放职称补贴的行为属于拖欠工资，故向劳动争议仲裁委员会提出了申诉。**

**【评析】**

杨某的内退，实际上是杨某和公司在不解除双方劳动合同关系的前提下对劳动合同履行方式的变更。劳动合同的变更应由双方协商一致，不得单方面变更。虽然双方对内退报酬没有签订书面协议，但公司在杨某内退后每月都向其支付 2411 元的职称补贴，且公司未提供证据证明曾明确告知杨某该职称补贴系临时发放等性质，因此，应视为双方就报酬形式、按实际履行情况进行的约定。公司发布的《关于内退人员待遇的通知》实际是变更了双方对于劳动报酬的约定，公司没有证据证明双方对此变更达成了一致的意思表示，也没有证据证明杨某属于该通知所涵盖的员工。公司在没有法定理由和未征得杨某同意的情况下停止发放杨某的职称补贴属单方变更行为，已构成违约，公司应按照双方的约定继续履行发放包括职称补贴在内的内退报酬给杨某至法定退休年龄的义务。

## 二、合法原则

变更劳动合同必须合法,企业和员工约定的变更内容不得违反法律、法规的强制性规定。如果变更内容违反了法律、法规的强制性规定,则变更无效。

## 三、书面原则

变更劳动合同一般应采用书面形式。劳动合同双方当事人对劳动合同中约定内容的变更达成一致意见时,必须达成书面协议。劳动合同变更的书面协议应当指明对劳动合同的哪些条款作出变更,并应指明劳动合同变更协定的生效日期。书面协定经企业和员工双方当事人签字盖章后生效。如果不采取书面形式变更劳动合同,则日后难以确定变更的合同内容,不利于保护双方的法律权益。

如果一方提出变更劳动合同的要求,双方虽然未签署书面协议,但是已经按实际变更后的条件履行了劳动合同达一个月,并且变更后的劳动合同内容不违反法律、行政法规、国家政策以及公序良俗,则一般不允许再反悔。

【相关法条】

**最高人民法院《关于审理劳动争议案件适用法律问题的解释(一)》**

**第四十三条** 用人单位与劳动者协商一致变更劳动合同,虽未采用书面形式,但已经实际履行了口头变更的劳动合同超过一个月,变更后的劳动合同内容不违反法律、行政法规且不违背公序良俗,当事人以未采用书面形式为由主张劳动合同变更无效的,人民法院不予支持。

## 四、及时原则

劳动合同的变更也要及时进行。提出变更劳动合同的主体既可以是企业,也可以是员工,无论是哪一方要求变更劳动合同,都应当及时向对方提出变更劳动合同的要求,说明变更的理由、内容和条件等。如果应该变更的劳动合同内容没有及时变更,原订条款继续有效,可能使劳动合同不适应变化了的新情况,从而引起不必要的争议。员工得知单位变更劳动合同的要求后，应在对方规定的合理期限内及时作出答复，不得对对方提出的变更劳动合同的要求置之不理，因为根据《劳动法》第26条和《劳动合同法》第40条的规定，劳动合同订立时所依据的客观情况发生重大变化，致使劳动合同无法履行时，如果企业经与员工协商，未能就变更劳动合同内容达成协定，则可能导致企业单方解除劳动合同。

**【案例66：调整工资应及时签署劳动合同变更协议】**

张某于2016年1月1日入职某单位，月工资18,000元。2018年8月，张某因工作表现不佳，被单位给予工资降级的处理，自2018年8月起其月工资被调整为15,000元。单位领导和张某谈话后，张某因为自己工作表现不佳而没有向单位提出针对工资调降的异议，但是双方没有就工资降级签署书面协议。此后张某的工作业绩仍然不合格。2018年12月底，单位因为张某工作表现不符合工作要求而将之辞退，并按照解除劳动合同前12个月的张某平均工资计算并支付了张某解除劳动合同经济补偿金。

张某提起劳动争议仲裁，要求单位支付未足额发放的工资，理由是自2018年8月开始，单位就没有足额发放其月工资；且单位支付给其的经济补偿金低于法律规定，要求单位应按照其月平均工资18,000元的水平计算并支付经济补偿金。在诉讼中，单位因为无法证明双方就调整工资达成了协议，所以被裁决按照月工资18,000元的水平补足工资和经济补偿金。

**【评析】**

劳动报酬是劳动合同的必备内容之一，尽管实践中确实存在很多用人单位不把具体的劳动报酬标准写入劳动合同中的情况，而且由于劳动报酬中的项目繁多，且经常发生变化，也无法全部和准确地提前写入劳动合同中，但是，用人单位仍应当留下邮件、通知、签收的规章制度等书面凭证，以证明劳动者适用的具体工资标准。尤其是降低工资标准，是一项很敏感，易引发劳动争议的操作，本案例中，若单位与张某签署了降薪协议，或者减薪谈话时当场签署了会议纪要，便不会引发案例中的不利后果。

## 第三节　劳动合同的变更程序

企业应当在劳动合同中清楚地约定变更劳动合同的具体程序和步骤，一般而言，变更劳动合同应当按照以下步骤进行：

首先，由希望变更合同的一方采取书面通知方式向对方提出变更劳动合同的提议。

其次，接收提议的一方在规定的答复期内答复提议的一方。在劳动合同中事先规定对变更合同提议的答复期，可以避免无限期地拖延，提高工作效率，但是要注意逾期不答复的法律后果。笔者建议劳动合同应当约定对方逾期不答复变更提议或者不同意变更提议的，都视为无法达成变更合同的一致意见。

最后，如果双方达成一致意见，则应当签署书面协议或者相当于书面协议效果的文件。

【示范文本】

以下示范文本仅供读者研究参考之用，不代表笔者提供的法律咨询意见，笔者对示范文本内容的合法性、适用性和实际效果不做任何保证。

### 劳动合同变更协议

甲方：________

地址：

法定代表人：

乙方：________

地址：

居民身份证号：

前言：

1.甲方与乙方于____年____月____日签署了《劳动合同》，合同期限为____年。

2. 经甲方与乙方协商一致，根据《中华人民共和国劳动合同法》及有关法律法规之规定，双方就变更《劳动合同》达成如下协议。

第一条 《劳动合同》原第____条____款为：“____________________”。

双方同意上述条款修订为：“__________________________________”。

第二条 本补充协议经甲方盖章和乙方签字后，于____年____月____日生效。

第三条 本补充协议一式两份，甲方和乙方各持一份。

第四条 自本补充协议生效时起，本补充协议构成《劳动合同》不可分割的组成部分。除根据本补充协议而修改的条款和内容外，《劳动合同》其他条款的效力不受本补充协议的影响。

签署：

甲方：　　　　　公司　　　　　　　　乙方：

签署日期：　　年　月　日　　　　　　签署日期：　　年　月　日

## 第四节 变更劳动合同的几个实务问题

### 一、能否在劳动合同或规章制度中规定单位有权随时调整员工岗位

根据《劳动合同法》的规定，劳动者的工作岗位是劳动合同的法定条款，所以变更工作岗位必然涉及变更劳动合同。

实务中，很多用人单位在劳动合同中约定了工作岗位，但同时还在劳动合同或者有关规章制度中约定单位有权随时根据用人单位的业务需要和员工工作表现调整员工工作岗位，而员工必须服从用人单位的调整。这种约定是否意味着单位可以不经过员工同意就随意调整员工工作岗位呢？

一种观点认为可以，持这种观点的人认为，只要单位在规章制度中详细地规定了单位有权调岗以及调岗的条件和流程，并且该规章制度向员工公示告知了，单位就可以根据相关规章制度的规定直接调整员工的工作岗位。

另一种观点认为不可以，理由如下：

第一，工作岗位是劳动合同的法定条款，而订立或变更合同条款必须是合同当事方协商一致的结果，如果在劳动合同或者规章制度中约定单位可

以自行决定调整员工工作岗位,实际上等于排除了员工对工作岗位的协商权利。

第二,如果是因为单位业务需要而调整员工工作岗位(如单位撤并内部机构、单位停止经营某类业务等),单位需要为此与员工协商变更劳动合同,如果员工不接受调整工作岗位,双方可能不得不解除劳动合同,但相应地,员工也有权得到经济补偿。但是,如果劳动合同或规章制度中约定单位可以单方面决定调整工作岗位,那么就不存在与员工协商的环节,员工只能选择接受,不能选择拒绝接受,如果员工对调整工作岗位不满意,就只能选择辞职,而员工主动辞职是无法得到经济补偿的。可见,单位自主决定调整工作岗位的做法排除了员工获得法定经济补偿金的机会。

第三,如果是因为员工个人工作表现而调整工作岗位(如员工不胜任其岗位要求),那么根据《劳动合同法》第 40 条的规定,单位可以有两个选项,要么调整员工的工作岗位,要么对员工进行培训,如果经过调岗或培训后该员工仍不能胜任工作要求,则单位可以与之解除劳动关系,相应地,员工也可以依法得到经济补偿金。《劳动合同法》没有明确规定单位可不经员工同意而调整不适岗员工的岗位,况且单位还可以通过培训员工来解决不适岗问题,所以《劳动合同法》第 40 条的规定不应被理解为单位可以对不适岗员工随意调整工作岗位。

笔者认为,可以把调整劳动者岗位分为三种情况来区别对待。

第一种情况,非因劳动者个人的原因而需要调岗,比如企业的外部市场环境发生变化、企业的内部部门或岗位设置发生变化、企业的经营方针发生变化等。因为是非劳动者的原因而调岗,应当征得劳动者同意。

第二种情况,因劳动者个人的过错而需要调整岗位,主要是指因劳动者工作表现不胜任岗位要求而需要调整其工作岗位。用人单位在理论上可以单方面调整不适岗员工的岗位。但在实践中因不适岗而调岗是劳动争议多发的原因,用人单位不应滥用经营管理的“自主权”。笔者建议:

1. 清晰界定不胜任的判断标准

不胜任工作是单位单方面决定调岗的前提依据。因劳动者不胜任工作而被调岗也是单位与员工之间最易发生争议之处,在实践中,单位认为员工不胜任岗位,而员工坚持认为自己工作表现合格的情况很多,任何一项工作都不是孤立的,工作能否圆满完成会受到很多因素的影响,员工往往会找出各种理由和借口推卸绩效不良的责任,比如其他同事不配合、领导指挥错误、客观情况影响、身体不适、家庭压力大等。因此,用人单位首先应当清晰确定不胜任的判断标准并由员工签署确认,只有标准清晰并具有很强的可操作性,其才能在人力资源管理过程中运用这个标准。一般来说,不胜任的判断标准应当包括以下内容:

(1)明确、合理的考核周期。评判一个员工是否胜任工作,应该以其一定期间内的工作表现作为考核依据,此期间应当在考核前就确定并告知被考核的员工。考核期应当合理,至于多长时间算合理,很难一概而论,不同的行业、工种有不同的用工特点,但是如果规定的考核周期太短,那么很可能被司法机关认为属于偶发性的不良工作绩效,不足以判断员工是否胜任工作。笔者建议考核期一般应达到一个季度以上。

(2)具体的考核内容或考核项目。单位具体要考核什么,应该在考核期开始之前即告知员工,如果考核范围不确定,就无法界定员工应当胜任什么工作。

(3)合理量化的考核指标。考核的指标应量化,只有量化才具有可操作性并且更具客观性,避免考核的主观人为因素。如果考核指标不合理、不量化,员工会不认可考核结果,司法机关也可能不认可企业做出的不胜任的考核结论。有的工种容易确定量化考核指标,有的工种难以量化考核指标,这需要人力资源管理者与员工的直接上级领导细致和巧妙地进行考核指标设计,还可以请公司法务或者律师协助设计,因为法律工作者比较擅长制定规则。

2. 收集、保管不胜任工作的证据

无论是就调岗与员工进行面谈协商,还是进入法律诉讼途径解决劳动争议,都需要用证据说话,所以仅仅制定了不胜任工作的标准还不够,单位还需掌握员工不胜任工作的凭证。

3. 慎重调薪

如果员工不胜任工作,企业可以对员工调岗,此种调岗属于用人单位正常的自主经营管理活动。但是在《劳动合同法》中仅规定了单位可对不胜任工作的员工进行调岗,而没有直接涉及调薪问题。所以笔者建议用人单位应当慎重调薪,如果想在调岗的同时调薪,应制定关于薪资的管理规定,其中应对员工岗位与薪资的联动关系进行规定,以避免因规定模糊而引起争议。

4. 为后续工作做准备

后续工作是指如果调岗后员工仍不胜任工作,单位可依法辞退员工。笔者建议用人单位在调岗时与员工进行面谈,指出员工哪里不胜任工作,提出改进的建议,帮助员工改善绩效。同时,应当与员工确定调岗后的考核周期、考核内容及考核标准,避免下次考核时发生争议纠纷。在调岗后,单位仍应当注意收集员工的绩效证据,以备在因员工仍不胜任工作而解除劳动关系时使用。

5. 与公司法务或律师提前沟通

人力资源管理者在决定实施调岗调薪之前,应当先与公司法务或外部律师沟通,听取法律专业人士的意见,不要擅自实施调岗调薪的计划。如果准备工作不足,发生劳动争议后再请法律专业人士介入,很可能"为时已晚"。

第三种情况,因劳动者非过失性的原因而需调岗,比如员工因为患非职业病或非工伤而在医疗期满后仍不能胜任原工作岗位的,单位可以直接调整其工作岗位。根据《劳动合同法》第 40 条的规定,对于患非职业病或非工伤的员工,医疗期满后不能从事原工作也不能胜任单位安排的新工作的,单位可以解除劳动合同。根据该法条可以推导出:如果员工因为患非职业病或非工伤而在医疗期满后不能从事原工作,单位有权直接安排新的工作岗位。

尽管单位在大多数情况下不能单方面随意调整员工工作岗位,但是仍然有一些应对的方法。一种方法是给员工升职,在给员工升职前,单位可以与员工签署协议,在协议中由员工承诺绩效考核指标,并约定如果其不满足约定的绩效考核指标,则单位可以把其调回原来的工作岗位。这等于单位和员工之间事先约定了劳动合同变更条款,当约定的条件满足时,单位可以直接决定调整员工岗位。另一种方法是表面上不调岗，但调整实际工作内容，用人单位运用这种方法的前提是调整后的工作内容应当与岗位名称有合理的相关性，这也提醒用人单位不要把岗位名称定得太死、太窄，而当尽量宽泛一些，便于日后进行工作内容的调整和安排。

## 二、变动工资的技巧

### （一）利用绩效工资等浮动工资项目调整工资

变动工资是一个非常敏感的问题，无论是因为岗位调整而变动工资，还是因为员工工作表现不佳而调降工资，凡是涉及降工资的，都极易引发企业与员工间的劳动争议。这就要求企业的工资体系制定得科学和巧妙，尽量通过绩效工资、计件工资、提成工资来反映员工工作表现，这些类别的工资属于动态的、可变化的，而一般所说的基本工资、基础工资则是固定金额，一旦要调整基本工资就属于变更劳动合同，单位必须谨慎处理，与员工签订补充协议。

### （二）因员工业绩原因而调降工资

企业可以因为员工业绩不达标而对员工的基本工资进行降级，但需要注意以下问题：

1. 必须在劳动合同或者规章制度中有非常具体的规定，明确规定什么情况下工资降级、降几级，单位不能随意决定工资降级，不能没有根据地随意确定工资降级幅度。

2. 有关工资降级的规章制度规定应当合理适当，比如不能仅一次业绩不达标就立刻对员工的工资进行降级，因为仅一次业绩不达标，难免源于偶然性因素。

3. 考核员工的业绩指标应当制定得合理，业绩指标最好经过员工书面确认，不能故意用不现实、不合理的业绩指标来考核员工。

4. 有关工资降级的规章制度必须依法经过民主程序订立，制定后应当向员工公示或告知。

【相关法条】

***《劳动合同法》***

**第三十五条** 用人单位与劳动者协商一致,可以变更劳动合同约定的内容。变更劳动合同,应当采用书面形式。

变更后的劳动合同文本由用人单位和劳动者各执一份。

# 第十五章

# 劳动合同的解除

劳动合同的解除，是指劳动合同在订立以后，尚未履行完毕或者未完全履行以前，由于合同双方或者单方的法律行为导致双方当事人提前消灭劳动关系的法律行为。可分为协商解除、法定解除和约定解除劳动合同3种情况。劳动合同的解除是劳动合同制度中最关系双方利益的行为，关于劳动合同的争议也大多因解除契约而引起。了解并切实执行关于劳动合同解除的规定和制度，有助于理顺劳动关系，规范劳动合同管理，维护劳动关系双方的正当权益。

## 第一节　协商解除劳动合同

协商解除劳动合同，是指在劳动合同期满之前，用人单位与劳动者经协商，一致同意提前解除劳动合同。无论解除合同的具体原因是什么，只要在协商过程中不存在欺诈、胁迫、乘人之危等导致当事人违反真实意思表示的情况，则协商解除劳动合同具有法律效力且各方均不得反悔。

协商解除劳动合同需要由一方首先提出解除合同的提议，但提议需要对方同意，而不是由一方当事人单方面决定和实施。与单方面解除合同相比，协商解除方式更加温和，更有利于创造和谐的用工关系，更有利于降低劳动争议风险，减少用人单位的诉累。

协商解除劳动合同，可分为由员工先提议的协商解除和由用人单位先提议的协商解除。由员工先提议的协商解除与员工主动辞职类似，但又有

细微区别,具体表现在:

1. 辞职是一种劳动者单方面解约的行为,不需要与用人单位协商一致解除劳动合同。

2. 员工提交辞职报告后 30 天,劳动合同即解除;而协商解除可以协商确定任意离职时间,比如经双方协商同意员工在 3 个月后离职。

3. 协商解除中双方可就补偿等问题进行个性化的协商。

由用人单位先提出的协商解除劳动合同,用人单位依法应当向劳动者支付经济补偿金。此外,双方可以就报销、工资、加班费、经济补偿金、培训费返还等问题进行协商,除法律的强制性规定外,双方可达成个性化的处理方案。

**【案例 67:解除合同时劳动者承诺不再要求赔偿和补偿,承诺是否有效】**

高某诉称,其于 2007 年 6 月 1 日到北京某玻璃钢公司工作,从事二次加工工作,月工资不低于北京市最低工资标准,双方签订了书面劳动合同。2013 年 4 月 9 日公司改制,当事双方签订了补偿协议书,公司将经济补偿金一次性支付给高某。但高某在工作期间没有休息日,现其要求北京某玻璃钢公司支付双休日加班费 53,598.13 元、法定节假日加班费 9383.9 元,并由北京某玻璃钢公司承担本案诉讼费用。

经查,高某于 2007 年 6 月 1 日到北京某玻璃钢公司从事二次加工工作,实行计件工资制度,其工资标准不低于北京市最低工资。2011 年 7 月,北京某玻璃钢公司进行企业改制,并经职工代表会审议通过《北京某玻璃钢有限公司企业改制职工安置框架方案》,根据该方案,双方经协商一致于 2013 年 4 月 9 日书面解除劳动合同,北京某玻璃钢公司按北京市职工平均工资标准及高某的实际工作年限支付了经济补偿金 30,368 元。在解除劳动合同的协议中,明确高某作为乙方不再因原劳动合同的履行、解除向北京某玻璃钢公司要求公司支付其他任何费用、补偿或赔偿。后高某仍在北京某玻璃钢公司工作,双方对加班费问题协商未果。

法院认为,劳动者与用人单位就解除或者终止劳动合同办理相关手续、支付工资报酬、加班费、经济补偿金或者赔偿金等达成的协议,不违反法律、行政法规的强制性规定,且不存在欺诈、胁迫或乘人之危情形的,应当认定有效。本案中高某、北京某玻璃钢公司在解除劳动合同的协议中明确由北京某玻璃钢公司按社会平均工资标准支付高某解除劳动合同的经济补偿金,高某不再因原劳动合同的履行、解除向北京某玻璃钢公司主张任何费用、补偿或赔偿;而双方计算经济补偿金的社会平均工资标准明显高于高某的实际平均工资,且高某已经领取经济补偿金,因此在高某不能证明双方签订的解除劳动合同协议存在违反法律、行政法规的规定或存在胁迫、欺诈、乘人之危的情形时,该协议具有法律效力。现高某再以履行原劳动合同时北京某玻璃钢公司未支付其加班费为由要求公司支付加班费,无法律依据,法院不予支持。

## 【评析】

本案是关于劳动者索要加班工资的劳动争议案件,但案件的焦点并不是是否存在加班事实、加班工资的计算等问题。

法院驳回高某诉讼请求的原因有以下两点:

1. 高某与单位签订的《解除劳动合同》中已经明确规定了经济补偿金额,且高某在《解除劳动合同》中已经明确放弃了其他索赔和费用。

2.《解除劳动合同》不存在违反法律法规强制性规定的情况,也不存在欺诈、胁迫或乘人之危的情况,因此《解除劳动合同》合法有效。

由此可见,即使劳动者存在加班事实,劳动者做出的放弃加班费的承诺一般是合法有效的。为了避免被认定存在欺诈、胁迫或乘人之危的情况,单位应确保协议条款语言清晰、明确、具体,不要在条款语句里搞“小动作”、不要试图给劳动者“设套”、不要试图蒙蔽劳动者,只要内容不违反法律法规的强制性规定,根据意思自治原则,此类协议内容是合法有效的。

## 【相关法条】

***《劳动合同法》***

**第三十六条** 用人单位与劳动者协商一致,可以解除劳动合同。

**第四十六条** 有下列情形之一的,用人单位应当向劳动者支付经济补偿:

(一)劳动者依照本法第三十八条规定解除劳动合同的;

(二)用人单位依照本法第三十六条规定向劳动者提出解除劳动合同并与劳动者协商一致解除劳动合同的;

(三)用人单位依照本法第四十条规定解除劳动合同的;

(四)用人单位依照本法第四十一条第一款规定解除劳动合同的;

(五)除用人单位维持或者提高劳动合同约定条件续订劳动合同,劳动者不同意续订的情形外,依照本法第四十四条第一项规定终止固定期限劳动合同的;

(六)依照本法第四十四条第四项、第五项规定终止劳动合同的;

(七)法律、行政法规规定的其他情形。

## 第二节 员工解除劳动合同

### 一、员工辞职制度

在劳动关系中,员工相对于企业而言处于弱势地位,从保护员工权益出发,法律赋予了员工单方解除劳动合同的权利。我国《劳动合同法》第37条对此作了规定,以立法形式原则性地规定了员工单方解除劳动合同的权利,即员工预告辞职制度。但是,员工在行使解除劳动合同权利的同时必须遵守法定的程序,根据《劳动合同法》第37条和第50条的规定,员工在辞职时必须遵守以下要求:

(一)遵守辞职预告期

规定劳动合同的解除预告期是各国劳动立法的通行做法。员工在享有解除劳动合同自主权的同时,也应当遵守解除合同预告期的义务,即应当提前30天通知企业方可辞职。员工在书面通知企业辞职后,还应当继续工作至少30天。但是个别地方法规对预告期做了例外规定,例如《江苏省劳动合同条例》规定,对负有保密义务的劳动者,用人单位可以与其在劳动合同或者保密协议中,就劳动者要求解除劳动合同的提前通知期以及提前通知期内的岗位调整、劳动报酬等事项作出约定。提前通知期不得超过6个月。

在试用期内,员工与企业建立的劳动关系处于一种不确定的状态,员工对是否与企业建立长期的劳动关系仍有选择的权利。为此,员工在试用期内发现企业的实际情况与订立劳动合同时所介绍的实际情况不相符,或者发现自己不适合从事该种工作,或者存在其他任何理由,可以通知企业予以解除劳动合同。但试用期员工应提前3天通知企业。

辞职预告期有利于企业及时安排人员接替即将离职员工的工作,保持劳动过程的连续性,确保正常的工作秩序,避免因解除劳动合同影响企业的生产经营活动,给企业造成不必要的损失。同时,也使员工解除劳动合同的权利合法化,否则,将会构成员工违法解除劳动合同的情况,员工需承担法律责任。

(二)书面形式通知企业

无论是员工还是企业,在解除劳动合同时,都必须以书面形式告知对方。因为通知时间直接关系到解除预告期的起算时间,也关系到员工的工资等利益,所以解除劳动合同必须采用书面方式。

**【案例68:辞职传真件的有效性】**

章某向法院起诉,要求公司支付解除劳动关系的经济补偿金。公司认为,章某是因个人原因申请辞职的,公司不需要支付解除劳动关系的经济补偿金,并出示了章某的《辞职申请表》扫描件。章某以上述证据均为传真件为由,不予认可,但未能举出反证予以推翻。公司解释称,由于公司所在地与章某工作地在不同省份,由章某将其的《辞职申请表》传真至公司,公司进行审批,且公司审批意见的部分证据为原件。法院最终采纳了公司的上述理由,认可上述证据的真实性。

**【评析】**

现在许多公司在全国各地都有分支机构,而其审批部门多位于公司总部,因此在管理中多采用传真件的形式。但传真件的效力无法等同于原件的效力,仍然存在不被认定的可能性。因此,建议用人单位在所有相关的文件上列明传真件与原件有同等法律效力。

(三)办理工作交接

离职前办理工作交接是员工的法定义务。对于拒不办理工作交接的离职员工,单位不能因此就不出具解除或终止劳动合同的证明,但是可以暂不支付其经济补偿,直到办结工作交接时再支付。

**【案例69:是否员工得到“解除劳动关系证明”后劳动关系才解除】**

刘某是A公司的员工,2020年2月刘某向A公司领导提交辞职报告,领导口头表示同意,但事后得知刘某打算前往该公司的竞争对手B公司任职。因为A公司与刘某之间没有签订竞业限制协议,所以也无法阻止刘某前往竞争对手处任职。A公司领导大为恼火,于是下令人力资源部拖延办理刘某的离职工作交接手续,不得给刘某开具解除劳动合同证明。

刘某在辞职预告期满后多次催促A公司的人力资源部办理解除劳动合同手续,但是A公司拒不办理,刘某向B公司说明情况后上岗工作。A公司提起劳动争议仲裁,声称B公司雇用了A公司的员工,要求刘某和B公司赔偿A公司的经济损失。

仲裁庭经审理认为,刘某已经依法提前30天通知A公司辞职,所以刘某与A公司的劳动合同于辞职预告期满时即终止,驳回了A公司的申请请求。

**【评析】**

本案中A公司认为没有完成工作交接就可以不开具解除劳动合同证明,没有开具解除劳动合同证明就说明刘某仍是自己的员工。这种观念是对法律和劳动合同条款的误读。《劳动合同法》第50条虽然规定了员工有办理工作交接的义务,劳动合同中也通常会约定员工离职必须办理工作交接,但是工作交接与劳动合同关系的解除没有必然联系。

在员工辞职的情况下,只要员工遵守了辞职预告期的法律规定,劳动合同即可以解除。如果员工不认真履行工作交接义务,企业可以针对其工作交接问题提出仲裁申请,但这不影响劳动合同的解除。况且本案中并非刘某拒不办理工作交接,而是A公司拒不接受刘某的工作交接,所以A公司必然败诉。

【相关法条】

*《劳动合同法》*

**第三十七条** 劳动者提前三十日以书面形式通知用人单位,可以解除劳动合同。劳动者在试用期内提前三日通知用人单位,可以解除劳动合同。

**第五十条** 用人单位应当在解除或者终止劳动合同时出具解除或者终止劳动合同的证明,并在十五日内为劳动者办理档案和社会保险关系转移手续。

劳动者应当按照双方约定,办理工作交接。用人单位依照本法有关规定应当向劳动者支付经济补偿的,在办结工作交接时支付。

用人单位对已经解除或者终止的劳动合同的文本,至少保存二年备查。

**二、员工即时解除劳动合同**

员工即时解除劳动合同,是指员工无条件单方解除劳动合同的情况,即当出现法定的事由时,员工无须向企业提前预告就可通知企业立即解除劳动合同。因为员工行使即时解除权很可能会对企业的正常生产和经营造成重大影响,《劳动合同法》为平衡兼顾企业与劳动者的合法权益,对员工行使即时解除权的情形作了具体规定,将其限定于企业有过错行为的情形。根据《劳动合同法》第 38 条的规定,具体有以下几种情况:

(一)企业未按照劳动合同约定提供劳动保护或劳动条件

保护员工在劳动过程中的生命健康安全是企业的基本责任和义务。企业为员工提供相应的劳动保护是对员工基本权益的维护。劳动保护和劳动条件,是指在劳动合同中约定的,企业必须为员工提供的生产、工作条件和劳动安全卫生保护措施,即企业保障员工完成劳动任务和劳动过程中安全健康的基本要求。

《劳动合同法》第 17 条规定,劳动保护和劳动条件是劳动合同的必备条款,提供劳动保护和劳动条件也是企业应尽的义务。如果企业未按照国家规定的标准或劳动合同的规定提供劳动条件,致使劳动卫生条件恶劣,严重危害员工的身体健康,经国家劳动部门、卫生部门确认,员工可以与企业解除劳动合同。

(二)企业未及时足额支付劳动报酬

劳动报酬,即通常所说的工资,是企业依据国家有关规定或劳动合同约定,根据员工劳动职位、技能及工作数量、品质,以货币形式直接支付给员工的工资。在员工已履行劳动义务的情况下,企业应按照劳动合同约定或国家法律、法规规定的数额、日期,及时足额支付劳动报酬,禁止克扣和无故拖欠员工工资。劳动报酬条款也是劳动合同的必备条款,企业未按照劳动合同的约定及时足额支付劳动报酬,就是违反劳动合同,侵害了员工的合法权益,员工有权随时告知企业解除劳动合同。

(三)单位未依法为员工缴纳社会保险费

社会保险,是国家对员工在患病、伤残、失业、工伤、年老以及其他生活困难的情况下,给予物质帮助的制度,包括养老保险、疾病保险、失业保险、工伤保险和生育保险。如果企业未依法为员工缴纳上述社会保险费,就是对员工基本权利的侵害,员工可以与企业解除劳动合同。

需要注意的是,所谓的未依法缴纳既包括不缴纳的情况,也包括虽然缴纳但未依法足额缴纳的情况。

(四)企业的规章制度违反法律法规的规定,损害员工权益

《劳动合同法》的此项规定同时包含了两层含义:第一,企业的规章制度违反了法律、法规的规定;第二,损害了员工的权益,即企业因没有按法律规定制定规章制度,给员工的权益带来了实际损害。只有同时满足以上两点要求,员工才可以以此为由通知企业立即解除劳动合同。

(五)因《劳动合同法》第 26 条第 1 款规定的情形致使劳动合同无效

《劳动合同法》第 26 条第 1 款规定以欺诈、胁迫的手段或者乘人之危,使对方在违背真实意思的情况下订立或者变更劳动合同的,劳动合同无效或者部分无效。无效的劳动合同从订立的时候起就没有法律约束力,员工可以不予履行,对已经履行给员工造成损害的,企业还应当承担赔偿责任。

(六)法律、行政法规规定员工可以解除劳动合同的其他情形

本项是《劳动合同法》关于员工即时解约权的一个兜底条款,以避免遗漏现行法律、法规规定的其他情况,并采用此种方法与以后颁行的新法律、法规相衔接。

(七)企业以暴力、威胁或者非法限制人身自由的手段强迫员工劳动

此种行为比前面列举的违反劳动法律的行为性质要严重,已经涉嫌刑事犯罪。当企业存在该严重违法行为时,员工可以立即解除劳动合同而不需要事先告知企业。

(八)企业违章指挥、强令冒险作业危及员工人身安全

企业违章指挥、强令冒险作业危及员工人身安全的,有可能酿成生产安全事故,我国《刑法》第 134 条第 2 款对此类犯罪行为有专门规定。员工为了保护自己的人身安全,在这种情况下可以立即解除劳动合同而不需要事先告知企业。因企业前述严重违法行为引发重大伤亡事故时,企业和相关责任人还会依法被追究行政责任和刑事责任。

**【相关法条】**

***《劳动合同法》***

**第三十八条**　用人单位有下列情形之一的,劳动者可以解除劳动合同:

(一)未按照劳动合同约定提供劳动保护或者劳动条件的;

(二)未及时足额支付劳动报酬的;

(三)未依法为劳动者缴纳社会保险费的;

(四)用人单位的规章制度违反法律、法规的规定,损害劳动者权益的;

(五)因本法第二十六条第一款规定的情形致使劳动合同无效的;

(六)法律、行政法规规定劳动者可以解除劳动合同的其他情形。

用人单位以暴力、威胁或者非法限制人身自由的手段强迫劳动者劳动的,或者用人单位违章指挥、强令冒险作业危及劳动者人身安全的,劳动者可以立即解除劳动合同,不需事先告知用人单位。

### 三、员工违法解除劳动合同

员工违法解除劳动合同的主要表现形式就是不辞而别或者在提交辞职后未满 30 天离职。对于员工违法解除劳动合同,《劳动合同法》第 90 条规定员工应当赔偿企业因此遭受的经济损失。

在实务中,关键问题是企业的经济损失包括的内容。根据 1995 年原劳

动部颁布的《违反〈劳动法〉有关劳动合同规定的赔偿办法》(劳部发〔1995〕223 号)第 4 条的规定,企业的损失包括以下四项:

1. 录用员工而支付的费用。

2. 企业为员工支付的培训费用。

3. 对生产经营和工作造成的直接经济损失;企业在计算员工违法解除劳动合同所造成的生产经营经济损失时,可考虑从以下方面入手:(1)员工不在岗造成的生产停顿、相关岗位的窝工损失;(2)因员工不在岗造成的客户等第三人向企业的索赔;(3)因员工不在岗造成的企业预期利益损失。

4. 劳动合同约定的其他赔偿费用。

但是 2008 年施行的《劳动合同法》已经明确禁止在培训服务期和竞业禁止事项以外约定劳动者承担违约金。据此,目前企业真正能向违法离职员工索赔的范围仅限于上述前 3 项费用。

**【案例 70:员工不辞而别遭到单位高额索赔】**

赖某是 A 公司的工程师,被 A 公司派驻到客户的办公现场提供 IT 设备管理服务,其主要工作内容包括:为客户备份数据、保管备份数据,保管 IT 设备等。某日,赖某突然不辞而别,未去客户办公现场上班。此前赖某既没有提前 30 天向公司发出辞职,也没有向其他同事交接工作,致使客户的业务受到严重影响。

因为此事,客户解除了与 A 公司的服务合同并提出索赔。A 公司可以向赖某主张赔偿哪些损失呢?如果赖某无力赔偿怎么办?

**【评析】**

本案中,A 公司与客户因为赖某的行为而提前解除服务合同,A 公司可以要求赖某赔偿其因此而丧失的预期利润。

A 公司还可以要求赖某赔偿 A 公司向客户支付的赔偿金。

此外,A 公司可要求赖某赔偿 A 公司为处理赖某不辞而别事件而支出的费用,如差旅费用。

如果赖某不辞而别是为了去另一家单位上班,那么该单位招用尚未解除劳动合同的赖某则属于违法行为。依据原劳动部《违反〈劳动法〉有关劳动合同规定的赔偿办法》的规定,该用人单位应当对A公司的损失承担连带赔偿责任。其连带赔偿的份额应不低于对原用人单位造成经济损失总额的70%。

**【案例71:单位为员工办理落户后员工辞职,单位能否索赔】**

户口在河北的王某是北京一所大学的应届毕业生,北京A公司招聘了王某,并为其办理了北京户口。因为北京户口指标稀缺,A公司与王某签署了一份劳动合同的补充协议,约定王某至少要为A公司工作满3年,如果王某提前离职,则应支付A公司违约金2万元。王某工作半年后即辞职,A公司向王某索要违约金是否合法?

**【评析】**

根据《劳动合同法》第25条的规定,单位不能以为外地员工办理户口为名约定服务期和违约金,此类约定无效。所以A公司索要2万元违约金的请求不会得到仲裁机关和法院的支持。

尽管不能主张违约金,但是某些地方的审判实践支持单位就实际发生的损失索赔。例如,原北京市劳动和社会保障局、北京市高级人民法院、北京市劳动争议仲裁委员会《关于劳动争议案件法律适用问题研讨会会议纪要》的第33条规定:"用人单位为其招用的劳动者办理了本市户口,双方据此约定了服务期和违约金,用人单位以双方约定为依据要求劳动者支付违约金的,不应予以支持。如确因劳动者违反了诚实信用原则,给用人单位造成损失的,劳动者应当予以赔偿。"

本案中,如果A公司在为王某办理落户过程中支出了必要的合理的费用,A公司可以要求王某赔偿。

**【相关法条】**

**《劳动合同法》**

**第九十条**　劳动者违反本法规定解除劳动合同,或者违反劳动合同中约定的保密义务或者竞业限制,给用人单位造成损失的,应当承担赔偿责任。

**原劳动部《违反〈劳动法〉有关劳动合同规定的赔偿办法》**

**第四条** 劳动者违反规定或劳动合同的约定解除劳动合同,对用人单位造成损失的,劳动者应赔偿用人单位下列损失:

(一)用人单位招收录用其所支付的费用;

(二)用人单位为其支付的培训费用,双方另有约定的按约定办理;

(三)对生产、经营和工作造成的直接经济损失;

(四)劳动合同约定的其他赔偿费用。

**第六条** 用人单位招用尚未解除劳动合同的劳动者,对原用人单位造成经济损失的,除该劳动者承担直接赔偿责任外,该用人单位应当承担连带赔偿责任。其连带赔偿的份额应不低于对原用人单位造成经济损失总额的百分之七十。向原用人单位赔偿下列损失:

(一)对生产、经营和工作造成的直接经济损失;

(二)因获取商业秘密给用人单位造成的经济损失。

赔偿本条第(二)项规定的损失,按《反不正当竞争法》第二十条的规定执行。

## 第三节 公司解除劳动合同

我国对劳动合同的解除理由采取法定主义,不能由当事人约定。根据《劳动合同法》的规定,企业解除劳动合同可分为以下几种情况。

### 一、过失性解除劳动合同

《劳动合同法》在赋予劳动者单方解约权的同时,也赋予用人单位对劳动合同的单方解除权,以保障用人单位的雇佣自主权。但是为了防止企业滥用劳动合同解除权,随意与员工解除劳动合同,《劳动合同法》严格限定企业与员工解除劳动合同的条件,以保护员工的劳动权。具体而言,根据《劳动合同法》第 39 条的规定,企业单方解除劳动合同主要有以下 6 种情形:

(一)试用期辞退

试用期辞退,是指用人单位在劳动者的试用期内,经过考察,认为劳动者不符合录用条件,可直接通知劳动者解除劳动合同。

企业在辞退试用期员工时要注意以下几点:

1. 企业所规定的试用期间必须符合法律规定

《劳动合同法》第 19 条规定:“劳动合同期限三个月以上不满一年的,试用期不得超过一个月;劳动合同期限一年以上不满三年的,试用期不得超过二个月;三年以上固定期限和无固定期限的劳动合同,试用期不得超过六个月。”企业只能在上述范围内约定试用期,试用期间应当以劳动合同的约定为准。若劳动合同约定的试用期超出法定最长时间,则以法定最长时间为准。

2. 必须在试用期间提出辞退

如果辞退试用期内不符合录用条件的员工,企业必须在试用期未届满前提出。即使试用期满后仍未办理员工的转正手续,也不能因此认为该员工仍处于试用期间。一旦员工试用期满,单位就不能再以试用期不符合录用条件为由与其解除劳动合同。

3. 员工不符合录用条件

员工不符合录用条件,是单位在试用期间与员工解除劳动合同的前提条件。一般情况下,录用条件应当以法律、法规规定的基本录用条件和企业在招聘时规定的知识文化、技术水准、身体状况、思想品质等条件为准。

4. 单位必须掌握有效的证据

所谓有效证据,在实务中,一要看企业是否在试用期开始前将职位的工作职责、考核标准告知试用期员工;二要看企业对员工在试用期间的表现是否有客观的记录和评价。企业需收集保存这两点与有关的证据材料。

**【案例 72:录用条件约定不明,导致无法辞退试用期员工】**

张某应聘到一家公司担任销售人员,约定试用期为 3 个月。在试用期届满时,公司通知张某,因其在试用期期间不能完成理想的销售业绩,不符合公司的期望,公司决定辞退张某。张某不同意公司的辞退理由,向劳动争议仲裁委员会提出仲裁申请,要求公司赔偿违法解除劳动合同的损失。

【评析】

本案经劳动仲裁委员会审理,公司未能提供任何与张某约定的试用期销售业绩的指标或要求。因为不能举证证明张某不符合录用条件,公司败诉,被裁定双倍支付张某经济补偿金。

**【案例 73:试用期满前应当及时辞退不符合录用条件的员工】**

李某应聘到一家软件公司担任售后技术服务人员,约定试用期为 2 个月,在试用期间,李某的工作表现马马虎虎,存在一些不符合公司录用条件的现象,但是该公司当时急缺技术服务人员,因此没有在试用期满前辞退李某,但是也没有为李某办理转正手续。过了 1 个月,李某在工作中仍然不能满足公司考核要求,且此时公司已经找到可以顶替李某的人员。公司遂以李某在试用期间不符合录用条件为由通知其解除劳动合同,并且能够实际提供李某在试用期间不达标的证据。但是李某以公司在试用期间从未告知自己不符合录用条件为由,提出劳动争议仲裁,要求公司支付代通知金和双倍经济补偿金。

【评析】

本案中,软件公司尽管可以证明李某确实在试用期间的工作表现不符合录用条件,但是没有在试用期满前提出与李某解除劳动关系。试用期满后,李某即不再处于被试用考察的地位,此时软件公司不能再以不符合录用条件为由而解除劳动合同,该软件公司因为违法辞退李某,最终被裁定败诉。

【示范文本】

以下示范文本仅供读者研究参考之用,不代表笔者提供的法律咨询意见,笔者对示范文本内容的合法性、适用性和实际效果不做任何保证。

**(试用期员工)解除劳动关系通知**

_________先生/女士:

根据您在试用期内的工作表现,公司认为您尚不能达到公司对该职位的录用条件，具体表现在以下方面：

1.

2.

3.

因此，公司特此通知您在____年____月____日离职。在此日期前，请您正常上班并按公司要求做好工作和财物交接手续。公司将在正常发薪日支付您截至上述日期的工资薪酬。

公司提醒您，您在离职后需要继续履行保守公司商业秘密的义务。

本通知一式两份，其中一份您需要亲笔签字并交公司留存。

×××有限公司（盖章）

日期：____年____月____日

员工签字：

本人已经于____年____月____日收到并阅读了上述通知。

（二）员工严重违反企业的规章制度

如果员工严重违反单位的规章制度，单位可以通知员工立即解除劳动合同。适用这一项规定一般要符合以下四个条件：

第一，规章制度的内容必须符合法律、法规的规定，即内容合法。例如，有的企业在规章制度中规定女员工违反计划生育政策属于严重违反规章制度的行为，单位可以辞退女员工。该规章制度的规定即是内容不合法的规定，劳动者的生育行为是个人行为和个人事务，不属于用人单位有权管理的范畴，所以用人单位无权在规章制度中规定女员工违反计划生育属违反单位规章制度的行为，即使作了此类规定，也属于无效的规章制度规定。

第二，规章制度是通过《劳动合同法》规定的民主程序制定的，并且告知了员工，即程序合法。

第三，员工违反规章制度的行为客观存在，并且是严重违反规章制度的情形。何为严重，一般应根据单位内部的规章制度具体界定，如果单位的规章制度只是列举了员工的违章行为,但没有把违章行为的性质、轻重程度进行区分,那么在劳动争议中便难以认定一个具体行为是否达到了严重的程度。此外,单位规章制度对严重违反规章制度的界定也要合理和适度,不能明显地超出公众常识和商业习惯,比如,不能把偶然的迟到行为归入严重违反单位规章制度的情形。

第四,企业对员工的处理是按照本单位规章制度规定的程序办理的,且符合相关法律、法规规定。

近些年在司法实践中出现一个趋势,对规章制度中虽未规定,但劳动者明显违反社会公认的职业道德的行为,适当放宽了用人单位的解约权利,也形成了一些判例。笔者在 2018 年曾在一起劳动争议案件中代理用人单位,用人单位的一名男性管理人员在日常工作中对多名女下属有触碰、摸头发、拍大腿、说脏话等不适当的行为,用人单位的规章制度对这种涉嫌性骚扰的行为没有直接规定,遂以违反职业道德和公序良俗为由解除了与该男员工劳动合同。该员工不服提起仲裁,申请单位支付违法解约赔偿金。劳动争议仲裁委员会经审理认为,虽然根据本案证据尚不能认定男员工的主观恶性,但是男员工的行为确实对用人单位的形象和秩序造成了影响,裁定驳回了该员工的仲裁请求。

【特别提示】

**在 2008 年《劳动合同法》实施后,劳动争议的处理过程过于局限于《劳动合同法》第 39 条的字面规定,凡是规章制度中未明确规定为严重违章的行为,都不能作为解约的理由。这种做法对用人单位合理的经营自主管理权限制太大。例如,中小企业的规章制度不可能像大公司那样全面细致,即便大企业也做不到规章制度面面俱到。笔者建议,用人单位应当尽可能制定合法、细致、科学、全面的规章制度,但是如果确实遇到员工实施了规章制度里没有预见到的恶劣行为,可以从明显违反职业道德的角度来处理类似劳动争议。当然,由于涉及法院的自由裁量权,诉讼结果也具有很大的不确定性。法院适用这个原则是相对少见和严格的,对于棘手的解约争议,建议用人单位事先咨询有丰富劳动争议经验的专业律师的意见。**

**【案例74:不得滥用“严重违反企业的规章制度”的条款解除合同】**

蔡某是一家饭店的员工,该饭店短期内因装修改造不能正常经营。在装修改造期间,该饭店通知蔡某到其子公司从事保安工作。该子公司的办公地点与该饭店位于不同的区域,且路程相距非常远。蔡某不愿到该子公司进行工作,拒绝接受该饭店的安排。后该饭店以蔡某严重违反单位规章制度为由解除双方之间的劳动关系。蔡某认为,该饭店的行为属于违法解除劳动合同,遂申请了劳动争议仲裁,随后又诉至法院。法院审理后判决该饭店撤销解除与蔡某劳动关系的决定。

**【评析】**

由于用人单位可能存在办公地点搬迁或将员工派驻至分支机构的情况,为了便于管理,许多用人单位会将其单方面变更办公地点的权利约定在劳动合同中,并在规章制度中规定员工无故拒绝公司对工作地点的调整的,视为严重违反公司规章制度。公司此举是为了在员工拒绝调换工作地点时合法地解除劳动关系,或至少可以以此“要挟”员工接受上述安排。

但是,这样的操作是存在风险的。从用人单位的经营自主权来看,用人单位尽管有权单方变更劳动者的工作地点,但应当限制在一定的合理范围内。劳动者与用人单位建立劳动关系时,不仅会考虑薪金待遇,工作地点也是其考虑的重要因素,因为工作地点会给劳动者带来交通成本增高,休息时间减少等影响。本案中,该饭店安排蔡某到路程很远的子公司工作,将对蔡某履行劳动合同造成较大的影响。因此,用人单位在未事先与劳动者协商的情况下单方变更劳动地点,可能会严重影响劳动者劳动合同目的的实现,劳动者有权利拒绝到变更后的工作地点工作,用人单位不得以劳动者严重违反规章制度为由解除劳动合同。

**【案例75:没有相应证据不得以严重违反规章制度解除劳动合同】**

徐某为公司内部食堂的厨师,公司以徐某偷拿厨房水果违反《员工手册》第4章第1条第7款为由向徐某发出《解除劳动合同通知书》。后徐某提起劳动仲裁并诉讼。法院认定公司属于违法解除劳动合同,判决公司支付违法解除劳动合同的赔偿金。

【评析】

第一,员工违反规章制度必须达到严重的程度时用人单位方可解除劳动合同。本案中徐某偷拿厨房水果的确违反了公司的规章制度,但是否达到严重的程度,需要以徐某偷拿水果的价值来衡量。因此,为了更好地适用严重违反规章制度这一条,建议用人单位在规章制度中规定严重违反规章制度对应的金额。例如,偷窃公司物品且其市场价值达到1000元及以上的属于严重违反规章制度。

第二,本案中法院认定公司属于违法解除劳动合同的依据是,公司是在尚未就其解除理由提供事实依据的情况下提出解除劳动关系。因此,用人单位若要依据严重违反规章制度来单方面解除劳动关系,还需要一定的证据作为支撑。这就要求用人单位平常加强管理,例如针对本案,用人单位可在物品存放处设置摄像头,并设立相应的物品进出库制度。

**【案例76:用人单位因员工旷工而解除劳动合同,为何法院认定为双方协商一致解除】**

李某于2007年7月10日入职A公司,双方签订的最后一份劳动合同期限为2010年6月30日至2013年6月30日,李某正常工作至2013年4月7日。李某自2013年4月7日起旷工,主张是公司单方调整其工作地点致其无法正常工作,但并未提供相应证据。A公司主张因2013年4月7日之后李某系无故旷工,故依公司规定,按照自动离职处理,并口头告知李某解除劳动关系。A公司就其主张提交员工手册,其中第15.6.2条规定:“月累计旷工三天(含)以上,或年累计旷工三天(含)以上,按照自动离职处理,公司不承担相关经济责任。”李某向劳动人事争议仲裁委员会提起仲裁申请,请求A公司支付解除劳动合同的经济补偿金。劳动人事争议仲裁委员会驳回上述请求。李某则于法定期限内起诉,法院审理后判决,由于双方均认可李某正常工作的截止时间为2013年4月7日,故认定2013年4月7日双方协商一致由A公司提出解除劳动合同,A公司应当支付李某解除劳动合同经济补偿金。

【评析】

许多用人单位为了避免员工未获请假批准而擅自离岗的情况，在规章制度中约定“无故旷工则视为自动离职”，以起到制约员工上述不规范行为的作用，同时，也是为了处理员工旷工后的后续程序问题。但是，员工旷工本身并非用人单位解除劳动关系的法定理由，员工严重违反公司规章制度才是用人单位解除劳动关系的法定理由。因此，用人单位应当在规章制度中明确约定视为严重违反规章制度的旷工情形。此外，用人单位应当在员工旷工构成严重违反规章制度时，向员工发出书面的解除劳动合同的通知，并在解除通知中明确说明解除理由。

本案中，法院认为，A 公司员工手册规定的“月累计旷工三天（含）以上，或年累计旷工三天（含）以上，按照自动离职处理，公司不承担相关经济责任”与法律法规的规定相悖。A 公司认为李某存在旷工的行为而行使用人单位的解除权，但其并无证据证明公司可以以李某旷工为由行使解除权，故 A 公司应就此承担举证不能的不利后果。

（三）员工严重失职，营私舞弊，给企业造成重大损害

劳动者作为单位的成员，应当忠实于单位的合法利益。员工在履行劳动合同期间，如果没有按照职位职责履行自己的义务，未忠于职守、维护和增进企业利益，有未尽职责的严重过失行为或者利用职务之便牟取私利的故意行为，并且造成单位财产遭受重大损害的，企业可以与其解除劳动合同。

单位如果要利用本条规定辞退员工，前提是必须把员工的岗位职责规定清楚，只有职责清晰，才容易界定员工的表现是否失职。

至于重大损害的标准，目前在法律上没有规定，单位可以在内部规章制度里对给单位造成重大损害的认定标准进行直接规定，比如直接规定一个重大损害的损失金额认定标准，或者直接规定某种行为的结果（如造成单位客户流失、引起客户向单位提出索赔）属于给单位造成重大损害。

(四)员工同时与其他企业建立劳动关系,对完成本单位的工作造成严重影响,或者经企业提出后拒不改正

此项规定涉及通常所说的兼职。法律、法规虽然没有对兼职做禁止性规定,但作为员工,完成全职工作是其应尽的义务。从事兼职工作,在时间、精力上必然会影响全职工作。对企业而言,对一个不能全心全意为本单位工作并严重影响工作任务完成的人员,企业有权与其解除劳动合同。

根据该项的规定,符合下列情形之一的,企业可以单方面解除劳动合同:(1)员工同时与其他企业建立劳动关系,对完成本单位的工作任务造成严重影响的;(2)员工同时与其他企业建立劳动关系,经企业提出后,拒不改正的。

单位可在劳动合同或内部规章制度里详细界定对本职工作造成严重影响的认定标准,否则员工可能坚持其兼职行为没有对本职工作造成影响,或者虽然造成影响但影响不严重。当然,严重影响的客观标准确实不容易定义,所以法律还规定只要单位要求员工改正而员工拒不改正的,单位就可以解除劳动合同。笔者建议,单位在劳动合同或者规章制度里规定员工改正兼职行为的期限,如果超过约定的期限仍未改正的,视为员工拒不改正。

【特别提示】

**对于非全日制劳动者,单位不能以员工与其他单位存在劳动关系为由解除劳动合同。**

(五)因员工的缔约过失致使劳动合同无效

依据《劳动合同法》第26条第1款第1项的规定,"以欺诈、胁迫的手段或者乘人之危,使对方在违背真实意思的情况下订立或者变更劳动合同的"属于无效或者部分无效劳动合同。所谓欺诈,是指一方当事人故意告知对方当事人虚假的情况,或者故意隐瞒真实的情况,诱使对方当事人做出错误意思表示,并基于这种错误的认识而签订了劳动合同的行为。胁迫,是指以给公民及其亲友的生命健康、荣誉、名誉、财产等造成损害为要挟,迫使对方做出违背真实的意思表示,并签订了劳动合同的行为。乘人之危,是指行为

人利用他人的危难处境或紧迫需要，为牟取不正当利益，迫使对方违背自己的真实意愿而订立契约的行为。《劳动合同法》第3条第1款规定："订立劳动合同，应当遵循合法、公平、平等自愿、协商一致、诚实信用的原则。"任何一方利用上述任何一种行为手段而使对方在违背真实意思的情况下订立或变更劳动合同，均违反了意思自治的基本原则，这是被法律禁止的，因此当然允许利益受损者解除当事人之间的劳动合同关系。实践中，员工很少发生胁迫或乘人之危与企业签署劳动合同的情形，但欺诈的情况并不鲜见，比如员工在应聘时提供虚假学历证明、虚假工作经历等，企业如果能够证明此点，则可以利用此条规定解除劳动合同。

（六）员工被依法追究刑事责任

根据原劳动部在1995年印发的《关于贯彻执行〈中华人民共和国劳动法〉若干问题的意见》第29条第2款的规定："'被依法追究刑事责任'是指：被人民检察院免予起诉的、被人民法院判处处罚的、被人民法院依据刑法第三十二条免予刑事处分的。"员工被人民法院判处拘役、3年以下有期徒刑缓刑的，企业也可以解除劳动合同。

**【相关法条】**

*《劳动合同法》*

**第三十九条** 劳动者有下列情形之一的，用人单位可以解除劳动合同：

（一）在试用期间被证明不符合录用条件的；

（二）严重违反用人单位的规章制度的；

（三）严重失职，营私舞弊，给用人单位造成重大损害的；

（四）劳动者同时与其他用人单位建立劳动关系，对完成本单位的工作任务造成严重影响，或者经用人单位提出，拒不改正的；

（五）因本法第二十六条第一款第一项规定的情形致使劳动合同无效的；

（六）被依法追究刑事责任的。

## 二、非过失性解除劳动合同

根据《劳动合同法》第40条的规定，企业可以根据劳动合同履行中客观情况的变化而解除劳动合同。这里的客观情况变化既包括用人单位的客观情况变化,也包括员工自身的原因,但它们具有一个共同点,就是劳动者对于此种情况的变化不具有主观过错。

适用非过失性解除劳动合同时,单位应当提前30日书面通知劳动者,或者额外支付劳动者1个月工资且直接书面通知劳动者。额外支付的1个月工资就是平常所称的代通知金。此处的工资标准,是指员工离职前1个月的工资水平。

非过失性解除劳动合同的适用范围包括以下三种情况:

**(一)劳动者患病或者非因工负伤,在规定的医疗期满后不能从事原工作,也不能从事由用人单位另行安排的工作的**

1. 什么是医疗期

根据原劳动部发布的《企业职工患病或非因工负伤医疗期规定》第2条的规定:"医疗期是指企业职工因患病或非因工负伤停止工作治病休息不得解除劳动合同的时限。"这里的医疗期,是指员工根据其工龄等条件,依法可以享受的停工医疗并发给病假工资的期间,而不是员工伤病治愈实际需要的医疗期。

在法定的医疗期满后,员工有义务进行劳动。如果员工由于身体健康原因在医疗期满后仍不能胜任工作,企业有义务为其调动职位,选择其力所能及的工作。如果员工对企业重新安排的工作也无法完成,说明员工不能履行劳动合同,企业须提前30日以书面形式通知本人或额外支付员工1个月工资后,解除劳动合同。

2. 如何计算医疗期

医疗期不是根据员工所患的疾病来确定的,而是根据员工的工作年限来确定。企业员工因患病或非因工负伤,需要停止工作进行医疗时,根据本人实际参加工作年限和在本单位工作年限,给予3个月到24个月的医疗期。

实际工作年限10年以下的,在本单位工作年限5年以下的,医疗期为3个月;

实际工作年限10年以下的,在本单位工作年限5年以上的,医疗期为6个月;

实际工作年限10年以上的,在本单位工作年限5年以下的,医疗期为6个月;

实际工作年限10年以上的,在本单位工作5年以上10年以下的,医疗期为9个月;

实际工作年限10年以上的,在本单位10年以上15年以下的,医疗期为12个月;

实际工作年限10年以上的,在本单位工作15年以上20年以下的,医疗期为18个月;

实际工作年限10年以上的,在本单位工作20年以上的,医疗期为24个月。

医疗期3个月的按6个月内累计病休时间计算;6个月的按12个月内累计病休时间计算;9个月的按15个月内累计病休时间计算;12个月的按18个月内累计病休时间计算;18个月的按24个月内累计病休时间计算;24个月的按30个月内累计病休时间计算。

企业员工非因工致残和经医生或医疗机构认定患有难以治疗的疾病,在医疗期内医疗终结,不能从事原工作,也不能从事用人单位另行安排的工作的,应当由劳动鉴定委员会参照工伤与职业病致残程度鉴定标准进行劳动能力的鉴定。企业员工被鉴定为1~4级伤残,应当退出劳动岗位,终止劳动关系,办理退休、退职手续,享受退休、退职待遇;企业员工被鉴定为5~10级伤残,医疗期内不得解除劳动合同。

医疗期计算应从病休第一天开始,累计计算。病休期间,公休、假日和法定节日包括在内。

(二)劳动者不能胜任工作,经过培训或者调整工作岗位,仍不能胜任工作的

不能胜任工作,是指劳动者不能按要求完成劳动合同中约定的任务或者单位要求的工作量。用人单位不得故意提高生产定额标准,故意使劳动者无法完成任务或工作量。

用人单位不能随意认定员工不能胜任工作,必须收集保存以下证据:第一,要制定合理、清晰的工作量和工作考核标准。第二,工作量和工作考核

标准应当明确告知员工,最好得到员工本人的确认,比如让员工签署目标责任书、岗位责任书等文件。第三,要保留员工实际工作情况的记录或者考核记录,以证明员工确实不能胜任工作。第四,当发现员工不能胜任工作时,不能直接解除劳动合同,而是必须进行调岗或者教育培训,提高员工的能力或者让其尝试力所能及的职位——这就涉及用调岗的方式还是用培训的方式。第五,如果员工经过教育训练或调整了工作职位后,仍然无法胜任工作,用人单位应当将拟解除劳动合同的决定告知工会,研究工会的反馈意见并答复工会,然后提前 30 日以书面形式通知员工本人或额外支付员工 1 个月工资后,方可解除劳动合同。辞退不能胜任工作员工流程如图 15 - 1 所示。

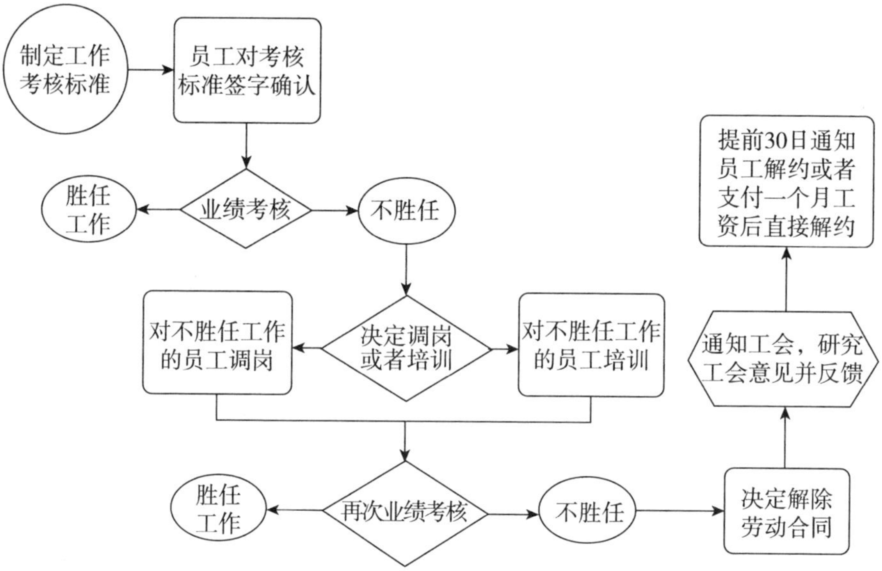


**图 15 - 1　辞退不能胜任工作员工流程**

(三)劳动合同订立时所依据的客观情况发生重大变化,致使劳动合同无法履行,经用人单位与劳动者协商,未能就变更劳动合同内容达成协议的

客观情况,是指履行原劳动合同所必要的客观条件,即因不可抗力或出现致使劳动合同全部或部分条款无法履行的其他情况,如自然条件,企业的迁移、被兼并,企业资产的转移等。发生上述情况时,为了使劳动合同能够

得到继续履行,必须根据变化后的客观情况,由双方当事人对劳动合同进行变更协商,直到达成一致意见。如果劳动者不同意变更劳动合同,则劳动关系没有存续的必要,在这种情况下,单位也只能解除劳动合同。

实践中,当用人单位提出变更劳动合同,双方很可能在商谈协商中僵持,因此必须对协商失败有一个认定标准。建议用人单位在订立劳动合同时详细约定变更劳动合同的程序,限定协商期限,表示在约定的期限内双方达不成一致意见即视为《劳动合同法》第40条所规定的"未能就变更劳动合同内容达成协议"。

非过失性解除劳动合同的,单位应当依法支付被辞退人员经济补偿。经济补偿按劳动者在本单位工作的年限,以每满1年支付1个月工资的标准向劳动者支付。6个月以上不满1年的,按1年计算;不满6个月的,向劳动者支付半个月工资的经济补偿。但是,如果劳动者月工资高于用人单位所在直辖市、设区的市级人民政府公布的本地区上年度职工月平均工资3倍的,向其支付经济补偿的标准按职工月平均工资3倍的数额支付,向其支付经济补偿的年限最高不超过12年。

此处的月工资与代通知金的月工资不同,计算经济补偿金时所指月工资是劳动者在劳动合同解除或者终止前12个月的月平均工资。

## 【相关法条】

《劳动合同法》

**第四十条** 有下列情形之一的,用人单位提前三十日以书面形式通知劳动者本人或者额外支付劳动者一个月工资后,可以解除劳动合同:

(一)劳动者患病或者非因工负伤,在规定的医疗期满后不能从事原工作,也不能从事由用人单位另行安排的工作的;

(二)劳动者不能胜任工作,经过培训或者调整工作岗位,仍不能胜任工作的;

(三)劳动合同订立时所依据的客观情况发生重大变化,致使劳动合同无法履行,经用人单位与劳动者协商,未能就变更劳动合同内容达成协议的。

### 三、经济性裁员

经济性裁员是用人单位行使解除劳动合同权的主要方式之一。经济性裁员的规定最早见于1995年1月1日施行的《劳动法》第27条和原劳动部1994年11月14日发布的《关于印发〈企业经济性裁减人员规定〉的通知》(劳部发〔1994〕447号),其后在《劳动合同法》第41条中也作了规定,该条进一步细化和扩充了经济性裁员的条件和程序。《劳动合同法》所称的经济性裁员,是指需要裁减人员20人以上或者裁减不足20人但占企业员工总数10%以上。

(一)经济性裁员的理由

如果用人单位选择通过经济性裁员的方式解除劳动合同,必须符合法律规定的前提条件。《劳动合同法》规定,只有4种情况下可以进行经济性裁员:

1. 依照《企业破产法》规定进行重整的;

2. 生产经营发生严重困难的;

3. 企业转产、重大技术革新或者经营方式调整,经变更劳动合同后,仍需裁减人员的;

4. 其他因劳动合同订立时所依据的客观经济情况发生重大变化,致使劳动合同无法履行的情况。

(二)经济性裁员的程序

第一步:用人单位应当提前30日向工会或者全体员工说明情况。

单位需要提供给工会或全体员工的裁员方案应当包括:被裁减人员名单、裁员时间和步骤、被裁减人员的经济补偿办法。

第二步:听取工会或员工意见,对裁员方案进行修改完善。

第三步:向劳动行政部门报告裁员方案,听取劳动行政部门意见。使劳动行政部门了解裁减情况,必要时采取相应措施,防止出现意外情况,监督大量解雇的合法进行。该报告性质上属于事后告知,不是事前许可或者审批。当然,有的企业出于各种考虑,自愿提前与劳动行政部门报告协商,法律并不禁止此行为。

第四步:公布裁员方案,办理解除劳动合同和经济补偿手续。

(三)被裁减人员的范围

用人单位虽然可以自主决定被裁减人员,但必须遵守法律的规定,企业需要注意不得裁减的人员范围和应当优先留用的人员范围。

1. 不得裁减的人员范围

部分员工的劳动关系是受到法律特殊保护的。法律对用人单位实施经济性裁员规定了必要的限制,防止需要特殊保护的员工因裁员而受到侵害。

根据《劳动合同法》第42条的规定,企业不得在经济性裁员中解除下列人员的劳动合同:(1)从事接触职业病危害作业的劳动者未进行离岗前职业健康检查,或者疑似职业病病人在诊断或者医学观察期间的;(2)在本单位患职业病或者因工负伤并被确认丧失或者部分丧失劳动能力的;(3)患病或者非因工负伤,在规定的医疗期内的;(4)女员工在孕期、产期、哺乳期的;(5)在本单位连续工作满15年,且距法定退休年龄不足5年的;(6)法律、行政法规规定的其他情形。

2. 优先留用的人员范围

根据《劳动合同法》第41条第2款的规定,下列人员依法应当在经济性裁员中优先留用:(1)与本单位订立较长期限的固定期限劳动合同的人员;(2)与本单位订立无固定期限劳动合同的人员;(3)家庭无其他就业人员,有需要扶养的老人或者未成年人的人员。

(四)经济性裁员的经济补偿

员工因用人单位经济性裁员而被解除劳动合同的,单位应当依法支付被裁减人员经济补偿。经济补偿按劳动者在本单位工作的年限计算,每满1年以支付1个月工资的标准向劳动者支付。6个月以上不满1年的,按1年计算;不满6个月的,向劳动者支付半个月工资的经济补偿。

劳动者月工资高于用人单位所在直辖市、设区的市级人民政府公布的本地区上年度职工月平均工资3倍的,向其支付经济补偿的标准按职工月平均工资3倍的数额支付,向其支付经济补偿的年限最高不超过12年。计算经济补偿金时所称月工资,是指劳动者在劳动合同解除或者终止前12个月的月平均工资。

（五）被裁减人员的优先就业权

考虑到经济性裁员多是因为单位处于阶段性的经营困难而引发，如果经营困难消除或缓解，用人单位很可能重新开始招录员工，为了保障被裁减人员的利益，《劳动合同法》规定用人单位经济性裁员后在6个月内重新招用人员的，应当通知被裁减人员，并在同等条件下优先招用被裁减人员。

经济性裁员流程如图15－2所示。

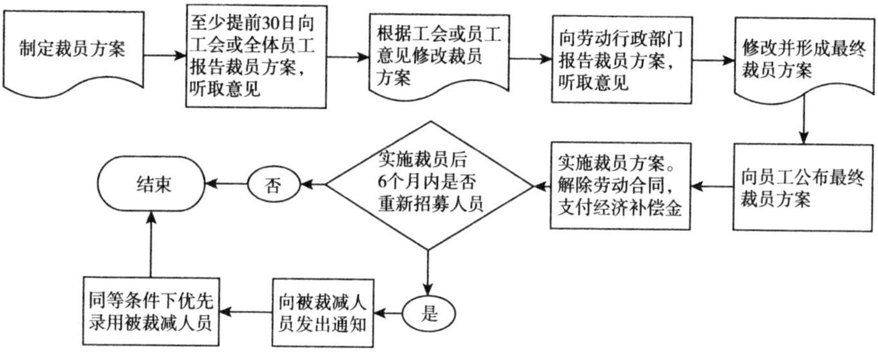


**图15－2　经济性裁员流程**

（六）经济性裁员的实际运用

法律上所称的经济性裁员与人力资源管理实践中经常提到的裁员其实有一定区别。经济性裁员是用人单位出于单位自身原因而采取的一种单方面解除劳动合同的行为，有严格的适用条件和程序性要求。经济性裁员虽然必须履行征求员工意见的程序，但不要求被裁减人员必须书面同意解除劳动合同。

而在实践中，大多数所谓的裁员其实采取的并不是法律上的经济性裁员的方式，而是单位与员工协商提前解除劳动合同。对员工来说，协商提前解除劳动合同所应获得的法定经济补偿金与经济性裁员方式下应获得的经济补偿金没有差别。但对单位而言，采取协商提前解除劳动合同的方式有以下好处：

1. 避免了在裁员前同工会或全体员工广泛协商的法定前置程序；

2. 避免了向劳动行政部门报告的程序；

3. 避免了6个月内再次招录新员工时必须通知被裁减人员；

4. 与员工协商解除劳动合同，签署书面的《解除劳动合同协议》，再发生劳动争议的可能性较小；而经济性裁员方式因缺少劳动者的“书面同意”，日后仍然发生争议诉讼的可能性较大。

**【相关法条】**

***《劳动合同法》***

**第四十一条** 有下列情形之一，需要裁减人员二十人以上或者裁减不足二十人但占企业职工总数百分之十以上的，用人单位提前三十日向工会或者全体职工说明情况，听取工会或者职工的意见后，裁减人员方案经向劳动行政部门报告，可以裁减人员：

（一）依照企业破产法规定进行重整的；

（二）生产经营发生严重困难的；

（三）企业转产、重大技术革新或者经营方式调整，经变更劳动合同后，仍需裁减人员的；

（四）其他因劳动合同订立时所依据的客观经济情况发生重大变化，致使劳动合同无法履行的。

裁减人员时，应当优先留用下列人员：

（一）与本单位订立较长期限的固定期限劳动合同的；

（二）与本单位订立无固定期限劳动合同的；

（三）家庭无其他就业人员，有需要扶养的老人或者未成年人的。

用人单位依照本条第一款规定裁减人员，在六个月内重新招用人员的，应当通知被裁减的人员，并在同等条件下优先招用被裁减的人员。

### 四、企业不得解除劳动合同的情形

《劳动合同法》第40条、第41条规定了出现法定情形时，企业可以单方解除劳动合同。为保护一些特定群体员工的合法权益，《劳动合同法》第42条又规定在6类法定情形下，禁止企业根据《劳动合同法》第40条、第41条的规定单方解除劳动合同，具体包括：

(一)从事接触职业病危害作业的员工未进行离岗前职业健康检查,或者疑似职业病病人尚处于诊断或者医学观察期间

受到职业病威胁的员工以及职业病病人是社会弱势群体,非常需要国家的关怀和法律的保障,因此《职业病防治法》的一个重要特点是以保护员工的合法权益为基本出发点,给予员工法律保障。根据2018年新修订的《职业病防治法》第35条的规定,对从事接触职业病危害作业的员工,企业应当按照国务院卫生行政部门的规定组织上岗前、工作期间和离岗时的职业健康检查,并将检查结果如实告知员工。用人单位不得安排未经上岗前职业健康检查的员工从事接触职业病危害的工作;不得安排有职业禁忌的员工从事其所禁忌的作业;对在职业健康检查中发现有与所从事的职业相关的健康损害的员工,应当调离原工作岗位,并妥善安置;对未进行离职前职业健康检查的员工不得解除或者终止与其订立的劳动合同;《职业病防治法》第55条规定,企业应当及时安排对疑似职业病病人进行诊断;在疑似职业病病人诊断或者医学观察期间,不得解除或者终止与其订立的劳动合同。

(二)在本单位患职业病或者因工负伤并被确认丧失或者部分丧失劳动能力

职业病是员工在生产劳动及其职业活动中,接触职业性有害物质引起的疾病。因工负伤,顾名思义是因工作遭受事故伤害的情形。无论是职业病还是因工负伤,都与企业的工作条件、安全制度或者劳动保护制度不尽完善有关,企业作为用人单位和员工劳动的受益者,理应承担相应责任。发生职业病或者因工负伤,可能造成员工丧失或者部分丧失劳动能力,允许企业解除劳动合同,将会给员工的医疗、生活等带来困难,因此,《劳动合同法》规定在此情况下企业不得解除劳动合同。

职业病的认定,需要根据《职业病防治法》的有关规定,由专门的医疗机构进行。《工伤保险条例》对工伤和视同工伤的情形作了具体规定,《劳动能力鉴定职工工伤与职业病致残等级》(GB/T 16180—2014)则对评残标准作了专门规定。

（三）患病或者非因工负伤，尚在规定的医疗期内

根据原劳动部发布的《企业职工患病或非因工负伤医疗期规定》的规定，医疗期，是指企业员工因患病或非因工负伤停止工作治病休息不得解除劳动合同的时限。医疗期一般为3个月到24个月，以员工实际参加工作年限和在本单位工作年限为标准计算具体的医疗期。具体而言，实际工作年限10年以下的，在本单位工作年限5年以下的为3个月；5年以上的为6个月。实际工作年限10年以上的，在本单位工作年限5年以下的为6个月；5年以上10年以下的为9个月；10年以上15年以下的为12个月；15年以上20年以下的为18个月；20年以上的为24个月。

企业员工在医疗期内，其病假工资、疾病救济费和医疗待遇按照有关规定执行。根据《企业职工患病或非因工负伤医疗期规定》第7条的规定，企业员工非因工致残和经医生或医疗机构认定患有难以治疗的疾病，医疗期满，应当由劳动鉴定委员会参照工伤与职业病致残程度鉴定标准进行劳动能力的鉴定。被鉴定为1～4级的，应当退出劳动职位，解除劳动关系，并办理退休、退职手续，享受退休、退职待遇。

（四）女员工在孕期、产期、哺乳期

我国《妇女权益保障法》第27条规定，任何单位不得因结婚、怀孕、产假、哺乳等情形，降低女员工的工资，辞退女员工，单方解除劳动（聘用）合同或者服务协定。但是，女员工要求终止劳动（聘用）合同或者服务协定的除外。根据这一规定，妇女只要在孕期、产期、哺乳期（妇女生育后一年），企业就不得根据《劳动合同法》第40条、第41条的规定单方解除劳动合同。

**【案例77：用人单位是否可以辞退不履行工作职责的孕期女员工】**

易某于3月初怀孕，公司于3月31日告知易某其将由出纳岗位升职为总经理助理。总经理助理的职责包括：对外协调、对内管理、8小时内有需要开车的负责给总经理开车。易某当时即告知公司其已怀孕，无法完成8小时内开车的工作。但是公司坚持由易某担任总经理助理。易某出任总经理助理后，多次拒绝为总经理开车。后公司张贴告示，由于易某多次拒绝履行总经理助理的相应职责，撤销易某的总经理助理职位。同时，公司还向易某发

出了解除劳动合同的书面通知,以易某多次未履行工作职责,严重违反公司规章制度为由,解除与易某的劳动关系。公司的规章制度中也明文规定了上述行为属于严重违反公司规章制度,可予以开除处理。那么公司能否开除不履行工作职责的易某呢?

【评析】

根据《劳动合同法》第42条第4项的规定,女员工在孕期、产期、哺乳期的,用人单位不得依据第40条及第41条解除劳动合同,但劳动者严重违反用人单位的规章制度的属于《劳动合同法》第39条的情形,不属于上述禁止用人单位解除劳动合同的情形。因此,一些用人单位意图以此条作为解除处于孕期、产期、哺乳期的女员工的依据。

但是,在本案中,公司不得以此为由开除易某。根据法院判决,怀孕妇女不适合从事有发生意外事故危险及经常需要弯腰等工作,驾驶机动车就属于此类工作,用人单位在得知女员工怀孕后仍安排其开车,工作安排不合理,该员工拒绝开车不应认定为严重违纪的情形,因此不得以严重违反规章制度为由与其解除劳动关系。

(五)在本单位连续工作满15年,且距法定退休年龄不足5年

考虑到老员工对企业的贡献较大,再就业能力较低,《劳动合同法》加强了对老员工的保护,包括:员工已在该企业连续工作满10年的,应当订立无固定期限劳动合同;企业初次实行劳动合同制度或者国有企业改制重新订立劳动合同时,员工在该企业连续工作满10年且距法定退休年龄不足10年的,应当订立无固定期限劳动合同;在本单位连续工作满15年,且距法定退休年龄不足5年的,企业不得根据《劳动合同法》第40条、第41条的规定单方解除劳动合同。

(六)法律、行政法规规定的其他情形

考虑到有些法律、行政法规中也有不得解除劳动合同的规定,同时为了便于与以后颁布的法律相衔接,本条规定了兜底条款,以加强对员工的保护。

**【特别提示】**

**对《劳动合同法》第42条关于用人单位不得解除劳动合同的规定，需要注意以下三点：**

**一是本条禁止的是单位单方解除劳动合同，但并不禁止员工与单位协商一致解除劳动合同。**

**二是本条规定的是单位不得根据《劳动合同法》第40条、第41条解除劳动合同，但如果单位根据《劳动合同法》第39条规定解除劳动合同，则不受此限制。**

**三是不禁止因员工个人辞职而解除劳动合同关系。**

**【相关法条】**

*《劳动合同法》*

**第四十二条**　劳动者有下列情形之一的，用人单位不得依照本法第四十条、第四十一条的规定解除劳动合同：

（一）从事接触职业病危害作业的劳动者未进行离岗前职业健康检查，或者疑似职业病病人在诊断或者医学观察期间的；

（二）在本单位患职业病或者因工负伤并被确认丧失或者部分丧失劳动能力的；

（三）患病或者非因工负伤，在规定的医疗期内的；

（四）女职工在孕期、产期、哺乳期的；

（五）在本单位连续工作满十五年，且距法定退休年龄不足五年的；

（六）法律、行政法规规定的其他情形。

## 第四节　公司解除劳动合同实务中常见的"坑"

公司解除劳动合同，是发生劳动争议的最主要原因。每个解约案件都不相同，掌握了法律法规对解约的规定还不够，人力资源管理者仍会面对各种复杂棘手的实际问题。以下是笔者根据多年的律师执业经验挑选出的一些常见的"坑"，人力资源管理者一定要留心，避免犯错。

## 一、公司单方面解除劳动合同,须先通知工会听取意见

《劳动合同法》第43条规定,用人单位单方解除劳动合同,应当事先将理由通知工会。用人单位违反法律、行政法规规定或者劳动合同约定的,工会有权要求用人单位纠正。用人单位应当研究工会的意见,并将处理结果书面通知工会。

### (一)是否必须通知工会

《劳动合同法》第43条是关于解除手续的法律规定,用人单位必须遵守,如果没有履行通知工会的手续,那么解除行为就因为违反程序性规定而无效,劳动者可以主张撤销解除通知,继续履行劳动合同,或者要求支付违法解除劳动合同赔偿金。

### (二)单位没有设立工会怎么办

很多中小企业确实没有设立工会,对于没有设立工会的情况,各地的观点不一致,有的认为无须履行通知工会义务;有的认为用人单位也应当履行通知工会义务,可以通知当地工会或行业工会。《江苏省劳动合同条例》第31条就明确规定,用人单位单方解除劳动合同,应当事先将理由通知工会;用人单位尚未建立工会的,通知用人单位所在地工会。

如果用人单位没有设立工会,即使当地行政法规未规定应当通知所在地工会,笔者也建议用人单位履行通知工会的义务,向当地工会或行业工会发送通知,并留存好履行通知义务的证据,比如快递单。

### (三)工会反对怎么办

《劳动合同法》第43条仅规定工会有权要求纠正工会认为违法违约的解约行为,但并非必须经过工会同意才能辞退员工。如果工会确实有不同意见,用人单位应当研究并做出反馈回应,将最终的处理结果告知工会。笔者建议,用人单位要认真对待工会的不同意见,尽管辞退员工不需要得到工会同意,但是如果用人单位一意孤行,因为违法解除劳动合同而承担法律责任,将是得不偿失。

### (四)确实忘了通知工会,能否补救

按照当前司法解释的规定,用人单位单方解约时没有履行通知工会程序是可以补救的,但是用人单位必须在该劳动争议起诉前补正通知工会程

序，一旦超过了起诉日期，即使补正了通知工会程序，法院也不认可解约行为的合法性。

## 二、单位因员工过错而解除劳动合同，务必在合理期限内作出处理决定

根据《劳动合同法》第39条第2项的规定，员工严重违反用人单位的规章制度的，用人单位享有单方解除权。但是用人单位以员工严重违纪为由解除劳动合同是否有期限限制？

笔者认为，用人单位在发现劳动者严重违章后，经过一段时间后再做出是否解除劳动合同决定是合理的，因为用人单位往往需要招聘新的接替者，在找到合适的接替者之前考虑暂不开除违纪员工，或者用人单位根据生产经营计划的整体需要，要等到某个时点再研究决定人事调整，都是单位合理的经营自主权的体现。但是，此期间也不能过长，当拖延超过了合理的期间，一般会被认为已经原谅了员工的这个错误。综上所述，用人单位欲以严重违纪为由解除劳动合同的，应注意在当地地方法规规定期限内行使该解除权。对于当地法规并无明文规定具体期限的省市，笔者建议用人单位在规章制度里可以规定以发现违纪行为后一年为限。用人单位应当在坚持诚实信用、公平等理念的基础上，依法且及时地行使法律赋予的解除权，毕竟法律并不保护“躺在权利上睡觉”的人。

**【案例78：时隔多年以员工违章为由解约，属于违法解除劳动合同】**

这是笔者担任兼职仲裁员审理的一个案件。钱某于2008年4月1日入职A公司，并自2012年起担任公司销售经理。2013年10月1日，A公司与钱某续订劳动合同，2014年6月23日，A公司再次与钱某续订劳动合同。2017年11月21日，钱某、A公司、A公司北京分公司签署《员工转移协议》，其中第3条的规定，A公司同意将钱某在A公司的工作年限合并计入在A公司北京分公司的工作年限。2017年12月1日，钱某与A公司北京分公司签订无固定期限劳动合同。钱某与A公司北京分公司均承认钱某在2009年至2013年曾经两次丢失办公电脑。2019年7月15日，A公司北京分公司向钱某送达《解除劳动合同书》，以钱某严重违纪为由解除劳动合同，其中

陈述的解约事由为“钱某在2009年至2013年期间曾经两次丢失办公电脑”及其他事由。钱某不服提起劳动仲裁,请求裁决A公司支付违法解除劳动合同赔偿金。仲裁委员会经裁决,最终认定A公司以劳动者多年以前的行为为借口解除劳动合同,解除行为无效,A公司应支付钱某违法解除劳动合同赔偿金。

**【评析】**

劳动关系双方当事人法律地位平等,劳动合同关系本质上仍属于民事法律关系,因此在《劳动合同法》未作特别规定的情况下,仍可适用《民法典》相关规定。《民法典》第564条规定:“法律规定或者当事人约定解除权行使期限,期限届满当事人不行使的,该权利消灭。法律没有规定或者当事人没有约定解除权行使期限,自解除权人知道或者应当知道解除事由之日起一年内不行使,或者经对方催告在合理期限内不行使的,该权利消灭。”

用人单位对于严重违纪员工的单方解除权受到法定或当事人约定期限的限制。但是,在《劳动合同法》《劳动法》等劳动领域相关法律并无针对用人单位行使单方解除权期限有明确规定的情况下,在个案中,应结合劳动合同的特殊性质、劳动合同继续履行的可能性、劳动合同解除对劳资双方利益的影响,合理平衡双方利益,并结合诚信、公平等基本原则作出综合判断。

尽管目前没有全国性的统一规定,但正如上文所援引案例,实践中有些用人单位会采取选择性执法的方式,在发现员工存在违纪事实当时,可能因为各种原因暂时不对该员工的违纪行为进行处理,而是在经过很长一段时间后,在想要辞退该员工时,再采取“秋后算账”的方式,对该员工很久之前的违纪行为进行处理。此类做法不仅有违诚实信用原则,也不利于维护和谐稳定劳动关系和保护员工合法权益。鉴于此,许多省市纷纷出台了关于用人单位对于过错员工行使单方解除权的期限性规定:

《北京市劳动合同若干规定(征求意见稿)》第15条规定,劳动者发生《劳动合同法》第39条第2项、第3项、第4项、第5项、第6项规定情形的,用人单位依法解除劳动合同的时限自事实证据确凿之日起不得超过5个月。

浙江省高级人民法院民事审判第一庭、浙江省劳动人事争议仲裁院《关于审理劳动争议案件若干问题的解答(二)》第8条规定,劳动者违反用人单位规章制度,符合用人单位与其解除劳动合同的条件,用人单位一般应在知道或者应当知道之日起5个月内行使劳动合同解除权。

天津市人力资源和社会保障局《关于印发〈天津市贯彻落实《劳动合同法》若干问题实施细则〉的通知》(津人社规字〔2018〕14号)第12条规定,劳动者有《劳动合同法》第39条第2项、第3项、第4项、第5项、第6项情形之一,用人单位与劳动者解除劳动合同的,应自知道或应当知道劳动者存在上述情形之日起6个月内做出解除劳动合同的决定。

《重庆市职工权益保障条例》《辽宁省职工劳动权益保障条例》均规定,因用人单位作出的解除和终止劳动合同、减少劳动报酬、计算职工工作年限等决定而发生的劳动争议,用人单位负举证责任。用人单位应当从知道或者应当知道员工违反规章制度行为之日起一年内作出处理决定。逾期未处理的,不再追究该违章责任。

## 三、解约通知书中不写解除合同理由或者理由描述不当的后果严重

**【案例79:解除通知中的违章事由不存在,即使存在其他严重违章事实,也应认定违法解除劳动合同】**

公司A向员工Q送达《解除劳动合同书》,解除理由为:员工Q多次未经审批将其办公电脑密码与他人分享,构成严重违纪。员工Q不服,认为公司违法解除劳动关系,提起仲裁,申请裁决公司支付违法解除劳动合同赔偿金。

在仲裁过程中,公司A陈述称:员工Q是A公司为数不多的有权限在公司数据库上浏览和下载技术秘密文档的员工。A公司在工作检查中发现员工Q的办公系统账号频繁下载公司的技术秘密文档,在短期内下载次数达到惊人的几千次,完全不符合常理和正常工作的需要,故对员工Q进行调查。员工Q在调查中主动提交了检讨书,其中承认以下几点:第一,如此多的下载次数肯定不是其本人下载的,密码可能被盗用了;第二,自己平时把密码记录在本子上并将本子放在办公桌抽屉里,但抽屉通常没有上锁;第

三,自己存在将公司技术秘密文档拷贝到U盘中并带回家加班使用的情况。

为证明上述事实,公司A向仲裁庭提交了其保密制度和员工Q亲笔书写的检讨书。A公司保密制度中规定了很多具体的保密工作措施及禁止性的规定,其中包括不得拷贝公司技术秘密文件,不得将电脑密码记录在笔记本或纸张上。

A公司主张员工Q严重违反规章制度,解除行为不违法。但A公司对分享电脑密码一事未举证证明。

仲裁委员会裁决认为,公司A未举证证明员工Q多次未经批准将密码分享给他人,而U盘拷贝及密码管理不当都不是公司A解除合同通知中所列明的解除事由,且与文件下载量超常之间也不存在必然的因果联系。认定A公司解除劳动合同行为违法,应当向员工Q支付违法解除劳动合同赔偿金。

【评析】

《民法典》第565条规定:"当事人一方依法主张解除合同的,应当通知对方。合同自通知到达对方时解除"。

根据《劳动合同法》的规定,用人单位单方解除劳动合同,有过失性解除、非过失性解除和经济性裁员三种情形,法律对这三种情形都作了严密的规定。因此,当用人单位依据《劳动合同法》行使解除权时,应当通知劳动者,且劳动合同自通知到达劳动者时解除。在案例中,公司A向员工Q送达《解除劳动合同书》时,双方的劳动合同解除。

用人单位在单方解除劳动合同时,应向劳动者说明解除理由,这既体现保护劳动者的立法精神,也是权利人对于解除权行使条件已达成的初步说明。劳动者可根据用人单位陈述的解除理由来判断是否接受解除,以及是否追究违法解除劳动合同的赔偿责任。

自解除通知到达劳动者时,解除通知不得撤回或者变更。出于保护劳动者的立法动机,用人单位在单方解除劳动合同时,要向劳动者说明解除理由,该解除理由是司法机构审核并确认解除行为是否合法的依据,因此解除理由不得在事后撤回、变更或扩大。在案例中,员工Q不主张撤销违法的解除通知继续履行劳动合同,所以公司 A 的解除通知一经到达员工 Q 即生效,劳动合同即告解除。公司 A 行使解除权时已说明理由,在裁诉阶段变更解除理由的,应以行使解除权时的理由为准,对于变更的解除理由不予认可。

【律师提示】

**用人单位如果因劳动者严重违反规章制度而解除劳动合同,必须认真查明事实经过,核对在规章制度中有无解约依据。**

**在撰写解除通知书时,用人单位应当准确描述违章行为,因为将来劳动争议的焦点就是解除通知书中所述的事实和理由是否成立及合法。如果解约通知中撰写的事实和理由不存在,即使员工有其他违章行为,只要其他违章行为没有写入解约通知中作为解约理由,将来在法庭审理时,便不能再以其他违章行为作为解约的理由。**

## 四、公司能否以公告形式解除劳动合同

### 【案例 80:不当采取公告通知解除劳动合同,是违法解除】

2014 年 4 月 18 日,吴某入职广州一公司(以下简称 A 公司),双方于吴某入职当日签署了劳动合同,劳动合同中约定的岗位为营建专员。2018 年 2 月 2 日起,吴某开始补休假期,休至 2018 年 2 月 28 日。

2018 年 3 月 1 日,A 公司向吴某送达《员工调岗通知书》,通知吴某其原岗位已取消,现将吴某的岗位调整为维修工程师,如吴某未按照通知上载明的时间报到,将按照公司相关规定处理。吴某于次日签收《员工岗位通知书》,并在签收回执上手写如下内容:(1)调岗通知书内容属于公司单方面调岗,未与我协商。(2)本人不接受公司的任何职务的变动,可接受原工作岗位的工作内容。2018 年 4 月 7 日,A 公司向吴某的户籍地邮寄《到岗通知书》,内容为:吴某先生,你自 2018 年 3 月 4 日开始,在未履行任何请假手续的情况下,至今未到我公司上班,严重影响我公司的工作安排。请在接到本通知后的 3 日内到岗上班,否则将按照旷工处理。

2018 年 4 月 19 日,A 公司向吴某的户籍地邮寄《解除劳动关系通知

书》,内容为:吴某先生,因你连续旷工至今,且我单位期间多次联系你上班未果,你的行为已经严重违反了劳动纪律,我单位决定于2018年4月19日起与你解除劳动关系。请于接到本通知书3个工作日内,到我公司办理工作交接手续。2018年4月25日,A公司将上述解除通知内容在某报纸上向吴某公告。上述到岗及解除通知的快递回执均显示为“电话联系拒收”,吴某称户籍地已经没有人,其人在广州,并未收到上述通知。

2018年4月21日,吴某向仲裁委员会申请劳动仲裁,要求A公司继续履行劳动合同。2018年7月4日,仲裁委员会作出裁决:A公司继续履行与吴某的劳动合同。A公司不服该仲裁裁决,于法定期限内诉至法院。

法院认为,本案争议焦点为A公司通过公告送达解除通知是否有效。本案中,双方签署的劳动合同中明确记载了吴某的电话、电子邮箱,以及位于广州的经常居住地,A公司最先选择向吴某的户籍地寄送解除通知,通知未被签收后,A公司未利用吴某在劳动合同中提供的联系信息进行送达,径直以公告方式送达解除通知。A公司在未能举证证明其是在无法向吴某直接或者邮寄送达的情况下采取公告的方式进行送达,属于解除劳动合同程序违法,公告送达解除通知不发生法律效力,故A公司应继续履行与吴某的劳动合同。

【评析】

用人单位通过公告方式向劳动者送达解除劳动合同通知,虽未被法律所禁止,但当前司法实践对这一方式适用的条件把握较为严格。

1995年7月,原劳动部办公厅《关于通过新闻媒介通知职工回单位并对逾期不归者按自动离职或旷工处理问题的复函》(劳办发〔1995〕179号,已失效)规定,企业对有旷工行为的员工做除名处理,必须符合规定的条件并履行相应的程序。因此,企业通知请假、放长假、长期病休员工在规定时间内回单位报到或办理有关手续,应遵循对员工负责的原则,以书面形式直接送达员工本人;本人不在的,交其同住成年亲属接收。直接送达有困难的可以邮寄送达,以挂号查询回执上注明的收件日期为送达日期。只有在受送达员工下落不明,或者用上述送达方式无法送达的情况下,方可公告送达,即张贴公告或通过新闻媒介通知。自发出公告之日起,经过30日,即视为送达。在此基础上,企业方可对旷工和违反规定的员工按上述法规做除名处理。能用直接送达或邮寄送达而未用,直接采用公告方式送达,视为无效。

虽然上述规定已于2017年失效,但由于公告送达是通过公开宣告的方式进行,经过一定时间即视为送达,滥用该方式可能会损害劳动者权益,现阶段的司法实践仍会参考上述规定。当用人单位未穷尽其他送达方式便采用公告送达方式时,多数情况下不会被认定为有效送达。

**【特别提示:公告送达解除通知的条件】**

**为防止用人单位随意解除劳动合同,侵犯劳动者的合法权益,用人单位单方解除劳动合同时,除需满足《劳动法》与《劳动合同法》规定的实质条件之外,还需履行必要的程序:**

**1. 用人单位应征求工会意见。《劳动合同法》第43条规定:“用人单位单方解除劳动合同,应当事先将理由通知工会。用人单位违反法律、行政法规规定或者劳动合同约定的,工会有权要求用人单位纠正。用人单位应当研究工会的意见,并将处理结果书面通知工会。”**

**2. 用人单位根据《劳动合同法》第39条的规定单方解除劳动合同,要对符合的法定条件进行举证。最高人民法院《关于审理劳动争议案件适用法律问题的解释(一)》第44条规定,因用人单位作出的开除、除名、辞退、解除劳动合同、减少劳动报酬、计算劳动者工作年限等决定而发生的劳动争议,用人单位负举证责任。**

**3. 用人单位应作出书面通知。用人单位对职工进行处分、处罚,或者除名辞退,应当书面通知劳动者本人。为留存证据记录,应避免使用口头通知的形式。**

**4. 用人单位已采用当面送达、邮件送达、电子邮件等方式,仍无法将解除通知送达劳动者。**

**只有满足以上条件时,用人单位才能以公告方式解除劳动合同;否则,一般会被认定为解除劳动合同程序违法,公告通知解除行为不发生法律效力。**

### 五、能否以末位淘汰为由解除劳动合同

末位淘汰,是指用人单位淘汰工作业绩靠后的员工。末位淘汰制度是舶来品,源于美国通用电气公司原董事长杰克·韦尔奇创建的活力曲线,也叫10%淘汰率法则,即通过绩效考核将表现最差的员工淘汰。这种管理制度一方面鼓励员工竞争;另一方面可能加剧员工工作压力,引发劳动纠纷。该制度被引入我国之后,为适应我国相关劳动法律,用人单位针对淘汰衍生出不同的处理方式,包括降薪、降职、调岗、辞退。

**【案例81:“换汤不换药”的末位淘汰,法院还是不认可】**

2015年7月,王某与原告Z公司签订劳动合同并入职该公司从事销售工作。2019年1月,因分销部门解散等原因,王某转岗至华东区从事销售工作。

Z公司的《员工绩效管理办法》规定:员工半年、年度绩效考核分为S、A、C1、C2四个等级,分别代表优秀、良好、价值观不符、业绩待改进;S、A、C(C1、C2)等级的人员比例分别为20%、70%、10%;不胜任工作原则上考核为C2。2018年下半年、2019年上半年及2019年下半年,王某的考核结果均为C2。

Z公司以王某不能胜任工作,经转岗后仍不能胜任工作为由,在支付了部分经济补偿金的情况下与其解除了劳动合同。

2020年10月8日,仲裁委员会作出裁决:Z公司支付王某违法解除劳动合同的赔偿金。Z公司不服起诉至法院。法院一审判决结果同仲裁裁决。一审判决后双方均未上诉。

**【评析】**

考核为末位不必然等于不能胜任工作。Z公司的考核制度中,有10%的比例为C2,即只要有考核,就必然会有人考核为C2。王某仅仅是在考核中处于末位,并不能证明其不能胜任工作。且王某未经转岗或者培训。即使劳动者被证明不能胜任工作,用人单位依法应当为劳动者提供培训或者调整工作岗位。本案中王某调整工作并非因为不能胜任工作,而是因公司

工作部门解散；同时，公司也未提供任何证据证明为王某提供过培训。因此，用人单位不能以此为理由与王某解除劳动合同。

法院认为，劳动者在用人单位等级考核中居于末位等次，不等同于不能胜任工作，不符合单方解除劳动合同的法定条件，用人单位不能据此单方解除劳动合同。

关于此案，存在两种观点：

第一种观点认为，劳动者对劳动合同或者用人单位规章制度中的末位淘汰制度未提出异议，视为同意。在用人单位事先设定的制度或者劳动合同的约定合法有效的前提下，劳动者对此种绩效考核制度持认可态度，根据此种制度淘汰员工可以激活企业活力，使员工始终保持高效竞争状态。

第二种观点认为，末位淘汰制不能作为用人单位解除劳动合同的依据。我国的劳动相关法律对于用人单位单方解除劳动合同限制了严格的条件，而末位淘汰制度并非用人单位可以单方解除劳动合同的法定理由。目前，法院关于末位淘汰、竞争上岗的判决中，第二种观点为主流意见。

2016 年 11 月 30 日，最高人民法院发布《第八次全国法院民事商事审判工作会议(民事部分)纪要》，其中第 29 条明确规定："用人单位在劳动合同期限内通过'末位淘汰'或'竞争上岗'等形式单方解除劳动合同，劳动者可以用人单位违法解除劳动合同为由，请求用人单位继续履行劳动合同或者支付赔偿金。"

实践中，部分用人单位企图给末位淘汰披上合法外衣，为了形式上合法，在规章制度中把被评为末位规定为违反规章制度，以《劳动合同法》第 39 条第 2 项，即劳动者严重违反用人单位的规章制度为由解约；或者在规章制度中将被评为末位规定为不胜任工作，以《劳动合同法》第 40 条第 2 项，即劳动者不能胜任工作，经过培训或者调整工作岗位，仍不能胜任工作为由解约。但结合案例来看，只要类似末位淘汰性质，法院基本不会支持用人单位。因此，笔者建议用人单位制定合理合法的考核制度。只有制度合法，依照制度作出的决定才可能合法。用人单位在制定考核制度时应当民主协商，对于是否胜任工作的评价应当主要以工作绩效的客观标准为尺度，而不能以排位为标准。另外，在考核制度制定完毕后，用人单位应当向劳动者公示,确保劳动者知悉。

## 六、解除或终止劳动关系时,签署的“再无争议”一次性解决协议是否有效

**【案例 82:签了再无争议的一次性解决协议,是否还会被劳动者翻盘】**

骆某于 2020 年 12 月 28 日应聘至 A 医院担任执业医师,双方未签订书面劳动合同,但约定骆某的每月保底工资为 24,000 元。

2021 年 2 月 2 日,A 医院与骆某解除劳动关系,并办理了相关离职手续。2021 年 2 月 3 日,骆某、A 医院就解除劳动关系及相关补偿问题签订《一次性解决协议书》,约定“一、签订本协议之日起,立即解除乙方(骆某)与甲方(A 医院)的劳动关系。二、在签订本协议之日起甲方向乙方支付10,000元,至此,乙方在甲方上班的一切工资福利待遇及补偿等就此解决,支付完毕,不存在任何未了结的权利义务关系,即或有签订各方也予以自愿放弃向对方主张之权利。三、该协议是甲乙方一次解决之协议,各条内容是甲乙双方反复咨询协商而达成的真实意思表示,阅读核对无误后甲乙方签字或盖章立即发生法律效力,任何方不得再以任何理由向对方提出任何要求。四、该协议一式三份,其效力均等”。A 医院在该协议书上盖章确认,骆某在该协议书上签字确认。协议书签订后,A 医院于 2021 年 2 月 7 日通过银行转账方式向骆某支付了协议约定款项。

2021 年 3 月 11 日,骆某提起劳动仲裁,请求 A 医院给付:(1)未签订书面劳动合同的双倍工资;(2)被辞退补偿半个月工资 12,000 元;(3)因辞退加倍补偿 12,000 元。

**【评析】**

最高人民法院《关于审理劳动争议案件适用法律问题的解释(一)》第35 条规定:“劳动者与用人单位就解除或者终止劳动合同办理相关手续、支付工资报酬、加班费、经济补偿或者赔偿金等达成的协议,不违反法律、行政法规的强制性规定,且不存在欺诈、胁迫或者乘人之危情形的,应当认定有效。前款协议存在重大误解或者显失公平情形,当事人请求撤销的,人民法

院应予支持。”

由此看出，虽然根据立法精神，在审理劳动争议案件中倾向于保护劳动者，但劳动者作为完全民事行为能力人应当对自己的行为负责，尤其对于签字确认的协议、文件等，应视为是其在完全充分理解并同意的基础上签订，而不应一味地任其反悔，进而耗费大量司法资源。在劳动法律关系中用人单位和劳动者双方均应坚持契约精神和诚实信用原则。

劳动者与用人单位就解除或者终止劳动合同办理相关手续、支付工资报酬、加班费、经济补偿或者赔偿金等列明的事项达成协议，并在协议中约定“双方再无劳动争议”等兜底性条款。此后，劳动者就协议中未列明的劳动争议事项主张权利的，如何处理？实践中，劳动者就协议中未列明的劳动争议事项主张相关权利，一般不予支持。理由如下：上述兜底性条款属于协议的组成部分，根据最高人民法院《关于审理劳动争议案件适用法律问题的解释（一）》第35条之规定，如果该条款不违反法律、行政法规的强制性规定，且不存在欺诈、胁迫或者乘人之危情形的，应当认定为有效。劳动者与用人单位约定兜底性条款属于权利自由处分行为，系劳动者利弊考量后的结果，其再就协议中未列明的劳动争议事项主张相关权利，有违诚实信用。但劳动者因重大误解订立上述兜底性条款或者上述兜底性条款显失公平的，劳动者请求撤销的，应予支持。

综合上述分析，劳动者与用人单位解除或终止劳动合同时签订的一次性解决协议原则上有效。劳动者无论是就协议中已列明事项主张权利，还是就协议中未列明事项（但协议具有兜底条款表述）主张权利，若不存在法定的无效或可撤销事由，一次性解决协议有效，对双方均有约束力。

**【特别提示：格式条款】**

**格式条款文本是用人单位一方事先拟定的，要求劳动者签署的固定格式文件，劳动者没有商议修改的机会。虽然依据以上司法解释和法院倾向性处理意见可以看出，劳动者与用人单位在解除或终止劳动合同时签订的一次性解决协议有效，但该协议应是建立在签订协议时双方均出于真实意**

思表示的基础上。如此一来,用人单位在离职交接单、离职审批表、工资结算单等中以格式条款的形式附加双方再无劳动争议等兜底性条款的,应谨慎判断其效力。

未经特别提示的,或者未向劳动者特别说明的格式条款,有可能会因用人单位未尽到合理提示义务而被认定无效。因此,用人单位应尽量采用需要双方签字确认的协议方式进行操作;若确需在上述离职交接单、离职审批单、工资结算单等文件中采用格式条款,用人单位可采用足以引起劳动者注意的文字、符号、字体等进行特别标识,并将其标注在靠近劳动者签字栏的位置,作为已履行合理提示义务的证明。

【示范文本】

以下示范合同仅供读者研究参考之用,不代表笔者提供的法律咨询意见,笔者对示范合同内容的合法性、适用性和实际效果不做任何保证。

**劳动合同提前解除协议**

____________有限公司(甲方)

____________________(乙方)

身份证号:

根据甲方与乙方签订的《劳动合同》和有关法律之规定,经双方有好协商,签订本《劳动合同提前解除协议》,并共同遵守。

**1.终止劳动关系**

经甲乙双方协商一致同意,自20____年____月____日(终止日)双方解除劳动合同,双方终止劳动合同关系。

**2.乙方的义务**

2.1 在终止日后,乙方应承担下列义务:

2.1.1 乙方不得以甲方或甲方员工名义对外从事任何业务和联络(包括但不限于不得使用单位介绍信、名片)。

2.1.2 乙方不得从事损害甲方声誉或利益的行为。

2.1.3　乙方不得泄露或利用甲方的保密信息及在乙方工作中知悉的客户和商业伙伴的保密信息。

**3. 甲方的义务**

3.1　甲方支付乙方的薪资截至20 ____年____月____日。甲方应在本协议生效后____日内一次性付清乙方工资总计人民币____元(税前)。

3.2　经双方友好协商,甲方同意支付乙方____个月工资作为经济补偿金(工资以乙方离职前十二个月平均工资为标准,超过当地上年度职工月平均工资三倍的,以____上年度职工月平均工资三倍为标准)作为双方解除劳动合同的经济补偿金,经济补偿金含税共计人民币__________元,支付日期为:____年____月____日之前(含本日)。乙方指定通过乙方工作期间的工资账户收取经济补偿金等款项,如果乙方变更收款账户,必须提前十个工作日书面通知甲方。

3.3　甲方应在终止日为乙方开具解除劳动关系证明,解除原因为由用人单位提出并协商解除劳动合同。

**4. 再无争议**

4.1　除本协议第3条明确的约定外,乙方确认甲方对乙方不负有基于劳动关系或民事关系的金钱给付类义务和责任,包括但不限于:报销费用;经济补偿金;赔偿金;未付或迟付工资、加班工资、未休年假工资;工伤待遇等。

4.2　乙方确认与甲方不存在与劳动关系有关的任何纠纷争议。即使曾经有与劳动关系相关的纠纷争议,无论乙方过去是否提起,乙方确认已经放弃权利或争议已经得到最终解决,不再向甲方及甲方的关联企业提出相关主张。

4.3　乙方承认其无资格参加甲方在终止日之后的任何考评和考核,也没有获得终止日之后的年终奖等奖金和提成的权利。

**5. 违约责任**

在协议签订后,双方均不得反悔,应认真履行各自的有关义务,严格遵守约定条款,任何一方不得违约。

**6. 其他**

本协议一式两份,双方各执一份,本协议自乙方签字和甲方盖章后生效。

甲方:__________有限公司　　　　　　乙方:________________

　　年　月　日　　　　　　　　　　　　年　　月　日

**七、单位能否主动撤销劳动合同解除通知**

《劳动合同法》第39条、第40条、第41条、第42条规定了各种辞退劳动者的法定情形和禁止情形。用人单位基于用工自主权辞退员工均需符合法定情形和限制条件,否则就可能属于《劳动合同法》第87条规定的违法解除,需向劳动者支付违法解约赔偿金。

值得讨论的是,如果用人单位已经作出了实际违法的解除通知并已有效送达了劳动者,用人单位能否主动撤销此项违法解除通知?

**【案例83:错误的解约通知,赶紧撤回是否来得及】**

费某于2015年8月12日入职A公司工作。2017年2月14日,A公司向费某发出通知书,载明因费某自2017年2月6日公司开工以来虽每天打卡,但未在岗位上工作,经公司研究决定最后一次通知费某于2月15日到岗工作,如仍未到岗工作,作开除辞退处理。费某认可收到该通知,但否认存在未到岗工作的情况。2017年2月15日上午,费某收到A公司向其发出的辞退通知书,载明:"因你自2017年2月6日起公司正式上班以来至今在工作岗位上未进行生产工作(公司先前已出具书面通知你恢复工作生产并多次与你沟通),经公司研究给予你开除辞退的处理决定,该决定从2017年2月16日起生效。请凭此通知单于2017年2月18日前到财务部结算。"费某收到该通知书后未再上班。

A公司提供录像资料显示,2017年2月15日下午,A公司负责人戴某某与费某等人谈话,表示上述辞退通知书系人事部门未经公司批准擅自作出,且落款时间有误,现向费某发出撤销辞退通知书,该通知书载明:"经公司内部核实,落款时间为2017年2月16日的《辞退通知书》及其内容,未经公司有权主管核准。并且,由于该《辞退通知书》并未生效,也未造成任何不良影响。因此,公司决定撤销该落款为2017年2月16日的《辞退通知书》。请您根据与我公司签订的《劳动合同书》,继续在原岗位进行工作。”戴某当场向费某宣读了该撤销辞退通知书的内容,费某拒绝签收,认为A公司已经向其发出了辞退通知书,即已将其开除,对A公司撤回辞退通知书的行为不认可,要求A公司按照辞退通知书所载与其结算工资,费某在获得与公司结算的工资后即离开公司。2017年2月17日,费某向仲裁委员会申请仲裁并诉至法院,要求A公司支付赔偿金。

法院认为,本案中,A公司于2017年2月15日上午向费某发出的辞退通知书载明辞退决定从2017年2月16日起生效。2月15日下午,A公司又向费某宣读了撤销辞退通知书内容并作出了解释,在辞退通知书尚未生效的情况下,A公司可以对其之前作出的辞退行为予以纠正。费某依据该辞退通知书主张A公司违法解除劳动合同,与事实不符,A公司无须支付赔偿金。

【评析】

在用人单位的解除通知系违法解除的前提下,用人单位能否将尚未届至生效日期的违法解除通知撤回?

正如上面案例所述情形,若用人单位发送的解除通知上明确标注了生效日期,且在该生效日期达到劳动者之前,用人单位向劳动者有效送达了撤回解除的通知,该项撤回是否有效?本案中的审理法院是持撤回有效的观点,即在辞退通知书尚未生效的情况下,A公司可以对其之前作出的辞退行为予以纠正,因此已被有效撤回的解除通知自始不发生效力。

本案中,A公司于2月15日发送辞退通知,注明2月16日生效,实际上是对解除劳动合同附有生效的期限。附生效期限的民事法律行为,自期限届至时生效。当用人单位发现辞退通知有误时,在期限届至前及时发出了撤销的通知,实为对未生效解除行为的撤回,这种做法既不违反法律规定,也没有侵害劳动者的权利,因此用人单位无须承担《劳动合同法》第87条规定的法律责任。

已经生效的违法解除通知能否撤销？若解除通知上注明的生效日期已经届至,或解除通知中有即刻生效或通知发出之日即生效等字样,在该通知已经向劳动者有效送达的情况下,用人单位能否主动撤销解除？对于已经生效的解除行为,用人单位并不享有单方撤销权。但即便如此,也并不当然意味着用人单位需要承担《劳动合同法》第87条规定的赔偿金责任。根据《劳动合同法》第48条的规定:“用人单位违反本法规定解除或者终止劳动合同,劳动者要求继续履行劳动合同的,用人单位应当继续履行;劳动者不要求继续履行劳动合同或者劳动合同已经不能继续履行的,用人单位应当依照本法第八十七条规定支付赔偿金。”可见,对于已经生效的用人单位的违法解除行为,劳动者有选择权,既可以要求用人单位撤销解除行为从而继续履行双方的劳动合同,亦可以同意解除合同但向用人单位主张违法解除劳动合同赔偿金。

# 第十六章

# 劳动合同终止制度

劳动合同的终止，是指当出现法律规定的情形时，劳动合同的法律效力依法消灭，劳动关系即不再存在。

劳动合同的终止和劳动合同的解除是两个法律概念，但是两者在实务中又经常被人们混用。这是因为二者之间确实存在相同点，那就是二者的最终法律效果都是劳动合同关系终结。但是二者的区别在于，劳动合同终止是基于客观事实或客观事件而发生的行为，而劳动合同解除则必须经一方当事人向对方作出终结合同关系的意思表示。

## 第一节　劳动合同终止的原因

根据《劳动合同法》第44条的规定，劳动合同终止的原因包括以下几种：(1)劳动合同期满；(2)劳动者开始依法享受基本养老保险待遇；(3)劳动者死亡，或者被法院宣告死亡或者宣告失踪；(4)用人单位被依法宣告破产；(5)用人单位被吊销营业执照、责令关闭、撤销或者用人单位决定提前解散；(6)法律、行政法规规定的其他情形。

根据《劳动合同法实施条例》第21条的规定，劳动者达到法定退休年龄的，劳动合同终止。

### 一、劳动合同期满

劳动合同期满主要适用于固定期限劳动合同和以完成一定工作任务为

期限的劳动合同。劳动合同期满时,除单位和劳动者依法续订劳动合同和依法应当延期的情况外,劳动合同自然终止,双方的权利义务终止。劳动合同期满终止的时间,应当以劳动合同期限最后 1 日的 24 时为准。

实务中,对于劳动合同期满后,员工仍在原企业工作,原企业未表示异议,但也未办理终止或者续订劳动合同的情况,依据《劳动合同法》的立法精神,应视为一个新劳动合同的开始,除了合同期限,双方的各项权利义务应视为与原劳动合同一致。在此情况下,未签订书面劳动合同的用人单位应承担双倍工资,计算双倍工资的起算点为自劳动合同期满的次日,截止点为双方补订书面劳动合同的前一日,最长不超过 12 个月。因为用人单位对原劳动合同期满和继续用工的法律后果均有预期,因此不需要再给予用人单位 1 个月的宽限期,原劳动合同期满次日,即是用人单位应当订立书面劳动合同之日和承担未订立书面劳动合同的法律后果之日。

**【案例 84:员工在劳动合同期满后继续上班,但拒绝续签书面劳动合同,如何应对】**

李某是 A 公司员工,其劳动合同于2019 年7 月1 日到期,劳动合同到期前,A 公司和李某都没有办理终止合同或续签合同的手续,2019 年 7 月 1 日后,李某照常上班。3 个月后,A 公司才发现忘记与李某续订书面劳动合同,于是交给李某书面劳动合同,要求李某签署。李某认为,按照法律规定,A 公司已经超过了签署书面劳动合同的最后期限,应当支付其双倍工资。A 公司没有答应李某的要求,于是李某就拖延不签署书面劳动合同。

**【评析】**

原劳动合同在 2019 年 7 月 1 日到期终止,之后李某照常上班,A 公司也没有对此持异议态度,应当认为双方自 2019 年 7 月 2 日起建立了事实劳动关系。

依照法律规定,用人单位最迟自用工之日起 1 个月内应当与劳动者签订书面劳动合同,如果在这个期限内经用人单位书面通知后,劳动者拒绝签署书面劳动合同,则单位应当终止劳动关系,且不需要支付劳动者经济补偿

(《劳动合同法实施条例》第5条)。但是本案中,企业在超过1个月后才提出和李某签署书面劳动合同,所以,即使此时李某表示拒绝签署书面合同,企业虽然仍可因此终止与李某的劳动关系,但是必须依法支付李某经济补偿(《劳动合同法实施条例》第6条)。

本案中,A公司正确的做法应当是最迟在原劳动合同期满1个月内通知李某签署劳动合同,如果此时李某拒绝签署书面劳动合同,则A公司可依法终止与李某的劳动关系,并且不需要支付经济补偿金。

## 二、劳动者开始依法享受基本养老保险待遇

根据我国法律、行政法规的规定,员工开始依法享受基本养老保险待遇的条件有以下两个:一是员工已退休,二是个人缴费年限累计满15年或者个人缴费和视同缴费年限累计满15年。

按照现行有关基本养老金的规定和实际做法,员工达到退休年龄是依法享受基本养老保险的前提,享受基本养老保险基本上可以涵盖达到法定退休年龄的情形。因此,《劳动合同法》第44条的规定并没有以退休为劳动合同终止的情形之一。如果员工达到了退休年龄但并没有依法享受基本养老保险待遇,除国家另有规定外,其劳动合同并不必然终止。

## 三、劳动者死亡,或者被法院宣告死亡或者宣告失踪

在民法上,公民死亡、被法院宣告失踪或者宣告死亡的,劳动合同签订一方主体资格消灭,客观上丧失提供劳动的可能,之前签订的劳动合同因为缺乏一方主体而终止,属于劳动合同终止的情形之一。

此时,劳动合同终止的时间是劳动者死亡或者被宣告死亡或宣告失踪之日。

## 四、单位被依法宣告破产

我国《企业破产法》第107条第1款规定,法院依照本法规定宣告债务人破产的,应当自裁定作出之日起5日内送达债务人和管理人,自裁定作出之日起10日内通知已知债权人,并予以公告。《企业破产法》第121条规

定,管理人应当自破产程序终结之日起 10 日内,持法院终结破产程序的裁定,向破产人的原登记机关办理注销登记。可见,根据《企业破产法》的规定,企业一旦被依法宣告破产,就进入破产清算程序,企业的主体资格即归于消灭,因此企业一旦进入被依法宣告破产的阶段,即意味着劳动合同一方主体资格消灭,劳动合同归于终止。

**五、单位被吊销营业执照、责令关闭、撤销或者企业决定提前解散**

我国《公司法》第 180 条规定,公司因下列原因解散:(1)公司章程规定的营业期限届满或者公司章程规定的其他解散事由出现;(2)股东会或者股东大会决议解散;(3)因公司合并或者分立需要解散;(4)依法被吊销营业执照、责令关闭或者被撤销;(5)法院依照《公司法》第 182 条的规定判决公司解散。

根据《公司法》的规定,公司解散,是指已经成立的公司,因公司章程或者法定事由的出现而停止公司的经营活动,开始公司的清算,使公司法人资格消灭的法律行为。由于公司解散将会导致公司法人归于消灭,因此,在公司解散的情况下,劳动合同由于缺乏一方主体而归于终止。

考虑到《劳动合同法》第 46 条中关于经济补偿的规定与《劳动合同法》第 44 条相衔接,第 44 条仅规定企业被吊销营业执照、责令关闭、撤销或者企业决定提前解散的,劳动合同终止。

**【案例 85:用人单位与其他单位合并,劳动合同是否还有效】**

王某是 A 软件公司的经理,该软件公司在 2015 年被规模更大的 B 公司吸收合并,A 公司解散注销。王某直接转到 B 公司上班,B 公司和王某签署了劳动合同,劳动合同约定的生效日期是王某到 B 公司入职上班的日期。由于公司合并后的业务整合,B 公司很快就决定裁员,王某被列入了裁员名单。B 公司只同意依据和王某签订的劳动合同,按照王某到 B 公司上班的时间计算经济补偿金。王某认为,应当将自己之前在 A 公司工作的期间计算在内,而 B 公司认为 A 公司已经解散,B 公司与王某签署的合同是一份新合同。王某不服,遂提起劳动争议仲裁。

【评析】

依据《劳动合同法》第34条的规定,用人单位发生合并分立的,由继承该单位权利义务的新单位继续履行劳动合同,原劳动合同继续有效。《劳动合同法》第34条作这样的规定,是因为单位合并分立后,虽然原单位可能解散注销,作为法律主体不再存在,但合并后的单位或者分立出的新单位承接了原单位的权利和义务。

正是由于公司因合并或分立而解散后仍然有权利义务的继承者,在《劳动合同法》第44条规定的劳动合同终止的原因中只规定了企业被吊销营业执照、责令关闭、撤销或者企业决定提前解散的,劳动合同终止。

本案中,王某和A公司的劳动合同由B公司承接继续履行,所以当B公司裁员并计算经济补偿金时,必须将王某在A公司的工作年限计算在内,而不能仅仅计算合并A公司后的工作时间。

## 六、法律、行政法规规定的其他情形

有关劳动终止的情形,除了《劳动合同法》规定的5种情形外,可由法律、行政法规作出规定。考虑到劳动合同终止制度的统一性和没有地方独特性等情况,《劳动合同法》并没有授权地方性法规创设劳动合同终止制度。

## 七、劳动者达到退休年龄

### (一)什么是法定退休年龄

在《劳动合同法》《劳动合同法实施条例》《社会保险法》等法律中,都提到了法定退休年龄这个概念。

法定退休年龄与劳动合同的终止以及劳动者开始享受社会养老保险待遇有着密切的关系。那么什么是法定退休年龄呢?《劳动合同法》《社会保险法》中都没有作直接规定。

早在1978年,国务院制定的《关于工人退休、退职的暂行办法》(国发〔1978〕104号)中规定,国家机关、全民所有制企业、事业单位的工人,男年满60周岁,女年满50周岁,连续工龄满10年的,应退休。当时因我国还没有

“三资”企业、民营企业,所以在该办法中只提到了全民所有制企业。1999年,原劳动和社会保障部发布《关于制止和纠正违反国家规定办理企业职工提前退休有关问题的通知》(劳社部发〔1999〕8号),其中再次明确了法定退休年龄的范围:

1. 男职工年满60周岁,女干部年满55周岁,女工人年满50周岁退休。

2. 从事井下、高空、高温、特别繁重体力劳动和其他有害身体健康的工种,男年满55周岁、女年满45周岁;在高空和特别繁重体力劳动岗位工作累计满10年,在井下和高温岗位工作累计满9年,在其他有害身体健康岗位工作累计满8年的职工退休。

3. 因病或非因工致残完全丧失劳动能力,男年满50周岁、女年满45周岁的职工退休。

(二)达到退休年龄时,尚未到期的劳动合同终止

在2008年实施的《劳动合同法》中,并没有规定劳动者达到退休年龄可导致劳动合同终止,仅规定劳动者开始享受养老金待遇的,劳动合同终止。但是在2008年9月国务院颁布的《劳动合同法实施条例》中,明确规定了劳动者达到退休年龄的,劳动合同终止。

**【相关法条】**

***《劳动合同法》***

**第四十四条** 有下列情形之一的,劳动合同终止:

(一)劳动合同期满的;

(二)劳动者开始依法享受基本养老保险待遇的;

(三)劳动者死亡,或者被人民法院宣告死亡或者宣告失踪的;

(四)用人单位被依法宣告破产的;

(五)用人单位被吊销营业执照、责令关闭、撤销或者用人单位决定提前解散的;

(六)法律、行政法规规定的其他情形。

## 第二节 劳动合同到期终止的例外情形

企业在处理劳动合同终止问题时,需注意法定的劳动合同自动续延的情况。为了保护员工的合法权益,尤其是对一些处于特殊困难阶段或者做出特殊贡献的员工,法律给予其相应的特殊保护。按照《劳动合同法》第42条的规定,有下列情形之一的,劳动合同应当自动续延至相应的情形消失时终止:

1. 从事接触职业病危害作业的劳动者未进行离岗前职业健康检查,或者疑似职业病病人在诊断或者医学观察期间的。对于从事接触职业病危害作业的员工,其劳动合同的期限自动延续到完成离岗前职业健康检查之日。对于疑似患有职业病的员工,其劳动合同的期限自动延续到诊断或医学观察期结束之日。如果经过检查、诊断或者医学观察后,证明员工确实患有职业病怎么办?此种情况下能否终止劳动合同呢?根据《劳动合同法》第45条的规定,对于在本单位患职业病或者因工负伤并被确认丧失或者部分丧失劳动能力的,应当按照国家关于工伤保险的规定处理劳动合同终止问题。

2. 在本单位患职业病或者因工负伤并被确认丧失或者部分丧失劳动能力的;但是,《劳动合同法》第42条第2项规定丧失或者部分丧失劳动能力员工的劳动合同的终止,按照国家有关工伤保险的规定执行。

3. 患病或者非因工负伤,在规定的医疗期内的;对于患非职业病、非因工负伤的员工,其劳动合同期限自动续延至医疗期满时。

4. 女员工在孕期、产期、哺乳期的;女员工的劳动合同如果在孕期、产期或者哺乳期(以下简称三期)期间到期,则自动续延至三期届满时。

5. 在本单位连续工作满15年,且距法定退休年龄不足5年的。此类员工的劳动合同期限应当续延至退休时。

6. 法律、行政法规规定的其他情形。例如,我国《工会法》对于工会主席、副主席的劳动合同期限续延有专门的规定。

【相关法条】

《劳动合同法》

**第四十二条** 劳动者有下列情形之一的,用人单位不得依照本法第四十条、第四十一条的规定解除劳动合同:

(一)从事接触职业病危害作业的劳动者未进行离岗前职业健康检查,或者疑似职业病病人在诊断或者医学观察期间的;

(二)在本单位患职业病或者因工负伤并被确认丧失或者部分丧失劳动能力的;

(三)患病或者非因工负伤,在规定的医疗期内的;

(四)女职工在孕期、产期、哺乳期的;

(五)在本单位连续工作满十五年,且距法定退休年龄不足五年的;

(六)法律、行政法规规定的其他情形。

**第四十四条** 有下列情形之一的,劳动合同终止:

(一)劳动合同期满的;

(二)劳动者开始依法享受基本养老保险待遇的;

(三)劳动者死亡,或者被人民法院宣告死亡或者宣告失踪的;

(四)用人单位被依法宣告破产的;

(五)用人单位被吊销营业执照、责令关闭、撤销或者用人单位决定提前解散的;

(六)法律、行政法规规定的其他情形。

**第四十五条** 劳动合同期满,有本法第四十二条规定情形之一的,劳动合同应当续延至相应的情形消失时终止。但是,本法第四十二条第二项规定丧失或者部分丧失劳动能力劳动者的劳动合同的终止,按照国家有关工伤保险的规定执行。

《工伤保险条例》

**第三十五条** 职工因工致残被鉴定为一级至四级伤残的,保留劳动关系,退出工作岗位,享受以下待遇:

(一)从工伤保险基金按伤残等级支付一次性伤残补助金,标准为:一级

伤残为27个月的本人工资,二级伤残为25个月的本人工资,三级伤残为23个月的本人工资,四级伤残为21个月的本人工资;

(二)从工伤保险基金按月支付伤残津贴,标准为:一级伤残为本人工资的90%,二级伤残为本人工资的85%,三级伤残为本人工资的80%,四级伤残为本人工资的75%。伤残津贴实际金额低于当地最低工资标准的,由工伤保险基金补足差额;

(三)工伤职工达到退休年龄并办理退休手续后,停发伤残津贴,按照国家有关规定享受基本养老保险待遇。基本养老保险待遇低于伤残津贴的,由工伤保险基金补足差额。

职工因工致残被鉴定为一级至四级伤残的,由用人单位和职工个人以伤残津贴为基数,缴纳基本医疗保险费。

**第三十六条** 职工因工致残被鉴定为五级、六级伤残的,享受以下待遇:

(一)从工伤保险基金按伤残等级支付一次性伤残补助金,标准为:五级伤残为18个月的本人工资,六级伤残为16个月的本人工资;

(二)保留与用人单位的劳动关系,由用人单位安排适当工作。难以安排工作的,由用人单位按月发给伤残津贴,标准为:五级伤残为本人工资的70%,六级伤残为本人工资的60%,并由用人单位按照规定为其缴纳应缴纳的各项社会保险费。伤残津贴实际金额低于当地最低工资标准的,由用人单位补足差额。

经工伤职工本人提出,该职工可以与用人单位解除或者终止劳动关系,由工伤保险基金支付一次性工伤医疗补助金,由用人单位支付一次性伤残就业补助金。一次性工伤医疗补助金和一次性伤残就业补助金的具体标准由省、自治区、直辖市人民政府规定。

**第三十七条** 职工因工致残被鉴定为七级至十级伤残的,享受以下待遇:

(一)从工伤保险基金按伤残等级支付一次性伤残补助金,标准为:七级伤残为13个月的本人工资,八级伤残为11个月的本人工资,九级伤残为9个月的本人工资,十级伤残为7个月的本人工资;

(二)劳动、聘用合同期满终止,或者职工本人提出解除劳动、聘用合同的,由工伤保险基金支付一次性工伤医疗补助金,由用人单位支付一次性伤残就业补助金。一次性工伤医疗补助金和一次性伤残就业补助金的具体标准由省、自治区、直辖市人民政府规定。

## 第三节 劳动合同终止的手续和后果

### 一、终止劳动合同的手续

(一)书面通知

劳动合同终止的原因都是法定的,只要出现法定情形,劳动合同就自然终止。因此劳动合同的终止并不依赖于是否发出终止通知。但是实践中,建议用人单位提前向劳动者发出书面通知,并写明劳动合同终止的理由。这既是对劳动者的尊重,也是单位经营管理规范严谨的表现。

企业需要注意当地地方法规的相关规定,比如根据北京市目前的规定,即使是固定期限劳动合同到期,单位也必须提前30日将终止或续约的意向通知劳动者,以此给劳动者合理的期限做生活和工作上的准备,如果未提前30日通知劳动者,以劳动者上月日平均工资为标准,每延迟1日支付劳动者1日工资的赔偿金。

(二)工作交接

用人单位应当在劳动合同终止之前,提前安排其他人员与即将终止劳动关系的员工进行工作交接,员工也有义务认真完成工作交接。

1. 出具终止劳动关系证明。

2. 在劳动关系终止后15日内办理档案和社会保险关系转移手续。

3. 如依法需要支付劳动者经济补偿金,则应在劳动者办结工作交接时支付经济补偿。

4. 劳动合同终止后,单位应当继续保存劳动合同两年以上备查。

**【相关法条】**

***《劳动合同法》***

**第五十条** 用人单位应当在解除或者终止劳动合同时出具解除或者终止劳动合同的证明,并在十五日内为劳动者办理档案和社会保险关系转移手续。

劳动者应当按照双方约定，办理工作交接。用人单位依照本法有关规定应当向劳动者支付经济补偿的，在办结工作交接时支付。

用人单位对已经解除或者终止的劳动合同的文本，至少保存二年备查。

**《北京市劳动合同规定》**

**第四十条** 劳动合同期限届满前，用人单位应当提前30日将终止或者续订劳动合同意向以书面形式通知劳动者，经协商办理终止或者续订劳动合同手续。

**第四十七条** 用人单位违反本规定第四十条规定，终止劳动合同未提前30日通知劳动者的，以劳动者上月日平均工资为标准，每延迟1日支付劳动者1日工资的赔偿金。

## 二、终止劳动合同的后果

根据法律规定，因部分原因劳动合同终止的，单位需要支付劳动者经济补偿金（见表16－1）。

**表16－1 劳动合同终止原因与是否支付经济补偿金对照**

| 劳动合同终止原因 | 是否支付经济补偿金 |
|---|---|
| 1. 劳动合同期满的 | 支付 |
| 2. 劳动者开始依法享受基本养老保险待遇的 | 不支付 |
| 3. 劳动者死亡，或者被法院宣告死亡或者宣告失踪的 | 不支付 |
| 4. 用人单位被依法宣告破产的 | 支付 |
| 5. 用人单位被吊销营业执照、责令关闭、撤销或者用人单位决定提前解散的 | 支付 |

# 第十七章

# 经济补偿金

经济补偿是劳动合同制度中的一项重要内容，它是一种引导企业的有效手段，也是一项与员工密切相关的重大经济利益。在《劳动合同法》中，有很多与经济补偿金相似的词语，比如赔偿金、赔偿责任、竞业限制补偿金等。但在劳动法律事务和人力资源管理活动中，"经济补偿金"一词专指因解除或终止劳动合同而应由单位支付给劳动者的补偿金额。

## 第一节　应支付经济补偿金的情形

企业因下列原因解除或者终止劳动合同时，应当依法向员工支付经济补偿金。

1. 因《劳动合同法》第 38 条规定的情形，由员工解除劳动合同的

根据《劳动合同法》第 38 条的规定，在企业有违约、违法行为时，员工可以解除劳动合同。这些企业的违约、违法行为包括：(1)未按照劳动合同约定提供劳动保护或者劳动条件的；(2)未及时足额支付劳动报酬的；(3)未依法为员工缴纳社会保险费的；(4)企业的规章制度违反法律、法规的规定，损害员工权益的；(5)因《劳动合同法》第 26 条第 1 款规定的情形致使劳动合同无效的；(6)法律、行政法规规定员工可以解除劳动合同的其他情形；(7)企业以暴力、威胁或者非法限制人身自由的手段强迫员工劳动的，或者企业违章指挥、强令冒险作业危及员工人身安全。

**【案例86:劳动者以用人单位未支付劳动报酬为由解除劳动关系的,公司是否一定要支付经济补偿金】**

公司因业务发展需要将王某调至其他岗位。王某不同意调岗,双方因此进行了多次协商谈话,谈话内容包括调岗事宜以及暂缓发放王某当月工资一事。公司将谈话内容的书面记录发给王某并经王某确认。后王某提出辞职,理由是公司未及时足额支付其劳动报酬。公司在王某提出离职申请后即向其足额支付了实际出勤日的工资。但王某还主张,由于公司拖欠工资,应向其支付经济补偿金。在上述情况下,公司是否需要支付经济补偿金呢?

**【评析】**

根据法律规定,用人单位依法向劳动者支付劳动报酬,是用人单位的基本义务,《劳动合同法》第38条和第46条相关规定的目的就是要促使劳动合同当事人双方都诚信履行劳动合同,无论用人单位还是劳动者,其行使权利、履行义务都不能违背诚实信用的原则。如果用人单位存在有悖诚信的情况,从而拖延支付或拒绝支付劳动报酬,才属于立法所要规制的对象。本案中,因王某与公司就调动换岗事宜存在争议,双方在劳动合同解除前一直就该上班事宜进行沟通,公司在沟通中以及书面记录中亦告知过王某当月工资暂缓发放、以后一并处理,且于王某申请离职当日足额支付了其工资,因此公司未及时、足额支付劳动报酬在主观上并无恶意,王某以此为由解除劳动合同并要求支付经济补偿金的依据不足,公司无须向王某支付经济补偿金。

**【案例87:单位经员工同意而未办理社会保险,员工仍可以未依法缴纳社会保险费解除合同并索要经济补偿金】**

王某于2015年2月入职某机电设备公司。王某主动提出不希望由该机电设备公司为其办理社会保险。在职期间,机电设备公司未为王某依法缴纳社会保险费,但自2015年4月起每月通过签字领取现金形式向王某支付(上一自然月的)社会保险补助1500元,王某对此也表示认可。后王某以机电设备公司未为其缴纳社会保险费提出辞职。王某向劳动人事争议仲裁委员会提出申请,请求裁决某机电设备公司支付经济补偿金。

【评析】

王某认可自2015年4月起每月均领取了1500元的社会保险补助款,双方已就不办理社会保险问题达成合意。但是,依法缴纳社会保险费是《劳动法》规定的用人单位与劳动者的法定义务,公民和单位都不得逃避法定义务。王某与机电设备公司达成的不办理社会保险的合意无效,无论王某是否主动要求不办理社会保险,其都可以依据《劳动合同法》第38条的规定,主张经济补偿。

**【案例88:入职时已达退休年龄,其后以单位未缴纳社会保险费为由辞职,能否索要经济补偿金】**

薛某(女)于2012年3月入职某公司做保洁工人(薛某已达退休年龄)。双方签署三年半的劳务合同,约定合同期限至2015年9月13日,薛某月工资1280元(该市最低工资标准)。《劳务合同》第3条约定,退休人员需提供相应证明,公司不再缴纳社会保险费。

2013年5月23日上午,薛某上班时受伤,致右外踝骨折。2013年9月左右,薛某回公司上班。

2014年5月20日,人力资源和社会保障局受理了薛某递交的工伤认定申请,并于6月12日出具《认定工伤决定书》,认定薛某受到的事故伤害属于工伤范围。7月31日,劳动能力鉴定委员会出具鉴定结论书,鉴定薛某因工致残程度为十级。

2014年6月3日,薛某以公司未为其缴纳社会保险费、侵犯其应享有的权益、违反法律规定为由,向公司递交辞职申请。之后,双方就工伤待遇事宜(一次性伤残补助金、伤残就业补助金及工伤医疗补助金、停工留薪期工资差额)进行协商并达成一致。2014年9月3日,公司通知薛某领取上述款项,但双方就解约经济补偿金未达成一致,薛某未去公司领款。

2014年9月16日,薛某向劳动人事争议仲裁委申请仲裁,要求公司支付工伤待遇33,126元、解约经济补偿金4305元。2013年9月19日，该委员会以申请人薛某已达法定退休年龄为由，出具不予受理通知书，薛某遂诉至法院。法院经审理后作出以下判决：(1)公司应支付薛某工伤待遇33,126元(包含一次性伤残补助金、一次性伤残就业金及工伤医疗补助金、工资差额)；(2)驳回薛某要求公司支付解约经济补偿金4550元之请求。

另外，薛某在1993年1月之前未参加工作。从2000年年底起断续参加工作，并至2011年7月。2009年10月，薛某因尚不符合领取养老保险金的条件，办理退休手续未果。2012年4月起薛某登记自谋职业，自行缴纳社会保险费(参保险种为基本养老保险、基本医疗保险)。

**【评析】**

1. 已达到退休年龄的人员与用工单位建立的是劳务关系

本案中，劳动争议仲裁委员会未受理薛某仲裁申请的原因是认为薛某入职公司时已达到退休年龄。而已达到退休年龄的人员与用人单位建立的用工关系应属劳务关系而非劳动关系。

2. 为什么公司不需支付解约经济补偿金

第一，《劳动法》《劳动合同法》等法律是调整劳动关系的法律，而作为劳务关系，法律并没有规定用工单位需要支付个人解约补偿金。

第二，用人单位对已达法定退休年龄的人员，不具有继续为其缴纳社会保险费的义务。薛某因个人的原因，在达到法定退休年龄时累计缴费不足15年，为此只能以灵活就业人员的身份由个人缴纳基本养老保险费。此缴费的责任不应由公司承担，只能由薛某个人承担。薛某提出辞职，系其个人的行为，薛某以公司未缴纳社会保险费、违反法律规定为由提出辞职，不符合《劳动合同法》第38条的规定，薛某要求公司支付解约经济补偿金的请求没有法律根据。

3. 为什么未缴纳工伤保险费，却可以做工伤认定

达到退休年龄的农民工、返聘人员非常多，尽管他们不缴纳工伤保险费，但是此类雇工关系大量存在，因此目前在北京、上海等地，人力与社会保障局已经受理达到退休年龄的人员的工伤认定申请。

4. 公司应负担工伤保险待遇

尽管本案法律关系属于劳务关系,尽管公司对于已达到退休年龄的薛某不负有缴纳社会保险费的义务,但是,当雇员在从事雇佣活动中遭受人身损害时,雇主应当承担赔偿责任。因此,薛某有权要求公司比照工伤保险待遇赔付,且双方也对此达成过协议,应当按约定执行协议。

**【案例89:劳动者因“被在家办公”,索要解除劳动关系的经济补偿金】**

2010年11月12日,刘某与公司签订劳动合同,约定:公司按本合同约定的条件聘用刘某从事公司的销售工作;刘某主要负责公司产品在中国大陆指定区域(由公司根据业务经营和发展的实际需要来具体指定和分配)的推广和销售;刘某每月的固定工资(税前)为3150元;刘某有权在其担任公司销售人员期间获得年度奖金,年度奖金在每个农历年年底根据刘某完成的当年工作目标情况进行支付。尽管有上述规定,双方同意刘某在本合同前3年内所获得的年度奖金不低于(税后)25万元/年。

2012年4月13日,公司向刘某发出《上岗地点变动通知书》,载明因内部临时调整,经公司研究决定,刘某自2012年4月14日起在家办公,直至公司通知其回厂上班之日止。在家公办期间待遇不变。并请刘某于收到本通知当日交还公司车辆、加油卡、办公手机(含手机卡)和门卡等个人使用的公司财物。

后刘某未再到公司处上班。

2012年5月29日,刘某通过邮寄方式向公司发出《解除劳动合同通知》,载明“鉴于贵公司自2012年3月至今拒绝本人到公司上班,给本人工作、生活带来很大压力,且经协商无效。为尽早解决上述事宜,以免给双方带来不必要的时间、声誉上的损失,现本人通知贵公司,双方于2010年11月12日签署的劳动合同将于30日后正式解除。请贵公司在收到本通知的35日内,依据正规财务报表等事实,结算并支付有关本人应得所有工资收入、补偿金等费用,以及办理劳动合同解除后续其他事宜。否则,视为贵公司拒绝履行《劳动法》及劳动合同中约定的义务,并自愿承担一切法律后果”。2012年10月17日,劳动人事争议仲裁委员会受理了刘某诉公司劳动争议一案，对刘某要求公司支付经济补偿金的请求不予支持。刘某不服该仲裁结果，向法院提起诉讼，法院判决公司应当向刘某支付经济补偿。

【评析】

根据《劳动合同法》的规定，用人单位未按照劳动合同约定提供劳动保护或者劳动条件的、未及时足额支付劳动报酬的，劳动者可以解除劳动合同，且用人单位应向劳动者支付经济补偿。

本案中，公司向刘某发出《上岗地点变动通知书》的行为已经构成用人单位未按照劳动合同约定提供劳动保护或者劳动条件的情况，理由如下：首先，公司并未列明具体事由，也未提供充分证据证实其所谓的内部临时调整，公司也未提供其他人员因公司内部调整而变动上岗地点的情况；其次，公司要求刘某在家办公，但同时又要求刘某立即交还公司车辆、加油卡、办公手机（含手机卡）和门卡等物品，实际上使刘某作为销售人员已经难以开展正常的销售工作；再次，公司要求刘某在家办公直至公司通知其回厂上班日止，未列明终止时间，使何时能够回公司上班的主动权完全掌握在公司手中；最后，公司虽表明刘某在家公办期间待遇不变，但刘某作为销售人员的主要收入来源为销售提成，刘某在家办公实际已难以开展销售工作，其待遇亦会受到显著影响。

因此，公司的上述行为已经构成未按照劳动合同约定提供劳动保护或者劳动条件的情况，刘某提出解除劳动合同，公司应向刘某支付经济补偿。

【相关法条】

**最高人民法院《关于审理人身损害赔偿案件适用法律若干问题的解释》**

**第三条** 依法应当参加工伤保险统筹的用人单位的劳动者，因工伤事故遭受人身损害，劳动者或者其近亲属向人民法院起诉请求用人单位承担民事赔偿责任的，告知其按《工伤保险条例》的规定处理。

因用人单位以外的第三人侵权造成劳动者人身损害，赔偿权利人请求第三人承担民事赔偿责任的，人民法院应予支持。

**《劳动合同法》**

**第三十八条第一款** 用人单位有下列情形之一的，劳动者可以解除劳动合同：

（一）未按照劳动合同约定提供劳动保护或者劳动条件的；

（二）未及时足额支付劳动报酬的；

（三）未依法为劳动者缴纳社会保险费的；

（四）用人单位的规章制度违反法律、法规的规定，损害劳动者权益的；

（五）因本法第二十六条第一款规定的情形致使劳动合同无效的；

（六）法律、行政法规规定劳动者可以解除劳动合同的其他情形。

**上海市人力资源和社会保障局《关于实施〈上海市工伤保险实施办法〉若干问题处理意见的通知》**

**四**、从业人员到达法定退休年龄未办理按月领取基本养老保险待遇手续或者不符合按月领取基本养老保险待遇条件、继续在原用人单位工作期间发生事故伤害的，申请人可以向单位注册地的区县人社局提出工伤认定申请。

2. 由企业提出解除合同的提议，经双方协商一致解除劳动合同的

由员工提出解除劳动合同动议的，其性质与员工主动跳槽没有区别，如果要求企业支付经济补偿则不太合理，因此《劳动合同法》对协商解除情形下给予经济补偿的条件作了一定的限制。只有当企业向员工提出解除劳动合同的提议，并协商一致解除劳动合同时，企业才需要支付员工经济补偿金。

3. 员工患病或者非因工负伤，在规定的医疗期满后不能从事原工作，也不能从事由企业另行安排的工作，企业解除劳动合同的

有关医疗期的法律法规规定，详见本书劳动合同的解除一章。

4. 员工不能胜任工作，经过教育训练或者调整工作职位，仍不能胜任工作，企业解除劳动合同的

5. 劳动合同订立时所依据的客观情况发生重大变化，致使劳动合同无法履行，经企业与员工协商，未能就变更劳动合同内容达成协定，企业解除劳动合同的

6. 企业依照经济性裁员规定解除劳动合同的

经济性裁员过程中，员工没有任何过错，企业也是迫于无奈进行裁员。

但为平衡双方的权利义务，法律规定企业应当支付被裁员员工经济补偿金。

7. 因固定期限劳动合同期满而终止劳动合同的（但企业维持或者提高劳动合同约定条件续订劳动合同，员工不同意续订的情况除外）

根据法律规定，劳动合同期满时，企业同意续订劳动合同，且维持或者提高劳动合同约定条件，员工不同意续订的，劳动合同终止，企业不需要支付职工经济补偿。如果企业同意续订劳动合同，但降低劳动合同约定条件，员工不同意续订劳动合同，劳动合同终止，企业应当支付经济补偿金。如果企业不同意续订劳动合同，无论员工是否同意续订劳动合同，劳动合同到期终止，企业应当支付经济补偿。

8. 因完成一定任务为期限期满而终止劳动合同的

根据《劳动合同法实施条例》第 22 条的规定，以完成一定工作任务为期限的劳动合同因任务完成而终止的，用人单位也应当依照《劳动合同法》第 47 条的规定向劳动者支付经济补偿金。

9. 企业被依法宣告破产而劳动合同终止的

《企业破产法》第 113 条规定，破产清偿顺序中第一项为破产人所欠员工的工资和医疗、伤残补助、抚恤费用，所欠的应当划入员工个人账户的基本养老保险、基本医疗保险费用，以及法律、行政法规规定应当支付给员工的补偿金。

10. 企业被吊销营业执照、责令关闭、撤销或者企业决定提前解散而劳动合同终止的

企业因为违法行为而被吊销营业执照、责令关闭、撤销时，员工是无辜的，其权益应该受到保护。此种情形下劳动合同终止时，企业应该支付经济补偿。

11. 法律、行政法规规定的其他情形

有些法律、行政法规中有关于企业支付经济补偿的规定。例如，《国营企业实行劳动合同制暂行规定》（国发〔1986〕77 号，已失效）规定，国营企业的老员工在劳动合同期满与企业终止劳动关系后可以领取相当于经济补偿的有关生活补助费。尽管《国营企业实行劳动合同制暂行规定》已于 2001

年被废止,但2001年之前参加工作的员工,在劳动合同终止后,仍可以领取工作之日起至2001年的生活补助费。《劳动合同法》施行后,员工仍可按照有关规定领取生活补助费。

**【案例90:劳动者因用人单位单方面降薪而辞职,是否有权利要求经济补偿金】**

公司认为赵某工作不积极主动,因此调整了赵某的工资,由25,000元工资加提成调整至15,000元工资加提成,并通过微信告知赵某。赵某在发现工资降低后向公司反映,并且不承认曾收到过有关降薪的微信通知,公司对赵某的反映未予反馈。后赵某提出辞职,并向公司要求解除劳动合同的经济补偿金。法院支持了赵某的诉讼请求。

**【评析】**

法院认为,公司称降薪原因是"赵某工作不积极主动",但公司并未就此提交证据证明,且赵某对此亦不予认可。此外,调整工资直接涉及劳动者切身利益,用人单位应与员工进行平等协商,员工认为不适当的,有权向用人单位提出。用人单位应将工资调整的方案告知劳动者,公司提供的微信记录未获得赵某的认可,且该证据亦不足以证明公司履行了上述义务。尽管《劳动合同法》中未明确规定劳动者因用人单位降薪而辞职有权要求经济补偿金,但是,本案中公司降薪未与赵某协商一致,因此其单方面降薪实则是一种未及时足额支付劳动报酬的行为。根据《劳动合同法》第38条、第46条的规定,公司应当向赵某支付解除劳动关系的经济补偿金。

**【相关法条】**

*《劳动合同法》*

**第三十六条** 用人单位与劳动者协商一致,可以解除劳动合同。

**第三十八条** 用人单位有下列情形之一的,劳动者可以解除劳动合同:

(一)未按照劳动合同约定提供劳动保护或者劳动条件的;

(二)未及时足额支付劳动报酬的;

(三)未依法为劳动者缴纳社会保险费的;

（四）用人单位的规章制度违反法律、法规的规定，损害劳动者权益的；

（五）因本法第二十六条第一款规定的情形致使劳动合同无效的；

（六）法律、行政法规规定劳动者可以解除劳动合同的其他情形。

用人单位以暴力、威胁或者非法限制人身自由的手段强迫劳动者劳动的，或者用人单位违章指挥、强令冒险作业危及劳动者人身安全的，劳动者可以立即解除劳动合同，不需事先告知用人单位。

**第四十条** 有下列情形之一的，用人单位提前三十日以书面形式通知劳动者本人或者额外支付劳动者一个月工资后，可以解除劳动合同：

（一）劳动者患病或者非因工负伤，在规定的医疗期满后不能从事原工作，也不能从事由用人单位另行安排的工作的；

（二）劳动者不能胜任工作，经过培训或者调整工作岗位，仍不能胜任工作的；

（三）劳动合同订立时所依据的客观情况发生重大变化，致使劳动合同无法履行，经用人单位与劳动者协商，未能就变更劳动合同内容达成协议的。

**第四十一条第一款** 有下列情形之一，需要裁减人员二十人以上或者裁减不足二十人但占企业职工总数百分之十以上的，用人单位提前三十日向工会或者全体职工说明情况，听取工会或者职工的意见后，裁减人员方案经向劳动行政部门报告，可以裁减人员：

（一）依照企业破产法规定进行重整的；

（二）生产经营发生严重困难的；

（三）企业转产、重大技术革新或者经营方式调整，经变更劳动合同后，仍需裁减人员的；

（四）其他因劳动合同订立时所依据的客观经济情况发生重大变化，致使劳动合同无法履行的。

**第四十四条** 有下列情形之一的，劳动合同终止：

（一）劳动合同期满的；

……

（四）用人单位被依法宣告破产的；

(五)用人单位被吊销营业执照、责令关闭、撤销或者用人单位决定提前解散的;

……

**第四十六条** 有下列情形之一的,用人单位应当向劳动者支付经济补偿:

(一)劳动者依照本法第三十八条规定解除劳动合同的;

(二)用人单位依照本法第三十六条规定向劳动者提出解除劳动合同并与劳动者协商一致解除劳动合同的;

(三)用人单位依照本法第四十条规定解除劳动合同的;

(四)用人单位依照本法第四十一条第一款规定解除劳动合同的;

(五)除用人单位维持或者提高劳动合同约定条件续订劳动合同,劳动者不同意续订的情形外,依照本法第四十四条第一项规定终止固定期限劳动合同的;

(六)依照本法第四十四条第四项、第五项规定终止劳动合同的;

(七)法律、行政法规规定的其他情形。

**《劳动合同法实施条例》**

**第二十二条** 以完成一定工作任务为期限的劳动合同因任务完成而终止的,用人单位应当依照劳动合同法第四十七条的规定向劳动者支付经济补偿。

## 第二节 经济补偿金的计算

计算经济补偿的普遍模式是:工作年限 × 每工作一年应得的经济补偿。《劳动合同法》及有关国家规定对工作年限及经济补偿标准作了明确的规定。

### 一、工作年限

如果由于某种原因企业与员工未及时签订劳动合同,不影响工作年限的计算。如果员工连续为同一企业提供劳动,但先后签订了几份劳动合同,工作年限应从员工提供劳动之日起连续计算。如果员工为同一企业提供劳动多年,但间隔了一段时间,也先后签订了几份劳动合同,工作年限原则上应从员工提供劳动之日起连续计算,已经支付经济补偿的除外。

根据国务院办公厅《转发国资委关于进一步规范国有企业改制工作实施意见的通知》第4条第4项的规定,改制为国有控股企业的,改制后企业继续履行改制前企业与留用的员工签订的劳动合同;留用的员工在改制前企业的工作年限应合并计算为在改制后企业的工作年限;原企业不得向继续留用的员工支付经济补偿金。改制为非国有企业的,要严格按照有关法律法规和政策处理好改制企业与员工的劳动关系。对企业改制时解除劳动合同且不再继续留用的员工,要支付经济补偿金。企业国有产权持有单位不得强迫员工将经济补偿金等费用用于对改制后企业的投资或借给改制后企业(包括改制企业的投资者)使用。另外,根据《劳动合同法》第97条第3款的规定,在《劳动合同法》施行之日存续的劳动合同在该法施行后解除或者终止,依照《劳动合同法》第46条规定应当支付经济补偿的,经济补偿年限自《劳动合同法》施行之日起计算;《劳动合同法》施行前按照当时有关规定,企业应当向员工支付经济补偿的,按照当时有关规定执行。

根据《劳动合同法》第47条第1款的规定,员工工作6个月以上但不满1年的,工作年限按1年计算;员工工作不满6个月的,向其支付半个月工资的经济补偿(按半年工作年限计算)。例如,某员工与单位协商解除劳动关系,解除劳动合同时,该员工已经在该单位工作2年7个月,故该员工的工作年限应该按3年计算。

## 二、经济补偿金计算基数

作为经济补偿金计算基础的月工资,是指员工解除或者终止劳动合同前12个月的平均工资。需要注意的是,此处的工资包含员工的全部工资性收入,在计算前12个月平均工资时,前12个月内发放的奖金也应当被计算在内,如果发放季度奖、半年奖或者年终奖,则应当将奖金平摊入各月中来统计前12个月的工资总额。

## 三、经济补偿金计算封顶

《劳动合同法》没有将高级管理人员等高端员工排除在保护范围之外,

但在经济补偿部分对高端员工从工作年限和月工资基数两方面做了一定限制:员工月工资高于企业所在直辖市、设区的市级人民政府公布的本地区上年度职工月平均工资3倍的,向其支付经济补偿的标准按职工月平均工资3倍的数额支付,向其支付经济补偿的年限最高不超过12年。

**【相关法条】**

*《劳动合同法》*

**第四十七条** 经济补偿按劳动者在本单位工作的年限,每满一年支付一个月工资的标准向劳动者支付。六个月以上不满一年的,按一年计算;不满六个月的,向劳动者支付半个月工资的经济补偿。

劳动者月工资高于用人单位所在直辖市、设区的市级人民政府公布的本地区上年度职工月平均工资三倍的,向其支付经济补偿的标准按职工月平均工资三倍的数额支付,向其支付经济补偿的年限最高不超过十二年。

本条所称月工资是指劳动者在劳动合同解除或者终止前十二个月的平均工资。

## 第三节 支付经济补偿的时间

依据《劳动合同法》第50条第2款的规定,企业应当在员工办结工作交接时支付员工经济补偿。为督促企业及时支付经济补偿,《劳动合同法》第85条规定,企业如果逾期支付经济补偿,员工可向劳动行政部门举报,劳动行政部门会先做出限期支付的决定,如果在限期内仍不支付员工经济补偿,则劳动行政部门会责令企业按照应付金额的50% ~100%的标准加付赔偿金。

**【相关法条】**

*《劳动合同法》*

**第八十五条** 用人单位有下列情形之一的,由劳动行政部门责令限期支付劳动报酬、加班费或者经济补偿;劳动报酬低于当地最低工资标准的,应当支付其差额部分;逾期不支付的,责令用人单位按应付金额百分之五十以上百分之一百以下的标准向劳动者加付赔偿金：

（一）未按照劳动合同的约定或者国家规定及时足额支付劳动者劳动报酬的；

（二）低于当地最低工资标准支付劳动者工资的；

（三）安排加班不支付加班费的；

（四）解除或者终止劳动合同，未依照本法规定向劳动者支付经济补偿的。

## 第四节　经济补偿金相关实务问题

### 一、能否用经济补偿金督促员工交接工作

离职员工往往已经对工作“心不在焉”，不再把工作放在心上，所以其交接工作难免马马虎虎。但从企业的角度看，工作交接对企业的生产经营非常重要，关系到企业的资产和文件的安全、业务的连续性、客户关系的稳定性。试想，如果每次工作交接中都会出现一点纰漏或瑕疵，日积月累，就会给企业带来巨大的利益损失。

法律规定经济补偿的支付时间是办结工作交接的时间，企业可以利用这一点来督促员工认真交接工作和财物，而员工因为尚未收到经济补偿，一般会尽量配合单位的要求。当然，企业必须事先明确工作交接的内容和标准，约定不清则可能无法认定工作交接是否完成。

### 二、经济补偿金的纳税问题

根据财政部、国家税务总局《关于个人所得税法修改后有关优惠政策衔接问题的通知》（财税〔2018〕164 号）第 5 条第 1 款的规定，个人与用人单位解除劳动关系取得一次性补偿收入（包括用人单位发放的经济补偿金、生活补助费和其他补助费），在当地上年度职工平均工资 3 倍数额以内的部分，免征个人所得税；超过 3 倍数额的部分，不并入当年综合所得，单独适用综合所得税率表，计算纳税。

对于一次性补偿收入超过当地上年度职工平均工资 3 倍数额的部分，应

按其工资、薪金所得项目计征个人所得税,并视为一次取得数月的工资、薪金收入,允许在一定期限内进行平均。具体平均办法为:以个人取得的一次性经济补偿收入,除以个人在本企业的工作年限数,以其商数作为个人的月工资、薪金收入,按照税法规定计算缴纳个人所得税。个人在本企业的工作年限数按实际工作年限数计算,超过 12 年的按 12 年计算。按照上述方法计算的个人一次性经济补偿收入应纳的个人所得税税款,由支付单位在支付时一次性代扣,并于次月 7 日内缴入国库。

在计算缴纳一次性补偿收入的个人所得税时,个人按国家和地方政府规定比例实际缴纳的住房公积金、医疗保险金、基本养老保险金、失业保险金在计税时应予以扣除。

**【案例 91:如何计算员工取得的经济补偿金应缴纳的个人所得税额】**

D 公司的某员工在企业工作了 20 年,2018 年 7 月,D 公司提出并与该员工经友好协商解除劳动合同。该员工获得经济补偿金 60 万元,该市上一年度职工平均工资的 3 倍为 20 万元。实际缴纳社会保险费和住房公积金 5000 元。

**【评析】**

依据我国相关税务规定,一次性经济补偿收入,可视为一次取得数月的工资、薪金收入,允许在一定期间内进行平均。个人所得税计算公式是:{[(经济补偿金总收入 - 当地上年度职工平均工资的三倍) ÷ 本单位工作年限 - 实际缴纳的社会保险费和住房公积金 - 个人所得税扣除额] × 适用税率 - 速算扣除数} × 本单位工作年限。根据有关规定,职工在本单位工作年限超过 12 年的,按照 12 年计算,因此本案中该员工应缴纳的个人所得税应为:

{[(600,000 元 - 200,000 元) ÷ 12 年 - 5000 元 - 3500 元] × 25% - 1005 元} × 12 年 = 62,440 元。

### 三、经济补偿金的跨期计算问题

在《劳动合同法》实施以前,关于经济补偿金的规定主要体现在原劳动部《关于印发〈违反和解除劳动合同的经济补偿办法〉的通知》(劳部发〔1994〕481号,已失效)中,现行的《劳动合同法》于2008年1月1日实施,它与此前的关于经济补偿金的规定不同,这些不同体现在以下几方面:

1.《劳动合同法》相比《违反和解除劳动合同的经济补偿办法》增加了多项需要支付经济补偿金的情形,包括:

(1)因单位未按照劳动合同约定提供劳动保护或者劳动条件,劳动者解除劳动合同;

(2)因单位未及时足额支付劳动报酬,劳动者解除劳动合同;

(3)因单位未依法为劳动者缴纳社会保险费,劳动者解除劳动合同;

(4)因用人单位的规章制度违反法律、法规的规定,损害劳动者权益,劳动者解除劳动合同;

(5)因单位欺诈、胁迫或乘人之危,使劳动者在违背真实意思表示的情况下订立或者变更劳动合同,劳动者解除劳动合同;

(6)因用人单位在劳动合同中免除自己的法定责任、排除劳动者权利,劳动者解除劳动合同;

(7)因用人单位以暴力、威胁或者非法限制人身自由的手段强迫劳动者劳动的,或者用人单位违章指挥、强令冒险作业危及劳动者人身安全,劳动者解除劳动合同;

(8)固定期限劳动合同期满合同终止,或者以完成一定工作任务为期限的劳动合同因任务完成而终止的;

(9)用人单位被依法宣告破产的;

(10)用人单位被吊销营业执照、责令关闭、撤销或者用人单位决定提前解散的。

2.《劳动合同法》规定经济补偿金的月工资标准以当地上年度职工月平均工资的3倍为上限,而2008年以前的法规中没有月工资上限的规定。《劳动合同法》在增加了支付经济补偿金情形的同时,加入了月工资上限的规定,是为了平衡雇主与劳动者之间的利益。

3.《劳动合同法》规定工作不满6个月的,按半个月工资支付经济补偿金,满6个月不满1年的,按1个月工资支付经济补偿金。而2008年以前的法规规定如果工作时间不满 1 年,一律按 1 个月工资计算经济补偿金。

4. 关于经济补偿金支付年限的封顶问题。2008 年以前的法规仅规定了两种情况下,计算年限最多不超过 12 年,一是双方协商一致并由单位解除劳动合同;二是劳动者不胜任工作,经过培训或者调整工作岗位仍不能胜任工作,由用人单位解除劳动合同。而《劳动合同法》则规定任何情况下,经济补偿金的计算年限最多都不超过 12 年。

根据《劳动合同法》第 97 条第 3 款的规定,《劳动合同法》施行之日存续的劳动合同在本法施行后解除或者终止,依照《劳动合同法》第 46 条规定应当支付经济补偿的,经济补偿年限自《劳动合同法》施行之日起计算;《劳动合同法》施行前按照当时有关规定,用人单位应当向劳动者支付经济补偿的,按照当时有关规定执行。这条规定体现了法律不溯及既往的原则。因此,如果劳动者的劳动合同跨越了 2008 年 1 月 1 日,那么企业应该以 2008 年 1 月 1 日为分界,依照不同时间段的法律法规,分别计算经济补偿金,然后将两段时间的经济补偿金相加作为该员工总的经济补偿金。

**【案例 92:劳动关系跨越 2008 年 1 月 1 日的员工因合同到期而终止劳动合同,如何计算经济补偿金】**

陈某 1995 年 7 月入职 A 公司,2000 年被 A 公司选派到其子公司 B 公司工作,陈某最后一次签署劳动合同是在 2006 年 8 月,合同期为 3 年。2009 年 8 月,B 公司提出因劳动合同到期与陈某解除劳动关系。当地上年度职工月平均工资为 2600 元。合同解除前,陈某的月平均工资达到了 10,000 元,超过了当地上年度职工月平均工资 3 倍。

**【评析】**

本案中,陈某的工作年限应该从在 A 公司上班开始计算,非因本人原因而被安排到新单位工作的,其工作年限应当连续计算,所以陈某的工作年限应为 14 年 1 个月。其中在《劳动合同法》实施后的工作年限是 1 年 8 个月。

尽管陈某在 2008 年 1 月 1 日《劳动合同法》实施前的工作年限长达 13 年,但是按照 2008 年以前的法规规定,劳动合同因到期而终止的,单位不需要支付员工经济补偿金,因此,B 公司只需要根据 2008 年 1 月 1 日开始计算的工作年限支付经济补偿金。同时因为陈某的平均工资已经超过了当地上年度职工月平均工资的 3 倍,所以应当按照当地上年度职工月平均工资的 3 倍乘以 2 个月,即经济补偿金为 2600 元 ×3 倍 ×2 月 =15,600 元。

# 第十八章

# 涉外及涉港澳台用工

本章所称涉外及涉港澳台劳动关系，专指外国人、无国籍人在中国境内就业，港澳居民在内地就业，台湾居民在大陆就业而产生的劳动用工关系。

与外国人、无国籍人或者我国港澳台地区人士（以下简称境外人士）产生的劳动关系，主要有以下几种情况：

第一，境外人士直接受雇于外国企业或组织，并被派驻在中国的代表处或代表机构工作；第二，境外人士直接受雇于中国的劳务派遣单位，并被派遣至中国境内用人单位工作；第三，境外人士直接受雇于中国境内的用人单位。

## 第一节　雇用境外人士的流程

外国人、无国籍人未依法取得就业证件即与中国境内的用人单位签订劳动合同，以及香港特别行政区、澳门特别行政区和台湾地区居民未依法取得就业证件即与内地用人单位签订劳动合同，当事人请求确认与用人单位存在劳动关系的，法院不予支持。持有《外国专家证》并取得《外国专家来华工作许可证》的外国人，与我国境内用人单位建立用工关系的，可以认定为劳动关系如图 18－1 所示。

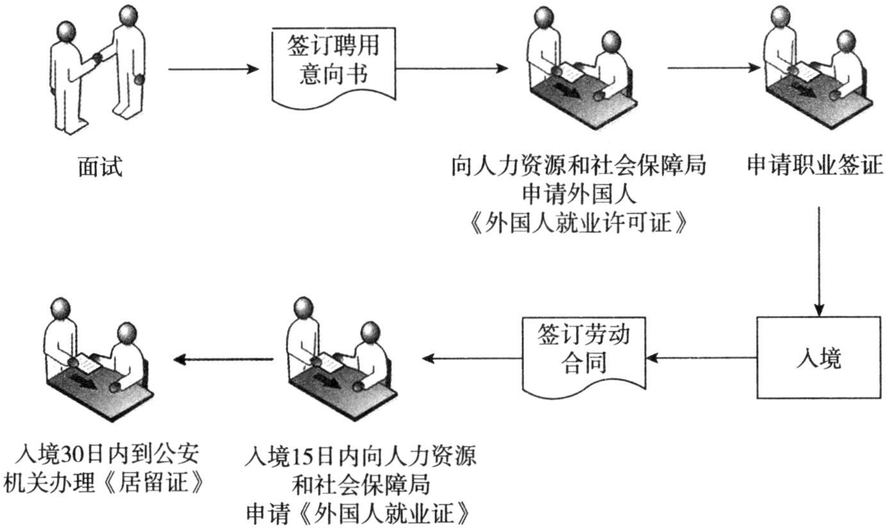


**图 18－1 雇用境外人士流程**

## 一、申请《外国人就业许可证》

我国用人单位聘用外国人的，须为该外国人向当地省级人力资源和社会保障部门申请就业许可，经获准并取得《外国人就业许可证》。外国人就业许可证的有效期为6个月，在这6个月内用人单位与外国人必须完成签证、入境、签订劳动合同和办理就业证、居留证的手续。一般来说，来中国就业的外国人必须在18周岁至60周岁，没有艾滋病、性病等严重传染病，有与工作相适应的学历以及2年以上工作经验，无犯罪记录等。申请《外国人就业许可证》时应提交以下材料：(1)拟聘用的外国人履历证明；(2)聘用意向书；(3)拟聘用外国人原因的报告；(4)拟聘用的外国人从事该项工作的资格证明；(5)拟聘用的外国人健康状况证明；(6)法律、法规规定的其他文件。

因各省、自治区和直辖市的人力资源和社会保障部门要求的申请材料不完全相同，建议用人单位在准备申请资料前，查询所在地人力资源和社会保障部门网站上公示的办事指南。

## 二、办理外国人工作签证

按照法规规定,获准来中国就业的外国人,应凭劳动部门签发的许可证书、被授权单位的通知函电及本国有效护照或能代替护照的证件,到中国驻外大使馆、领事馆处申请职业签证。所谓被授权单位,在法规中没有明确规定,因此具体视当地政府的规定。以上海市为例,被授权单位是指上海市商务委员会或者浦东新区人民政府外事办公室。

中国签证有以下种类:

(1)C 字签证,发给执行乘务、航空、航运任务的国际列车乘务员、国际航空器机组人员、国际航行船舶的船员及船员随行家属和从事国际道路运输的汽车驾驶员。

(2)D 字签证,发给入境永久居留的人员。

(3)F 字签证,发给入境从事交流、访问、考察等活动的人员。

(4)G 字签证,发给经中国过境的人员。

(5)J1 字签证,发给外国常驻中国新闻机构的外国常驻记者;J2 字签证,发给入境进行短期采访报道的外国记者。

(6)L 字签证,发给入境旅游的人员;以团体形式入境旅游的,可以签发团体 L 字签证。

(7)M 字签证,发给入境进行商业贸易活动的人员。

(8)Q1 字签证,发给因家庭团聚申请入境居留的中国公民的家庭成员和具有中国永久居留资格的外国人的家庭成员,以及因寄养等原因申请入境居留的人员;Q2 字签证,发给申请入境短期探亲的居住在中国境内的中国公民的亲属和具有中国永久居留资格的外国人的亲属。

(9)R 字签证,发给国家需要的外国高层次人才和急需紧缺专门人才。

(10)S1 字签证,发给申请入境长期探亲的因工作、学习等事由在中国境内居留的外国人的配偶、父母、未满 18 周岁的子女、配偶的父母,以及因其他私人事务需要在中国境内居留的人员;S2 字签证,发给申请入境短期探亲的因工作、学习等事由在中国境内停留居留的外国人的家庭成员,以及因其他私人事务需要在中国境内停留的人员。

(11)X1 字签证,发给申请在中国境内长期学习的人员;X2 字签证,发给申请在中国境内短期学习的人员。

(12)Z字签证,发给申请在中国境内工作的人员。

**三、办理《外国人就业证》**

用人单位应在被聘用的外国人入境后15日内,持《外国人就业许可证》、与被聘用的外国人签订的劳动合同及其有效护照或能代替护照的证件到原发证机关为外国人办理就业证,并填写《外国人就业登记表》。

就业证只在发证机关规定的区域内有效。

**四、特殊规定**

下列人员可以免办《外国人就业许可证》和《外国人就业证》:(1)由我政府直接出资聘请的外籍专业技术和管理人员,或由国家机关和事业单位出资聘请,具有本国或国际权威技术管理部门或行业协会确认的高级技术职称或特殊技能资格证书的外籍专业技术和管理人员,并持有外国专家局签发的《外国专家证》的外国人;(2)持有《外国人在中华人民共和国从事海上石油作业工作准证》从事海上石油作业、不需登陆、有特殊技能的外籍劳务人员;(3)经文化和旅游部批准持《临时营业性演出许可证》进行营业性文艺演出的外国人。

凡符合下列条件之一的外国人可以免办《外国人就业许可证》,入境后凭职业签证及有关证明直接办理《外国人就业证》:(1)按照我国与外国政府间、国际组织间协议、协定,执行中外合作交流项目受聘来中国工作的外国人;(2)外国企业常驻中国代表机构中的首席代表、代表。

如果是为我国台湾地区、香港或澳门特别行政区居民办理在内地就业手续,则应按照《台湾和香港、澳门居民在内地就业管理规定》的相关规定办理,与雇用外国人的程序不同,只需要办理《台港澳人员就业证》,不需要办理《就业许可证》《居留证》。其他手续与外国人在华就业手续基本相同。

**【案例93:被境外母公司派到中国子公司工作的外国人,状告子公司】**

奥山是日本人。SHS香港高科技有限公司于2000年6月28日在香港注册成立。SHS东莞公司为香港法人独资企业,股东为SHS香港高科技有限公司。SHS东莞公司于2004年12月23日注册成立。

2014年9月21日,SHS香港公司代表小野泉与奥山签订了一份雇佣合同,约定从该日起SHS香港公司雇请奥山,合同期限为无限期。合同规定SHS香港公司可以随时要求奥山在某地点出差及工作。2015年,SHS香港公司将奥山派往SHS东莞公司工作。

2018年7月,奥山与SHS东莞公司和SHS深圳公司因为加班费问题和同工同酬问题发生纠纷,奥山对SHS东莞公司提起劳动争议仲裁申请。

奥山自称于2015年9月1日入职被告SHS东莞公司。而SHS东莞公司对奥山上述主张不予认可。SHS东莞公司与SHS深圳公司认为,奥山为SHS香港公司的雇员,被雇请后,SHS香港公司派遣其到SHS东莞公司工作,因此奥山与SHS东莞公司与SHS深圳公司均无劳动关系。

奥山在开庭时另外提交一份2016年4月4日SHS东莞公司出具的《在职证明》,内容为SHS东莞公司证明奥山于2015年9月1日入职SHS东莞公司,任职营业课高级管理员,月收入12,000元。

奥山提交了在东莞市人力与社会资源保障局打印的《外国人(台港澳)在莞就业情况》,显示2015年8月9日SHS东莞公司就为奥山在东莞市人力与社会资源保障局办理了工作许可,工作许可时间为2015年8月13日到2018年6月28日(期间共延期两次);表上载明合同类型为"劳动合同",合同期限为2016年8月15日到2021年9月14日。SHS东莞公司对此证据真实性予以认可,但强调因奥山是其股东SHS香港公司派遣而来,为了工作便利,在SHS香港公司要求下给奥山办理了《外国人就业证》,并不代表双方有劳动关系。

奥山后来与SHS东莞公司因为加班费问题和同工同酬问题发生纠纷,奥山提起劳动争议仲裁申请。在仲裁与其后的诉讼过程中,SHS东莞公司始终坚持认为SHS香港公司将奥山派驻到SHS东莞公司工作,SHS东莞公司依法为其办理了《外国人就业证》及其他相关用工备案手续,这些手续仅是为了完成法律规定的形式要件,不能因此认定奥山与SHS东莞公司实质上存在劳动关系。

法官认为,SHS东莞公司为奥山办理了外国人就业许可证,且东莞市人力与社会资源保障局出具的《外国人(台港澳)在莞就业情况》亦显示SHS东莞公司与奥山签订了日期为2016年8月15日至2018年9月14日的劳动合同。据此,可以确认SHS东莞公司与奥山之间存在劳动合同关系。

因奥山未能举证证明存在加班事实,法官并没有支持奥山的诉讼请求。

【评析】

一般来说,劳动者与用人单位签订劳动合同后,被用人单位派遣到其他单位工作的,法院即使认定劳动者与签订劳动合同的单位存在劳动关系,也会同时追加实际用工单位为诉讼当事人,并且为了保障劳动者的权益,很有可能判决两个单位承担连带责任。更何况本案中SHS东莞公司与奥山也签订了书面劳动合同,法院当然会认定奥山与SHS东莞公司存在劳动关系。

签订劳动合同的确是办理外国人就业证的必要前提条件,但不能因此就推论签订劳动合同仅仅是为了完成中国法律规定的形式要件。我国法律并没有明令禁止一个劳动者与不同用人单位同时建立劳动关系,书面劳动合同是证明存在劳动关系最有力的、最直接的证据。因此法院认定奥山与SHS东莞公司存在劳动关系。

## 第二节　境外人士参加社会保险

根据我国《社会保险法》第97条的规定,外国人在中国境内就业的,应当参照《社会保险法》参加社会保险。《香港澳门台湾居民在内地(大陆)参加社会保险暂行办法》第2条第1款规定,在内地(大陆)依法注册或者登记的企业、事业单位、社会组织、有雇工的个体经济组织等用人单位(以下统称用人单位)依法聘用、招用的港澳台居民,应当依法参加职工基本养老保险、职工基本医疗保险、工伤保险、失业保险和生育保险,由用人单位和本人按照规定缴纳社会保险费。

对于在中国合法就业的境外人士,参加社会保险既是法律权利也是法定义务。因此,用人单位雇佣外国人或者我国香港特别行政区、澳门特别行政区、台湾地区人士,均必须依法为其办理社会保险,用人单位、外国人及我国香港特别行政区、澳门特别行政区、台湾地区人士均应参加社会保险(包括职工基本养老保险、职工基本医疗保险、工伤保险、失业保险和生育保险)。

## 一、须参加社会保险的境外人士范围

所谓在中国境内就业,包括两种情况,一种是中国境内依法注册或者登记的企业、事业单位、社会团体、民办非企业单位、基金会、律师事务所、会计师事务所等组织依法招用的境外人士;另一种是境外人士与境外雇主订立雇佣合同后,被派遣到在中国境内注册或者登记的分支机构、代表机构工作。

符合下列条件的境外人士,必须在中国参加社会保险:(1)依法获得《外国人就业证》《外国专家证》《外国常驻记者证》等就业证件和外国人居留证件,以及持有《外国人永久居留证》,在中国境内合法就业的非中国国籍的人员。(2)依法获得《台港澳人员就业证》,在中国境内合法就业的港澳台人员。

如果境外人士不符合上述条件,即使在中国就业也属非法就业,没有权利要求参加社会保险。

## 二、办理社会保险的时间

用人单位招用外国人的,应当自办理就业证件之日起30日内为其办理社会保险登记。受境外雇主派遣到境内工作单位工作的外国人,应当由境内工作单位按照前款规定为其办理社会保险登记。

## 三、境外人士如何提取社会保险个人账户余额

境外人士离境或者死亡的,可以提取社会保险个人账户余额。在达到规定的领取养老金年龄前离境的,其社会保险个人账户予以保留,再次来中国就业的,缴费年限累计计算;经本人书面申请终止社会保险关系的,也可以将其社会保险个人账户储存额一次性支付给本人。外国人死亡的,其社会保险个人账户余额可以由其继承人依法继承并提取。

【相关法条】

《在中国境内就业的外国人参加社会保险暂行办法》

**第二条** 在中国境内就业的外国人,是指依法获得《外国人就业证》、《外国专家证》、《外国常驻记者证》等就业证件和外国人居留证件,以及持有《外国人永久居留证》,在中国境内合法就业的非中国国籍的人员。

**第三条** 在中国境内依法注册或者登记的企业、事业单位、社会团体、民办非企业单位、基金会、律师事务所、会计师事务所等组织(以下称用人单位)依法招用的外国人,应当依法参加职工基本养老保险、职工基本医疗保险、工伤保险、失业保险和生育保险,由用人单位和本人按照规定缴纳社会保险费。

与境外雇主订立雇用合同后,被派遣到在中国境内注册或者登记的分支机构、代表机构(以下称境内工作单位)工作的外国人,应当依法参加职工基本养老保险、职工基本医疗保险、工伤保险、失业保险和生育保险,由境内工作单位和本人按照规定缴纳社会保险费。

**第四条** 用人单位招用外国人的,应当自办理就业证件之日起30日内为其办理社会保险登记。

受境外雇主派遣到境内工作单位工作的外国人,应当由境内工作单位按照前款规定为其办理社会保险登记。

依法办理外国人就业证件的机构,应当及时将外国人来华就业的相关信息通报当地社会保险经办机构。社会保险经办机构应当定期向相关机构查询外国人办理就业证件的情况。

**第五条** 参加社会保险的外国人,符合条件的,依法享受社会保险待遇。

在达到规定的领取养老金年龄前离境的,其社会保险个人账户予以保留,再次来中国就业的,缴费年限累计计算;经本人书面申请终止社会保险关系的,也可以将其社会保险个人账户储存额一次性支付给本人。

**第六条** 外国人死亡的,其社会保险个人账户余额可以依法继承。

## 第三节　涉外劳动争议

境外人士在中国合法就业,发生劳动争议的,同样适用中国的《劳动争议调解仲裁法》《劳动合同法》《劳动法》等劳动法律、法规、司法解释的规定。境外人士既不因为其身份而享有超国民的待遇,也不因其身份而受到歧视待遇。

**【案例94:外国人索要解除劳动合同经济补偿金】**

上海RX医疗中心有限公司2004年8月26日雇用日本人福岛,其间双方签有多份劳动合同。2009年7月,RX公司与福岛续签了一份2009年8月1日至2011年7月31日的英文版劳动合同,合同约定:福岛在RX公司担任齿科助理工作。福岛的就业许可证期限为2004年9月1日至2012年8月30日。2009年8月至2010年12月,福岛每月工资为人民币9738元;2011年1月至7月31日,福岛每月工资为人民币10,198元;福岛离职前12个月月平均工资为人民币11,223.50元。

2011年7月27日,RX公司向福岛送达了《工作合同不再续签通知书》,该通知书载明,双方的工作合同于2011年7月31日到期,RX公司将不再与福岛续签。2011年10月17日,福岛向上海市劳动人事争议仲裁委员会申请仲裁,要求RX公司向福岛支付合同到期终止的经济补偿金人民币44,894元以及未及时支付经济补偿金的赔偿金人民币44,984元。2011年12月2日,该仲裁委员会裁决RX公司向福岛支付劳动合同到期终止的经济补偿金人民币44,984元。RX公司不服该仲裁结果,遂诉至法院,要求判决不支付福岛劳动合同到期终止的经济补偿金人民币44,894元。

在法院审理中,RX公司表示,按照中国现有政策和法律规定,在中国就业的外国人只享有基本的劳动权利保障。除此之外,都应该按照合同约定。现双方劳动合同中并未有终止劳动合同的经济补偿金的约定,故不同意支付上述钱款。福岛则认为,《劳动合同法》是全国人大常委会制定的法律,效力高于《外国人在中国就业管理规定》、制定时间晚于《劳动合同法》的内容也未排除对外国人的适用，故不同意RX公司的意见。

## 【评析】

本案中，双方的争议焦点是在劳动合同没有约定的情况下，RX公司是否有义务按照《劳动合同法》的规定，向福岛支付劳动合同到期终止的经济补偿金。

对此，法院认为，首先，《劳动合同法》第2条规定，中国境内的企业、个体经济组织、民办非企业单位等组织与劳动者建立劳动关系，订立、履行、变更、解除或者终止劳动合同，适用本法。故在境内的外国公民只要依法取得了就业资格，就应当与中国公民享有同等的法律保护。其次，《外国人在中国就业管理规定》第21条、第22条确实规定了用人单位支付所聘用外国人的工资不得低于当地最低工资标准以及在中国就业的外国人的工作时间、休息休假、劳动安全卫生以及社会保险按国家有关规定执行，但在该规定第25条亦规定了用人单位与被聘用的外国人发生劳动争议，应按照《劳动法》《劳动争议调解仲裁法》处理。从上述条文内容可以清晰地看到，该规定本身并非如RX公司所述，外国人在中国就业的，除了双方约定以及基本劳动权利的保障之外，不享有劳动法律规定的其他权利。尽管《外国人在中国就业管理规定》第25条中并未包括《劳动合同法》，但该规定出台的日期是1996年，当时《劳动合同法》并未颁布，而从该规定制定的精神理解，既然《外国人在中国就业管理规定》第25条规定外国人与用人单位发生劳动争议应按照《劳动法》的规定处理，那么在同作为实体法的《劳动合同法》颁布实施之后对之予以适用，并无不当。综合上述理由，福岛要求按照《劳动合同法》的规定，由RX公司向其支付劳动合同期满终止的经济补偿金的要求，并无不妥，法院作出判决如下：上海RX医疗中心有限公司于判决生效之日起10日内支付福岛劳动合同到期终止的经济补偿金人民币44,894元。

## 【相关法条】

**《外国人在中国就业管理规定》**

**第二十一条**　用人单位支付所聘用外国人的工资不得低于当地最低工资标准。

**第二十二条** 在中国就业的外国人的工作时间、休息、休假劳动安全卫生以及社会保险按国家有关规定执行。

**第二十五条** 用人单位与被聘用的外国人发生劳动争议,应按照《中华人民共和国劳动法》和《中华人民共和国劳动争议调解仲裁法》处理。

# 第十九章
# 劳动争议的处理

## 第一节　劳动争议的范围

### 一、劳动争议的定义

劳动争议,是指单位与劳动者之间基于劳动法律关系而产生的纠纷和争议。劳动争议是一个劳动法律上的概念,但是在《劳动争议调解仲裁法》中没有直接给劳动争议做出定义,而是采取列举方式列举了一些属于劳动争议范畴的内容,包括以下几点:

1. 因确认劳动关系发生的争议;即劳动者和单位对于是否存在劳动关系发生争议,比如劳动者认为双方是劳动关系,而单位认为双方之间是劳务关系,而非劳动关系。

2. 因订立、履行、变更、解除和终止劳动合同发生的争议;一份劳动合同必然经历订立、履行、变更、解除或终止环节,凡是因这些原因发生的争议,都属于劳动争议。

3. 因除名、辞退和辞职、离职发生的争议。

4. 因工作时间、休息休假、社会保险、福利、培训以及劳动保护发生的争议。

5. 因劳动报酬、工伤医疗费、经济补偿或者赔偿金等发生的争议。

6. 法律、法规规定的其他劳动争议。

### 二、不属于劳动争议纠纷的范畴

并非用人单位和劳动者之间发生的一切争议都是劳动争议,以下争议

不属劳动争议纠纷的范畴:

1. 劳动者与社会保险经办机构间就社会保险费的纠纷;

2. 用人单位与劳动者间因住房制度改革产生的公有住房转让纠纷;

3. 劳动者对劳动能力鉴定委员会的工伤鉴定标准或对工伤职业病诊断鉴定委员会的鉴定标准的纠纷;

4. 家庭或个人与家政服务人员间的民事纠纷;

5. 个体工匠与帮工、学徒间的纠纷;

6. 农村承包经营户与受雇人之间的民事纠纷。

**【案例95:劳动者要求用人单位支付其自行缴纳的社会保险费,是否属于劳动争议仲裁受理范围】**

冯某于2017年10月27日入职北京某会计有限公司(以下简称A公司)。双方于2017年10月29日签订劳动合同,合同期限为两年,自2017年10月29日起至2019年10月29日止,冯某的工作岗位为会计。2017年11月至2018年10月,冯某自行缴纳了养老、失业保险费共计13,370.08元,2017年10月至2018年10月,冯某自行缴纳了医疗保险费12,039.18元。2018年11月起,A公司为冯某缴纳了社会保险费。冯某与A公司于2019年6月4日解除劳动合同。

冯某向劳动争议仲裁委员会提交申诉书,请求A公司支付2017年10月27日至2018年10月27日的社会保险补偿15,409.26元。2019年7月31日,该仲裁委作出裁决书,以该仲裁请求不属于劳动争议仲裁的受理范围为由未予受理。

**【评析】**

劳动者请求用人单位支付自己垫付的社会保险费是否属于劳动争议案件受理范围?对此,法律法规未明确规定,但在公开的北京市高级人民法院、北京市劳动争议仲裁委员会《关于劳动争议案件法律适用问题研讨会会议纪要》中规定,用人单位未为劳动者建立社会保险关系、欠缴社会保险费或未按规定的工资基数足额缴纳社会保险费的,劳动者主张予以补缴的,一般不予受理,告知劳动者通过劳动行政部门解决;由于用人单位未按规定为劳动者缴纳社会保险费,导致劳动者不能享受工伤、失业、生育、医疗保险待遇,劳动者要求用人单位赔偿损失或按规定给付相关费用的,应予受理;用人单位未为农民工缴纳养老保险费,农民工在与用人单位终止或解除劳动合同后要求用人单位赔偿损失的,应予受理。本案中,劳动者提出的仲裁请求不符合其中任何一项,故本案不属于劳动争议受理范围,劳动争议仲裁委员会作出不予受理的裁定正确。

需要特别注意的是,虽然劳动争议仲裁委员会作出不予受理决定,但不等于冯某的请求得不到司法保护。冯某的申请被劳动争议仲裁委员会裁定不予受理后,冯某又直接向法院起诉。法院经审理后认为,冯某的请求只是不符合劳动争议案件的受理范围,但其符合普通民事案件的受理范围,故法院的最终判决支持了冯某的诉讼请求。

## 【相关法条】

***《劳动争议调解仲裁法》***

**第二条** 中华人民共和国境内的用人单位与劳动者发生的下列劳动争议,适用本法:

(一)因确认劳动关系发生的争议;

(二)因订立、履行、变更、解除和终止劳动合同发生的争议;

(三)因除名、辞退和辞职、离职发生的争议;

(四)因工作时间、休息休假、社会保险、福利、培训以及劳动保护发生的争议;

(五)因劳动报酬、工伤医疗费、经济补偿或者赔偿金等发生的争议;

(六)法律、法规规定的其他劳动争议。

***最高人民法院《关于审理劳动争议案件适用法律问题的解释(一)》***

**第二条** 下列纠纷不属于劳动争议:

(一)劳动者请求社会保险经办机构发放社会保险金的纠纷;

(二)劳动者与用人单位因住房制度改革产生的公有住房转让纠纷;

(三)劳动者对劳动能力鉴定委员会的伤残等级鉴定结论或者对职业病

诊断鉴定委员会的职业病诊断鉴定结论的异议纠纷;

(四)家庭或者个人与家政服务人员之间的纠纷;

(五)个体工匠与帮工、学徒之间的纠纷;

(六)农村承包经营户与受雇人之间的纠纷。

## 第二节　劳动行政处罚

劳动行政处罚,是指具有处罚权的劳动行政部门对违反劳动法律、法规的用人单位依法进行的处罚。劳动行政处罚本身一般不直接裁决单位与劳动者之间的劳动争议,但是劳动者有可能向劳动行政部门投诉举报,借助行政处罚向单位施压,逼迫单位解决和自己的劳动争议。

### 一、劳动行政处罚的种类

根据《行政处罚法》的规定,行政处罚种类包括:(1)警告;(2)罚款;(3)没收违法所得、没收非法财物;(4)责令停产停业;(5)暂扣或者吊销许可证、暂扣或者吊销执照;(6)行政拘留;(7)法律、行政法规规定的其他行政处罚。

### 二、劳动行政部门的执法途径

劳动行政部门主要通过主动检查和接受劳动者投诉举报两种途径来发现用人单位违反劳动法律和法规的行为。

(一)监督检查

根据《劳动法》的规定,县级以上各级人民政府劳动行政部门监督检查人员执行公务,有权进入用人单位了解执行劳动法律、法规的情况,查阅必要的资料,对劳动场所进行检查。

劳动行政部门检查的主要内容包括:

1. 用人单位制定直接涉及劳动者切身利益的规章制度及其执行的情况;

2. 用人单位与劳动者订立和解除劳动合同的情况;

3. 劳务派遣单位和用工单位遵守劳务派遣有关规定的情况；

4. 用人单位遵守国家关于劳动者工作时间和休息休假规定的情况；

5. 用人单位支付劳动合同约定的劳动报酬和执行最低工资标准的情况；

6. 用人单位参加各项社会保险和缴纳社会保险费的情况；

7. 法律、法规规定的其他劳动监察事项。

用人单位需要注意的是，不仅劳动行政部门有监督检查权，县级以上人民政府的建设、卫生、安全生产监督管理等有关主管部门在各自职责范围内，也有权对单位执行劳动合同的情况进行监督检查。

这些年来，劳动行政部门不断加强定期执法监督检查的力度，抽检的频率不断增强，抽检企业范围不断扩大。即使没有发生具体的劳动争议仲裁与诉讼，企业也可能因为在执法监督检查中被发现违法行为而承担法律责任。所以，企业对此不可掉以轻心，一定要在日常人力资源管理中严格守法。

（二）接受劳动者投诉举报

根据法律规定，任何组织和个人都有权对违反劳动法律、法规的行为进行举报。投诉举报是较高效的维权方式。对于比较简单清晰、证据确凿的劳动争议，劳动者采取投诉举报的方式可以更快地解决争议，尽早索要到赔偿。

**【案例96：员工向劳动执法部门举报公司违法行为，合法权益即刻获得救济】**

员工肖某是A公司的老员工，肖某的劳动合同到期后，A公司的人力资源部门因为工作疏忽而忘记和肖某续订书面劳动合同。A公司始终没有发现该疏忽，肖某也没有主动提示A公司。

某日，肖某提出辞职，同时索要未签订书面劳动合同期间的双倍工资。A公司不同意肖某的要求。肖某遂立即向劳动行政部门举报A公司不与本人签署书面劳动合同。未签订书面劳动合同争议的举证责任完全由公司承担，如果公司不能出示劳动合同，就证明双方没有签署书面劳动合同。

劳动行政部门接到肖某的举报后,限期A公司提供与肖某之间的书面劳动合同,如不能出示书面合同就必须立即支付员工双倍工资,否则就会立即对A公司作出行政处罚。A公司无奈,只好立即支付了肖某双倍工资。

## 【评析】

从该案例可见,投诉举报不同于劳动仲裁和劳动争议诉讼。一方面,用人单位难以利用仲裁和诉讼程序拖延时间,以争取和劳动者达成妥协;另一方面,单位除了面临支付给劳动者的赔偿外,还可能同时遭到行政处罚,与劳动仲裁和诉讼相比,单位负担的费用更高,这就逼迫单位必须立即与劳动者解决争议。

## 【特别提示】

**1. 行政部门执法人员进行执法检查时,企业有权利要求执法人员出示证件。如果公务人员不能出示证件,企业没有义务接受身份不明人员的检查要求。**

**2. 对于员工的投诉举报,企业要根据具体案情分析利弊,有针对性地选择对策。尤其对于有争议的案件事实,企业应当向执法机关说明情况并出示证据,争取最大限度地维护自身的合法权益。**

## 【相关法条】

**《行政处罚法》**

**第八条** 行政处罚的种类:

(一)警告;

(二)罚款;

(三)没收违法所得、没收非法财物;

(四)责令停产停业;

(五)暂扣或者吊销许可证、暂扣或者吊销执照;

(六)行政拘留;

(七)法律、行政法规规定的其他行政处罚。

*《劳动合同法》*

**第七十三条**　国务院劳动行政部门负责全国劳动合同制度实施的监督管理。

县级以上地方人民政府劳动行政部门负责本行政区域内劳动合同制度实施的监督管理。

县级以上各级人民政府劳动行政部门在劳动合同制度实施的监督管理工作中，应当听取工会、企业方面代表以及有关行业主管部门的意见。

**第七十四条**　县级以上地方人民政府劳动行政部门依法对下列实施劳动合同制度的情况进行监督检查：

（一）用人单位制定直接涉及劳动者切身利益的规章制度及其执行的情况；

（二）用人单位与劳动者订立和解除劳动合同的情况；

（三）劳务派遣单位和用工单位遵守劳务派遣有关规定的情况；

（四）用人单位遵守国家关于劳动者工作时间和休息休假规定的情况；

（五）用人单位支付劳动合同约定的劳动报酬和执行最低工资标准的情况；

（六）用人单位参加各项社会保险和缴纳社会保险费的情况；

（七）法律、法规规定的其他劳动监察事项。

**第七十五条**　县级以上地方人民政府劳动行政部门实施监督检查时，有权查阅与劳动合同、集体合同有关的材料，有权对劳动场所进行实地检查，用人单位和劳动者都应当如实提供有关情况和材料。

劳动行政部门的工作人员进行监督检查，应当出示证件，依法行使职权，文明执法。

**第七十六条**　县级以上人民政府建设、卫生、安全生产监督管理等有关主管部门在各自职责范围内，对用人单位执行劳动合同制度的情况进行监督管理。

**第七十七条**　劳动者合法权益受到侵害的，有权要求有关部门依法处理，或者依法申请仲裁、提起诉讼。

**第七十八条**　工会依法维护劳动者的合法权益，对用人单位履行劳动合同、集体合同的情况进行监督。用人单位违反劳动法律、法规和劳动合同、集体合同的,工会有权提出意见或者要求纠正;劳动者申请仲裁、提起诉讼的,工会依法给予支持和帮助。

**第七十九条** 任何组织或者个人对违反本法的行为都有权举报,县级以上人民政府劳动行政部门应当及时核实、处理,并对举报有功人员给予奖励。

## 第三节 调 解

### 一、调解组织

企业与员工发生劳动争议时,可以向调解组织申请调解解决争议。这些调解组织包括:

1. 企业劳动争议调解委员会。企业劳动争议调解委员会由职工代表和企业代表组成。职工代表由工会成员担任或者由全体员工推举产生,企业代表由企业负责人指定。企业劳动争议调解委员会主任由工会成员或者双方推举的人员担任。

2. 依法设立的基层人民调解组织。

3. 在乡镇、街道设立的具有劳动争议调解职能的组织。

### 二、调解协议书

经调解达成协议的,应当制作调解协议书。调解协议书由员工签名和企业盖章,经调解员签名并加盖调解组织印章后生效。调解协议书对双方当事人具有约束力,员工和企业都应当履行。

调解不是无限期的,无论是员工还是企业,自劳动争议调解组织收到调解申请之日起15日内未达成调解协议的,当事人可以依法申请劳动争议仲裁。

达成调解协议后,一方当事人在协议约定期限内不履行调解协议的,另一方当事人可以依法申请仲裁。

因支付拖欠劳动报酬、工伤医疗费、经济补偿或者赔偿金事项达成调解协议,用人单位在协议约定期限内不履行的,劳动者可以持调解协议书依法向法院申请支付令。法院应当依法发出支付令。

## 三、支付令

2004 年 4 月最高人民法院、司法部颁布的《关于进一步加强人民调解工作切实维护社会稳定的意见》(司发〔2004〕1 号)中,已赋予当事人可以以对方违反调解协议为由,向法院申请支付命令的权利。《劳动合同法》第 30 条第 2 款规定,企业拖欠或未足额支付工资,员工可依法向当地法院申请支付令,法院应依法发给支付令。

### (一)支付令申请的受理

依据《民事诉讼法》第 214 条的规定,支付令适用的范围包括债权人请求债务人给付金钱、有价证券等。支付令案件依法应由债务人住所地基层法院受理。法人的住所地是指法人的主要营业地或者主要办事机构所在地。向法院申请支付命令需符合以下法定要件:

1. 债权人与债务人没有其他债务纠纷。

2. 支付令能够送达债务人。

3. 支付令申请书应当写明请求给付金钱或者有价证券的数量和所根据的事实、证据。

法院受理支付令申请后,应当在 5 日内通知债权人是否受理。法院受理支付令申请后审查债权人提供的事实和证据,如该债权债务关系明确及合法,应于受理之日起 15 日内向债务人发出支付令;如支付令申请不成立,则法院裁决驳回支付令申请。

### (二)支付令的法律效果

债务人应当自收到法院发出的支付令之日起 15 日内清偿债务,否则,应在该期间内向法院提起书面异议。如果债务人在上述期间未提异议并且不履行支付命令,则债权人可向法院申请强制执行支付令。如果债务人在上述期间向法院提出异议,则法院收到债务人提起的书面异议后,应当裁定终结督促程序,支付令自行失效。此时债权人可向劳动争议仲裁委员会提起仲裁。

**【相关法条】**

*《劳动争议调解仲裁法》*

**第十条** 发生劳动争议,当事人可以到下列调解组织申请调解:

(一)企业劳动争议调解委员会;

(二)依法设立的基层人民调解组织;

(三)在乡镇、街道设立的具有劳动争议调解职能的组织。

企业劳动争议调解委员会由职工代表和企业代表组成。职工代表由工会成员担任或者由全体职工推举产生,企业代表由企业负责人指定。企业劳动争议调解委员会主任由工会成员或者双方推举的人员担任。

**第十一条** 劳动争议调解组织的调解员应当由公道正派、联系群众、热心调解工作,并具有一定法律知识、政策水平和文化水平的成年公民担任。

**第十二条** 当事人申请劳动争议调解可以书面申请,也可以口头申请。口头申请的,调解组织应当当场记录申请人基本情况、申请调解的争议事项、理由和时间。

**第十三条** 调解劳动争议,应当充分听取双方当事人对事实和理由的陈述,耐心疏导,帮助其达成协议。

**第十四条** 经调解达成协议的,应当制作调解协议书。

调解协议书由双方当事人签名或者盖章,经调解员签名并加盖调解组织印章后生效,对双方当事人具有约束力,当事人应当履行。

自劳动争议调解组织收到调解申请之日起十五日内未达成调解协议的,当事人可以依法申请仲裁。

**第十五条** 达成调解协议后,一方当事人在协议约定期限内不履行调解协议的,另一方当事人可以依法申请仲裁。

**第十六条** 因支付拖欠劳动报酬、工伤医疗费、经济补偿或者赔偿金事项达成调解协议,用人单位在协议约定期限内不履行的,劳动者可以持调解协议书依法向人民法院申请支付令。人民法院应当依法发出支付令。

## 第四节 劳动争议仲裁

### 一、仲裁时效

根据《劳动争议调解仲裁法》第27条第1款的规定，劳动争议仲裁时效为1年，其时效自当事人知道或应当知道其权利被侵害之日起算。

（一）时效的中断

《劳动争议调解仲裁法》第27条第2款规定，如当事人向对方当事人主张权利，或向有关部门主张权利救济，或对方当事人同意履行义务，则时效中断。从中断时起，仲裁时效期间重新计算。

（二）时效的中止

因不可抗力或其他正当理由导致当事人无法在仲裁时效期间申请仲裁的，仲裁时效中止，其时效自中止时效原因消除之日起继续计算。

（三）关于时效的特别规定

如劳动合同关系存续期间，因拖欠工资而产生劳动争议，员工申请劳动争议仲裁不受仲裁时效期间的限制。但如劳动合同关系已终止的，其仲裁申请应于劳动关系终止之日起1年内提起。

**【相关法条】**

*《劳动争议调解仲裁法》*

**第二十七条** 劳动争议申请仲裁的时效期间为一年。仲裁时效期间从当事人知道或者应当知道其权利被侵害之日起计算。

前款规定的仲裁时效，因当事人一方向对方当事人主张权利，或者向有关部门请求权利救济，或者对方当事人同意履行义务而中断。从中断时起，仲裁时效期间重新计算。

因不可抗力或者有其他正当理由，当事人不能在本条第一款规定的仲裁时效期间申请仲裁的，仲裁时效中止。从中止时效的原因消除之日起，仲裁时效期间继续计算。

劳动关系存续期间因拖欠劳动报酬发生争议的，劳动者申请仲裁不受本条第一款规定的仲裁时效期间的限制;但是,劳动关系终止的,应当自劳动关系终止之日起一年内提出。

## 二、劳动争议仲裁的管辖

管辖,是指确定哪个仲裁机构有权审理劳动争议,申请人应当向哪个仲裁机构申请仲裁。管辖一般分为地域管辖和级别管辖。所谓地域管辖,就是确定哪个地方的仲裁机构受理劳动争议仲裁申请,所谓级别管辖,就是确定哪一级仲裁机构受理劳动争议仲裁申请。

### (一)法定地域管辖

《劳动争议调解仲裁法》第21条第2款规定,劳动争议由劳动合同履行地或者用人单位所在地的劳动争议仲裁委员会管辖。双方当事人分别向劳动合同履行地和用人单位所在地的劳动争议仲裁委员会申请仲裁的,由劳动合同履行地的劳动争议仲裁委员会管辖。

劳动合同履行地,是指劳动者实际工作场所地,例如,北京某公司,其员工甲的实际工作场所在北京市朝阳区某写字楼内,员工甲的劳动合同履行地就是北京市朝阳区;其员工乙在该公司位于顺义的工厂上班,员工乙的劳动合同履行地就是北京市顺义区;其员工丙是该公司在长春市的销售人员,该公司在长春市并无固定办公室,那么可将员工丙的居住地视为员工丙的劳动合同履行地。

用人单位所在地,是指用人单位注册登记地,或者主要办事机构所在地。用人单位未注册登记的,其出资人、开办单位或者主管部门所在地为用人单位所在地。

如果有多个劳动合同履行地,用人单位和劳动者分别向不同的劳动合同履行地申请仲裁,则由先受理的劳动仲裁委员会受理。

《劳动争议调解仲裁法》第21条的规定并不明确,一是没有说明当事人能否在劳动合同履行地和单位所在地之间约定争议管辖地;二是虽然规定劳动合同履行地劳动仲裁委员会优先管辖劳动争议,但没有明确当事人约定了管辖地是单位所在地时,劳动合同履行地劳动仲裁委员会是否仍然优先管辖。该规定表面上看是基于方便劳动者的原则,其实未必。例如,北京某公司在北京雇用了北京人张某，公司派张某常驻上海工作，当发生劳动争议仲裁时，张某在单位所在地北京提起仲裁申请，单位在劳动合同履行地上海提起仲裁，按照法律规定，应当优先由上海的劳动争议仲裁委员会管辖，但是并没有对张某维权提供方便。笔者认为，立法机关应当尽快修订本条规定，一是要明确当事人可以自由约定管辖地；二是要重新对管辖地优先问题做明确阐述。

(二)约定管辖地

尽管《劳动争议调解仲裁法》规定了劳动合同履行地的劳动争议仲裁委员会优先管辖劳动争议，但是并没有禁止当事人约定劳动争议管辖地。因此，笔者建议企业应在劳动合同中明确约定仲裁管辖地，但是约定仲裁管辖地要注意，劳动合同只能在单位所在地和劳动合同履行地两者之间约定仲裁管辖地，不能超出此范围。此外，需要指出的是，即使劳动合同中约定了劳动争议的管辖地为单位所在地的劳动争议仲裁委员会，根据现有法律规定，劳动合同履行地的劳动争议仲裁委员会仍有优先管辖权。

(三)级别管辖

我国法律对于劳动争议的级别管辖问题没有作直接规定，但是地方确实存在不同级别的劳动争议仲裁委员会，比如北京市除了各区县设有劳动人事争议仲裁委员会外，还设有北京市劳动人事争议仲裁委员会。劳动争议仲裁案件的级别管辖问题一般应依照当地地方法规来确定。

(四)管辖权异议

管辖权异议是劳动争议处理实践中拖延时间的一种常见方法，无论是在仲裁还是诉讼阶段都可以运用，前提是管辖权确实存在一定的可争议点，如果管辖地非常明确，那么可以拖延的时间也是很有限的。

如果企业对劳动仲裁管辖有异议，必须在答辩期内向劳动仲裁委员会提出管辖异议，即必须在收到仲裁申请书副本后 10 日内提出管辖异议。错过这个时间再提出管辖异议，仲裁委员会不予处理。

【相关法条】

《劳动争议调解仲裁法》

**第二十一条** 劳动争议仲裁委员会负责管辖本区域内发生的劳动争议。

劳动争议由劳动合同履行地或者用人单位所在地的劳动争议仲裁委员会管辖。双方当事人分别向劳动合同履行地和用人单位所在地的劳动争议仲裁委员会申请仲裁的,由劳动合同履行地的劳动争议仲裁委员会管辖。

《劳动人事争议仲裁办案规则》

**第十条** 当事人提出管辖异议的,应当在答辩期满前书面提出。仲裁委员会应当审查当事人提出的管辖异议,异议成立的,将案件移送至有管辖权的仲裁委员会并书面通知当事人;异议不成立的,应当书面决定驳回。

当事人逾期提出的,不影响仲裁程序的进行。

## 三、仲裁申请

(一)申请

劳动争议仲裁申请人申请仲裁应当提交书面仲裁申请,并按照被申请人人数提交副本。仲裁申请书应当载明下列事项:

1. 劳动者的姓名、性别、出生日期、身份证件号码、住所、通信地址和联系电话。

2. 用人单位的名称、住所、通信地址、联系电话和法定代表人或者主要负责人的姓名和职务。

3. 仲裁请求和所根据的事实、理由。

4. 证据和证据来源、证人姓名和住所。

企业提出劳动争议仲裁申请,应注意仲裁请求应当书写得明确清晰,写明具体裁决请求和援引的法条。例如:“请求某某劳动人事争议仲裁委员会依据《劳动合同法》第22条之规定,裁决某某支付申请人违约金人民币×××××元。”

在仲裁庭指定的举证期限届满前,申请人可以增加或者变更仲裁请求。仲裁庭对申请人增加或者变更的仲裁请求审查后认为应当受理的,应当通知被申请人并给予答辩期,被申请人明确表示放弃答辩期的除外。申请人在举证期限届满后提出增加或变更仲裁请求的,应当另行提出,另案处理。

对于仲裁申请书的事实和理由部分的论述,应当力求简明扼要,不需要过于细致的论述,过于细致的论述可能会让对方在开庭前提前了解本方的全部庭审策略。

(二)反申请

劳动仲裁申请既可以由员工提出,也可以由企业提出。如果一方先申请了劳动争议仲裁(申请),另一方可在法定的答辩期内向劳动仲裁委员会提出反申请。所谓反申请,就是劳动争议仲裁的被申请方提出仲裁请求,相对于申请而言,法律上称为反申请。

劳动仲裁委员会接到仲裁反申请后,必须在5日内决定是否受理该反申请。如果仲裁委员会受理了反申请,可以将反申请和申请合并审理。如果企业在答辩期满后才提出反申请,则反申请不能和申请合并审理,只能另行提出申请,由劳动争议仲裁委员会另案处理。

因为绝大多数的劳动仲裁案件是由劳动者提出的,单位在案件中多处于被申请人地位,因此,提出反申请是单位应对劳动争议的一项常见策略。

**【相关法条】**

《劳动争议调解仲裁法》

**第二十八条**　申请人申请仲裁应当提交书面仲裁申请,并按照被申请人人数提交副本。

仲裁申请书应当载明下列事项:

(一)劳动者的姓名、性别、年龄、职业、工作单位和住所,用人单位的名称、住所和法定代表人或者主要负责人的姓名、职务;

(二)仲裁请求和所根据的事实、理由;

(三)证据和证据来源、证人姓名和住所。

书写仲裁申请确有困难的,可以口头申请,由劳动争议仲裁委员会记入笔录,并告知对方当事人。

*《劳动人事争议仲裁办案规则》*

**第三十六条** 被申请人可以在答辩期间提出反申请,仲裁委员会应当自收到被申请人反申请之日起五日内决定是否受理并通知被申请人。

决定受理的,仲裁委员会可以将反申请和申请合并处理。

反申请应当另行申请仲裁的,仲裁委员会应当书面告知被申请人另行申请仲裁;反申请不属于本规则规定应当受理的,仲裁委员会应当向被申请人出具不予受理通知书。

被申请人在答辩期满后对申请人提出反申请的,应当另行申请仲裁。

**第四十四条** 申请人在举证期限届满前可以提出增加或者变更仲裁请求;仲裁庭对申请人增加或者变更的仲裁请求审查后认为应当受理的,应当通知被申请人并给予答辩期,被申请人明确表示放弃答辩期的除外。

申请人在举证期限届满后提出增加或变更仲裁请求的,应当另行申请仲裁。

(三)受理仲裁申请

劳动争议仲裁委员会收到仲裁申请之日起5日内,认为符合受理条件的,应当受理,并通知仲裁申请人;认为不符合受理条件的,应当书面通知申请人不予受理,并说明理由。对劳动争议仲裁委员会不予受理或者逾期未作出决定的,仲裁申请人可以就该劳动争议事项向法院提起诉讼。

劳动争议仲裁委员会受理仲裁申请后,应当在5日内将仲裁申请书副本送达被申请人。

**【相关法条】**

*《劳动争议调解仲裁法》*

**第二十九条** 劳动争议仲裁委员会收到仲裁申请之日起五日内,认为符合受理条件的,应当受理,并通知申请人;认为不符合受理条件的,应当书面通知申请人不予受理,并说明理由。对劳动争议仲裁委员会不予受理或者逾期未作出决定的,申请人可以就该劳动争议事项向人民法院提起诉讼。

**第三十条第一款** 劳动争议仲裁委员会受理仲裁申请后,应当在五日内将仲裁申请书副本送达被申请人。

## 四、答辩

（一）答辩期

被申请人收到仲裁申请书副本后，应当在10日内（答辩期）向劳动争议仲裁委员会提交答辩书。劳动争议仲裁委员会收到答辩书后，应当在5日内将答辩书副本送达申请人。被申请人未提交答辩书的，不影响仲裁程序的进行。

（二）是否必须答辩

绝大多数案件中，单位是仲裁的被申请人。当收到仲裁申请书副本后，是否必须书面答辩？第一，从法律规定来看，单位可以不书面答辩，单位对此不必顾虑。第二，答辩书可能会让员工在开庭前提前知道企业的抗辩策略、辩论重点。笔者认为，应当根据具体案情具体分析，根据案件情况决定是否进行书面答辩。

（三）答辩期的重要性

尽管被申请人不需要必须进行答辩，但是答辩期对于被申请人来说具有其他重大意义。被申请人如果想提出反申请或管辖权异议，必须在答辩期内提出，否则反申请只能另案处理，管辖权异议则不予受理。

**【相关法条】**

*《劳动争议调解仲裁法》*

**第三十条** 劳动争议仲裁委员会受理仲裁申请后，应当在五日内将仲裁申请书副本送达被申请人。

被申请人收到仲裁申请书副本后，应当在十日内向劳动争议仲裁委员会提交答辩书。劳动争议仲裁委员会收到答辩书后，应当在五日内将答辩书副本送达申请人。被申请人未提交答辩书的，不影响仲裁程序的进行。

## 五、仲裁庭的组成和回避

（一）仲裁庭的组成

劳动争议仲裁委员会裁决劳动争议案件实行仲裁庭制。仲裁庭由3名仲裁员组成，设首席仲裁员。简单劳动争议案件可以由1名仲裁员独任仲裁。

劳动争议仲裁委员会应当在受理仲裁申请之日起5日内将仲裁庭的组成情况书面通知当事人。

(二)仲裁员的回避

回避制度是为了保证在仲裁和诉讼活动中,公正、公平审理案件的一项法律制度。当仲裁员与案件结果存在利害关系或具有可能影响公正裁决的身份时,依法应当退出对该案件的审理工作。根据法律规定,劳动争议仲裁员有下列情形之一的,应当回避:

1. 是本案当事人或者当事人、代理人的近亲属的。

2. 与本案有利害关系的。

3. 与本案当事人、代理人有其他关系,可能影响公正裁决的。

4. 私自会见当事人、代理人,或者接受当事人、代理人的请客送礼的。

企业和员工有权以口头或者书面方式提出回避申请。回避申请一般应当在案件开始审理时提出,如果回避事由是在开始审理后才得知的,可以在终结庭审辩论前提出回避申请。仲裁员是否回避,由仲裁委员会主任或其授权的办事机构负责人决定。仲裁委员会主任担任案件仲裁员是否回避,由仲裁委员会决定。被申请回避的人员在仲裁委员会作出是否回避的决定前,应当暂停参与本案的处理,但因案件需要采取紧急措施的除外。

**【相关法条】**

*《劳动争议调解仲裁法》*

**第三十一条** 劳动争议仲裁委员会裁决劳动争议案件实行仲裁庭制。仲裁庭由三名仲裁员组成,设首席仲裁员。简单劳动争议案件可以由一名仲裁员独任仲裁。

**第三十二条** 劳动争议仲裁委员会应当在受理仲裁申请之日起五日内将仲裁庭的组成情况书面通知当事人。

**第三十三条** 仲裁员有下列情形之一,应当回避,当事人也有权以口头或者书面方式提出回避申请:

(一)是本案当事人或者当事人、代理人的近亲属的;

(二)与本案有利害关系的;

（三）与本案当事人、代理人有其他关系，可能影响公正裁决的；

（四）私自会见当事人、代理人，或者接受当事人、代理人的请客送礼的。

劳动争议仲裁委员会对回避申请应当及时作出决定，并以口头或者书面方式通知当事人。

《劳动人事争议仲裁办案规则》

**第十一条**　当事人申请回避，应当在案件开庭前提出，并说明理由。回避事由在案件开始审理后知晓的，也可以在庭审辩论终结前提出。

当事人在庭审辩论终结后提出回避申请的，不影响仲裁程序的进行。

仲裁委员会应当在回避申请提出后三日内，以口头或者书面形式作出决定。以口头形式作出的，应当记入笔录。

**第十二条**　仲裁员、记录人员是否回避，由仲裁委员会主任或者其委托的仲裁院负责人决定。仲裁委员会主任担任案件仲裁员是否回避，由仲裁委员会决定。

## 六、开庭

### （一）开庭时间

仲裁庭应当在开庭5日前，将开庭日期、地点书面通知劳动争议双方当事人。当事人如果有正当理由，可以在开庭3日前请求延期开庭。开庭是否延期，由劳动争议仲裁委员会决定。

### （二）不到庭的法律后果

仲裁申请人收到开庭的书面通知，无正当理由拒不到庭或者未经仲裁庭同意中途退庭的，可以视为撤回仲裁申请。

被申请人收到书面通知，无正当理由拒不到庭或者未经仲裁庭同意中途退庭的，可以缺席裁决。所谓缺席裁决，是指在一方当事人不出席或退庭的情况下照常进行审理和裁决。缺席的一方并不一定会败诉，但是因为缺席一方无法当庭进行质证、举证、抗辩，审理人员只是听取对方“一面之词”，缺席者败诉的概率很大。

【相关法条】

*《劳动争议调解仲裁法》*

**第三十五条** 仲裁庭应当在开庭五日前,将开庭日期、地点书面通知双方当事人。当事人有正当理由的,可以在开庭三日前请求延期开庭。是否延期,由劳动争议仲裁委员会决定。

**第三十六条** 申请人收到书面通知,无正当理由拒不到庭或者未经仲裁庭同意中途退庭的,可以视为撤回仲裁申请。

被申请人收到书面通知,无正当理由拒不到庭或者未经仲裁庭同意中途退庭的,可以缺席裁决。

## 七、专门鉴定

劳动争议仲裁庭对专门性问题(如笔迹、印迹)认为需要鉴定的,可以交由当事人约定的鉴定机构鉴定;当事人没有约定或者无法达成约定的,由仲裁庭指定的鉴定机构鉴定。

根据当事人的请求或者仲裁庭的要求,鉴定机构应当派鉴定人参加开庭。当事人经仲裁庭许可,可以向鉴定人提问。

【相关法条】

*《劳动争议调解仲裁法》*

**第三十七条** 仲裁庭对专门性问题认为需要鉴定的,可以交由当事人约定的鉴定机构鉴定;当事人没有约定或者无法达成约定的,由仲裁庭指定的鉴定机构鉴定。

根据当事人的请求或者仲裁庭的要求,鉴定机构应当派鉴定人参加开庭。当事人经仲裁庭许可,可以向鉴定人提问。

## 八、质证和辩论

### (一)质证

当事人在仲裁过程中有权进行质证和辩论。所谓质证,就是对对方提出的证据或者证人证言进行质询。质证和辩论是庭审中最主要的环节,一般也是耗时最长的环节。

通常质证的庭审程序如下：首先，由申请方宣读出示证据，说明证据的名称、来源和欲证明的事实；其次，由被申请方进行质证，质证时应当围绕以下问题进行：(1)是否认可申请方证据的真实性和合法性。(2)是否认可申请方证据与本案的关联性。(3)申请方证据是否能证明申请方欲证明的事实。

针对被申请方发表的质证意见，仲裁员会允许申请方发表说明和补充意见。完成对申请方的证据质证后，开始对被申请方证据的质证。

当事人提供的证据经查证属实的，仲裁庭应当将其作为认定事实的根据。劳动者无法提供由用人单位掌握管理的与仲裁请求有关的证据，仲裁庭可以要求用人单位在指定期限内提供。用人单位在指定期限内不提供的，应当承担不利后果。

(二)辩论

质证结束后进行庭审辩论。先由申请方发表辩论意见，然后由被申请方发表辩论意见，这一轮发言称为一轮辩论。庭审中需要进行几轮辩论，要视具体案情的复杂程度而定，仲裁员应当给予当事人充分的发表辩论的机会，但是当事人发表重复的辩论意见时通常会被仲裁员打断，以节省庭审时间。当辩论终结时，首席仲裁员或者独任仲裁员应当征询当事人的最后意见。

## 九、庭审记录

仲裁庭应当将开庭的整个情况记入笔录。当事人和其他仲裁参加人认为对自己陈述的记录有遗漏或者差错的，有权申请补正。如果不予补正，应当记录该申请。笔录由仲裁员、记录人员、当事人和其他仲裁参加人签名或者盖章。

笔录对于当事人的权益至关重要，一旦在笔录上签字，就证明当事人认可了笔录中记录的每一句话。在仲裁、诉讼等法律程序中，一方一旦认可某一项事实或放弃某一项请求，原则上不能再反悔或改口。企业委托参加仲裁的代理人及出庭的证人务必认真阅读核对笔录，在确认完整无误后才能在笔录上签字。

## 十、先予执行

先予执行是一种保障劳动者生活急需的诉讼制度。仲裁庭对追索劳动报酬、工伤医疗费、经济补偿或者赔偿金的案件,根据劳动者的申请,可以裁决先予执行,移送法院执行。

仲裁庭裁决先予执行的,应当符合下列条件:(1)当事人之间权利义务关系明确;(2)不先予执行将严重影响申请人的生活。

劳动者申请法院先予执行的,可以不提供担保。

**【相关法条】**

*《劳动争议调解仲裁法》*

**第四十四条** 仲裁庭对追索劳动报酬、工伤医疗费、经济补偿或者赔偿金的案件,根据当事人的申请,可以裁决先予执行,移送人民法院执行。

仲裁庭裁决先予执行的,应当符合下列条件:

(一)当事人之间权利义务关系明确;

(二)不先予执行将严重影响申请人的生活。

劳动者申请先予执行的,可以不提供担保。

## 十一、庭审和解与调解

### (一)庭审和解

当事人申请劳动争议仲裁后,可以自行和解。达成和解协议的,可以撤回仲裁申请。需要注意的是,一定要在双方签署了书面和解协议后再申请撤回仲裁申请和反申请。

### (二)调解

除了当事人自行和解外,根据法律规定,仲裁庭在裁决前必须进行调解,但调解是建立在双方当事人自愿的基础上,如果任何一方不愿意调解,仲裁庭即不进行调解。调解达成协议的,由仲裁庭制作调解书,调解书应当写明仲裁请求和当事人协议的结果。调解书由仲裁员签名,加盖劳动争议仲裁委员会印章,送达双方当事人。该调解书一经送达双方当事人即发生法律效力,如果任何一方不执行调解书的内容,对方可以直接申请法院强制执行调解书。如果一方拒绝调解、双方无法达成调解或者在送达调解书之前一方反悔,仲裁庭应当及时作出裁决。

根据《劳动争议调解仲裁法》第51条的规定,当事人应按照规定的期限履行生效的调解书、裁决书。一方当事人逾期未履行,另一方可依《民事诉讼法》相关规定向法院申请执行。

**【相关法条】**

*《劳动争议调解仲裁法》*

**第四十一条** 当事人申请劳动争议仲裁后,可以自行和解。达成和解协议的,可以撤回仲裁申请。

**第四十二条** 仲裁庭在作出裁决前,应当先行调解。

调解达成协议的,仲裁庭应当制作调解书。

调解书应当写明仲裁请求和当事人协议的结果。调解书由仲裁员签名,加盖劳动争议仲裁委员会印章,送达双方当事人。调解书经双方当事人签收后,发生法律效力。

调解不成或者调解书送达前,一方当事人反悔的,仲裁庭应当及时作出裁决。

## 十二、仲裁裁决

根据《劳动争议调解仲裁法》第45条的规定,劳动争议仲裁裁决应按照多数仲裁员意见裁决。仲裁庭无法达成多数意见时,该裁决应按首席仲裁员的意见作出。劳动争议仲裁裁决书应载明请求标的、争议事实、裁决理由、结果和日期。

### (一)终局裁决

劳动争议仲裁裁决分为终局裁决和非终局裁决。所谓终局裁决,是指裁决一经做出立即生效,具有强制执行力。下列劳动争议为终局裁决,裁决书自完成之日起生效:

1. 追索劳动报酬、工伤医疗费、经济补偿或者赔偿金,不超过当地月最低工资标准12个月金额的争议。需要特别注意的是,根据最高人民法院《关于审理劳动争议案件适用法律问题的解释(一)》第19条的规定,如果仲裁裁决同时涉及上述数项,每项确定的金额均不超过当地月最低工资标准12个月金额的,才是终局裁决。如有任意一项的金额超过了当地月最低工资标准12个月的金额,则不属于终局裁决。

2. 因执行国家的劳动标准在工作时间、休息休假、社会保险等方面发生的争议。

根据最高人民法院《关于审理劳动争议案件适用法律问题的解释(一)》第20条的规定,如果同一仲裁裁决同时包含终局裁决事项和非终局裁决事项,当事人不服该仲裁裁决向法院提起诉讼的,应当按照非终局裁决处理。

(二)非终局裁决

根据《劳动争议调解仲裁法》第50条的规定,上述两类劳动争议以外的劳动争议裁决是非终局仲裁裁决。当事人对上述两类劳动争议以外的劳动争议案件仲裁裁决不服,可自收到仲裁裁决书之日起15日内,向法院起诉的;期满不起诉的,该裁决书立即生效。

(三)裁决的时间

仲裁的裁决应当在法定的期限内作出,这就是所谓的审限。根据法律规定,劳动争议仲裁一般应在仲裁委员会受理案件之日起45日内作出裁决,如果因为案情复杂需要延期的,应当由仲裁委员会主任批准,且最多延期15日。延期的决定应当书面通知当事人。实务中超过延期期限后仍未裁决的情况并不罕见,此时当事人可以不必等待裁决,直接向法院起诉。

(四)对仲裁裁决不服的解决途径

1. 向法院起诉

对于任何劳动争议裁决(包括终局裁决和非终局裁决),如果劳动者不服,都可以在收到劳动争议仲裁裁决后15日内向法院起诉。用人单位如果对非终局劳动争议裁决不服,也可以在收到仲裁裁决后15日内向法院起诉。

最高人民法院《关于审理劳动争议案件适用法律问题的解释(一)》第3条规定:“劳动争议案件由用人单位所在地或者劳动合同履行地的基层人民

法院管辖。劳动合同履行地不明确的,由用人单位所在地的基层人民法院管辖。法律另有规定的,依照其规定。”

需要提示企业注意的是,虽然劳动争议诉讼的管辖法院地域范围和劳动争议仲裁的管辖仲裁机构地域范围相同,都是用人单位所在地或者劳动合同履行地两个地域,但是规定的内容又有区别,在劳动争议仲裁程序中,劳动合同履行地仲裁机构的管辖权优先于用人单位所在地仲裁机构,而在最高人民法院《关于审理劳动争议案件适用法律问题的解释(一)》中,没有规定劳动合同履行地法院的管辖权优先于用人单位所在地法院的管辖权,当事人可以利用这一点,争取在便于自己诉讼的法院进行劳动争议诉讼。

**【案例 97:一起劳动争议案件中的诉讼管辖地争夺】**

高某受山西太原一家公司(以下简称山西公司)聘用,担任该公司北京办事处总经理助理,该办事处位于北京市朝阳区。山西公司始终没有与高某签署书面劳动合同并为其办理社会保险。后因为山西公司自身经营计划发生重大变化,公司撤销了刚设立几个月的北京办事处,高某也因此被辞退,山西公司没有支付高某解除劳动合同经济补偿金和代通知金。

高某在北京市朝阳区劳动仲裁委员会提起劳动争议仲裁,索要经济补偿金、代通知金、未签书面合同的双倍工资和未办理社会保险的损失。在仲裁阶段,山西公司未出庭,仲裁庭缺席裁决支持了高某的大部分仲裁申请(因山西公司未给高某办理社会保险,应由社会保险机构解决,所以关于补偿社会保险损失的请求未被支持)。

尽管高某对仲裁结果基本满意,但为了防止山西公司收到仲裁裁决后抢先在山西太原起诉,也为了避免由太原法院执行劳动争议裁决,高某在收到仲裁裁决后立刻向北京市朝阳区人民法院提起诉讼。

令高某没有预料到的是,山西公司在诉讼阶段却出庭了,并向北京市朝阳区人民法院提出管辖权异议。山西公司认为,没有证据证明劳动合同履行地在北京市朝阳区,因此朝阳区劳动仲裁委员会无管辖权,北京市朝阳区人民法院也无管辖权,根据最高人民法院的相关司法解释,如不能确定合同履行地,则该劳动争议案件只能在单位所在地,即山西太原的法院审理。法官要求高某提供山西公司北京办事处位于北京市朝阳区的证据,但山西公司北京办事处事实上已经不存在,没有地址也没有铭牌。而且根据法律规定,公司设立办事处不需要进行工商登记,因此也没有关于该山西公司北京办事处的工商登记证据。

【评析】

笔者作为高某的代理律师,为了争夺案件诉讼管辖权,证明高某与山西公司劳动合同履行地确实在北京市朝阳区,做了大量的取证工作,包括:

1. 向写字楼物业公司搜集了山西公司北京办事处当时办公地点的物业费发票存根联。

2. 致电山西公司的一名高管并对通话内容进行了录音公证,恰逢该高管不知道山西公司与高某正在进行诉讼,因此在电话通话中承认了北京办事处位于北京市朝阳区。

高某通过诸多证据证明已经不存在的北京办事处当时确实位于北京朝阳区。法院最终驳回了山西公司的管辖权异议,高某在朝阳区法院胜诉,进而由北京市朝阳区法院来执行最终的判决,避免了外地法院执行不确定性的风险,也避免了异地维权的高成本。

尽管本案中用人单位未能成功将案件管辖权转移到山西太原,但是山西公司的诉讼策略给高某带来不小的诉讼障碍和诉讼成本,值得参考和借鉴。

**【案例98:收到仲裁裁决后,用人单位抢先在用人单位所在地法院起诉】**

Y公司是一家注册在北京市朝阳区的科技公司,其在湖北省武汉市设有一个研发中心,但并没有在武汉市注册任何分公司或子公司。张某是Y公司的员工,在武汉市工作。张某工作业绩不佳,但Y公司未经培训或调岗就直接将张某辞退。张某不服,认为Y公司违法解除劳动合同,遂向武汉市某区劳动争议仲裁委员会申请仲裁,提出两项仲裁请求:

(1)要求Y公司支付违法解除劳动合同赔偿金;

(2)要求Y公司支付拖欠的加班费。

Y公司派公司人力资源部员工出庭应诉。针对请求1,Y公司以张某曾多次早退、旷工为由为其单方解除劳动合同辩解。劳动争议仲裁委员会经审查后认为,Y公司辞退张某时并没有以张某早退、旷工作为理由,因此Y公司的辩解没有得到当地劳动仲裁委员会的支持,裁决Y公司应当支付解约赔偿金。针对请求2,Y公司主张张某没有加班事实,也没有出示加班证据。因为张某没有就加班举证,张某要求加班费的请求被仲裁委员会驳回。

Y公司收到劳动争议仲裁书后,立刻于第二日向Y公司所在地北京市朝阳区人民法院起诉。张某收到劳动争议裁决后,因为加班费请求未获仲裁支持,也向武汉市某区法院起诉,但其起诉时间晚于Y公司起诉的时间。武汉某区法院将起诉材料移送北京市朝阳区法院,因为来北京开庭路途遥远,张某最终妥协,降低了一半的请求金额,与Y公司达成了和解协议,双方的劳动争议得以解决。

【评析】

本案也是笔者代理的案件,与前述案例97一样,该案重点在于双方对案件管辖地的争夺。在诉讼案件中,异地审理会显著提高当事人耗费的时间、金钱和精力。在本案中,案情本身对Y公司非常不利,如果在武汉当地法院审理,张某不会考虑做出妥协让步。

2. 申请法院撤销裁决

用人单位对劳动争议仲裁委员会作出的终局裁决不服,不能向法院起诉,但如果用人单位能证明终局仲裁裁决具有法定情形之一的,可自收到仲裁裁决书之日起30日内向劳动争议仲裁委员会所在地的中级人民法院申请撤销该仲裁裁决,这些法定情形包括:(1)适用法律、法规有误;(2)该劳动争议仲裁委员会不具有管辖权;(3)违反法定程序;(4)裁决依据的证据是伪造的;(5)对方隐匿了足以影响公证裁决的重要证据;(6)仲裁员在仲裁该案时有索贿受贿、徇私舞弊、枉法裁决行为的。

## 【相关法条】

**《劳动争议调解仲裁法》**

**第四十三条** 仲裁庭裁决劳动争议案件,应当自劳动争议仲裁委员会受理仲裁申请之日起四十五日内结束。案情复杂需要延期的,经劳动争议仲裁委员会主任批准,可以延期并书面通知当事人,但是延长期限不得超过十五日。逾期未作出仲裁裁决的,当事人可以就该劳动争议事项向人民法院提起诉讼。

仲裁庭裁决劳动争议案件时,其中一部分事实已经清楚,可以就该部分先行裁决。

**第四十五条** 裁决应当按照多数仲裁员的意见作出,少数仲裁员的不同意见应当记入笔录。仲裁庭不能形成多数意见时,裁决应当按照首席仲裁员的意见作出。

**第四十六条** 裁决书应当载明仲裁请求、争议事实、裁决理由、裁决结果和裁决日期。裁决书由仲裁员签名,加盖劳动争议仲裁委员会印章。对裁决持不同意见的仲裁员,可以签名,也可以不签名。

**第四十七条** 下列劳动争议,除本法另有规定的外,仲裁裁决为终局裁决,裁决书自作出之日起发生法律效力:

(一)追索劳动报酬、工伤医疗费、经济补偿或者赔偿金,不超过当地月最低工资标准十二个月金额的争议;

(二)因执行国家的劳动标准在工作时间、休息休假、社会保险等方面发生的争议。

**第四十八条** 劳动者对本法第四十七条规定的仲裁裁决不服的,可以自收到仲裁裁决书之日起十五日内向人民法院提起诉讼。

**第四十九条** 用人单位有证据证明本法第四十七条规定的仲裁裁决有下列情形之一,可以自收到仲裁裁决书之日起三十日内向劳动争议仲裁委员会所在地的中级人民法院申请撤销裁决:

(一)适用法律、法规确有错误的;

(二)劳动争议仲裁委员会无管辖权的;

（三）违反法定程序的；

（四）裁决所根据的证据是伪造的；

（五）对方当事人隐瞒了足以影响公正裁决的证据的；

（六）仲裁员在仲裁该案时有索贿受贿、徇私舞弊、枉法裁决行为的。

人民法院经组成合议庭审查核实裁决有前款规定情形之一的，应当裁定撤销。

仲裁裁决被人民法院裁定撤销的，当事人可以自收到裁定书之日起十五日内就该劳动争议事项向人民法院提起诉讼。

**第五十条**　当事人对本法第四十七条规定以外的其他劳动争议案件的仲裁裁决不服的，可以自收到仲裁裁决书之日起十五日内向人民法院提起诉讼；期满不起诉的，裁决书发生法律效力。

**第五十一条**　当事人对发生法律效力的调解书、裁决书，应当依照规定的期限履行。一方当事人逾期不履行的，另一方当事人可以依照民事诉讼法的有关规定向人民法院申请执行。受理申请的人民法院应当依法执行。

**最高人民法院《关于审理劳动争议案件适用法律问题的解释（一）》**

**第三条**　劳动争议案件由用人单位所在地或者劳动合同履行地的基层人民法院管辖。

劳动合同履行地不明确的，由用人单位所在地的基层人民法院管辖。

法律另有规定的，依照其规定。

**第四条**　劳动者与用人单位均不服劳动争议仲裁机构的同一裁决，向同一人民法院起诉的，人民法院应当并案审理，双方当事人互为原告和被告，对双方的诉讼请求，人民法院应当一并作出裁决。在诉讼过程中，一方当事人撤诉的，人民法院应当根据另一方当事人的诉讼请求继续审理。双方当事人就同一仲裁裁决分别向有管辖权的人民法院起诉的，后受理的人民法院应当将案件移送给先受理的人民法院。

**第十九条**　仲裁裁决书未载明该裁决为终局裁决或者非终局裁决，劳动者依据调解仲裁法第四十七条第一项规定，追索劳动报酬、工伤医疗费、经济补偿或者赔偿金，如果仲裁裁决涉及数项，每项确定的数额均不超过当地月最低工资标准十二个月金额的,应当按照终局裁决处理。

**第二十条** 劳动争议仲裁机构作出的同一仲裁裁决同时包含终局裁决事项和非终局裁决事项,当事人不服该仲裁裁决向人民法院提起诉讼的,应当按照非终局裁决处理。

## 第五节 举证和证据认定

### 一、举证责任的分担

举证责任,是指当事人的举证义务及不能举证或证据无证明力的归责问题。我国《民事诉讼法》第64条第1款规定:"当事人对自己提出的主张,有责任提供证据。"这是举证责任分担的一般原则。该条第2款同时规定:"当事人及其诉讼代理人因客观原因不能自行收集的证据,或者人民法院认为审理案件需要的证据,人民法院应当调查收集。"以上规定可以通俗地归结为一句话,即"谁主张,谁举证"。

"谁主张,谁举证"是举证责任的一般原则,但是也有相反的时候,这就是所谓的举证责任倒置。《劳动争议调解仲裁法》第6条规定:"与争议事项有关的证据属于用人单位掌握管理的,用人单位应当提供;用人单位不提供的,应当承担不利后果。"该条就是"举证责任倒置"的具体规定。

实践中,大量劳动争议中的证据材料属于用人单位掌握管理的材料,如规章制度、考勤记录、劳动合同、会议纪要等。"举证责任倒置原则"在劳动争议案件的审理中得到广泛适用,企业必须在日常经营和人力资源管理活动中注意收集和保存证据资料,否则一旦发生劳动争议纠纷,极有可能因为不能举证而败诉。

**【案例99:员工偷录视频证明月工资标准】**

胡某某原为J公司的员工,自称是总经理助理。胡某某以J公司未与其签署书面劳动合同,并将其无故辞退为由,索要未签书面合同期间双倍工资和解约经济补偿金,工资的计算标准为12,000元/月。

胡某某和J公司均认可胡某某于2013年5月3日至7月12日在丁公

司工作，双方的劳动关系于2013年7月12日解除。双方争议的焦点是胡某某的工资标准。

J公司在诉讼中辩称，胡某某在其公司工作过，岗位系文员，每月工资3000元。

胡某某为了证明其工资标准是每月12,000元，提交了2份视频资料，分别为其于2013年7月18日、8月12日录制，内容为一男子与胡某某在一间办公室内的争执，谈话内容包括了争论结算工资的时间和工资标准，其中提及了月工资12,000元。胡某某主张视频资料中的男子是J公司的总经理张某某。

而J公司认为，仅以2份“视频资料”不能证明胡某某的工资为12,000元，该“视频资料”系胡某某偷录偷拍所得，且完全无法确认视频中所反映的内容与J公司有关，无法确认视频中的男子系公司法定代表人张某某。同时，J公司于仲裁阶段提交了有胡某某签字的工资表，月份处有铅笔手写的5月，载明胡某某的基本工资为2901.11元，工资总额为2901.11元，实发工资为2901.11元，领取签字处有胡某某的签字。J公司认为，工资表可证明胡某某的月工资标准为3000元。胡某某承认J公司提交的工资表的真实性，但反驳称J公司为了给员工节税，将工资分两部分支付，工资表中显示的金额只是其工资的一部分。

经法院询问，J公司当庭表示不申请对视频资料进行司法鉴定。审理中，法院两次向J公司邮寄送达出庭通知，要求其公司法定代表人张某某出庭，J公司均拒收法院邮寄材料，张某某亦未出庭发表意见。法院最终判决支持了胡某某的诉讼请求，按照月工资12,000元的标准计算双倍工资和违法解除劳动合同经济补偿金。

### 【评析】

劳动争议案件举证责任分担的基本原则是“谁主张，谁举证”，因此，胡某某应当举证证明其月工资标准为12,000元。但是，根据《劳动争议调解仲裁法》的规定，当劳动者无法提供由用人单位掌握管理的与仲裁请求有关的证据时，仲裁庭可以要求用人单位在指定期间内提供，用人单位在指定期间内不提供的,由用人单位承担不利后果。

胡某某提交的视频资料中的男子身份不明,仅靠视频资料确实不能形成完整的证据链。本案中,既然J公司主张视频资料中的男子不是本公司法定代表人,则只需要其法定代表人张某某出庭即可证明,J公司完全有能力出具证据证明本公司法定代表人张某某的真实样貌。但是经法院多次通知后,J公司的法定代表人仍拒绝出庭发表意见,J公司也不同意对视频资料做司法鉴定,故J公司应承担不利的后果。法院对胡某某提交的视频资料的真实性、合法性、关联性予以确认,认定胡某某的月工资标准是12,000元。

建立劳动关系应当订立书面劳动合同。用人单位自用工之日起超过1个月不满1年未与劳动者订立书面劳动合同的,应当向劳动者每月支付双倍的工资。本案中,胡某某于2013年5月3日到J公司工作,根据查明的事实,J公司与胡某某未签订书面劳动合同,J公司应当支付胡某某2013年6月3日至7月12日未签订劳动合同的双倍工资。

**【相关法条】**

*《劳动争议调解仲裁法》*

**第六条** 发生劳动争议,当事人对自己提出的主张,有责任提供证据。与争议事项有关的证据属于用人单位掌握管理的,用人单位应当提供;用人单位不提供的,应当承担不利后果。

**第三十九条** 当事人提供的证据经查证属实的,仲裁庭应当将其作为认定事实的根据。

劳动者无法提供由用人单位掌握管理的与仲裁请求有关的证据,仲裁庭可以要求用人单位在指定期限内提供。用人单位在指定期限内不提供的,应当承担不利后果。

## 二、举证期限

举证期限是仲裁庭指定的提交证据的期限。当事人必须在举证期限届满前提交证据,如果一方在举证期限届满前未能提交证据,则由该方承担不能举证的不利后果。比如,员工在仲裁庭规定的举证期限内未能举证证明存在加班的事实,该员工就要承担仲裁庭驳回其索要加班费请求的不利后果;再如,如果用人单位不能在举证期限届满前举证证明已经安排员工带薪休假,那么用人单位就要承担被裁决向员工支付未休年假工资的不利后果。

不过,举证期限问题对于劳动争议案件的重要性相对较低。一是因为在实践中,劳动仲裁委员会对举证期限的要求不是非常严格,二是因为我国的劳动争议仲裁案件不都是一裁终局,对于非终局裁决案件,即使当事人在仲裁阶段没有提出相关证据,其在诉讼阶段还有机会提出该证据。

**【相关法条】**

***《劳动人事争议仲裁办案规则》***

**第十五条** 承担举证责任的当事人应当在仲裁委员会指定的期限内提供有关证据。当事人在该期限内提供证据确有困难的,可以向仲裁委员会申请延长期限,仲裁委员会根据当事人的申请适当延长。当事人逾期提供证据的,仲裁委员会应当责令其说明理由;拒不说明理由或者理由不成立的,仲裁委员会可以根据不同情形不予采纳该证据,或者采纳该证据但予以训诫。

### 三、证据的认定原则

劳动争议仲裁所采用的证据,应适用最高人民法院《关于民事诉讼证据的若干规定》对民事诉讼证据的判定标准。仲裁庭审核认定证据时应当适用以下几个基本原则:

(一)对调解或和解上所作自认的限制

根据最高人民法院《关于适用〈中华人民共和国民事诉讼法〉的解释》第107条的规定,在诉讼中,当事人为达成调解协议或者和解协议作出妥协而认可的事实,不得在后续的诉讼中作为对其不利的证据。该司法解释在劳动争议仲裁程序中也参考适用。

在进行调解和和解的过程中,当事人为了达成和解往往要进行一定的妥协和让步,比如对对方主张的某项事实不表示异议,如果和解努力失败,而和解过程中的这种"自认"作为将来审理中的定案证据,是有违公平和实事求是原则的。

尽管最高人民法院的司法解释中明确规定了该规则,但笔者仍建议企业需采取以下措施保障自身的权益,包括:

1. 在调解过程中应事先声明该规则,并要求书记员在仲裁庭审文件中记录。

2. 以书面形式回复对方所提的调解方案,或在达成和解协议或调解书中明确载明该规则。

(二)非法证据排除规则

以侵害他人合法权益或者违反法律禁止性规定的方法取得的证据,不能作为认定案件事实的依据。

(三)禁反言规则

在仲裁和诉讼过程中,当事人在起诉状、答辩状、陈述及其委托代理人的代理词中承认的对己方不利的事实和认可的证据,仲裁庭或法院应当予以确认。但当事人反悔并有相反证据足以推翻的除外。通俗地说,“禁反言”就是禁止食言,所以在仲裁诉讼过程中,无论是说话还是书写都要非常谨慎,一旦承认了某一事实可能就不能反悔了。

(四)不能单独作为认定案件事实的证据

所谓单独作为认定事实的证据,就是“孤证”,孤证意味着没有其他证据来佐证。所以法律对于孤证的规定是非常严格和谨慎的,以下证据不能单独作为认定案件事实的依据。换句话说,如果仅有以下证据,就不能认定该事实:

1. 未成年人所作的与其年龄和智力状况不相当的证言。

2. 与一方当事人或者其代理人有利害关系的证人出具的证言。

3. 存有疑点的视听资料。

4. 无法与原件、原物核对的复印件、复制品。

5. 无正当理由未出庭作证的证人证言。

(五)各种证据之间的证明力比较

就数个证据对同一事实的证明力而言,一般依照下列原则认定:

1. 国家机关、社会团体依职权制作的公文书证的证明力一般大于其他书证。

2. 物证、档案、鉴定结论、勘验笔录或者经过公证、登记的书证，其证明力一般大于其他书证、视听资料和证人证言。

3. 原始证据的证明力一般大于传来证据。

4. 直接证据的证明力一般大于间接证据。

5. 证人提供的对与其有亲属或者其他密切关系的当事人有利的证言，其证明力一般小于其他证人证言。

# 第二十章

# 劳 务 关 系

劳务关系是企业获取和利用人力资源的一种重要途径。“劳务关系”与“劳动关系”两词之间仅一字之差,但两者的内涵却有很大差别。如果将两者混淆,既可能损害劳动者的合法权益,也会给用工单位带来法律风险。

## 第一节　劳动关系与劳务关系

### 一、二者的定义

劳动关系是由我国《劳动法》《劳动合同法》和其他劳动法律、法规调整的用人单位与劳动者之间的法律关系。劳务关系是独立的自然人或单位以劳动力向其他单位或者自然人提供服务,并以此获取报酬的法律关系。

### 二、二者的区别

劳动关系与劳务关系的区别主要体现在以下几方面:

(一)主体不同

劳动关系当事人的一方必须是法人或者组织,另一方是劳动者,两方不能都是自然人。根据我国《劳动合同法》第 2 条的规定,中国境内的企业、个体经济组织、民办非企业单位等组织与劳动者建立劳动关系,订立、履行、变更、解除或者终止劳动合同,适用本法。因此,在劳动关系中,雇佣者必须是一家单位。

在劳务法律关系中,劳务合同的双方既可以是单位,也可以是自然人。

（二）主体间关系不同

劳动关系的主体之间不仅存在平等的财产关系，还存在行政隶属关系。劳动者不仅向单位提供劳动，同时还是单位的组织成员，必须接受单位的管理，服从单位的安排，遵守单位的规章制度，忠实于单位。

在劳务关系中，合同双方不存在隶属关系，彼此是完全独立的法律主体。提供劳务的一方仅仅是依据劳务合同出卖劳动力，并不是购买劳动力一方的组织成员，不接受买方的管理，也不需要遵守适用于买方员工的规章制度，虽然提供劳务的一方也应该对买方诚实守信，但是这种忠实义务纯粹是基于合同关系，而不是基于隶属关系。

（三）报酬和待遇不同

在劳动关系中，用人单位主要以工资形式支付给劳动者劳动报酬，而在劳务关系中，提供劳务的一方收取的报酬不能称为工资，一般应称为劳务费、服务费等。

在劳动关系中，劳动者有权获得法律强制规定的社会保险福利，但是在劳务关系中，提供劳务的一方没有权利要求买方提供社会保险待遇。

（四）适用法律不同

劳动合同关系，适用我国的《劳动法》《劳动合同法》等劳动法律、法规和有关的司法解释。劳务合同关系则适用我国的《民法典》。最高人民法院和地方各级法院为审理劳动争议专门出台的司法解释与意见都不适用于劳务合同案件。

（五）法律责任不同

对于劳动关系，相关法律中对违反劳动合同的法律责任有相当多细致的规定，单位既可能面临民事上的赔偿责任，也可能面临来自劳动执法部门的行政处罚。

对于劳务关系，如果违约，用人单位只面临民事赔偿责任，不存在接受行政处罚的情况。

（六）争议解决方式不同

劳动关系的双方当事人如果发生纠纷争议，必须先经过劳动争议仲裁，如不服仲裁裁决，除一裁终局的劳动争议案件外，当事人还可以向法院起诉。

但在劳务关系中,没有前置的仲裁程序,当事人应直接向法院起诉。

(七)履行依据不同

在劳动关系中,由于劳动者与用人单位之间存在成员与组织之间的隶属关系,所以需要大量的规章制度来确定双方关系和行为规范,劳动关系的履行依据不限于劳动合同,还包括规章制度(关于如何确保规章制度有效,详见本书规章制度管理一章)。但是对于劳务关系,因为买卖双方彼此之间不存在隶属关系,内部规章制度不能适用于外部独立的劳务提供者,所以劳务关系的履行依据仅仅局限于劳务协议。

**【案例100:从一起案件看如何界定劳动关系和承揽关系】**

2017年起,张某开始为某无框阳台窗有限公司的客户安装窗户,公司以短信方式告知张某安装窗户的工作地点,张某还找了杜某帮忙完成安装工作。张某做完工作之后,凭工作回执单至公司处核对工作量,张某填写清单,公司财务部凭清单形成结算单,张某再根据结算单填写费用报销单,并提供发票,而后公司将款项通过银行转账支付给张某。

2020年5月30日,张某在为公司安排的某处施工过程中,不慎从三楼摔下,造成了严重的事故伤害。张某请求公司为其申请工伤认定时,公司拒不承认双方之间存在劳动关系。张某为治疗伤病花费近40万元。

张某与公司因确认劳动关系纠纷一案申请仲裁,张某称公司始终未与其签订劳动合同,且不按时向其支付工资。张某曾多次提出签订合同,但公司不予理睬。张某起诉要求:

1. 确认张某、公司之间于2018年3月10日至2020年9月30日具有劳动关系。

2. 对张某于2020年5月30日所受到的伤害进行工伤认定。

3. 公司支付已经发生的医疗费381,603.34元、交通费4489元。(诉讼庭审中,张某撤回诉讼请求2与3)

公司认为,双方之间不存在劳动关系,而是承揽关系,张某还找他人(杜某)帮忙完成安装工作。公司提交了张某填写的清单、结算单、报销单,证明张某完成安装工作结算款项时,结算单上明确写明款项性质是“外包款”。

双方之间共发生过7笔结算款项，具体分布在2017年至2019年，其中2017年发生2笔，涉及2017年1月至6月的费用；2018年发生3笔，涉及2018年4月至5月、8月至9月的费用；2019年发生2笔，涉及2019年11月以后的费用。

张某提交了印有公司标志的工作服、公司印制的关于安装工作的培训资料、工作回执单等证据，以证明自己是公司的员工。张某承认杜某和自己一起实施安装工作，承认杜某不去公司结算，而是自己结算后再向杜某支付工资，但张某主张杜某也是公司的员工，是自己介绍到公司的，但张某没有证据证明杜某是公司的员工。

**【评析】**

劳动关系是兼有人身关系和财产关系性质，兼有平等关系和隶属关系特征的社会关系；劳动关系一经建立，劳动力的支配权即交给用人单位，劳动者必须接受用人单位的管理，服从其工作时间、任务等安排，遵守其规章制度。

本案中，张某与公司的关系应当属于承揽关系，而非劳动关系。

第一，张某完成任务之后，凭工作回执单即可以结算款项，主动权掌握在张某手中，所涉及的单据由张某自行填写、提供，张某指责公司没有按月支付报酬，明显与事实不符。

第二，双方共发生7笔结算款项，其中包括2017年发生的2笔，张某所述入职时间为2018年3月，根据上述情况分析，该入职时间与结算款项的起始时间无法对应一致；张某明知所结算的款项性质为外包测量安装费用，且公司所提供的费用报销单、发票上亦注明“外包”的款项性质；公司与张某的结算时间不固定，结算期间也并非连续性，张某须提供发票之后公司才支付款项。上述结算方式与劳动关系中用人单位支付劳动报酬的方式明显不同。

第三，张某接到公司的任务后，邀请杜某一同完成工作，该情形不符合劳动关系中用人单位与劳动者相对固定的基本特征，至于张某所述的杜某系公司工作人员的意见，缺乏相应的证据，而公司又不予认可，且张某亦表示杜某不至公司处结算,而是由张某结算之后再根据工作量支付给杜某,因此张某的行为具有典型的承揽安装任务的特征。

第四,张某不用接受公司的考勤管理,没有固定的上、下班时间,当张某没有工作任务时,可以自由支配时间,而无须至公司处上班。

第五,至于张某所述的身穿工作服、定期至公司处开会、接受培训以及领取资料等,是因为张某安装的是公司的产品,公司基于品牌形象及对客户负责的考虑,当然有必要对张某进行相关培训等。

综上分析,张某不受公司的考勤制度、管理制度的约束,双方之间不存在管理与接受管理的关系,即不存在具有人身依附、行政隶属为特征的劳动关系。因此,张某与公司之间是加工承揽合同关系。

## 第二节　实务中劳务合同的常见问题

在实践中,由于不清楚劳务与劳动的区别,人力资源管理者经常出现以下混淆和错误:

### 一、名为劳务关系,实为劳动关系

有的企业以为与员工签署了劳务协议,就一定不是劳动关系。事实上,判断法律关系的性质,不是以文件的名称作为依据,而是以法律关系的实质内涵作为依据。如果企业与某个员工签署劳务协议,但是实质上建立的是一种劳动关系,那么就必须按照劳动法律的要求来处理,否则就违反法律。

**【案例101:为何因解除劳务合同被裁定支付经济补偿金】**

A公司购置了一辆汽车用于日常经营,聘请郭某担任司机,并与郭某签署了劳务协议,在劳务协议中约定:(1)郭某月工资为8000元;(2)郭某必须遵守A公司的考勤制度,每天按时到公司打卡;(3)如有缺勤现象,按照A公司考勤制度给予处罚。8个月后,A公司通知郭某解除劳务协议,郭某提起劳动争议仲裁,要求A公司支付违法解除劳动关系的双倍经济补偿金16,000元。

【评析】

本案中,A公司与郭某签署的协议名为劳务协议,其内容与一般的劳动合同相比相对简单。但是其中有两点非常关键:一是把付给郭某的报酬称为工资;二是要求郭某遵守A公司的规章制度,如果违反规章制度还将根据规章制度处罚郭某。从这两点来看,郭某实际上被A公司当作内部成员进行管理,而不是一个完全独立的外部自然人。所以,本案最终被认定为双方建立了劳动关系,按照劳动法律的相关要求,A公司必须支付郭某解除劳动合同经济补偿金,且因为A公司单方面违法解除劳动关系,应当双倍支付郭某经济补偿金。

**【案例102:签署劳务合同且未缴纳社会保险费的双方是否能被认定为劳务关系】**

陈某与某饭店签署劳务合同,于该饭店任大堂经理。劳务合同约定饭店于每月25日前向陈某发放工资,陈某应当遵守饭店的规章制度及考勤制度。该饭店在陈某正式上岗之前为其办理了安全生产管理人员安全培训管理证书、上海市餐饮服务从业人员食品安全知识合格证明。陈某工作数月后,该饭店以陈某工作态度消极为由解除劳务合同。陈某认为,该饭店应向其支付加班费、未休年假工资、经济补偿金及违法解除劳动合同的经济赔偿金。但该饭店认为其与陈某签署的是劳务合同,并且其也未为陈某缴纳社会保险费,双方之间只是劳务关系,不受《劳动合同法》的调整,因此不同意陈某的上述要求。该饭店与陈某之间究竟属于劳务关系还是劳动关系?

【评析】

劳动者和用人单位是否签订劳动合同、用人单位是否为劳动者缴纳社会保险费,并不是判定劳动者和用人单位是否存在劳动关系的唯一依据。判定劳动者和用人单位是否存在劳动关系,关键是判定两者之间是否存在人身隶属性的关系。

本案中,某饭店要求陈某遵守规章制度,对陈某实行考勤并按月向陈某发放工资。同时某饭店亦作为用人单位为陈某办理了安全生产管理人员安全培训管理证书、上海市餐饮服务从业人员食品安全知识合格证明,上述事实均反映出某饭店与陈某之间存在管理和被管理的关系,陈某受该饭店的劳动管理,从事该饭店安排的有劳动报酬的劳动。虽然双方签署的是劳务合同,但事实上双方系劳动关系。

【相关法条】

**北京市高级人民法院、北京市劳动争议仲裁委员会《关于劳动争议案件法律适用问题研讨会会议纪要》**

四、关于劳动关系的确认问题

**12.** 在认定用人单位与劳动者之间具有劳动关系时,可考虑下列因素:(1)用人单位和劳动者符合法律、法规规定的主体资格;(2)用人单位依法制定的各项规章制度适用于劳动者,劳动者受用人单位的劳动管理,从事用人单位安排的有报酬的劳动;(3)劳动者提供的劳动是用人单位工作的组成部分。

**13.** 对于以自己的技能、知识或设施为用人单位提供劳动或服务,自行承担经营风险,与用人单位没有身份隶属关系,一般不受用人单位的管理或支配的人员,应认定其与用人单位之间的关系不属于劳动关系。

## 二、劳务成果的知识产权归属

(一)职务作品、职务技术成果的定义

职务作品是公民为完成法人或者其他组织的工作任务而创作的作品。根据我国《著作权法》的规定,有下列情形之一的职务作品,作者享有署名权,著作权的其他权利由法人或者非法人组织享有,法人或者非法人组织可以给予作者奖励:

1. 主要是利用法人或者非法人组织的物质技术条件创作,并由法人或者非法人组织承担责任的工程设计图、产品设计图、地图、示意图、计算机软件等职务作品;

2. 报社、期刊社、通讯社、广播电台、电视台的工作人员创作的职务作品;

3. 法律、行政法规规定或者合同约定著作权由法人或者非法人组织享有的职务作品。

（二）劳务成果不属于职务作品或职务技术成果

对于劳务法律关系，提供劳务服务的一方不是单位的员工，劳务人员不是基于单位内部职责完成工作任务，而是基于劳务合同的约定提供服务。所以在劳务法律关系下完成的作品和开发的成果不是职务作品或职务成果。根据我国《民法典》第 859 条的规定，除法律另有规定或者当事人另有约定，否则在技术开发合同中申请专利的权利属于研究开发方享有，而不是委托人。《著作权法》第 19 条也规定，受委托创作的作品，著作权的归属由委托人和受托人通过合同约定。合同未作明确约定或者没有订立合同的，著作权属于受托人。

在劳务关系下完成的作品和开发的成果不是职务作品或职务成果，如果合同双方不在合同中对劳务服务成果的知识产权归属做专门约定，就会导致知识产权归提供劳务的一方所有。

**【相关法条】**

《著作权法》

**第十八条第二款** 有下列情形之一的职务作品，作者享有署名权，著作权的其他权利由法人或者非法人组织享有，法人或者非法人组织可以给予作者奖励：

（一）主要是利用法人或者非法人组织的物质技术条件创作，并由法人或者非法人组织承担责任的工程设计图、产品设计图、地图、示意图、计算机软件等职务作品；

（二）报社、期刊社、通讯社、广播电台、电视台的工作人员创作的职务作品；

（三）法律、行政法规规定或者合同约定著作权由法人或者非法人组织享有的职务作品。

**第十九条** 受委托创作的作品，著作权的归属由委托人和受托人通过合同约定。合同未作明确约定或者没有订立合同的，著作权属于受托人。

《专利法》

**第六条** 执行本单位的任务或者主要是利用本单位的物质技术条件所完成的发明创造为职务发明创造。职务发明创造申请专利的权利属于该单位;申请被批准后,该单位为专利权人。该单位可以依法处置其职务发明创造申请专利的权利和专利权,促进相关发明创造的实施和运用。

非职务发明创造,申请专利的权利属于发明人或者设计人;申请被批准后,该发明人或者设计人为专利权人。

利用本单位的物质技术条件所完成的发明创造,单位与发明人或者设计人订有合同,对申请专利的权利和专利权的归属作出约定的,从其约定。

《民法典》

**第八百五十九条** 委托开发完成的发明创造,除法律另有规定或者当事人另有约定外,申请专利的权利属于研究开发人。研究开发人取得专利权的,委托人可以依法实施该专利。

研究开发人转让专利申请权的,委托人享有以同等条件优先受让的权利。

## 三、与已享受养老金待遇、已达退休年龄的人员之间的用工关系

(一)招聘时,员工已经享受养老金待遇的

2021年最高人民法院《关于审理劳动争议案件适用法律问题的解释(一)》出台,其中专门提到,如果单位与已经依法享受养老保险待遇或领取退休金的人员发生用工争议,应当按劳务关系处理。

(二)招聘时达到退休年龄,但尚未享受养老金待遇的

劳动关系与劳务关系的差别很大。对个人而言,在劳动关系中,其受到劳动法律的保障。而劳务关系适用《民法典》的规定,法律对其的保障力度远远小于劳动关系。

主流观点认为,既然《劳动合同法实施条例》已规定劳动者达到退休年龄的,劳动合同即终止,说明法规不承认已到退休年龄的人具有劳动关系的主体资格。因此,当招聘时,劳动者已经达到退休年龄,只能适用劳务关系处理。

但是需要注意的是,2010 年 3 月,最高人民法院行政审判庭对山东省高级人民法院做出了一个答复,即《关于超过法定退休年龄的进城务工农民因公伤亡的,应否适用〈工伤保险条例〉请示的答复》(〔2010〕行他字第 10 号),最高人民法院在答复中的观点是应当适用工伤保险条例。作为用人单位,如果招聘的人员已经达到法定退休年龄,应当特别留意工伤保险问题,有的地方政府明确规定应当给退休返聘人员办理工伤保险,有的地方政府不给退休返聘人员办理工伤保险或者未予以明确规定。笔者建议,用人单位至少应当购买一份商业保险以预防风险,否则按照最高人民法院所持观点,一旦发生工伤伤亡,用人单位将承担赔偿责任。

(三)招聘时已经临近退休年龄,如何处理社保问题

招聘已临近退休年龄员工,人力资源管理者经常遇到此类员工入职前未办理过社会保险,而其距离退休年龄已经不足 15 年,因此员工自己不愿意办理社会保险的情况。这种情况的发生与我国实行社会保险制度历史较短,我国的户籍制度、社会保险覆盖率偏低等原因有关。

根据 2010 年颁布的《社会保险法》的规定,如果职工养老金缴费年限不足 15 年,可以延长缴费年限,或者一次性缴足;也可以在达到退休年龄后办理城乡居民养老保险或者新农村社会养老保险。所以,缴费年限不足 15 年并不能成为不办理社会保险的合理理由。此外,不缴纳社会保险费也会导致员工有权解除劳动合同并索要经济补偿金。因此,尽管员工个人不希望缴纳社会保险费,单位仍应当依法办理社会保险,尤其是工伤保险更要办理,否则用人单位可能要承担相当高的赔付风险。

**【案例 103:单位与已达到退休年龄劳动者的用工关系是劳务关系】**

2016 年 1 月 1 日,A 公司招聘了 56 岁的男员工老张,劳动合同期限为两年,2018 年双方续签一份为期 3 年的劳动合同。老张入职前只缴纳了 5 年的社会保险费,入职 A 公司后,A 公司为其依法缴纳社会保险费。老张满 60 岁时(2020 年),其社会保险缴费期限尚不足 15 年。老张满 60 岁后,其与 A 公司没有办理退休手续,各方均没有通知对方终止劳动合同,老张继续在 A 公司上班。

老张在2020年年底合同即将到期时提出要求:(1)继续工作至缴满15年社会保险之日;(2)续订无固定期限合同;(3)A公司继续为其缴纳社会保险费。

【评析】

根据2009年颁布的《劳动合同法实施条例》,劳动合同自老张年满60岁达到退休年龄时自动终止。自达到退休年龄时起,双方的用工关系应按劳务关系处理。

因为老张已经达到退休年龄,所以尽管没有享受养老金待遇,但是其已经不具有劳动合同主体资格,所以无权提出续订无固定期限劳动合同。

A公司依法可以不为老张缴纳社会保险费,老张可以继续缴纳或者一次性缴够社会保险年限。A公司如果愿意为老张负担一部分社会保险费,老张可与A公司签署相关协议约定各自的权利义务,法律对此不禁止。

【相关法条】

***《劳动合同法实施条例》***

**第二十一条** 劳动者达到法定退休年龄的,劳动合同终止。

***《社会保险法》***

**第十六条** 参加基本养老保险的个人,达到法定退休年龄时累计缴费满十五年的,按月领取基本养老金。

参加基本养老保险的个人,达到法定退休年龄时累计缴费不足十五年的,可以缴费至满十五年,按月领取基本养老金;也可以转入新型农村社会养老保险或者城镇居民社会养老保险,按照国务院规定享受相应的养老保险待遇。

# 第二十一章

# 外　　包

## 第一节　外包的定义

### 一、外包的定义

外包(outsourcing)开始于20世纪80年代。根据一般公认的定义,外包是指企业、政府及其他组织将其非核心业务功能与职能交给外部的服务供应商管理和控制。

如果单看上述外包的定义,似乎外包和传统的服务买卖关系没有什么差别。外包与传统的服务买卖的相同点是:两者都是从外部采购某种服务,而非亲力亲为某项工作。外包与传统服务买卖的不同点在于:外包在本质上是出于一种对劳动力重组的需要;而传统的服务买卖关系仅仅是出于对服务的需求,故外包更强调买卖双方的劳动力的重组和集成,信息的沟通和共享;而在传统服务买卖关系中,买卖双方各自更为独立。常见的业务功能外包包括IT外包、人力资源外包、物业管理外包、会计记账外包、生产制造外包、客户支持(customer support)外包、电话支持中心(call centre)外包等。

离岸(offshoring)和离岸外包也是经济活动中常见的概念。有时会出现把离岸和离岸外包混用的情形,但两者存在重要区别。站在企业的角度,外包特指将业务功能转移给第三方的一种劳动力重组。站在国家的角度,离岸是指将一个组织功能转移到另一个国家,无论这个工作是在组织内部还是在组织外部从事。如果外包给位于另外一个国家的第三方,就是离岸外包;如果把业务功能转移到另一国家,但并不转移给第三方管理,仍在本组织之内,那么它就不是外包,只能称为离岸。

### 二、外包的好处

传统外包的目的主要是节约公司成本,使公司获得专业的服务,公司能更专注于核心业务功能,但今天人们对外包的价值有了更多、更新的认识。业务功能不一定都被外包到劳动力成本最低的地区,而是外包到更广泛的地区,这样的好处是公司可以获得不同地区的人才和技能;由分处不同时区的人员工作,可以实现更长的工作日,比如中国的开发人员下班后,可以把工作交给中欧的刚开始上班的团队继续完成,这还免除了企业支付加班费的成本,有利于业务功能的本地化。

## 第二节 外包的流程

### 一、决策和组建团队

企业首先要作出外包的决策,企业决定将某项业务功能外包出去往往出于以下几点考虑:

1. 将非核心的业务外包出去,以将精力集中于企业的核心业务和战略;
2. 降低营运成本;
3. 改组现有业务部门;
4. 在业务中采用最新的科学技术;
5. 弥补自身的专业能力的不足。

在作出外包的决策后,企业需要建立一个团队去有效地执行这一决策。首先需要确定一个项目负责人。以IT外包为例,该负责人最好是客户的首席信息官(CIO)。项目负责人要清楚本企业进行外包的目的、需求、时间表,并且得到公司的充分授权去做出相应决策。项目负责人应当组建一个团队来负责外包项目。这个团队应当包括该企业的IT、采购、财务、人力资源、法务、风险管理部门的有关人员,如果必要的话,团队还应当聘请外部专家和律师。

## 二、制定外包目标

外包项目团队应当为此次外包确定要达成的目标，例如：

1. 专注核心竞争力；
2. 降低运营成本；
3. 获得现金流（如通过出售 IT 资产）；
4. 采用最新的 IT 技术设备；
5. 降低和分担风险；
6. 更新现有的 IT 系统等。

## 三、确定时间表

影响外包进度的因素有很多，比如，企业有一个全面的重组计划，并且这个重组计划中包括了将某项业务功能外包出去，那么外包项目的进度就需要配合这个重组计划的整体进度。再如，外包计划涉及裁员、并购，那么根据我国劳动法律的规定，用人单位单方面提前解除劳动合同至少要提前 30 日通知员工。

## 四、征求供应商建议

在建议征求阶段，拟外包的企业发出正式的要约邀请，由各外包服务商向该企业提出项目建议，拟外包企业通过建议征求阶段来确保外包方案能够符合自身的需求。

在建议征求阶段，拟外包的企业需要将自身的经营信息披露给潜在的外包服务商，包括服务需求、资产设备清单、IT 架构、内部管理制度和工作流程等，双方需要根据这些背景资料商谈外包方案、服务价格、服务水平等外包合同的主要内容。在建议征求阶段开始时，拟外包企业应要求各外包服务商先签署保密协议。

虽然在正式签署的服务外包合同里一般会包含保密条款或者保密协议，但是外包谈判存在破裂的可能，在正式合同签署之前、谈判过程之中，如果没有关于保密义务的约定，就会存在保密义务的真空期，拟外包企业的保密信息就存在被泄露的风险。因此，站在拟外包企业的角度，务必要在签署保密协议后再向外包服务商提供信息资料和进行正式谈判。

如果根据承担保密义务的主体来划分,保密协议可以分为两种,分别是互负保密义务的保密协议与单方保密义务的保密协议。互负保密义务,是指在保密协议里不特别约定哪一方是披露保密信息的一方,拟外包企业和外包服务商都可能在谈判中需要向对方披露自己的保密信息,同理,各方也都向对方负有保密义务。而单方保密义务的保密协议,则在协议中直接规定某方(通常是拟外包企业)向对方(通常是外包服务商)披露保密信息,对方需要对此承担保密义务。单方负担保密义务的保密协议只考虑一方的保密需要,仅规定单方承担保密义务。

在外包服务项目谈判中,大多数情况是由拟外包企业向外包服务商披露信息资料,但并非外包服务商就不需向拟外包企业披露信息资料,如服务商可能要向客户提供历史业绩情况、主要服务人员的简历、服务商的财务信息和数据等信息,以供拟外包企业评估服务商的外包服务能力。因此,当服务商提供的资料信息也涉及保密信息时,服务商可能会坚持要求签署互负保密义务的保密协议。

## 五、询价

建议征求结束后,则是询价阶段。在该阶段,拟外包企业要求各外包服务商对其建议的外包方案提出具体的服务报价。客户一般根据外包服务商的报价选择两家以上的外包服务商进入下一阶段——竞争性谈判阶段。

拟外包企业应注意外包服务商报价中的以下细节:

1. 报价是含税价还是税后价格;

2. 报价是否包含交通食宿等费用;

3. 正常工作时间外(如每日加班时间和节假日期间)的服务价格。

## 六、谈判

### (一)竞争性采购还是单一采购源

拟外包企业可以只向一家外包服务商征求建议和询价,但是这样做显然是缺乏竞争的,不利于为拟外包企业带来更具竞争性的服务价格和服务水平。所以,除非已经与某家外包服务商有良好的合作历史,否则拟外包企业最好采用招标、邀标、竞争性谈判的方式选择服务供应商。而且,假如拟外包的单位是政府机构或者慈善、公益组织,那么基于相关法律或者慈善组织与捐赠人的捐赠协议的规定,某些情况下必须采用竞争性的方式选择服务供应商。例如,我国的《政府采购法》第 26 条第 2 款规定:"公开招标应作为政府采购的主要采购方式。"只有在我国《政府采购法》第 31 条明确规定的 3 种情形下,政府才可以采用单一来源方式采购服务,分别是:

1. 只能从唯一服务供应商采购的;

2. 发生了不可预见的紧急情况不能从其他供应商处采购的;

3. 必须保证原有采购项目一致性或者服务配套的要求,需要继续从原供应商处添购,且添购金额不超过原采购金额 10% 的。

(二)单一外包商还是多外包商

拟外包企业就一个外包项目,应选择单一外包服务商提供外包服务,还是选择数个外包服务商一起提供外包服务?在一个外包项目中选择多外包商的好处是当一个外包商服务不合格,需要被停用时,马上就可以有熟悉该项目背景和客户需求的其他外包服务商顶替。然而多外包商的缺点也很明显:第一,因为项目被分解给数个外包商,单个外包商的报价就没有单独承揽整个项目的报价优惠;第二,多外包商会增加在外包过程中的复杂性和管理沟通成本;第三,可能涉及数个外包商之间是否能有效合作的问题,还会产生服务瑕疵的责任难以界定的争议。

(三)阶段性备忘录

在谈判取得阶段性的进展时,拟外包企业和服务商可以签署阶段性备忘录。签署备忘录并不是必经的步骤,是否签署备忘录完全由双方协商决定。备忘录的作用是确定已经达成一致意见的事项、列明双方准备进一步磋商的事项,因为备忘录是谈判阶段的文件,如果之前双方没有签署保密协议,备忘录中也可以包括保密条款。

备忘录是否对当事方有法律约束力呢?这个问题并不是由备忘录这三个字来决定的,而要视备忘录的内容而定。如果备忘录的条款明确约定了一方要承担一项义务或责任,那么这个条款就有约束力,如果备忘录的条款明确使用了意向性的词语,如甲方同意认真考虑将数据中心业务外包给乙方的可能性,那么这个条款就尚无约束力。为了避免发生纠纷争议,笔者建议在签署备忘录时,双方应当明确备忘录是否有法律约束力。如果双方只希望备忘录中的某些条款有约束力,如保密条款、知识产权条款,那么可以在备忘录中约定某些条款有约束力,而其他条款没有强制约束力。

阶段性的备忘录最终会被正式的合同替代,因此备忘录中可以约定双方应当在一个期间内达成正式合约,如果期满仍未达成正式合约,那么除非双方同意延期继续谈判,否则备忘录自动终止。

## 七、签署外包服务合同

经过谈判,拟外包企业和外包服务商就最终的外包合同协商谈判达成一致后,签署外包服务合同。

### (一)外包服务合同的结构

1. 合同 + 附件

对于服务种类单一或者服务内容固定的项目,合同当事人多选择合同 + 附件的合同结构。采用这种结构的外包服务合同文本包括合同主文和若干合同附件。当事人可将商务条款和服务内容的详细描述放在附件中,以下是典型的 IT 服务外包合同的合同加附件结构:

条款和条件(Terms and Conditions)

附件 A:服务说明书(Statement of Services)

附件 B:付款(Fees)

附件 C:客户资产清单(Client's Assets)

附件 D:服务水平协议(Services Level Agreement)

附件 E:第三方合同清单(Third Party Contracts)

附件 F:服务人员(Personnel)

附件 G:终止辅助服务(Termination Assistant Services)

在合同 + 附件的结构下,合同主文部分主要约定双方的各项权利、义务和责任、知识产权的许可和保护、保密义务、违约责任与损害赔偿、争议解决、法律适用、合同修订或终止的条件等事项。合同主文内容的法律专业性很强，非法律专业人员很难熟练和精准地起草、运用这些条款与文字，应当由当事人的律师负责起草和审阅修订。

在实践中，经常有些商务人士只是找到一些所谓的合同范本或者先例文本，就拿来直接使用或者稍作修改后使用，这样做其实是非常危险的，因为没有普遍适用的合同范文，先例文本也仅仅适用于过去某个项目。每个项目、每个客户、每个服务商都会有差别，即使客户和服务商是一样的，先例文本也未必就是好的，未必没有欠缺，况且先例文本如果是站在买方的角度起草的，里面的条款会对买方更有利，如果你是卖方的话，这样的先例文本绝对不能使用。因此，把合同范本或先例文本一字不差地拿来用是不可取的做法。另外，即便是那些经验丰富的商务人士，因为缺乏法律专业知识和运用严谨的法律语言的能力，他们起草和修改的合同主文不一定能准确地表达他们心中所想，不一定能确保他们的约定合法有效，不一定能确保他们希望规避的风险被有效规避。因此，合同主文部分应当交给律师起草，如果有范本或先例文本，可以同时交给律师，并就本项目的背景信息、企业的要求、顾虑等问题与律师充分沟通，请律师在范本或先例文本基础上根据需求进行审阅修改。

外包服务合同的附件部分是否应该由律师起草呢？通常来讲，附件部分主要涉及价格、支付、技术指标、服务标准、清单、名单等内容，合同的当事方更熟悉这些内容和专业知识，因此无论是从效率还是从准确性来看，外包服务合同的附件由当事方来起草更合适，但是起草合同附件后，应当交给律师审阅修改，因为合同附件同样是合同的组成部分，同样涉及当事方的合同权利和义务，律师虽然并不审阅附件中的技术和专业问题，但是可以结合合同主文的约定来审阅合同附件中的文字表述，避免出现和合同主文矛盾的约定以及对当事人不利的约定。

2. 主合同+订单

如果采用主合同+订单的结构，主合同仅仅是约定了交易的条件，但并没有明确具体的采购发生，在订单签署之后才真正发生服务采购。如果无法在签署主合同时确定服务的种类或者具体服务的工作量，则比较适合使用主合同+订单的结构。客户和服务商可以事先就交易的具体条件、服务单价、服务的种类、标准等内容达成一致。在主合同的有效期内，客户可以随时下订单采购不同类别的服务或者随时增购服务。

3. 跨国外包服务合约的结构

跨国外包服务，是指具有涉外因素的外包服务，如缔约方是不同国籍或者服务地点在不同国家。跨国外包服务通常出现在跨国企业客户和具有跨境服务交付能力的较大的外包服务商之间。因为各国的法律、税收制度的差异，客户与服务商可能需要针对不同国家和地区的外包服务签署专门的地区协议，针对每个国家或地区的外包服务，可能要做企业签约实体、适用当地的法律管辖、约定不同的争议解决方式等不同的选择。

（二）外包合同主合同

典型的外包服务旨在将客户的全部或一部分的业务运营的控制权或者所有权转移至外包服务商。以 IT 运营外包为例，一项全面和典型的 IT 外包服务项目通常包括以下内容：

1. 将客户 IT 营运有关的有形设备、资产转移至服务商。这里的转移并不一定是地域上的转移，而是指对这些有形设备、资产所有权或者控制权的转移；

2. 将客户 IT 营运有关的知识产权、技术等无形资产许可给服务商；

3. 将客户 IT 营运有关的第三方合约转让给服务商或者分派给服务商执行；

4. 将与外包内容相关的全部或者部分客户 IT 营运人员转移至服务商，即客户的 IT 人员成为服务商的雇员，这其实是一种客户与服务商之间的人员并购导致的劳动雇佣关系的变更。

为此，一项大型的、复杂的 IT 外包服务项目除了总的服务合约外，还很可能包含一系列子合同，例如，设备购买与回租协议、人员转移协议；另外，还涉及因人员转移产生的新的劳动合同。根据外包项目的规模大小，外包合同的内容和复杂程度也不同，通常规模较小的或者短期的外包项目是不包括人员并购的，而且人员并购也涉及征求员工的意愿。

## 第三节 外包与劳务派遣的区别

外包,是有外包需求的企业或组织与外包服务商之间签约建立外包服务关系。劳务关系则是企业或组织与单位以外的自然人签约。劳务派遣是实际有用人需求的用工单位与劳务派遣单位签约,由劳务派遣单位向用工单位派遣劳动者工作。

从工作与服务接收方的法律责任轻重来看,在劳动关系中用人单位的法律责任最重,因为劳动关系受劳动法律的规制,出于对劳动者的保护,劳动法律向劳动者有一定程度的倾斜,例如相关法律规定除了违反竞业限制义务和违反培训服务期约定外,用人单位不得在劳动合同中约定劳动者承担违约责任;再如,最低工资标准制度、加班工资的规定、带薪年假制度、无固定期限劳动合同的规定、解约理由法定等。因此,劳务派遣制度在一定程度上具有增强用工灵活性和降低用工单位责任的作用。但是实践表明,劳务派遣在降低用工单位负担上仍然作用有限,由于我国的劳务派遣机构实际上只承担代发工资、代缴社会保险等基础性职能,很少具备选人和调配人员的能力,当用工单位真的要退回被派遣员工时,用工单位支出的成本与劳动关系中其要支出的成本没有显著差异。当发生劳动争议时,有时用工单位还要依法作为共同被告出庭应诉。于是,很多用人单位开始将思路放到服务外包上。

真正的外包的确可以彻底撇开劳动关系中的法律责任。劳动关系中,单位与员工之间是组织和成员的关系,用人单位对员工有管理权。劳务派遣关系中,虽然员工名义上是派遣单位的劳动者,但是实际上由用工单位实施人员管理。而在外包法律关系里,外包服务人员不仅名义上是外包服务商的员工,而且确实实质上由外包服务商开展对员工的管理工作。在外包服务关系中,对服务人员劳动法上的义务和责任由外包服务商承担,与外包方无关,外包方只关注外包服务的结果和质量,对外包服务人员不直接行使管理的职责。外包方可以根据外包服务协议的约定,针对不合格的外包服务人员向外包服务商投诉或者要求撤换人员。当外包服务出现瑕疵时,外包方还可以根据外包服务协议的约定,向外包服务商收取违约金。在劳动关系中,约定和收取劳动者违约金受到法律极大的限制,在劳务派遣关系中,虽然不禁止约定派遣单位承担违约金,但因为劳务派遣单位一般只承担代缴社会保险费、代发工资的责任,并不对被派遣员工的工作过程和质量有管控责任,所以实践中也难以约定劳务派遣单位对员工的过错承担违约责任。可见,外包的确具有很多优点。

笔者要在此处提醒用人单位,只有真正的外包才具有以上优点,如果仅仅是把协议名称写成外包服务协议,而实质还是劳务派遣关系,则是“挂羊头卖狗肉”。外包和劳务派遣的最典型区别标志有以下两点:一是看人员工作的过程和结果是由哪一方在直接管理。如果所谓的外包方直接管理服务人员及其工作,那么其实质仍是劳务派遣关系;二是看人员对其工作直接向谁负责。在真正的外包模式下,服务人员直接向外包服务商(其雇主)负责,再由外包服务商就外包服务质量向外包方负责。

# 主要法律、法规及司法解释索引

| | 名　称 | 发布部门 | 实施日期 | 最近修订日期 |
|---|---|---|---|---|
| 法律 | | | | |
| 1 | 中华人民共和国专利法 | 全国人大常委会 | 1985年4月1日 | 2020年10月17日 |
| 2 | 中华人民共和国著作权法 | 全国人大常委会 | 1991年6月1日 | 2020年11月11日 |
| 3 | 中华人民共和国劳动法 | 全国人大常委会 | 1995年1月1日 | 2018年12月29日 |
| 4 | 中华人民共和国劳动合同法 | 全国人大常委会 | 2008年1月1日 | 2012年12月28日 |
| 5 | 中华人民共和国劳动争议调解仲裁法 | 全国人大常委会 | 2008年5月1日 | |
| 6 | 中华人民共和国工会法 | 全国人民代表大会 | 1992年4月3日 | 2009年8月27日 |
| 7 | 中华人民共和国就业促进法 | 全国人大常委会 | 2008年1月1日 | 2015年4月24日 |
| 8 | 中华人民共和国社会保险法 | 全国人大常委会 | 2011年7月1日 | 2018年12月29日 |
| 9 | 中华人民共和国民法典 | 全国人大常委会 | 2021年1月1日 | |
| 行政法规 | | | | |
| 1 | 中华人民共和国劳动合同法实施条例 | 国务院 | 2008年9月18日 | |
| 2 | 职工带薪年休假条例 | 国务院 | 2008年1月1日 | |
| 3 | 工伤保险条例 | 国务院 | 2004年1月1日 | 2010年12月20日 |

续表

| | 名称 | 发布部门 | 实施日期 | 最近修订日期 |
|---|---|---|---|---|
| 4 | 住房公积金管理条例 | 国务院 | 1994年4月3日 | 2019年3月24日 |
| 5 | 女职工劳动保护特别规定 | 国务院 | 2012年4月28日 | |
| 6 | 社会保险费征缴暂行条例 | 国务院 | 1999年1月22日 | 2019年3月24日 |
| 7 | 保障农民工工资支付条例 | 国务院 | 2020年5月1日 | |
| 部门规章 | | | | |
| 1 | 劳动人事争议仲裁办案规则 | 人力资源和社会保障部 | 2017年7月1日 | |
| 2 | 企业职工带薪年休假实施办法 | 人力资源和社会保障部 | 2008年9月18日 | |
| 3 | 最低工资规定 | 原劳动和社会保障部 | 2004年3月1日 | |
| 4 | 工资支付暂行规定 | 原劳动部 | 1995年1月1日 | |
| 5 | 实施《中华人民共和国社会保险法》若干规定 | 人力资源和社会保障部 | 2011年7月1日 | |
| 6 | 集体合同规定 | 原劳动和社会保障部 | 2004年5月1日 | |
| 7 | 劳务派遣暂行规定 | 人力资源和社会保障部 | 2014年3月1日 | |
| 最高人民法院司法解释 | | | | |
| 1 | 关于审理劳动争议案件适用法律问题的解释(一) | 最高人民法院 | 2021年1月1日 | |
| 2 | 关于审理人身损害赔偿案件适用法律若干问题的解释 | 最高人民法院 | 2004年5月1日 | 2020年12月29日 |
| 3 | 关于审理工伤保险行政案件若干问题的规定 | 最高人民法院 | 2014年9月1日 | |

续表

| | 名称 | 发布部门 | 实施日期 | 最近修订日期 |
|---|---|---|---|---|
| 地方法规 | | | | |
| 1 | 北京市工资支付规定 | 北京市人民政府 | 2004年1月22日 | 2007年11月23日 |
| 2 | 上海市企业工资支付办法 | 上海市人力资源和社会保障局 | 2003年4月1日 | 2016年6月27日 |
| 3 | 深圳市员工工资支付条例 | 深圳市人大常委会 | 2004年12月1日 | 2019年8月22日 |
| 4 | 江苏省工资支付条例 | 江苏省人大常委会 | 2005年1月1日 | 2010年9月29日 |
| 5 | 浙江省企业工资支付管理办法 | 浙江省人民政府 | 2002年10月1日 | 2017年3月2日 |
| 6 | 重庆市职工劳动权益保障条例 | 重庆市人民代表大会常务委员会 | 2003年5月1日 | 2011年3月25日 |

**图书在版编目(CIP)数据**

怎样做好HR：新版人力资源法律实务操作指引／谢阳著. --3版. --北京：法律出版社，2021
(人力资源法律实务丛书)
ISBN 978-7-5197-5015-2

Ⅰ.①怎… Ⅱ.①谢… Ⅲ.①人力资源管理-劳动法-基本知识-中国 Ⅳ.①D922.5

中国版本图书馆CIP数据核字(2020)第191400号

**怎样做好HR**
——新版人力资源法律实务操作指引(第三版)
**ZENYANG ZUOHAO HR**
—XINBAN RENLI ZIYUAN FALÜ SHIWU CAOZUO ZHIYIN(DI-SAN BAN)

谢 阳 著

策划编辑 朱铁佳
责任编辑 朱铁佳
装帧设计 汪奇峰

**出版** 法律出版社
**总发行** 中国法律图书有限公司
**经销** 新华书店
**印刷** 永清县金鑫印刷有限公司
**责任校对** 杨锦华 王沁陶
**责任印制** 胡晓雅
**编辑统筹** 司法实务出版分社
**开本** 710毫米×1000毫米 1/16
**印张** 29.5
**字数** 445千
**版本** 2021年5月第3版
**印次** 2021年5月第1次印刷

法律出版社／北京市丰台区莲花池西里7号(100073)
网址／www.lawpress.com.cn
投稿邮箱／info@lawpress.com.cn
举报维权邮箱／jbwq@lawpress.com.cn
销售热线／400-660-8393
咨询电话／010-63939796

中国法律图书有限公司／北京市丰台区莲花池西里7号(100073)
全国各地中法图分、子公司销售电话：
统一销售客服／400-660-8393/6393
第一法律书店／010-83938432/8433 西安分公司／029-85330678 重庆分公司／023-67453036
上海分公司／021-62071639/1636 深圳分公司／0755-83072995

**书号**:ISBN 978-7-5197-5015-2 **定价**:98.00元
(如有缺页或倒装,中国法律图书有限公司负责退换)